山东省人民政府研究室调研成果2015

新热点　新观察

苏庆伟　主编

中国经济出版社
CHINA ECONOMIC PUBLISHING HOUSE
·北京·

图书在版编目（CIP）数据

新热点　新观察/苏庆伟 主编．

（“山东省人民政府研究室调研成果 2015”系列图书）

北京：中国经济出版社，2016．3

ISBN 978－7－5136－4149－4

Ⅰ．①新…　Ⅱ．①苏…　Ⅲ．①区域经济发展—山东省—文集

Ⅳ．①F127．52－53

中国版本图书馆 CIP 数据核字（2016）第 016569 号

责任编辑　邓媛媛

责任审读　贺　静

责任印制　巢新强

封面设计　任燕飞工作室

出版发行　中国经济出版社

印 刷 者　北京力信诚印刷有限公司

经 销 者　各地新华书店

开　　本　710mm×1000mm　1/16

印　　张　25．75

字　　数　380 千字

版　　次　2016 年 3 月第 1 版

印　　次　2016 年 3 月第 1 次

定　　价　52．00 元

广告经营许可证　京西工商广字第 8179 号

中国经济出版社 **网址** www．economyph．com **社址** 北京市西城区百万庄北街 3 号 **邮编** 100037

本版图书如存在印装质量问题，请与本社发行中心联系调换（联系电话：010－68330607）

出版说明

山东省人民政府研究室，主要负责组织或参与经济社会改革发展重大问题的调查研究、文稿起草和决策咨询。具体包括：负责起草《政府工作报告》和山东省政府领导重要讲话；组织或协调有关方面起草、修改山东省政府有关重要文件；参与有关重要会议的文件起草工作；参与有关政务活动；研究分析国内外经济形势和主要国家经济社会发展的重要信息、动态，为山东省政府决策提供参考依据；组织、协调山东省政府系统的调查研究工作；承办中共山东省委、省政府交办的其他事项。

近年来，山东省人民政府研究室在省委、省政府的坚强领导下，紧紧围绕山东经济社会改革发展中的重大问题和热点、难点问题，理论联系实际，深入调查研究，组织完成了一批具有较高政策价值和较大社会影响力的研究成果，推动形成了一系列经济社会发展的新政策、新举措，对服务省委、省政府民主科学决策，推进经济文化强省建设发挥了积极的作用。为了进一步加强调研成果的交流应用，发挥更大的社会作用，更好地服务经济社会改革发展，山东省人民政府研究室在完成的可以公开发表的调研课题中，选出部分优秀成果，以“山东省人民政府研究室调研成果 2015”的形式分别结集出版发行。

这些成果的调研和形成，得到了省委、省政府领导的关怀和指导，得到了省直部门、各市县政府办公室和研究室的大力支持和密切配合。在此，一并表示诚挚感谢！

山东省人民政府研究室

2015 年 12 月

目录

“一带一路”战略与山东全方位开放的几点思考

建设丝绸之路经济带和21世纪海上丝绸之路，立足中国区位优势，面向世界整体格局，着眼塑造中国在新的世界经济格局中的位置，把对外开放的传统优势和开放型经济大国优势结合起来，形成中国参与新一轮国际竞争的战略支撑。“一带一路”，具有深邃的历史思考、深刻的现实把握、深远的未来谋划。山东处于路带两大战略交汇地，“一带一路”对山东发挥沿海大省优势、塑造开放型经济新优势，具有重大的指导意义。

一、山东开放格局与“一带一路”高度契合

山东与“一带一路”具有深厚的历史渊源。两汉以来，山东就一直是我国进行东西方贸易的重要货源地，是古代“海上丝绸之路”的发祥地之一，也是丝绸之路的源头之一。古代兖州、青州、临淄等地是重要的丝绸产地，也是手工业比较发达的区域。隋唐时期，烟台、蓬莱已成为中国北方对外交往的重要门户和中外商品贸易的主要集散地之一。2012年，蓬莱与宁波、泉州、广州、兖州、北海、漳州、福州、南京8个城市联合申报“海上丝绸之路”世界文化遗产，入选“预备名单”。同时，大量来自欧洲、西亚和中亚的商人、使节、旅行家、宗教职业者，沿着丝绸之路至齐鲁大地，带来了独特的艺术、习俗和物产，形成一条历史纽带。

山东参与“一带一路”具有良好的开放合作基础。**在丝绸之路经济带上**，日照市在1995年就与江苏连云港市一同被确认为新亚欧大陆桥东方桥头堡，青岛、烟台、威海、日照、临沂、枣庄、济宁、菏泽8市处于桥头堡的周边和沿线。拥有亚欧大陆桥出海通道的青岛港、日照港、烟台港，2013年

吞吐量分别达到4.6亿吨、3亿吨、2.9亿吨。临沂市是中国物流之都和北方最大的商贸城市。山东省与中亚的贸易增长较快，出口以工业制造类商品为主，主要是机械及设备、橡胶轮胎、钢材；进口以资源类商品及农产品为主，主要是成品油、铜、棉花。**在海上丝绸之路上**，山东与日本、韩国、东盟、澳大利亚的合作形成优势，从进出口贸易看，东盟、韩国、日本、澳大利亚分别占山东省对外贸易的第二、第三、第五、第六位（第一、第四位分别为美国和欧盟）。从外资看，韩国、日本、新加坡分别是山东省第二、第三、第四大外资来源地（第一是中国香港）。**“一带一路”成为山东“走出去”重要前沿区域**。东盟国家资源开发合作和优势产能转移形成规模，南亚、非洲工程承包和资源开发形成优势，对意大利、东欧国家的高端制造业形成并购效应，对日韩形成劳务输出聚集。

“一带一路”与山东全方位开放需求高度契合。改革开放以来，山东对外开放布局形成美国、东盟、韩国、欧盟、日本、澳大利亚六大板块。这六大板块与国家“一带一路”战略框架高度契合。山东内部开放格局为东部开放度高，中西部开放度相对偏低。2013年，东部的“山东半岛蓝色经济区”6个市进出口总额2069亿美元，占全省总量的77.5%；中部的“省会城市群经济圈”7个市进出口总额415亿美元；西部的“西部经济隆起带”6个市进出口总额292亿美元；中西部的两个经济板块合计进出口总额占全省总量的26.5%（两个区域有部分重叠）。山东新一轮开放中，东部开放继续发挥率先优势，中西部开放也要乘势而上，突破“东强西弱”局面，与国家“一带一路”战略框架高度契合。“一带一路”，为山东对外调整经贸合作市场格局、对内统筹东中西开放，形成横贯东中西、联结南北方对外经济走廊，构建全方位开放新格局，提供了又一次历史契机。

二、发挥山东优势参与“一带一路”建设的构想

习近平总书记对山东做出了“充分利用沿海的独特地理位置，努力塑造开放型经济发展新优势”的重要指示。山东处于丝绸之路经济带东端桥

头堡和海上丝绸之路北端起航地，两大战略在这里交汇。山东有优势、有基础、有责任，在“一带一路”建设中有所作为。

山东参与“一带一路”建设战略定位：立足山东区位优势、制造业产业优势、内陆市场腹地优势、对外经贸合作基础优势、齐鲁文化优势，打造21世纪海上丝绸之路东北亚地区综合枢纽、丝绸之路经济带东端桥头堡、路带之交高端产业合作基地、东亚和环太平洋海洋合作平台、中华文化对外传播重心区，东西双向拓展，南北全线贯通，构筑山东全面开放新格局，打造开放型经济新优势。

山东参与“一带一路”建设思路布局：坚持双向开放、合作共赢、全域联动、项目带动；以创新投资贸易便利化机制为引领，以重大区域性平台项目为支撑，以深化优势领域合作为目标；四线展开、做强板块，形成“深耕日韩、提升东盟、拓展南亚、突破东欧”的空间布局。第一条线，沿海上丝绸之路北线，拓展东北亚合作，参与俄罗斯远东开发，做强日韩板块；第二条线，沿海上丝绸之路南线，由南海经印尼，到澳新，做强澳大利亚板块；第三条线，沿海上丝绸之路西线，从我国东南沿海到东南亚、印度洋、西亚、北非及欧洲，做强东盟板块；第四条线，沿新亚欧大陆桥、加入渝新欧“安智贸”试点，做强东欧板块。

山东参与“一带一路”合作优势领域：一是海洋合作升级，发挥山东半岛蓝色经济区资源、产业及政策优势，大力发展海洋经济，加强海上丝绸之路沿线国家海洋渔业、海洋科技教育、海洋装备制造、港口与航运、海洋环保等合作。二是经贸合作升级，发挥山东制造业大省优势，优化贸易结构，提升经贸合作层次，提升贸易份额，实现投资贸易良性互动，推动一批装备制造业、传统优势产能转移，推动一批企业全球布局研发、营销网络，推动一批境外园区合作。三是能源资源、工程合作升级，发挥山东能源资源大省和工程建造大省优势，充分利用东南亚、澳新、非洲资源禀赋，推动山东企业与当地开展电力、煤炭、林业、橡胶、远洋渔业、现代农业等深度合作，加强能源技术领域合作，带动上下游产业、工程建设、技术装备和相关服务业合作。四是金融合作升级，发挥山东金融改革、着力培育金融产业优势，以青岛财富管理中心、济南区域金融中心建设为载体，积极引进和布局外资金融机构，重点引进发达国家金融资本。五是人文交流合作升级，发挥山东旅游、教育、文化优势，利用侨务大省资源，创办具有丝绸之路特点的系列文化活动，增进文化认知。

三、山东参与“一带一路”建设的措施和建议

（一）建设东亚海洋合作平台

李克强总理2013年10月在文莱出席第16次东盟与中日韩（10+3）领导人会议时提出倡议。目前，已明确由国家海洋局和山东省负责实施。

初步考虑，东亚海洋合作平台的定位，在东盟与中日韩框架下，以我国、东南亚国家、日韩及俄罗斯远东地区为主，建设面向东亚、辐射亚太的开放式、国际化高端海洋合作平台。条件成熟时，可扩大至澳新、美加等国。

一是建立东亚海洋合作公共服务平台。具体包括：①在青岛建设东亚海洋合作交流中心。②合作交流大会及主题论坛。③举办东亚海洋合作博览会。④建立海洋资源要素交易市场。⑤建立应对海洋自然灾害合作机制。

二是建设海洋产业合作示范区。在山东省，建设青岛（崂山）海洋医药和生物制品示范区、烟台海洋工程装备制造产业示范区、威海（荣成）海洋生物健康养殖和加工产业示范区、潍坊（滨海）海洋化工产业示范区。在印尼，建设中国—印尼海洋合作示范区，包括“一中心、四基地”：中国印尼蓝色经济合作研究中心、龙目现代海洋科技产业基地、马老奇现代远洋渔业综合基地、基马安现代海洋渔业装备制造业基地、比亚克海洋渔业产业基地。

三是建设海洋科技合作园。包括青岛蓝色硅谷海洋科技合作园、烟台国际生物科技合作园、莱州湾高效生态海洋牧场科技合作园。

四是建设东亚海洋人才教育培训基地。发挥山东海洋科技教育人才聚集优势，开展高端海洋人才和中级海洋人才技能培训，向参与国提供“中国政府海洋奖学金”名额。

（二）打造中日韩地方经济合作示范区

2012 年 5 月，第 5 次中日韩领导人会议，就发挥山东毗邻韩国、日本的区位优势，建设中日韩地方经济合作示范区达成共识。山东省积极响应，以沿海的青岛、东营、烟台、潍坊、威海、日照、滨州 7 市为核心区，以其他 10 个市为联动区，探讨推进示范区建设。

示范区的功能定位：建设新兴产业国际合作聚集区、科技创新结构调整引领区、东北亚国际航运物流枢纽、中韩经贸交流会展中心、投资贸易便利化先行试验区。

一是推动双方地方政府间建立“经济合作伙伴关系”，构筑起山东与日韩地方政府、企业间高效畅通的合作渠道。

二是推动双方企业间进一步加强战略合作。积极推动日韩跨国公司对鲁投资，建立定期联系和项目洽谈协作机制，跟踪在华产业发展规划和投资动向，强化战略合作关系，支持企业加强双向投资合作。

三是规划建设中日、中韩产业园。发挥已经形成的制造业基础优势，积极争取日韩企业延伸产业链条。按照“绿色、低碳、生态、智能化”理念，规划建设一批创新主题园区、装备制造主题园区、新能源汽车主题园区、海洋化工主题园区、信息技术主题园区、汽车零部件主题园区、现代农业主题园区等。

四是推动交通物流金融旅游等多领域合作。推动中韩陆海联运项目实现整车运输。深化青岛港、日照港、烟台港、威海港与韩国釜山港“中韩 4 + 1”港口战略联盟机制。积极引进日韩银行、保险等金融机构。

五是在区域一体化方面争取先行先试。①加强海关“监管互认、执法互助、信息互换”合作模式，启动“经认证的经营者”（AEO）合作项目。②探索在电子信息行业、海洋产业、农水产品质量等领域，开展产业技术标准一体化合作。③探索实行日韩商务人员和旅游观光客落地签证或落地免签制度。④积极申办中日韩自贸区为主题的相关会议、论坛等活动。

（三）加快中西部物流大通道建设

全球产业重新布局中，中西部腹地纵深、市场规模优势进一步凸显。

“一带一路”是助推内陆沿边开放的重要举措。其中的关键是，加强空港、铁路国际大通道建设，推动中西部走向开放前沿。

一是以济南综合保税区空港功能区作为切入点，加快济南航空城建设。通过空运优势与综合保税区政策优势的叠加，建设集空陆港口岸、物流基地、保税园区、金融商务为一体的航空城经济实验区。

二是加快建设以济南为铁路枢纽的国际贸易大通道，继续完善铁路货运东向出海通道，同时利用新亚欧大陆桥，形成济南到新疆阿拉山口或霍尔果斯，经过哈萨克斯坦、俄罗斯、白俄罗斯、波兰至德国的国际铁路货运通道。

三是在西部地区增设一批海关监管场所。推进空港、铁路海关特殊监管场所的规划建设，争取纳入铁路、空运、海运“中欧安全智能贸易航线试点计划”。

（四）规划一批节点性项目

如青岛国际邮轮母港城项目、海上丝绸之路企业家理事会、中韩共建食品农产品质量安全示范区、潍坊东亚畜禽交易所、中韩铁路轮渡、渤海海峡跨海通道、中日韩贸易博览会、丝绸之路文化博览会等。

（完成时间：2014 年 6 月，作者：苏庆伟　方　兴）

当前部分省市积极参与“一带一路”建设情况

2014年6月9日，国务院发展研究中心在泉州举办了“一带一路”研究专题座谈会。国研中心、外交部、国家发改委领导和相关司局负责同志，江苏、浙江、广东、山东、河南、陕西、甘肃、新疆等“一带一路”17个有关省市政府研究室（中心）负责同志参加了座谈。对“一带一路”建设的内涵、各省发展机遇及主要做法、发挥“智库”的作用等进行了研讨。有关情况报告如下：

一、部分省参与“一带一路”建设的一些设想

沿“一带一路”省份抓住这次机遇，立足本省优势和特点，主动研究谋划，积极争取纳入国家总体规划，在新一轮扩大开放中打造区域竞争发展新优势。

（一）提出了在“一带一路”建设中的定位

云南、甘肃、广西、福建等省区举办或承办了以“一带一路”为主要内容的研讨会或论坛，甘肃等省编制了总体建设方案等。

21世纪海上丝绸之路方面，江苏以建设连云港国家东中西区域合作示范区为抓手，打造新亚欧大陆桥东方桥头堡。浙江以实施“四大国家战略举措”为契机，推动宁波、舟山、温州纳入海上合作战略支点，推动义乌列为内陆开放高地，推动杭州建设网上自由贸易试验区。福建以打造“陆上福建”“海上福建”“海外福建”为重点，加强与“一带一路”国家的合作。广东以参与打造中国—东盟自由贸易区升级版为重点，建设海上丝绸之路的排头兵。海南紧紧抓住三沙建设的契机，完善海洋基础设施，加

强海上丝绸之路综合保障补给能力建设。广西以提升在中国—东盟合作中的战略地位为突破口，打造“一带一路”新门户、新枢纽。云南提出以孟中印缅经济走廊、大湄公河次区域合作为重要抓手，建设通往印度洋的战略通道。

丝绸之路经济带方面，河南提出将郑欧国际物流大通道上升为国家战略，发挥战略枢纽和内陆开放门户作用。陕西确立了“打造丝绸之路经济带新起点，加快建设内陆开发开放高地”目标。甘肃着力构建兰州新区、敦煌国际文化旅游名城和“兰洽会”三大战略平台，建设丝绸之路经济带甘肃黄金段。宁夏抢抓国家批准举办中阿博览会、建设内陆开放型经济试验区等机遇，搭建我国向西开放的战略平台。新疆基于特殊地理特征、战略地位、资源禀赋等，提出建设丝绸之路经济带核心区。

（二）建设大通道是各省“一带一路”设计重点

基础设施互联互通，打破区位劣势，是各省谋划“一带一路”建设的首选。东部沿海省份突出了港口建设和海上综合交通能力建设，中西部省份突出了铁路、高速、空港等项目的规划。江苏提出重点推进新亚欧大陆桥运输大通道建设，实施连云港“30万吨”航道泊位建设，提升出海通道功能。浙江着力推动跨区域集疏运体系建设，建设宁波—舟山世界第一货物吞吐量国际枢纽港和义乌国际陆港。广东以广州、深圳、湛江港为重点，与东盟国家重要港口共同组建海港数据交流平台，以“珠三角机场合作论坛”为蓝本探索建立沿线国际机场合作机制。广西发挥与东盟国家陆海相邻优势，推动海上通道与陆上通道有机衔接。云南规划建设孟中印缅经济走廊通道，连接印度洋沿岸及南亚国家；深化大湄公河次区域互联互通，连接太平洋沿岸及东南亚国家，形成多线多方式出入格局。

河南重点加强铁路货运通道建设，构建“米”字形畅通东西、连接南北的陆路通道体系；发挥郑州航空港经济综合实验区效应，打通路带国家空中通道。湖北加快“汉新欧”常态化运营，打造“汉新欧”国际运输通道。陕西推进长安号国际货运班列常态化运行，建设中国至中亚国际货运集散地。甘肃提升新亚欧大陆桥甘肃段通达能力，建设大陆桥国家列车编组站，适时开通兰州至中亚、俄罗斯、欧洲货运定期班列。宁夏打造面向中东、中亚国家的门户机场，建设空中丝绸之路。新疆建议推进南、北两个通道建设，尽快启动中巴铁路项目，建设“中巴经济走廊”。

（三）产业对接合作是各省“一带一路”建设核心

各省全面谋划，发挥各自产业优势，拓展和深化与路带国家经贸合作，促进互利共赢。突出了两个方面：一是制造业优势与路带国家资源优势对接。广东以东盟、西亚国家矿产、橡胶、木材、油气为重点，以广晟、广新等大型企业为骨干，与东盟、西亚国家探索能源合作新模式。云南加快金沙江、澜沧江流域水电开发和送出网络建设，建设完善中缅原油和天然气管道。河南规划构筑西向中亚、南向东盟、东向海洋，以油气为主的“一带一路”能源战略大通道。甘肃办好中国（甘肃）新能源国际博览会，开展与中亚国家风能、太阳能合作交流。新疆推进中哈原油管道、中国—中亚天然气管道等项目实施，建设国家重要能源基地及能源大通道。二是突出金融、物流要素对接。广东推动互设金融机构，推动资本项目领域合作，探索与西亚、北非等沿线国家的金融合作与援助。广西抓住滇桂沿边金融综合改革试验区机遇，推动跨境人民币业务创新。陕西加快建设西安区域性金融中心，争取上合组织开发银行总部落户，建立中亚内陆离岸金融市场，筹建能源期货交易所和能源大宗商品交易中心。宁夏建设中阿金融合作示范区，建设中阿贸易结算中心，探索建立双向产业投资基金和中阿投资银行。新疆规划建设乌鲁木齐金融城，建设霍尔果斯人民币离岸金融中心，加强与中亚地区的金融合作。云南争取举办中国南亚博览会。甘肃推进兰州国家级区域物流枢纽建设。新疆办好中国—亚欧博览会、喀什中亚南亚商品交易会等大型国际会展，打造几个面向全国和周边的大宗物资交易市场。

（四）推动园区建设是各省“一带一路”重要抓手

一是国内园区。福建以海峡蓝色经济试验区拓展与海丝沿线国家的海洋合作；河南扩大郑州航空港经济综合实验区国际影响力；陕西加快西安欧亚经济综合园区建设等。二是境外园区。浙江推动俄罗斯乌苏里克斯工业园、文莱（恒逸）石化工业园等合作园区；广东以“深圳—海防经济贸易合作区”为龙头，在东盟国家建立更多的经贸合作区；海南加快柬埔寨泰文隆中国循环经济工业园建设。三是争取设立自由贸易区。福建拟建设福建自由贸易园区，率先建立高标准的国际投资贸易规则新体系，在投资贸易、金融创新、人员进出等方面实施比台湾自由经济示范区更加开放的政策，条件成熟时推动福建全省成为自由经济区；云南争取沿边自贸区试点，研究建设中国—南亚自由贸易区；宁夏探索建立中海（海合会）自由贸易园区；新疆建议启动边境自由贸易区，研究设立中国—中亚自由贸易区。

（五）注重以旅游文化教育强化合作纽带

海南发展海洋旅游业，建设23万吨级三亚邮轮码头，打造国际邮轮中心。云南研究推动建设大湄公河次区域无障碍旅游区，争取建设旅游对外开放国家合作试验区。河南争取承办世界旅游组织“丝绸之路国际大会”，启动“留学河南计划”。陕西举办“2014中国西安丝绸之路国际旅游博览会”。甘肃每年举办中亚西亚“甘肃文化旅游周”活动，举办丝绸之路文化博览会。新疆积极筹建中国—中亚联合大学。

（六）建立健全政策沟通、民间对话机制

海南打造博鳌亚洲论坛和中非合作圆桌会议品牌；云南建议推动建立以孟中印缅四国为主要成员的昆明合作组织；陕西升级做实欧亚经济论坛，加快推进浐灞中亚国家使领馆区建设，支持西安市办好丝绸之路经济带城市市长论坛、市长圆桌会议；甘肃争取举办中国—中亚合作对话会。

二、各省独具特色的一些具体项目

（1）江苏：在连云港建设中哈物流中转基地，与中亚国家在铁路运输、仓储物流等方面加强共建合作。

（2）浙江：依托义乌国际贸易综合改革，以“义新欧”国际铁路联运连接中亚欧洲，打造内陆型经济开放高地。

（3）福建：打造“海外福建”，发挥闽籍华侨华人的人缘、资本和文

化优势，探索设立为“走出去”服务的侨资金融机构，探索恢复海外华侨在国内的身份证明。

（4）广东：与各国共同编制《海上丝绸之路旅游发展规划》，打造旅游品牌，推进国际旅游目的地建设。

（5）海南：利用中非合作圆桌会议会址永久落户万宁的机遇，设立对非援助基金，对非提供智力援助。

（6）广西：探索构建北部湾海上合作试验区，推动中国—东盟泛北部湾经济合作，创立海上丝绸之路合作平台。

（7）云南：把孟中印缅经济走廊作为“一带一路”旗舰工程，推动设立“孟中印缅合作基金”。

（8）河南：郑欧班列纳入中欧“安智贸”试点，支持中国邮政开通国际邮运专线，建立安全便利智能化的郑欧国际贸易运输链。

（9）湖北：推进区域合作国际化，依托长江经济带推动长江中游城市群与俄罗斯伏尔加河城市群合作。

（10）湖南：深化服务贸易对接国际市场，加快发展有比较优势的动漫、影视、出版等文化创意产业出口。

（11）陕西：将西洽会改版升级为西洽会暨丝绸之路国际博览会，支持杨凌建设旱作农业国际合作中心。

（12）甘肃：争取建设兰州中亚西亚国家研究中心、阿拉伯语教育基地和中亚本土汉语教师培训基地等，举办“东干族华裔青少年国际汉语学历班”。

（13）宁夏：探索中阿共办、部区联办、民间协办，提升中阿博览会在国内和中东中亚国家的影响力。

（14）新疆：围绕首脑外交重要平台、周边合作重要渠道、新疆形象重要窗口功能定位，提升中国—亚欧博览会影响力。

三、几点启示

一是研究谋划山东省在“一带一路”中的定位。“一带一路”与山东省东西双向开放格局高度契合。建议与国家即将出台的路带规划对接，突出山东区位优势、产业优势、对外经贸合作基础优势，与“十三五”规划统筹考虑，研究制定参与“一带一路”建设的总体规划。

二是突出特色打造山东省“一带一路”合作优势。目前，路带沿线形成了一批多双边合作机制和有国际影响的博览会、论坛等，释放开放合作高地效应。建议抓住国务院明确由山东和国家海洋局实施“东亚海洋合作平台”机遇，规划一批节点性项目，打造参与“海上丝绸之路”合作的高端开放平台。

三是加快中西部物流通道建设。以“一路一带”助推内陆沿边开放，基础设施互联互通是国家规划的重点。当前，渝新欧、郑新欧、义新欧、汉新欧、兰新欧、长安号等欧亚通道建设取得积极进展。建议加强中西部空港、路港基础建设，发挥济南海关独立设关功能，争取纳入中欧“安智贸”试点，以济南为枢纽建设西向开放铁路通道。

四是注重抢抓中韩自贸区机遇。自贸区是我国新一轮扩大开放的战略重点，路带沿线省份都立足区位优势，积极争取设立区域性的国家自由贸易区。中韩自贸谈判取得积极进展，对山东的开放是又一次重大机遇，建议请有关部门加强对策研究，在东亚地区经济一体化合作中争取先机。

（完成时间：2014 年 6 月，作者：苏庆伟　方　兴）

关于山东参与“一带一路”建设的若干建议

山东处于路带两大战略交汇地，已纳入国家“一带一路”规划范围。发挥沿海大省优势，参与“一带一路”建设，对形成海陆统筹、东西双向开放格局，塑造开放型经济新优势具有重要意义。综合近期有关部门研究情况，提出如下建议。

一、关于山东省基础条件和优势

积极参与“一带一路”与拓展山东对外开放格局高度契合。山东省参与路带建设基础好、机遇多、潜力大。

（一）区位优势

山东是“一带一路”双起点、交汇地，向东面向东亚及整个环太平洋地区，沿海一类开放港口24处，沿海港口布局合理；向西连通中西部地区及中亚五国，拥有亚欧大陆桥出海通道，具有深化国际国内合作、聚集生产要素、吸引各方投资和带动区域发展的良好区位条件。

（二）产业优势

山东产业体系完备，制造业形成竞争优势。农业种植加工、纺织服装、鞋类、食品、轻工、家电、橡胶轮胎产业具备产业链转移优势。路带沿线国家，资源丰富，劳动力、土地成本较低。双方优势互补，合作空间巨大。

（三）资本优势

山东企业具备了资本输出的能力，“一带一路”成为“走出去”重要前沿区域。东盟国家资源开发合作和优势产能转移形成规模，南亚、非洲工程承包和资源开发形成优势，对意大利、东欧国家的高端制造业形成并购效应，对日韩形成劳务输出聚集。

（四）海洋优势

山东作为海洋经济大省，有山东半岛蓝色经济区国家战略支撑，具有海洋产业国家级平台、国家级科研院所等综合优势，具备建成全国乃至东亚、东南亚地区海洋开发合作核心区的条件。

（五）经贸优势

山东与路带沿线国家和地区贸易额占对外贸易总额的1/4，东盟、韩国、欧盟、日本、澳大利亚分别占山东省对外贸易的第二、第三、第四、第五、第六位。韩国、日本、新加坡分别是山东省第二、第三、第四大外资来源地。山东与中亚的贸易快速增长。

（六）文化优势

山东是中华优秀传统文化资源富集区，文化、教育、旅游资源丰富，对路带国家有文化影响力，教育、旅游合作潜力大。

二、关于参与路带建设的基本思路

山东参与“一带一路”建设，要坚持东西双向开放、内外合作共赢、全域要素联动、平台项目带动。

（一）山东战略定位

立足山东基础条件和优势，以山东“两区一圈一带”区域发展战略为依托，打造21世纪海上丝绸之路东北亚地区综合枢纽、丝绸之路经济带东端桥头堡、路带之交高端产业合作基地、东亚和环太平洋海洋合作平台、中华文化对外传播重心区，东西双向拓展，南北全线贯通，构筑山东全面开放新格局。

（二）对外合作格局

坚持政府支持引导，发挥企业主体作用，以创新投资贸易便利化机制为引领，以重大区域性平台项目为支撑，以深化优势领域合作为目标，四线展开、做强板块。沿海上丝绸之路北线，拓展东北亚合作，参与俄罗斯远东开发，做强日韩板块；沿海上丝绸之路南线，由南海经印尼到澳新，做强澳大利亚板块；沿海上丝绸之路西线，从我国东南沿海到东南亚、印度洋、西亚、北非及欧洲，做强东盟板块；沿新亚欧大陆桥，连通中亚，加入中欧“安智贸”试点，做强中东欧板块，形成“深耕日韩、提升东盟、拓展南亚、做强中东欧”的对外合作布局。

三、关于大力推进重点领域合作

结合山东实际，围绕政策沟通、道路联通、贸易畅通、货币流通、民心相通，推动扩大开放、合作升级。

（一）经贸合作升级

发挥山东制造业大省优势，优化贸易结构，提升经贸合作层次，实现投资贸易良性互动，推动一批装备制造业、优势产能转移，推动一批企业全球布局研发、营销网络，推动一批境外园区合作。

（1）打造境外自主品牌国际展会平台。着力打造日本大阪山东商品展、首尔山东商品进出口展、匈牙利山东机电产品中东欧展等5~6个自主品牌展会。同时，组织参加中国—亚欧博览会、中国—东盟博览会、中国—南亚博览会、中国—阿拉伯国家博览会、印度精细化工展、印尼中国机械电子产品展和莫斯科国际食品展等专业性展会，积极开拓路带国家市场。

（2）建设路带营销渠道网络。鼓励有条件的企业，在路带沿线国家打造自有营销渠道，延长贸易链条，提高贸易收益。建设境外展示营销中心，完善贸易促进和终端市场营销功能。鼓励有实力的商贸流通企业在路带国家建立连锁超市、大型商场等零售网点，扩大市场占有率和影响力。

（3）推动山东装备制造大规模“走出去”。建立融资保险支持成套设备出口长效机制，推动高端数控机床、海洋工程和油气开采、轨道交通、工业机器人、航空航天、核电装备、大型工程机械、大型成套输变电设备、高端基础零部件、新型化工设备、智能纺织、造纸机械、大型医疗设备、环保和资源循环利用设备等成套设备向沿线国家出口。

（4）推动优势产能转移。加强分行业分国别指导，根据省内大企业自身发展战略，推动纺织服装、食品加工等劳动密集型产业向生产成本低的国家转移；引导钢铁、橡胶轮胎、纸浆造纸等产业向资源国转移；推动农用机械、电子家电等产业向贴近目标市场国家转移。重点推动山钢集团马来西亚中厚钢板项目、魏桥创业集团印尼200万吨氧化铝项目、烟台玲珑轮胎泰国年产200万套半钢子午线轮胎项目、泰安瑞星集团南非100万吨尿素和煤化工项目等。

（5）支持企业开展高端项目并购。利用中国香港、新加坡、伦敦等国际资本市场平台，加强与国际金融服务、商务服务机构合作，采取并购重组等方式，加快研发、技术、品牌、营销合作，推动一批企业全球布局产业链。

（6）建设境外经济合作园区。引导企业在俄罗斯、东盟、南亚和中亚地区承建农业合作园区和资源开发类合作园区，在匈牙利等中东欧国家重点建设加工制造和商贸物流经贸合作区。加快建设匈牙利中欧商贸物流合作园区、中国匈牙利宝思德经贸合作区、中俄托木斯克木材工贸区、巴基斯坦海尔鲁巴经济区、柬埔寨山东桑莎（柴桢）经济特区等。启动省级境外经贸合作区的确认考核工作，积极推荐符合条件的园区申报国家经贸合作区。

（二）海洋合作升级

发挥山东半岛蓝色经济区资源、产业优势，加强海上丝绸之路国家海洋装备制造、海洋科技教育、海洋渔业、港口与航运、海洋环保等合作。

（1）依托“东亚海洋合作伙伴关系计划项目”、“东北亚地区地方政府联合会海洋与渔业专门委员会”等渠道，引导具备条件的涉海科研院所、学术机构、企事业单位等，在“海上丝绸之路”沿线国家扩大合作。重点培育先进环保技术和装备、环保产品与环保服务。

（2）推进综合性海外基地项目建设。推动印尼、拉美、南太和非洲等四大区域的综合性海外基地建设。加快建设“中国—印尼蓝色经济产业园区”，建设印尼龙目现代海洋科技产业基地、马老奇现代远洋渔业综合基地、基马安现代海洋渔业装备制造业基地、比亚克海洋渔业产业基地等。

（3）实施南极海域生物资源开发项目。在海洋资源丰富的国家，建立山东省国际海洋合作中心，组织开展国际海洋合作项目评估，争取更多的海洋权益。

（4）加强港口的交流合作。争取主要港口与新加坡港、胡志明港、雅加达港、马尼拉港等东南亚重要港口结成“友好港”。在中韩“4+1”港口战略联盟的基础上，争取建立中日韩—东盟港口战略合作联盟，在港口物流、临港产业、港口管理、政策互通等方面提升合作。

（5）开展与新加坡、泰国、印尼、越南等国家在海洋生物多样性、地震海啸灾害监测和预防等方面的研究合作。

（三）能源资源、工程合作升级

结合国家重点推进新亚欧大陆桥、中伊土、中巴、孟中印缅、中新、中蒙俄“六大经济走廊”建设，推动电力、煤炭、林业、橡胶、油气、矿产等产业合作，积极参与沿线互联互通基础设施建设。

（1）抓住中国—东盟自贸区升级机遇，重点引导纸浆造纸、木材加工、橡胶轮胎企业到印尼、老挝等资源富集国家投资。采取股权并购的方式与东道国联合开发，引导氧化铝、钢铁、造纸、橡胶企业在资源国就地开展生产加工，并向国内延伸产业链，形成内外联动的生产经营格局。

（2）加强矿产勘探开发合作。鼓励地勘单位和矿业企业积极加强与重要矿产资源国家的合作，引导工程企业承揽油气资源开发配套工程。推动有条件的企业到乌兹别克斯坦、哈萨克斯坦等中亚各国进行矿产、油气资源开发，建立资源生产基地。

（3）引导企业参与东盟、中亚、中东欧等国家的互联互通基础设施工程。在电力建设、公路桥梁、高铁、房屋建筑、港口建设等重点领域开展合作。依托骨干工程承包企业，实施龙头企业带动和借船出海战略，鼓励企业以 EPC 总承包及 PPP、BOT 等多方式开拓路带沿线国家工程承包市场。深度开拓南亚区域电力、冶金、交通等行业工程市场。

（4）利用“中国—海湾合作委员会战略对话”等机制，引导石油炼化企业参与伊朗重化工园区建设，推动企业承揽伊朗等中东国家电力、交通、港口和房建工程项目。

（5）积极扶持有条件的龙头企业试水投资额小、见效快的特许经营类项目，逐步向投资规模大、专业性强的高端特许经营领域扩展。

（四）金融合作升级

以青岛财富管理中心、济南区域金融中心为载体，加强路带建设金融服务。

（1）探索设立面向“走出去”企业或项目的产业投资基金、股权投资基金或股权投资引导基金，针对特定区域（国家）、特定市场，进行专业化投资。

（2）研究建立符合省情的境外投资合作保险制度。鼓励开发针对境外投资与合作项目建设的专项险种，包括外汇货币不可兑换风险、财产被没收风险、自然灾害风险、政治动乱风险，以及东道国非法侵犯投资者权益所造成的损失风险。

（3）探索建立境外投资损失准备金制度。对企业境外投资的种植基地、资源开发、基础设施等项目，允许将投资收益的部分金额计入“投资损失准备金”内，免缴企业所得税。

（4）加强金融机构跨国服务。鼓励和推动商业银行在山东省企业对外投资比较集中的路带区域，尤其是境外经贸合作区、工业园区等，设立分支机构或与当地银行开展合作，为“走出去”企业提供本地化金融服务。

（5）打造大宗商品国际交易平台。支持企业借助海关特殊监管区域和场所，开展大宗商品的现货、期货、即期、远期保税交割业务。指导青岛保税港区建立保税棉花交易中心、进境原木集散中心、进口葡萄酒交易中心和首家境外转运烟叶仓储分拨中心。支持日照市发展矿石、煤炭、钢材、粮油等大宗商品交易。

（6）争取区域金融合作先行先试。争取青岛、烟台、威海等列为中韩自贸区金融先行试点城市，引进韩国银行保险等金融机构，推进韩元在区域银行间市场挂牌交易，开展韩元贷款试点业务。促进青岛成为面向韩国的离岸金融中心。

（五）农业合作升级

支持农业龙头企业以合资、合作、参股、收购等方式，优化境外农业投资合作布局。

（1）建设农业开发基地。鼓励企业到农业资源丰富的国家，探索与国外大型农场、农业企业合作，建设主要农产品种植基地。在国别方向上，推动有条件的企业在中亚、南亚国家建立棉花种植加工基地，在老挝、俄罗斯等国建立木材生产加工基地。在泰国和老挝等国建立天然橡胶生产基地。在柬埔寨、乌克兰等建立稻米、玉米等粮食生产基地。支持企业向上下游延伸产业链，积极发展生物育种，建设农产品加工、仓储、烘干、冷链配送，形成集群优势。

（2）推动中以农业科技合作示范园建设。引进以色列现代设施农业先进技术示范项目，建设“中以（滨州）农业集优中心”，节水灌溉水肥一体化技术引进开发与应用示范，土壤结构调理剂与保水剂在黄河三角洲应用示范等。

（3）在潍坊建立“东亚畜禽交易所”。依托潍坊食品谷，吸纳东亚以及泛亚太地区的畜禽生产、加工、贸易企业，实现畜禽肉类产品线上交易、线下交割、人民币结算，打造集原料交易、产品深加工、冻品国际贸易和冷链物流于一体的国际畜禽肉类产品交易平台。推出“畜牧节”，举办东亚畜禽食品交易洽谈会、畜禽食品交易研讨会等大型经贸活动。

（六）人文交流合作升级

发挥山东教育、文化、旅游优势，增进与路带国家的交流认知。

（1）优化对外交往渠道。完善东亚地方政府会议、东北亚地区地方政府联合会等机制作用。推动与中国—东盟中心、柬埔寨农业部、泰国泰中文化促进会、马来西亚马中商务理事会、土库曼斯坦列巴普州等建立新的合作机制。重点开辟印度卡邦和中央邦、缅甸仰光、斯里兰卡科伦坡、老挝万象、俄罗斯科斯特罗马州、澳大利亚昆士兰州等友城渠道。

（2）建设东盟教育培训中心和留学生基地。在海洋大学、石油大学、泰安医学院设立“中国—东盟教育培训中心”。建立区域性文化交流基金和专项教育基金。定期举办国际教育论坛和大学校长论坛，扩大相互间留学和培训规模。开展联合办学。

（3）以孔子文化为主题，打造一批文化交流项目。发挥尼山论坛作用。承办世界儒学大会。实施文化节庆“走出去”工程，设立“丝绸之路”文化节。举办丝绸之路文化博览会。建立海上丝绸之路企业家理事会。

（4）联合推广“好客山东”品牌和路带国家旅游整体形象。联合打造国际精品旅游线路，开展旅游产品开发和营销推广，共同打造国际品牌。

（5）推进国际旅游目的地建设。推进青岛国际邮轮母港城、长岛休闲旅游度假岛、日照东方太阳城、好运角祈福文化旅游开发等项目建设。

四、关于加强合作平台建设

立足山东区位特点，争取一批重大平台项目纳入国家总体规划，在新一轮扩大开放中打造区域竞争发展新优势。

（一）建设东亚海洋合作平台

落实李克强总理倡议，在东盟与中日韩框架下，采取“1＋X”模式，在省内以青岛为龙头，有关市积极参与；在全国，以山东为中心，吸纳其他省区参加；在国际层面，立足中国，拓展海上丝绸之路沿线国家，面向东亚乃至世界，建设面向东亚、辐射亚太的开放式、国际化高端海洋合作平台。

（1）建立东亚海洋合作公共服务平台。在青岛建设东亚海洋合作交流中心，举办合作交流主题论坛、东亚海洋合作博览会。建立海洋资源要素交易市场。建立应对海洋自然灾害合作机制。

（2）建设海洋产业合作示范区。建设青岛（崂山）海洋医药和生物制品示范区、烟台海洋工程装备制造产业示范区、威海（荣成）海洋生物健康养殖和加工产业示范区、潍坊（滨海）海洋化工产业示范区。

（3）建设海洋科技合作园。包括青岛蓝色硅谷海洋科技合作园、烟台国际生物科技合作园、莱州湾高效生态海洋牧场科技合作园。

（4）建设东亚海洋人才教育培训基地。发挥山东海洋科技教育人才聚集优势，开展高端海洋人才和中级海洋人才技能培训，向参与国提供“中国政府海洋奖学金”名额。

（二）打造中日韩地方经济合作示范区

用好中韩自贸区机遇，以沿海的青岛、东营、烟台、潍坊、威海、日照、滨州7市为核心区，以其他10市为联动区，打造新兴产业国际合作聚集区、东北亚国际航运物流枢纽、中韩经贸交流会展中心、投资贸易便利化先行试验区。

（1）加快推进与韩国政府部门建立“部省经贸合作协调机制”。

（2）推动双方地方政府间建立“经济合作伙伴关系”。构筑起山东与日韩地方政府间高效畅通的合作渠道。推动双方企业间加强战略合作。建立与日韩跨国公司定期联系和协作机制，强化战略合作关系。支持企业加强双向投资合作。

（3）规划建设中日、中韩产业园。发挥制造业基础优势，争取日韩企业延伸产业链条。按照绿色、低碳、生态、智能化理念，规划建设创新主题园区、装备制造主题园区、新能源汽车主题园区、海洋化工主题园区、信息技术主题园区、汽车零部件主题园区、现代农业主题园区、中韩生态城等。

（4）推进“中韩共建国际食品农产品质量安全示范区”。依托出口农产品质量安全示范省创建，争取双方农产品质量安全标准互认试点。

（5）在区域一体化方面争取先行先试。加强海关监管互认、执法互助、信息互换合作，启动“经认证的经营者”（AEO）合作项目。探索在电子信息行业、海洋产业等领域，开展产业技术标准一体化合作。探索实行日韩商务人员和旅游观光客落地签证或落地免签制度。

（6）研究论证建设中韩铁路轮渡、中韩海底隧道、渤海海峡跨海通道。推动中韩陆海联运项目实现整车运输。加快推进鲁辽陆海货滚甩挂运输通道建设。推动韩国来华“家用小客车临时入境”政策落地。

（7）争取举办中日韩贸易博览会。

（三）支持青岛、烟台等建设自由贸易港区

结合青岛、烟台保税港区制造业、电子商务、交通运输等优势，创建自由贸易港区，打造东北亚国际航运枢纽港的核心功能区、建设蓝色经济开放发展的先导区、构建海关特殊监管区域整合升级示范区，增强在路带沿线的国际竞争力。

五、关于加快互联互通的通道建设

加快东中西物流大通道建设，提升海港、空港、铁路基础设施承载能力，推动中西部走向开放前沿。

（1）加快门户机场建设。加快济南、青岛、烟台国际机场建设。开展航空城建设国际合作，建设具有国际标准的区域航空枢纽，重点发展航空物流、航空维修、IT、文化产业、跨境电子商务、邮政快件等高技术、高附加值产业。鼓励国内外航空公司开通或者加密山东重点城市至路带重点城市定期旅游包机、直达国际航线。

（2）建设以济南为铁路枢纽的横跨欧亚国际贸易通道。加快青连铁路、董家口疏港铁路、德龙烟铁路、菏兖日铁路等规划建设。利用新亚欧大陆桥，搭建“山东—新疆—欧洲”跨国货运铁路直达通道。增开国际货运列车班列，争取开通至中亚、欧洲过境集装箱国际联运班列，争取纳入“中欧安全智能贸易航线试点计划”。

（3）建成东北亚国际航运中心。以青岛港为龙头，日照港、烟台港为两翼，加强港口公用基础设施及大型专业码头泊位建设。加快董家口 40 万吨级矿石码头和 45 万吨级原油码头和日照港 30 万吨级原油码头建设。建设全国最大的矿石接卸基地，重要的原油储运和煤炭转运基地，东北亚主要的集装箱运输枢纽。

（4）以交通枢纽城市为依托建设若干省级物流节点。规划建设具有专业化功能的大型物流综合体。建设济南董家庄综合货场和青岛即墨综合物流中心。支持中铁联集青岛集装箱中心站建设。吸引路带沿线国家航运公司和物流企业到山东投资建港、经营码头和开辟航线。

（5）在中西部增设综合型内陆口岸及监管场站。推进空港、铁路海关特殊监管场所的规划建设。建设济铁菏泽铁路物流园、兖州多式联运物流园海关监管铁路直通场站、冠县宝信物流园海关综合监管区等。开行中西部至黄岛、董家港、龙口、日照等口岸的铁海联运班列。

（6）加大口岸对外开放工作。支持董家口港区尽快实现对外开放，加快滨州港一类口岸开放，加快日照港和岚山港口岸的资源整合。扩大烟台和威海口岸的开放。积极推进临沂机场的对外开放。

（7）制定集装箱运输扶持政策。借鉴连云港做法，制定国际集装箱公路运输扶持政策，调整集装箱公路收费标准，外省集装箱车辆到山东省境内直至港口所在市，由省及港口所在市分段按比例给予公路规费减免，吸引货源到山东省口岸进出口。积极推行“卡车航班”空陆联运。

（8）推进国际贸易“单一窗口”建设。依托山东电子口岸，推进济、青海关一体化建设。推进重点口岸电子闸口放行机制，海港、空港口岸推行一定规模的集中查验。探索实施低风险出口产品快速检验通关模式。推进检验检疫直通放行模式，加强与陕西、甘肃、宁夏等直通合作，扩大山东口岸对内地的辐射作用。

六、关于健全工作推进机制

成立协调推进机构。建议成立省领导牵头、有关部门组成的协调推进机构，统筹推进山东省参与“一带一路”建设工作。根据国家总体规划，注意与山东省有关发展战略的对接，关注兄弟省份的相关构想，突出山东省特色和优势，形成参加路带建设的整体规划。实施“高层出访推动”和“定向跟进”工作机制，每年定向组织双向投资贸易活动。各市建立相应机制，上下联动，形成合力。

（完成时间：2014 年 9 月，作者：苏庆伟　刘永宽　孙晓焱）

强化国际化思维　积极融入“一带一路”

建设丝绸之路经济带和21世纪海上丝绸之路，立足中国区位优势，面向世界整体格局，着眼塑造中国在新的世界经济格局中的位置，把对外开放的传统优势和开放型经济大国优势结合起来，形成中国参与新一轮国际竞争的战略支撑。“一带一路”，具有深邃的历史思考、深刻的现实把握、深远的未来谋划。

山东处于路带两大战略交汇地，积极融入“一带一路”，对发挥沿海经济大省优势，塑造开放型经济新优势，推动山东经济转型、由大到强转变这两个现阶段发展的关键问题具有战略意义。山东积极融入“一带一路”战略，要突出强调以下几个问题：

一、强调国际化思维

为什么要强调强化国际化思维，一是“一带一路”提出基于中国经济和世界经济的高度关联。中国将一以贯之地坚持对外开放的基本国策，构建全方位开放新格局，深度融入世界经济体系。建设“一带一路”就是要使这种联系更加紧密，在这个高度的关联中拓展开放发展的空间。二是“一带一路”主要内容所要求。就是政策沟通、设施联通、贸易畅通、资金融通、民心相通。这“五个通”对山东发展的国际化提出了新的要求。三是“一带一路”主旨所决定。旨在促进经济要素有序自由流动、资源高效配置和市场深度融合，推动沿线各国实现经济政策协调，开展更大范围、更高水平、更深层次的区域合作，共同打造开放、包容、均衡、普惠的区域经济合作架构。四是“一带一路”共建原则所必需。“一带一路”

是国际合作以及全球治理新模式的积极探索。要坚持共商、共建、共享，推动沿线各国发展战略的对接与耦合。“一带一路”是共建，是开放式大格局，不是区域的分割。

要准确把握“一带一路”战略的开放本质，一方面进一步强化经济国际化理念，树立鲜明的开放导向，另一方面在视野上进一步提升，强化开放引领的意识，树立内外统筹的思维，增强法治和市场意识，加强与国际规则对接，建成服务全国、面向世界的沿海开放新高地，在全方位参与国家战略中打开山东对外开放新局面。

二、强调打造路带合作品牌

“一带一路”与山东全方位开放需求高度契合。改革开放以来，山东对外开放布局，形成美国、东盟、韩国、欧盟、日本、澳大利亚六大板块。山东内部开放格局是，东部开放度高，中西部开放度相对偏低。山东新一轮开放中，东部开放继续发挥率先优势，中西部开放也要乘势而上，突破“东强西弱”局面，与国家“一带一路”战略框架高度契合。

抓住“一带一路”历史机遇，提升山东开放水平和在国家开放格局中的地位，要着力打造如下几个品牌：

一是建设东亚海洋合作平台。李克强总理 2013 年 10 月在文莱出席第 16 次东盟与中日韩（10 +3）领导人会议时提出倡议，已明确由国家海洋局和山东省负责实施。初步考虑，东亚海洋合作平台的定位，在东盟与中日韩框架下，以我国、东南亚国家、日韩及俄罗斯远东地区为主，建设面向东亚、辐射亚太的开放式、国际化高端海洋合作平台。包括东亚海洋合作公共服务平台、海洋产业合作示范区、建设海洋科技合作园、东亚海洋人才教育培训基地。条件成熟时，可扩大至澳新、美加等国。把山东海洋大省的优势发挥好。

二是打造中日韩地方经济合作示范区。2012 年 5 月，在第 5 次中日韩领导人会议，就发挥山东毗邻韩国、日本的区位优势，建设中日韩地方经济合作示范区达成共识。山东省积极响应，探讨推进示范区建设。提出了示范区的功能定位，如建设新兴产业国际合作聚集区、科技创新结构调整引领区、东北亚国际航运物流枢纽、中韩经贸交流会展中心、投资贸易便利化先行试验区。今年中韩自贸协定签订，把威海市与韩国仁川自由经济区作为地方经济示范区，烟台市与韩国新万金经济区共建中韩产业园区。这就把中韩地方经济合作示范区进一步落到实处。

三是深化鲁新合作机制。1993 年 11 月，新加坡—山东经贸理事会正式成立。这是中国地方政府与新加坡建立的第一个战略合作组织，成为中新经贸合作的重要模式。20 年来，双方坚持“政府推动、企业主体、全面合作”，构筑起了政府与民间、经济与社会，各层面、各领域的交流平台。新加坡成为山东第四大外资来源地、第三大海外工程承包市场、第二大外派劳务市场。新加坡已成为山东企业海外上市最集中的国家和地区之一。在理事会框架下，新加坡资助的人才培训项目已为山东培训了 86 批 2081 人。双方在科技、文化、旅游、体育等领域的交流不断深入。在“一带一路”建设中，鲁新合作应有重要定位。我们提出要突出重点、着眼升级、双向扩展、多元合作，争取更加广泛的务实成果。

四是鲁港合作深化。国家愿景与行动强调发挥香港、澳门特别行政区独特优势作用，积极参与和助力“一带一路”建设。鲁港合作是山东对外开放的战略平台。近年来，鲁港合作机制不断健全，经贸交流合作成效显著。香港是山东第一大外资来源地，港资连续多年占据全省利用外资的半壁江山。目前山东累计到账港资达到 641.4 亿美元。同时很多山东大企业通过香港走向世界，目前已有 45 家山东企业在香港上市，占全省境外上市公司总数的 47%，融资额占境外上市融资总额的 85%。充分发挥香港国际化的优势，提升山东经济参与国际产业竞争的能力，还有很大的空间和潜力。

三、强调提高产业合作层次

注重提升重点产业在全球价值链中的地位。把与欧美高端合作提升到战略位置。加强与德国工业 4.0、美国工业互联网等领域合作。深耕欧美高端市场，扩大先进技术和关键设备进口。规划建设一批承接欧美高端项目的重点园区。加强与日韩深度合作。高水平谋划实施威海中韩自贸区地方经济合作示范区，深化与日本大企业战略合作，提升产业合作的层次和水平。

实施跨国公司培育工程。鼓励行业龙头企业并购境外优质资产、知名品牌、研发中心、营销网络，对销售收入过百亿元的省内企业开展跨国经营和国际合作重点指导。发挥大型国有企业示范带动作用，对境外投资项目设3～5年考核过渡期，并购境外研发中心、知名品牌、营销渠道等发生的费用，经认定后在考核中视同利润。加强民营企业家国际化培训。引导企业完善跨国经营管理体制，规范境外经营行为。鼓励企业将境外投资所获资源、产品、技术、营销网络等用于促进国内相关产业发展。

加快推进国际产能和装备制造合作。制定钢铁、纺织服装、氧化铝、建材、化工、工程机械、电子家电、农机、橡胶轮胎等10个优势产能境外转移实施方案，选准目标市场，建立生产装配、服务基地和研发中心。深化境外能源资源农业合作开发，建设煤炭、铁矿、铝土矿、铜矿、钾盐、橡胶、林业、渔业、粮食、棉花等10大资源深加工基地。重点支持加工制造、资源利用、农业产业、商贸物流等30个境外经贸合作园区建设。

四、强调重大基础支撑

加快中西部物流大通道建设。全球产业重新布局中，中西部腹地纵深、市场规模优势进一步凸显。“一带一路”是助推内陆沿边开放的重要举措。其中的关键是，加强空港、铁路国际大通道建设，推动中西部走向开放前沿。

一是以济南综合保税区空港功能区作为切入点，加快济南航空城建设。通过空运优势与综合保税区政策优势的叠加，建设集空陆港口岸、物流基地、保税园区、金融商务为一体的航空城经济实验区。

二是加快建设以济南为铁路枢纽的国际贸易大通道，继续完善铁路货运东向出海通道，同时利用新亚欧大陆桥，形成济南到新疆阿拉山口或霍尔果斯，经过哈萨克斯坦、俄罗斯、白俄罗斯、波兰至德国的国际铁路货运通道。

三是在西部地区增设一批海关监管场所。推进空港、铁路海关特殊监管场所的规划建设，争取纳入铁路、空运、海运“中欧安全智能贸易航线试点计划”。

四是规划一批节点性项目。如青岛国际邮轮母港城项目、中韩铁路轮渡、渤海海峡跨海通道等。

五、强调构建开放型经济体制新优势

坚持国际接轨、国民待遇，建设稳定、公平、透明、可预期的营商环境。

建立涉外投资审批新体制。探索实行准入前国民待遇加负面清单的管理模式，完善外商投资市场准入制度。

提高对外贸易便利化水平。加快建设山东电子口岸，实行国际贸易“单一窗口”受理，推进通关作业无纸化。强化大通关协作机制，实现口岸管理相关部门信息互换、监管互认、执法互助。推进丝绸之路经济带海关和检验检疫区域通关一体化改革。

落实外商投资企业国民待遇。允许外商投资企业参与公路、铁路、能源、电信、水利、市政设施、保障住房、医疗卫生、养老等领域的示范性重大项目，并在土地、能源、用工等方面给予同等保障。在税收减免、财政资金扶持、科技进步、新产品研发、企业技改、政府采购、公共项目招投标、产业发展投资基金等方面，凡是法律法规不限制或禁止的，内外资企业享有同等待遇。

完善外商投资监管体系。扩大开放与加强监管同步，加强事中事后监管，探索开展事前诚信承诺、事中评估分类、事后联动奖惩的信用管理模式。建立外商投资信息报告制度和外商投资信息公示平台，形成信息共享、协同监管、公众参与的外商投资全程监管体系。

健全涉外风险防控体系。加强贸易摩擦、贸易壁垒预警机制和产业损害预警体系建设。加大应对国际贸易摩擦宣传培训力度，完善政府、行业协会和企业三方联动机制，指导企业做好贸易摩擦预警、咨询、对话、磋商、诉讼等工作。建立“走出去”企业境外风险防范和预警机制，覆盖境外风险识别、规避、处置、善后全过程，形成横向联合、纵向联动、内外一体的风险防范体系。加强境外山东企业商会建设。鼓励涉外中介服务机构发展。强化境外领事保护，综合运用经济、外交、法律等方式，维护公民和企业境外合法权益。

加强开放型经济法治建设。建立健全与国际接轨的开放型经济法治环境，规范政府行为，加强涉外行政执法行为监督。完善政府监管、有效服务、社会监督联动的外商投诉调处工作机制。优化外商维护合法权益的司法环境。加强涉外法律服务，强化涉外知识产权纠纷的预警、应对、防控和执法。

（完成时间：2015 年 9 月，作者：苏庆伟）

做好先行先试文章
以国家级新区建设引领东北亚区域合作

大连金普新区2014年6月获国务院批复设立，成为第十个国家级新区，进一步完善了国家综合改革试验的新区格局。金普新区把建设我国面向东北亚区域合作的战略高地作为重要定位之一，对于振兴东北老工业基地、扩大环渤海区域开放、提升东北亚经济合作一体化水平具有重要意义。下面，仅就金普新区建设与东北亚区域开放合作，谈点体会。

一、深化东北亚区域开放合作面临难得机遇

山东、辽宁地处我国与东北亚区域合作前沿，良好的区位条件、产业互补优势、经贸合作基础，都要求我们在面向东北亚的开放合作中，发挥主阵地、主力军作用。金普新区以建设我国面向东北亚区域合作的战略高地为目标，应天时、顺地利，抓住了历史的机遇，体现了准确的功能定位，必将大有作为，成为环渤海区域乃至全国面向东北亚开放合作的火车头。

东北亚区域合作，是我国对外开放重要的区域板块，是国家周边开放合作格局中重要一环。这一区域的国际合作，具有历史传统优势、良好经贸基础、深厚文化底蕴，但国家之间合作发展不平衡、区域地缘优势发挥不够、经济一体化合作水平还不高。国家新一轮开放中，面向东北亚扩大开放合作，面临着难得机遇。统筹推进改革开放，以开放促改革，构建开放型经济新体制，对外开放合作的制度环境、政策支持力度是空前的；国家实施“一带一路”战略，全面深化和拓展周边经贸合作，深化地缘区域合作的历史机遇是难得的；国家全面实施自由贸易区战略，坚持双边、多

边、区域次区域开放合作，扩大同各国各地区利益汇合点，以周边为基础加快实施自由贸易区战略，中韩自贸区将是我国与周边发达经济体第一个高水平的自由贸易协定，提高区域经济合作一体化水平的契机是少有的。

金普新区作为国家级新区，发挥我国面向东北亚区域开放合作的战略高地功能，关键在于充分发挥好先行先试的优势，创新对外开放合作的模式，在产业、航运、物流、金融、人才和科技等方面为东北亚地区合作提供综合服务，为深化国际区域合作提供示范，提升我国在东北亚区域合作中的地位。

二、发挥新区先行先试优势引领东北亚区域合作

把握我国在国际经济格局和国际区域合作中的地位，从带动区域发展、发挥金普新区自身优势、完善我国沿海开放格局等方面看，发挥国家级新区战略高地作用，深化东北亚区域合作，要突出重点，先行先试，加快形成与国际惯例相衔接的管理体制和运行机制。

1. 进一步提升在区域国际产业分工中的地位

经过改革开放30多年的发展，我国参与经济全球化的基础和条件发生了重大变化。中国经济总量居世界第二、进出口规模居世界第一、吸收外资居世界第二、对外投资居世界第三、外汇储备居世界第一。但随着劳动力、土地等各类要素成本进入集中上升期，低成本制造的传统优势受到削弱，能源资源和生态环境约束强化。从国际分工格局的发展趋势考虑，必须把高端制造作为我国长期保持产业竞争优势的战略重点。就东北亚区域合作来看，在我国周边区域合作格局中，合作的层次是比较高的。辽宁、山东与日韩的合作具有一定的代表性，形成了产业互补的明显优势。当前，日韩经济总体向好，产业向外转移步伐未减，环渤海区域仍得地缘之便。金普新区是大连市新兴产业核心集聚区，集群化发展态势明显，初步形成了高端装备制造业集群、整车及核心零部件产业集群、电子信息产业集群和港航物流产业集群，具备了在相关领域参与国际竞争的能力。金普新区在产业政策方面具有先行先试功能，要扩大制造业开放的股比限制，

建立与日韩统一的产业标准和行业标准，进一步加强与日韩等产业对接，深化与日韩大企业的战略合作，加强与具有核心技术的中小企业合作，更好地融入跨国公司的生产链条，形成合理的产业分工协作格局，提高产业合作层次，深入挖掘制造业合作潜力。

2. 推动现代服务业开放合作

扩大服务业开放是我国新一轮改革开放的重点。积极拓展现代服务业等新的合作领域是各个国家级新区竞相争夺的制高点，也必将是东北亚区域合作的新热点。当前日韩在节能环保、信息服务、医疗保健、电子商务、养老等产业方面具有比较优势，且向海外发展意愿强烈。在日韩制造业价值链低端环节向东盟等要素成本较低国家转移的形势下，环渤海省份应结合经济转型发展要求，重点谋划与日韩在金融、医疗养老、大气污染防治、信息技术以及跨境电子商务、智慧城市等领域的合作。金普新区应致力于建设先进服务业开放先行区或服务贸易特殊监管区，吸引东北亚各国旅游、休闲、度假资源，带动医疗、养老、美容、商贸等领域投资。继续推进人民币与日元、韩元直接交易进程，支持人民币跨境使用。围绕重点产业发展，按照市场化方式设立产业投资基金和创业投资基金，加大金融创新力度。鼓励外资参与市政、医疗、教育等领域建设。

3. 建设支持企业“走出去”的服务平台

实施“走出去”战略，扩大企业及个人对外投资，是国家为适应经济全球化和区域经济一体化做出的重大决策。现阶段我国企业“走出去”，集中在资源开发、优势产能转移、基础设施建设等领域。东北亚地区的合作具有很大潜力，俄罗斯实施远东大开发计划，蒙古等国也在不断加强与中国的经贸合作，为企业“走出去”创造了条件和机遇。一批企业在俄罗斯、蒙古开展森林、矿产、油气资源开发，也有企业在日韩等经济发达国家开展品牌、技术等高端并购。企业“走出去”呈现良好发展势头，特别是在具有地缘优势的区域，形成了企业“走出去”的新一轮高潮。企业“走出去”参与区域经济合作，非常需要金融、信息、技术、商务、法律服务，全国这方面的服务平台非常缺乏。金普新区可以立足自身优势，加强面向东北亚区域合作的服务平台建设，为东北、环渤海乃至全国企业参与东北亚合作提供服务，增强企业国际化经营能力。

4. 打造服务东北亚区域合作的物流综合枢纽

现代物流是区域资源要素配置市场化的基础。一个区域的合作必须打破交通物流瓶颈制约，形成资源要素配置的大平台。从环渤海区域来看，天津、青岛、金普都具备成为区域物流中心、大宗商品交易中心的港口、交通、腹地条件。目前，渤海大宗商品国际交易所成功运营，山东青岛、日照等以优势出口农产品、大宗进口能源矿产品为依托，积极探索建立“齐鲁大宗商品国际交易所”。金普也初步形成了东北亚油品、矿石、农产品、工业原材料、工业制成品等大宗物资贸易中心。要着眼增强枢纽功能，进一步发展保税贸易和离岸贸易，开展期货保税交割试点，配套完善国际航运吸引转口贸易物流的政策措施。这应该是国家级新区在先行先试中谋划带动区域开放合作的一个重要切入点。

三、深化东北亚区域合作的几点建议

1. 把东北亚区域互联互通建设纳入国家战略

目前，东北亚区域内人流物流频繁，现有交通设施已经不适应经济快速发展、区域合作日益加强的需要。从国内看，东北地区与山东地区以至沿海地区的交通已经成为区域合作的一大制约。近期山东、辽东两大半岛之间跨海通道建设方案已上报国务院，亟须在国家层面统筹规划，协调各方共同推动。现在我们已经具备工程建设的物质、技术条件。加强两大半岛之间的大通道建设，对于大连金普新区、青岛西海岸新区发挥对外开放战略高地优势，提高我国沿海开放水平具有长远的战略意义。从东北亚大区域看，先不说与俄罗斯远东地区、蒙古交通不便，就是与日韩之间的交通也是深化区域合作的重大制约。山东半岛与韩国最近距离只有90海里，建设中韩海底隧道，对东北亚区域合作意义重大。争取启动中韩陆海联运汽车整车运输，积极推动中韩铁路轮渡项目纳入两国政府间谈判协定和“一带一路”范畴。同时要加强海上通道、空中走廊建设。

2. 加强东北亚区域内海关合作

良好的通关环境是加强区域合作、提高投资贸易便利化水平的重要基础。深化东北亚区域合作，要加强各国海关等合作，为货物流通、人员往来提供更大便利。如加强海关监管互认、执法互助、信息互换合作，启动“经认证的经营者”（AEO）合作项目等。探索在电子信息行业、海洋产业等领域，开展产业技术标准一体化合作。探索实行商务人员和旅游观光客落地签证或落地免签制度等。

3. 探索建立环渤海国家级新区合作新机制

环渤海区域是我国区域发展的重要板块，又是我国面向东北亚区域开放合作的前沿地带。大连金普新区、天津滨海新区、青岛西海岸新区，是国家沿海开放布局的战略支点。三个新区在功能上各有定位，既有共性又有侧重，辐射带动的区域不同，形成竞争合作、错位发展的格局。在面向东北亚区域开放合作上，负有共同的使命和责任，建议建立信息沟通渠道，定期召开研讨会，研究产业对接与合作，共同推动东北亚区域全方位深化合作发展。

（完成时间：2014 年 9 月，作者：苏庆伟　刘永宽　孙晓焱　方　兴）

关于加强中小微企业外贸综合服务的调研报告

外贸综合服务是一种新型外贸服务业态。最近我们就中小微企业外贸综合服务情况，到青岛、烟台、德州、聊城的部分县（市）及20多家中小微企业进行了调研。从调研看，山东省中小微企业发展潜力大，也有开展对外贸易的意愿，但外贸综合服务供给缺口较大。在外贸形势严峻的情况下，各级政府应高度重视中小微企业在对外贸易中的重要作用，积极为中小微企业提供“一站式”、“全流程”外贸综合服务，培育山东省新的外贸增长点。现将有关情况报告如下：

一、中小微企业对外贸易有潜力

近几年，山东省中小微企业快速发展，数量不断增加，但在开拓境外市场、参与国际市场竞争方面还有很大差距。据统计，截至2013年，全省出口规模在500万美元以下的中小微企业共有25933家，占全省出口企业的75%，比2010年增加了3523家。然而，从出口额占当年出口总额的比重看，2010年、2011年、2012年、2013年分别为10.2%、8.9%、8.8%、8.5%，呈逐年下降趋势。随着国家促进外贸稳定增长政策的实施，以及各级各部门相应政策措施的落实，对外贸易环境不断改善，中小微企业出口实绩占比下降的趋势将会改变，对外贸易增长的潜力将会逐步得到释放。

（一）良好的政策环境助推中小微企业扩大对外贸易规模

2013年以来，为应对复杂严峻的外贸形势，国务院办公厅连续出台了支持外贸稳定增长的政策，指出要加大对中小微外贸企业的支持力度，加强对中小微外贸企业的服务。省政府办公厅也出台了配套政策，省商务厅、财政厅、国税局、检验检疫局、海关等有关部门进一步减少行政审批事项，下放行政审批权限，为企业对外贸易创造了良好的政策环境，激发了中小微企业参与国际贸易的积极性。据海关统计，对外贸易经营资格实行备案登记制后，出口规模500万美元以下的中小微企业出口额占全部出口额的比重，由2013年的8.5%提升到2014年上半年的12.8%，提高了4.3个百分点，是2010年以来占比持续走低后出现的重要拐点（见表1）。可以预见，随着促进外贸稳定增长政策措施的进一步落实，中小微企业对外贸易潜力会得到更充分的释放，尤其是国家“一路一带”战略的实施和“中韩自由贸易协定”即将签署，给中小微企业参与国际市场竞争提供了良好的发展机遇。

表1　近年来山东省中小微企业出口情况

统计项目		2010年	2011年	2012年	2013年	2014年上半年
全省进出口总额（万美元）		18915629.3	23588608	24554430	26653170	13799154
进出口企业数（家）		28985	31041	32851	34710	31892
出口50万美元以下企业	数量（家）	12539	12639	13579	14304	16019
	出口额（万美元）	193025.9	199267.2	210625.2	217246.1	238233.3
出口50万~100万美元企业	数量（家）	3365	3605	3805	3957	3737
	出口额（万美元）	243345.3	260438.7	274368.6	285572.6	268517.1
出口100万~500万美元企业	数量（家）	6506	7155	7304	7672	5781
	出口额（万美元）	1494228.3	1662141.1	1681859	1768783.8	1258091.1

（二）产业集群发展促进中小微企业拓展国际市场空间

近年来，中小微企业集群发展的趋势越来越明显，围绕大型专业批发市场、物流中心、重要生产基地和龙头企业，形成许多具有区域特色的产业聚集群。如宁津县围绕五金制品生产形成了网带、汽配、五金、消声器、电子、金属制品等多个行业，聚集了657家生产业户。据统计，2010年至2013年，宁津县五金制品业集群产值年均增长26.3%，产品出口由2010年的3061万美元增加到2013年的5693万美元，产品在国内外市场都具有较强影响。随着产业聚集度的提高，生产成本、物流成本不断降低，生产能力迅速扩大，需要更大的市场空间容纳新增产能，促进中小微企业不断扩大对外贸易，拓展国际市场空间。

（三）产品结构优化调整增强中小微企业参与国际市场竞争能力

从调查看，许多中小微企业发挥经营灵活的特点，注重寻找市场空白点，以市场为导向，着力加大传统产品的改造升级和新产品的研发，把传统产品做成特色产品，形成了品牌，增强了市场竞争力。高唐县顺兴劳保用品有限公司，是一家只有150人的小厂，专门生产防碱、防酸橡胶手套，这种产品在欧美发达国家多年前已被淘汰，但又是消耗量巨大的必需劳保品，顺兴公司抓住产品市场空档，通过技术改造，开发了不同季节、不同区域、不同用途的手套，增加花色品种，提升产品档次，产品畅销欧美、日本及中东一些国家，形成了竞争力强的“顺兴劳保用品”自主品牌。

（四）在线电商贸易搭建起中小微企业走向国际市场的桥梁

互联网技术的广泛应用，使传统贸易方式与以互联网技术为载体的电商贸易方式并行发展。山东省电子商务应用企业不断增加。2013年，山东省电子商务交易额达到1万亿元，同比增长30%。其中，B2B电子商务交易额8200亿元，同比增长28%；网络零售额1800亿元，同比增长44%。据估计，到2017年，全省电子商务交易额将突破3万亿元，其中网络零售额将达到6000亿元。随着电子商务平台功能的不断完善，将有更多的中小微企业利用新的贸易方式开展对外贸易。

二、中小微企业对外贸易面临诸多困难

调查中了解到，中小微企业产品具有一定的国际市场竞争力，但在具体的进出口环节中，仍有许多困难和问题制约对外贸易的发展。据统计，截至2013年底，山东省共有外贸备案企业7.8万家，但有进出口实绩的企业仅3.5万家，占全部备案企业的45%，尤其是许多中小微企业只有备案没有出口实绩。

（一）开拓国际市场成本高

参加境外展会是企业开拓国际市场、获得海外订单的重要途径，不参展很难获得订单。但对大部分中小微企业尤其是发展初期的企业，参加展会的交通费、摊位费、推广费等是十分沉重的负担，因此企业处在两难境地。目前政府虽然设立了中小企业国际市场开拓资金，但由于企业没有出口业绩即得不到补贴，而出口业绩多的企业又不是最需要补贴的，所以很难惠及处于起步阶段最需要补贴的中小微企业。

（二）出口环节多收费高

对外贸易需要同海关、检验检疫、税务、银行、保险、港站等多个部门和机构打交道，程序烦琐，收费项目多。宁津县迈宝赫健身器材有限公司40英尺和20英尺货柜的平均单柜毛利约为32000元和15000元，而从报关到出关等一系列过程的出口费用则分别为6300元和5122元（见表2）。中小微企业开展自营出口成本较高，企业压力较大。

表2　迈宝赫公司在青岛港出口费用明细　　单位：元

项目名称	40英尺货柜	20英尺货柜	备注
陆运费	3150	2600	按柜收取
代理费	150	150	按票收取
报关费	135	135	按票收取
订舱费	100	100	按票收取
THC（码头操作费）	1250	850	按柜收取
CHC（集装箱操作费）	75	75	按柜收取
预配舱单费	100	100	按票收取
铅封费	50	50	按柜收取
安保费	60	30	按柜收取
文件费	450	450	按票收取
港杂费	480	282	按柜收取
操作费	300	300	按票收取
合计	6300	5122	
单柜货值	162312.15	76289.46	平均值
单柜毛利率（%）	20	20	

（三）货物通关查验频率高

中小微企业开展外贸业务初期，个别企业存在违反通关规定的现象，但经过多年发展已基本纠正了错误，符合通关规定。而海关在货物通关查验时，对这一行业出口商品仍持怀疑态度，对通关货物频繁查验。据临清市博特轴承有限公司反映，该企业信誉等级为 A 级，按海关查验制度要求，应实行抽查，减少查验频次，但受以往个别违规企业的影响，该公司出口货物被查验的频率居高不下，有时一批货物查验率甚至达到 80% 以上，大大降低了通关效率，增加了企业相关费用，更严重的是延误了货物装船日期。

（四）出口信保门槛高

一方面，保费较高。据高唐县顺兴劳保用品公司反映，企业 1 年购买 500 万美元保单，信保公司按 8‰打包收取保费，如果企业年内出口达不到 500 万美元，信保公司多收部分保费不退还。另一方面，个别地区申请出口信保受到限制。据宁津县华明皮革制品有限公司反映，以往德州个别出口企业信誉不好，影响了整个区域的信保申请，华明公司 2014 年上半年先后两次到信保公司申请办理出口信保业务，都被拒之门外。

（五）海外市场风险高

大多数中小微企业开展对外贸易通常采用“款到发货”的结算方式，即由国际买家预付一定比例的货款再开工生产，发货前要求对方付清余款。但目前国际市场已发生了重大变化，企业要先垫付资金采购原材料组织生产，客户收到货物后再付款。而大部分中小微企业不了解海外客户信誉情况，一旦出现违约变故，很难追讨欠款，给企业带来重大损失。在国际市场复杂多变、缺少海外客户信誉调查的情况下，中小微企业开拓国际市场面临着很高的风险。

三、亟须加强中小微企业外贸综合服务

中小微企业外贸综合服务，是通过提高服务的集约化和专业化，实现外贸服务流程再造。从传统的企业需自我完成多环节流程（包括单据制

作、报检、陆运、报关、通关上船、结汇单据、退税等)，转变为由外贸综合服务企业打包完成，解决了中小微企业因无人才、无规模而造成的退税慢、融资难、信保难、追债难等一系列问题，进而促进中小微企业对外贸易发展。目前，南方发达省市外贸综合服务业务呈快速发展之势。深圳市外贸综合服务企业数量占全国80%左右，2013年出口额超过177亿美元。山东省也有3700多家外贸服务类企业，但大多数以质量检测、信息咨询等零散服务为主，规模小、服务项目相对单一，无法提供“一站式”、“全流程”综合性服务。从调查看，山东省仅有新华锦等少数企业能够提供外贸综合服务。新华锦目前已与4000多家中小微企业建立了合作关系，累计出口5.9亿美元。

山东省中小微企业外贸综合服务起步晚、发展慢、数量少、规模小，服务功能远远不能满足中小微企业对外贸易快速发展的需要，分析原因，主要有以下几方面：

（一）宣传贯彻有关政策的力度不够

国务院明确提出大力培育外贸综合服务企业，省商务厅也出台了相应的意见。但从调查情况看，一方面，有关部门对政策的解读和宣传力度不够，大多数中小微企业对外贸综合服务感到陌生，认知度不高。另一方面，贯彻落实行动慢。据了解，南方先进省市在国家关于支持外贸综合服务企业发展的文件出台前就已先行一步，抢得先机，政府、部门强力推进外贸综合服务企业发展，目前如深圳的“一达通”、上海的“春宇快贸通”等综合服务能力强的企业，服务范围已遍及全国。而山东省目前多数地方对发展外贸综合服务、促进中小微企业对外贸易增长的研究不多，支持不够，服务不到位。

（二）创新发展新型服务业态的意识不强

调查中了解到，山东省外贸综合服务发展慢，一方面与部分大型外贸企业创新观念不够，引领新型业态发展的积极性不高有很大关系，满足于自我发展，自我服务，对潜在的经济效益缺少深入的分析，不愿涉足外贸综合服务业务。另一方面，由于信用体系建设滞后，监督约束机制不完善，部分有外贸服务需求的中小微企业，担心外贸综合服务企业会泄露自身商业信息，造成损失，这些企业既需要服务，又担心服务，造成服务企业群体规模较小。

（三）推动外贸综合服务发展的合力不足

外贸综合服务的发展需要相关部门合力推动，但目前有关职能部门主动服务和相互配合意识明显不够，针对新型服务业态不能及时提供帮助和服务，一定程度上限制了外贸综合服务功能的发挥。比如因对外贸综合服务企业的行业分类不明确，在企业资质认证上就低不就高。因此，有关职能部门的政务电子接口对外贸综合服务企业开放不充分，进而造成信息缺项，不能满足综合服务业务的开展。如烟台融信通企业服务有限公司，是2014年上半年成立的一家外贸综合服务企业，遇到的最大困难就是因为企业资质认证为B级，海关等有关部门的政务电子接口只对其开放一部分，无法完成整套的报关流程，进而影响了客户流。

（四）支撑外贸综合服务企业的复合型人才缺乏

外贸综合服务的发展运行需要复合型人才，要求其既懂商务外语、国际贸易规则、有关国家传统文化和政策法规，还要掌握具体的通关实务等。从目前的情况看，一方面，大学毕业生多以专项见长，综合业务素质有待提高，即使有这方面高层次人才，也主要集中在生活条件和居住环境较好的大城市，客观造成二、三线城市复合型人才相对缺乏。另一方面，外贸服务企业为减少人力成本，主要以吸收和培养专业化人才为主，对复合型人才需求不旺，这也是山东省外贸综合服务缺少复合型人才支撑的重要原因。

四、加强中小微企业外贸综合服务的对策建议

（一）以市场为导向，培育外贸综合服务主体

一是依托内外贸商品市场培育特色型服务主体。临沂商城、威海韩乐坊、鄄城发制品市场、临清轴承市场等市场面向国内外经销，中小微企业集中，进出口业务频繁，要以产品展示、客户对接、贸易实务、拓展海外

销售渠道等个性化服务为主培育特色型综合服务企业。二是依托产业聚集区培育区域型服务主体。目前各地都形成了一批极具区域特色的产业集群，如纺织服装、劳保制品、五金制造、家具、农产品加工、机电产品等，各地应依托产业聚集发展，着眼产业供应链服务，为企业提供物流、报关、信保、贷款、退税等产业供应链服务，形成区域性外贸综合服务企业。三是依托重点外贸企业培育“一站式”、“全流程”型外贸综合服务企业。建议省里选择部分重点外贸企业，在外贸政策上给予更多的倾斜，协调金融、信保在贷款授信额度、信保费用上给予更多的优惠，力争用三年时间，培育2~5家服务能力强、辐射地域广的省级龙头外贸综合服务企业，并将其打造成为山东外贸综合服务品牌。四是积极吸引全国性外贸综合服务企业来山东省设点布局。在外贸综合服务方面，山东省发展较慢经验不足，要充分发挥山东省中小微企业数量多的优势，积极引进全国性外贸综合服务企业来山东省拓展业务，带动山东省外贸综合服务业务发展，促进更多的中小微企业实现对外贸易增长。

（二）加大政策支持，推动外贸综合服务发展

外贸综合服务业务在山东省刚刚起步，各级政府应加大政策支持力度，促进其发展壮大。一是加强政策宣传。商务、金融、海关、检验检疫等部门要根据职责分工，扎实有效地进行政策宣传解读，开展详细的政策宣讲工作，引导企业运用好国家政策，鼓励有条件的大型外贸企业发展外贸综合服务。二是加强资金扶持。各级政府应在外贸综合服务企业建设初期加大支持力度。建议省级外贸专项资金切块集中使用，重点用于外贸综合服务企业投保出口信用保险保费补贴；对外贸综合服务企业搭建在线服务平台、建立国际营销网络给予资金扶持；对服务客户多、出口规模大、增长速度快的综合服务企业给予资金奖励。各市也应依照省里做法，整合外贸专项资金，切块对外贸综合服务企业进行补贴。三是加大人才培养。省商务部门应把外贸综合服务人才培养纳入年度培训计划，每年选拔一批学历较高的外贸综合服务从业人员，到境外进行相关知识的学习培训，培养和储备山东省高层次外贸复合型人才。另外，要按照人才需求和行业领域的分类情况，由商务部门出面寻找定向委培大中专院校，建立“政、企、校”联合培养外贸综合人才机制。

（三）强化部门配合，形成推动外贸综合服务发展的合力

外贸综合服务业务的发展，离不开政府有关职能部门和单位的支持配合。首先要搞好部门与外贸综合服务企业间的信息对接。海关、检验检疫等部门要及时对外贸综合服务企业进行资质认定，作为一个服务窗口企业对待。商务、工信、税务等有关部门要及时开放政务信息接口，使外贸综合服务企业能够为中小微企业提供及时、准确、全面的在线服务和信息传递。其次要加强对综合服务企业的引导管理。商务部门要引导外贸综合服务企业完善信用体系建设，为更多的中小微企业提供可靠服务，建立企业信息使用管理制度，严格保护服务对象的商业信息，防止因信息泄露造成损失。

（四）加快与电子商务平台融合发展，提升综合服务功能

加快推进全省电子商务示范基地和电子商务示范企业建设，进一步完善电子商务公共服务平台建设，推动电子商务平台与外贸综合服务融合发展，借助电子商务平台线上服务，打造中小微企业外贸综合服务平台，把公共服务与市场服务有机结合。支持外贸综合服务企业把客户资信调查、接单审证、货源采购、通关出运、货物保险、交单结汇、实货交付、海外分拨等各环节服务嫁接到公共服务平台，实行标准化管理，提高运行效率，通过互联网为中小微企业对外贸易提供全流程服务。加快跨境电子商务建设，青岛、烟台作为跨境电子商务试点城市，要充分利用已有电商平台基础加快推进发展，创新跨境电子商务，促进中小微企业外贸进出口稳定增长。

（完成时间：2014 年 11 月，课题组成员：苏庆伟　刘永宽　孙晓焱）

关于苏浙沪对外开放工作考察报告

按照省政府统一安排，省政府研究室牵头，省政府办公厅、经信委、商务厅、金融办和省政协经济委员会等组成调研组，于2015年4月1—11日，赴浙江、江苏、上海，就对外开放工作进行调研考察。分别与三省市及苏州、昆山、义乌市政府研究室、发改、经信、商务、金融等部门和社科院专家进行了座谈交流，实地考察了阿里巴巴集团、义乌国际商城、苏州工业园、上海洋山港等。重点学习考察了三省市近年开放发展新思路、新举措和具体政策措施、工作创新，结合山东省实际提出针对性建议。报告如下：

一、长三角近年开放发展的新思路、新特点

1. 聚焦发挥区位优势，开放定位高、视野开阔，形成清晰“路线图”

国际金融危机以来，当一些沿海省份反思外贸依存度过高，转向内需市场转型升级之际，苏浙沪扩大开放决心、提升国际竞争力的举措继续升级，结合国家战略，聚焦区位优势，明确对内对外开放的定位和目标，又紧紧围绕目标定位，出台一系列突破性政策和制度安排，保持开放引领优势。

上海市开放工作始终围绕“四个中心”建设的顶层设计展开。2001年，明确了到2020年建设成为全球金融、贸易、航运和经济中心的战略目标。2009年，国务院印发推进上海加快发展现代服务业和先进制造业，建设国际金融中心和国际航运中心的意见。2013年8月，国务院批准设立中国（上海）自由贸易试验区。2014年5月，习近平总书记视察上海，提出加快建设具有全球影响力的科技创新中心，为上海开放定位再添新内涵。

上海以“四个中心”、自贸区、全球科技创新中心建设，争夺全球资源配置高地。

江苏省对外开放突出加快企业国际化、城市国际化、人才国际化“三个国际化”。2012 年，江苏省省委、省政府《关于深入实施经济国际化战略全面提升开放型经济发展水平的若干意见》提出，加快形成以国际化企业为主体、国际化城市为基础、国际化人才为支撑的对外开放新局面，使江苏省的经济国际竞争力、全球要素配置力、对外影响力有大的提升。2013 年制定《江苏省参与国际竞争合作规划（2013—2015）》，大力培育国际化企业，变在全球资源配置中的“被整合者”为“整合者”。建设国际化城市，使江苏 7 个特大城市、10 个大城市、46 个中小城市彰显个性特色，拥有国际化的功能设施、城市管理、创业宜居环境，树立高度开放的城市形象。人才国际化，就是要把大力引进国际化高端人才作为当务之急，把提升主要来自乡镇企业、中小民营企业的江苏企业家的国际化素质作为突出任务。

浙江省抓住世界经济格局调整的新机遇，全面实施建设浙江海洋经济发展示范区、建设舟山群岛新区、开展义乌市国际贸易综合改革试点、设立温州市金融综合改革试验区“四大国家战略举措”，加快构建主动有为、层次多样、内外联动、布局合理的开放型经济新体系，着力提高在国际经济分工中的地位，提高经国际化水平。

2. *抢抓新一轮深化改革先机，以体制机制创新，引领开放型经济转型升级*

新一轮扩大开放中，构建开放型经济新体制是塑造开放竞争优势的根本措施。

上海市深入推进自贸试验区建设，努力树立开放新标杆。深化投资管理制度创新，完善负面清单管理模式；深化贸易便利化改革，实行货物状态分类监管试点，拓展国际贸易“单一窗口”功能；深化金融改革，推进自贸试验区与国际金融中心联动建设，健全本外币一体化的自由贸易账户功能，加快人民币资本项目可兑换进程。对标国际通行规则，深化事中事后监管，加快建设信息共享等服务管理平台。上海自贸区扩区为 120.72 平方公里后，浦东新区全境 1/10 的面积都成为自贸试验区，新成立的自贸区管委会将与浦东新区区政府合署办公。

江苏省打造具有江苏特色的改革品牌。省委、省政府出台《江苏省委省政府关于深化开放型经济体制改革的若干意见》。与国际规则相接轨、与市场决定资源配置要求相匹配、与发展阶段变化相适应，实施“对接上海自贸区创新工程”。如依托苏州工业园，推进开放创新综合改革试验，在苏州工业园区综合保税区现有规划面积内划出专门区域作为贸易功能区，率先开展综合保税区贸易多元化试点，企业发展模式由外购外销、两头在外的“V”形转变为内购、内销、外购、外销相结合的“X”形，满足企业进行全球采购、分拨、销售的多样性、多元化贸易需求，加快内外贸一体化发展。昆山深化两岸产业合作试验区，打造投资贸易便利、金融服务完善、监管高效便捷、两岸特色鲜明的改革开放战略平台。

浙江省主推义乌国际贸易综合改革、中国（杭州）跨境电子商务综合试验区。义乌国际贸易综合改革自 2011 年获批实施，完成第一个三年计划，形成了市场采购贸易方式、个人贸易外汇结算、供应链金融、离岸金融、线上线下融合发展等可复制可推广成果。杭州跨境电子商务综合试验区，着力在跨境电子商务交易、支付、物流、通关、退税、结汇等各环节的技术标准、业务流程、监管模式和信息化建设等方面先行先试。计划经过 3 ~5 年试验，建设成以“线上集成 + 跨境贸易 + 综合服务”为主要特征的全国跨境电子商务创业创新中心、服务中心和大数据中心。

3. 大力实施重点工作突破，强化开放高地效应，塑造开放竞争和国际合作新优势

三省市在新一轮开放中，立足各自经济结构优势，大力实施重点突破，力求形成要素聚集洼地、开放竞争高地。

上海市突出集聚跨国公司地区总部。从 2011 年至 2014 年先后发布《上海市鼓励跨国公司设立地区总部的规定》《上海市关于鼓励外商投资设立研发中心的若干意见》《上海市鼓励跨国公司地区总部发展专项资金使用和管理办法》《关于鼓励跨国公司设立地区总部规定实施意见的补充规定》等。鼓励和支持跨国公司“提升能级、整合业务、拓展功能”。加强了财政资金的资助导向，市财政安排专门预算专项用于鼓励跨国公司从境

外向上海转移更多的总部功能，给予开办和租屋补助、营业额奖励、提升能级资助、股权整合资助等。进一步优化地区总部的营运环境，尤其对地区总部的资金管理、人员流动、通关便利等方面给予支持。2014 年，上海新增跨国公司总部 45 家，累计达到 490 家，研发中心 381 家、投资公司 297 家，在跨国公司全球战略布局中的地位不断增强。

江苏省突出打造各类开发区，建设高水平开放载体。江苏目前经济技术开发区 131 家，其中国家级开发区 38 家，海关特殊监管区 19 家。大力推进开发区升级，2014 年一年新增国家级开发区 6 家。突出科技创新和功能创新，建设创新型园区、智慧园区、金融合作创新园区、生态工业园区、特色产业园区、知识产权园区、海关特殊监管区和共建园区“一区八园”。大力推进开发区南北共建，共建开发区 41 个，苏北 37 个，苏中 4 个，实施产业、资金、科技、人才“四个转移”，2014 年新开工 500 万元以上的转移项目 2000 个、财政转移支付 800 亿元。共建园区考核前 10 名的，省财政每个给予 1000 万元奖励。大力推进国际合作园建设，除苏州工业园外，推动建设中新南京生态岛、中德太仓工业园、中新南通工业园等。通过开发区合作共建，提升了区域要素聚集能力和整体开放水平。

浙江省突出打造跨境电子商务全球高地。全面推进“跨境电子商务行动计划”，加快 20 个跨境电商产业园和 10 个公共海外仓建设，培育 100 家跨境电商重点企业。杭州市政府和阿里巴巴集团签订了战略合作协议，打造全球的电子商务总部。杭州跨境电子商务综合试验区内，已形成“一区三园”格局，即杭州下城跨境电子商务产业园、杭州下沙跨境电子商务产业园、杭州空港跨境电子商务产业园。杭州、金华和义乌等地逐渐成为跨境电商出口的先发优势地区。

4. 积极对接国家开放发展战略，深化区域合作，整体推进对内对外开放

三省市积极融入国家“一带一路”、长江经济带国家战略，主动开展长三角区域合作，形成了开放型经济发展的整体合力。

上海市强调发挥自身优势，以国际航运中心建设主动对接“一带一路”、长江经济带，以国际金融中心建设融入“一带一路”、长江经济带，

以自贸试验区建设服务于“一带一路”、长江经济带等。江苏省对接“一带一路”，主攻连云港东中西区域合作示范区及中哈物流中转基地建设，提升连云港陆桥通道桥头堡功能，打通向西开放的国际大通道。出台《关于抢抓“一带一路”建设机遇进一步做好境外投资工作的若干意见》。建立了4亿元的“一带一路”新型基金。今年在博鳌亚洲论坛举办江苏专场交流会，省政府主要领导发表“携手一带一路共创美好未来”演讲。启动“一带一路商务创新引领”工程，放大向东开放优势，做好向西开放文章。浙江省积极参与“一带一路”和长江经济带战略，建设舟山群岛新区和海洋经济发展示范区，建设舟山江海联运服务中心，支持杭甬温等节点城市与沿线国家相关城市开展友好结对交流等。

长三角区域一体化合作不断深化。沪苏浙皖三省一市，建立起“统分结合，三级运作”的区域合作机制。省市主要领导、分管领导、部门之间，建立起决策、协调、落实的工作推进架构。建立省际间产业聚集区，上海、江苏联合建设大丰产业集聚区，苏州工业园与安徽滁州市合作共建苏滁现代产业园等。长三角产业互动加强，苏州市2014年引进内资项目12128个，同比增长51.3%，其中来自长三角区域的企业7085家，占总数的58.3%。启动长三角区域市场一体化，开展标准化物流试点，推进“信用长三角”建设。以上海为中心，以南京、杭州、合肥为副中心，加强区域交通规划对接和项目建设，形成大交通联动格局。

5. 努力稳外贸增长，加快促进开放转型，大力培育开放型经济新的增长点

当前，三省市把稳外贸增长作为当务之急，同时着力促进开放型经济转型，积极培育新的增长点。上海市着力创新发展服务贸易，加快发展大宗商品现货跨境保税交易、离岸贸易、转口贸易和保税维修等新型贸易方式。2014年服务进出口1754亿美元，占全国的30%。浙江省着力创新市场采购贸易模式。2014年11月起，为义乌小商品量身定制的市场采购贸易方式正式确立，经过半年过渡期，2015年4月落地实施。与旅游购物相比，政策更加配套完善，国家发改委、商务、财政、海关、商检、国税、工商、外汇管理等部门都出台了配套支持政策，每个集装箱申报出口的最

高限额由原来的5万美元提高至15万美元，关税采取不征不退，允许个人贸易结汇等。2014年市场采购贸易方式试点，出口177.8亿美元，增长32%，占义乌出口总额的75%。浙江省对以市场采购贸易实现外贸稳增长寄予厚望，要求今年义乌市场贸易采购出口实现翻番，力争达到400亿美元。2015年前两个月实现出口64.43亿美元。这一贸易方式的确立，为数量庞大的中小型贸易企业发展对外贸易开辟了便利通道。江苏省大力实施品牌战略。开展了第五轮江苏省重点培育和发展国际品牌评选，认定303家企业的315个国际知名品牌，新认定大丰玩具、昆山高端装备等7家出口基地。重点支持苏州市加工贸易转型升级试点，“苏州造”加工贸易产品网上销售平台正式上线。各省市普遍加强了服务贸易、跨境电子商务、文化产品出口、企业对外投资、境外工程承包等增长点的培育。

二、长三角开放若干创新性政策措施

（一）强化市场开拓、保持外贸稳定增长

面对新形势下外贸发展的新要求，各省市把市场开拓放在重要位置。浙江省实施“品质浙货，行销天下”推广工程。实施千军万马开拓国际市场，全省出口300万美元以下企业达到38000家。全省企业参加境外展会摊位总量3.5万个。实施“国际营销网络建设行动计划”，重点推动生产型企业境外设立营销网络，经认定、备案，给予补贴支持。2014年新增国外营销网点561个，总数已达到3500多个，新增一个网点一年可增加出口300万美元。有序推进境外“浙江名品店”建设，首家在香港国际机场开业。推进境外商贸物流园区建设，培育浙江产品集散基地。建设公共营销平台，创建3~5个集企业采购、商品展示、产品研发、品牌营销、电子商务、现代物流为一体的浙江商品国际采购中心。江苏省开展外贸抢“春播”行动，2015年前两个月就组织了14个境外展会，包括美国拉斯维加斯服装展等国际著名展会。开展“出口品牌提升”专项行动。创办海外名牌商品进口交易会、开展进口商品交易中心试点。开展“江苏产品万里行”，每年选择一个地方举办推介展。上海市将国际展览项目一年两次集中申报调整为网上实时

申报。新建一批进口国别商品中心，设立内外贸融合的报税交易平台，放大平行进口汽车试点效应，推动钻石进出口交易等。

（二）深化跨国公司价值链中高端合作

上海市把鼓励和支持跨国公司设立地区总部，作为积极利用外资的重大举措。在近年出台一系列鼓励跨国公司设立地区总部的规定基础上，去年又对“总部型”机构出台鼓励措施。近期，正在研究出台加大跨国公司研发机构引进的政策。目前，上海跨国公司总部来源地主要为美国、欧洲和日本，行业分布以制造业为主，服务业比重逐年提高，注册区域以浦东新区为主，规模不断扩大、能级不断提升，转移集聚效应明显，整合中国业务的趋势明显。江苏省也出台外资总部经济和功能性机构鼓励政策，2014 年新认定 49 家外资总部、12 家外资独立研发机构，总数达到 134 家。推进利用外资转型发展示范区建设，首批认定苏州工业园区、无锡新区等 7 家示范区。全省先进制造业实际使用外资占第二产业比重突破 60%。浙江省紧盯世界 500 强项目，提升招商引资质量。重点发展信息、环保、健康、旅游、时尚、金融、高端装备制造七大万亿元产业，一个一个召开推进会。目前已经召开了旅游、信息两个产业推进大会。规划发展 15 个产业聚集区，推进开发区“腾笼换鸟”“机器换人”“空间换地”“电商换市”和名企、名品、名家“四换三名”产业升级。

（三）积极推动金融领域开放创新

围绕全面扩大开放，上海、江苏、浙江都积极打造金融开放亮点。上海市推动自贸区与国际金融中心建设联动，探索资本项目可兑换和金融服务业开放制度创新体系，发展融资租赁等新业态，加强面向国际的金融交易平台建设。2014 年 6 月，自由贸易账户业务正式启动，到年底开立账户 9741 个。浙江省推动义乌市与市场采购贸易方式相适应的金融专项改革。率先实施个人贸易外汇管理改革试点，针对市场采购贸易委托代理普遍的实际，设置了“委托出口，自主收汇”的政策通道。探索跨境电子商务结汇便利化机制，打通跨境电商结算瓶颈。推动离岸金融业务发展，浦东银行、交通银行在义乌设立离岸分中心或创新基地。加快贸易融资产品创新，为出口商提供人民币出口代付、协议付款产品，提供以出口退税为还款保证的短期流动资金贷款。培育供应链金融服务平台，培育形成“国贸通”等各类供应链融资平台12个。探索贸易信用体系建设，运用公安、海关、商务等涉外监管部门以及电子商务平台、第三方支付平台等大数据，构建贸易信用体系。江苏省推动以投资便利为重点的跨境人民币业务试点。苏州工业园2014年6月启动新加坡银行机构对园区企业发放跨境人民币贷款、股权投资基金人民币对外投资、园区内企业到新加坡发行人民币债券、个人对外直接投资项下人民币业务等4项试点。到2014年末，累计12家新加坡银行与31家园区企业签署跨境人民币贷款合同，总计13.1亿元。昆山市深化两岸产业合作试验区，主要开展台资企业集团内部人民币跨境双向借款、台湾地区金融机构跨境直接投资人民币结算、个人经常项下跨境人民币业务、个人对外直接投资跨境人民币业务等。2013年7月启动以来，累计138家台资企业办理集团成员双向借款75亿元，降低企业财务成本超亿元。同时探索扩大服务业开放，江苏开展“服务业消除玻璃门专项行动”，苏南地区开展外资商业保理试点，年内推出外资独资医院试点等。

（四）加强外贸综合服务平台建设

浙江省引进“一达通”，向外贸服务“最后一公里”延伸。一达通是阿里巴巴旗下外贸综合服务平台，2013年完成出口37亿美元，在全国一般贸易出口企业中列第4位。2014年9月底“浙江一达通企业服务有限公司”正式营业，为中小企业提供通关、外汇、退税的基础服务和物流、融资等增值服务，到2015年1月底累计出口1.38亿元。通过“免、补、贷”（代理出口1美元免收代理费5~8分、补贴2~3分、提供贷款1元），为中小企业减轻负担800万元。目前，正在进一步研究外贸综合服务平台企业出口退税、设立“浙江外贸诚信保证基金”等支持措施。预计可为浙江外贸出口增量贡献20%~30%的份额。江苏明确南京、无锡、常州、苏州4个外贸综合服务体系建设试点，5家试点企业上线运行。

（五）加大开发区优化整合转型

浙江2014年出台了《关于各类开发区整合优化提升意见的通知》，加大设区市本级各类开发区整合力度。同一行政区域内、区块相邻的开发区，原则上以国家级开发区和产业集聚区为主体，进行整合优化提升。适合大规模高强度开发的工业大县（市），以国家级、省级开发区为主体，整合各类工业园区，对省级以下各类“低、小、散”园区，加以整合或予以退出。到2014年底有34家开发区完成优化整合。如大江东（萧山）开发区整合了省级江东工业园区、临江工业园区、杭州空港经济区和前进工业园区，由杭州市委常委兼任管委会主任，形成区域总面积达500平方公里的大产业聚集区。

（六）探索企业“走出去”服务机制

上海市成立“对外投资合作专业服务联盟”，整合政府部门、外国驻沪机构、商务中介结构以及金融、保险、境外安全救援等资源，为“走出去”企业提供专业化延伸服务。江苏30多个省政府部门和金融、法律、风险防控等服务机构共同建立境外投资工作联络机制，组建专家组，为企业排忧解难。苏州市成立海外投资协会，成员由政府有关部门、国开行、进出口银行、中信保、海关、风控机构、律师等组成，负责收集企业反映的问题，开展咨询服务。推动企业抱团“走出去”，江苏在柬埔寨西港特区和埃塞俄比亚东方工业园建设两个国家级境外产业聚集区。“西港特区工业园引进企业79家、埃塞俄比亚东方工业园引进39家。浙江省推进“走出去”企业融资与担保平台建设。

（七）积极培育本土跨国公司

上海市出台《关于进一步加快培育上海国有跨国公司的实施意见》，鼓励国有企业“走出去”，定期发布境外投资合作国别和产业指引，建立重点培育企业名单制度，简化核准手续，外汇金融支持，提供因公出国便利等。对国有企业境外项目，设3～5年考核单列过渡期，对并购境外研发中心、营销网络等创新资源发生的费用，经认定后在考核中视同利润。已取得上汽收购英国罗孚、上海电气收购美国高斯、锦江国际收购美国洲际、上工申贝集团收购德国KSL凯尔曼特种机械制造公司、上海光明集团收购新西兰新莱特乳业等成功案例。经过3～5年的努力，培育一批有较强竞争力的上海国有跨国公司，形成以国际化企业为主体的对外开放新格局。浙江实施“培育民营跨国公司行动计划”，研究推动境外民营资本返程投资，跟踪推进一批重点项目。江苏建立本土跨国公司培育主题库，建立“江苏跨国经营专家库”，探索建立海外投资保险支持服务平台。

（八）加快内陆开放大通道建设

义乌被联合国亚太经社理事会确定为我国17个国际陆港城市之一，实现“始发港”功能。2014年11月开通“义新欧”马德里班列，2015年1月首趟回程班列开通，打通全程1.3万公里的铁路大通道。“义新欧”义乌到中亚段实现常态化运营，运营方义乌民营企业天盟实业投资有限公司。开通“义新欧”以来，共运送2988个标准集装箱。江苏开通“苏满欧”国际货运班列，由德国物流业巨头DHL运营，从苏州出发，经满洲里，到华沙，最快12天，正在建成连通江苏与欧洲市场的快速通道。

（九）高度重视人才引进和国际人才培训

长三角继续着力做强开放人才优势。江苏省财政每年拿出4亿元专项资金，组织实施“高层次创新创业人才引进计划”。注重人才培育平台载体建设，苏州工业园先后引入美国加州伯克利大学、乔治华盛顿大学、新加坡国立大学等25所世界名校入驻，建成全国唯一的“国家高等教育国际化示范区”。上海市对跨国公司总部、研发机构等人才引进实施特殊政策。浙江对成长型、外向型中小企业高管人员，开展海外培训，参训费用政府补贴1/3，业主负担2/3。近几年，先后开展了到日本学习企业精细化管理，到意大利学习工业设计，到美国、德国、法国学习技术创新和国际营销等培训。

（十）大力推进投资便利化和项目落地

各省市加快推进投资管理体制改革，启动推进商事登记“三证合一”，“四张清单、一张网”行政审批服务改革等，提高服务效率，优化开放环境。江苏省打造政府、中介机构和企业“三位一体”、具有江苏特色的开放型经济综合服务体系，建设省级行政审批服务实体大厅和网上办事大厅，完善“线上线下、虚实一体”的政务服务平台。浙江省建立重大产业项目土地奖励制度，每年从用地计划总量中预留5%，专项用于全省重大产业项目奖励。对申报土地奖励的重大产业项目，通过第三方评估后进入重大产业项目库，经省级部门联审会审查，下达用地计划奖励指标。2015年第一季度，已批准奖励5万亩。义乌市对全市工业投资项目，允许在约定投资额完成70%以上的前提下提前办理二阶段土地证，有效缓解了企业融资难问题。

三、对山东扩大开放工作的启示和建议

考察长三角近年来开放发展思路和创新实践，深切感到，山东作为东部沿海经济大省，进一步扩大开放，努力塑造开放型经济发展新优势，是关系发展全局和长远的一件大事。结合山东省实际，提出几点建议。

启示之一，要明确新时期山东省开放发展定位。必须在世界经济格局中找准山东坐标，着眼全国开放大局，统筹谋划山东开放发展新的定位和目标。建议：

（1）在整体开放格局中凸显东亚合作前沿的空间定位，在世界分工格局中坚持价值链中高端的产业定位。

（2）坚持巩固基础与增创优势、统筹推进与重点突破、对内开放与对外开放、“走出去”与“引进来”相结合，大力推进企业国际化、人才国际化、环境国际化。

（3）在价值链中高端提升、扩大国际市场份额、发展服务贸易、跨国公司战略合作、创新开发区体制机制、提高对外交流合作层次、内外贸融合发展等方面实现提升，推动对外开放工作走在全国前列。

启示之二，要实施重点突破，打造若干开放型经济新高地。长三角各省市立足自身经济结构特点，打造跨国公司总部聚集高地、园区开放载体高地、跨境电子商务高地、内陆开放发展高地，形成了外省市难以复制的竞争优势。建议：

（1）从产业基础、企业主体、资源要素、载体平台、地缘合作等方面加强战略谋划，实现所拥有的比较优势的系统集成。

（2）选择一个或几个方面，如海洋经济开放合作、中高端制造业、文化产业合作、现代农业合作、国际合作园区建设等实施重点突破。

（3）发挥与日韩、德国合作优势，加快产业中高端对接合作，建设高端产业聚集区。加强与国际专业机构合作，培育投资促进平台。在欧美、日韩和国内一线城市开展系列招商活动，构建全球招商网络。

（4）加快推进山东省自由贸易（园）港区申建等。

启示之三，要坚持问题导向，营造全国一流的营商环境。长三角新一轮开放的一个突出特点是，改革引领、创新驱动、抢抓先机。建议：

（1）认真落实国家重大改革决策，加快投资管理体制改革，消除各种隐形门、弹簧门等，同时要努力争取国家改革试点布局山东。

（2）抓住中韩自贸协定机遇，加强中韩自贸区地方经济合作示范区建设，争取在教育医疗等服务贸易自由化等方面先行先试。

（3）山东省金融改革基础好、力度大，建议在争取金融开放创新等方面更多先行先试。

启示之四，统筹对内对外开放，优化开放布局。积极融入国家开放战略。建议：

（1）推动战略支点城市和重大平台项目，突出抓好东亚海洋合作平台建设。

（2）加快推动中西部开放载体、基础设施布局，探索开通“临新欧”等物流通道，进一步形成“海陆统筹、东西双向、优势互补、错位竞争”的开放格局。

（3）主动对接长三角、长江经济带发展。重点探讨推进跨国公司合作、现代农业开放、现代商贸物流等方面合作。助推京津冀一体化发展。

启示之五，要研究出台一批突破热点难点的政策。如项目落地政策、审批机制、财政金融支持方式、贸易融资、口岸通关便利化等。

（完成时间：2015 年 4 月，课题组成员：苏庆伟　刘永宽　臧仁峰　赵泓任　吕原野）

附件

附表 1　珠三角、长三角、京津冀和川陕渝对外开放工作亮点措施梳理汇总

内容	部分政策措施亮点
一、发展定位和思路	1. **广东：2014 年出台《关于进一步提高对外开放水平的意见》**。提出要加快构建对外开放新格局，增创港澳台侨合作交流新优势，加快转变对外贸易发展方式，推动“引进来”和“走出去”协调发展，建设高质量对外开放平台，构建开放型经济体制机制，拓展经济领域开放合作广度和深度，广泛开展民生、人文和社会领域合作，拓宽对外交流和友好往来渠道等 9 个方面 44 条措施。通过 5 年的努力，不断扩大领先优势、巩固排头兵的地位、建立广东自主的开放体系，进一步确立在全国新一轮对外开放中的引领门户和主力省地位。
	2. **广西：借助东盟博览会平台，打造成我国与东盟合作的桥头堡**。自治区成立了党政主要领导挂帅的与东盟开放合作领导小组，设立了正厅级规格的与东盟开放合作协调办公室。
	3. **上海：把建设全球金融、贸易、航运、经济“四个中心”**和自贸区、具有全球影响力的科技创新中心，作为新一轮扩大开放的目标定位。
	4. **江苏：提出突出加快企业、城市、人才“三个国际化”**。加快形成以国际化企业为主体、国际化城市为基础、国际化人才为支撑的对外开放新局面，使江苏省的经济国际竞争力、全球要素配置力、对外影响力有大的提升。
	5. **浙江：着力提高在国际经济分工中的地位**。全面实施建设浙江海洋经济发展示范区、建设舟山群岛新区、开展义乌市国际贸易综合改革试点、设立温州市金融综合改革试验区“四大国家战略举措”，加快构建主动有为、层次多样、内外联动、布局合理的开放型经济新体系。
	6. **北京：把打造世界城市作为开放发展的战略定位**。推进建设具有国际影响力的金融中心城市、国际交往城市和国际经贸交易城市。
	7. **天津：把开放带动作为战略之举，建设北方国际航运中心、国际物流中心和国际贸易中心**。思维观念、机制体制、社会管理、营商环境全方位对外开放，目标是与国际接轨。把滨海新区建成我国北方的对外开放门户。市政府设立对外开放工作领导小组。
	8. **河北：提出构建对外开放新高地，打造沿海开放隆起带的战略构想**。出台《关于进一步推进对外开放的若干意见》。规划在秦皇岛、唐山、沧州等沿海地区，建设大港口、聚集大产业的开放发展思路，深度融入东北亚经济圈，深度参与国际经济合作与分工，努力建设对外开放的标志性区域。围绕京津冀一体化发展，在首都周边区域规划建设开放型经济增长极。

续表

内容	部分政策措施亮点
一、发展定位和思路	9. **四川：实施充分开放合作战略、建设西部内陆开放高地。**着眼打造西部地区承接产业转移示范平台，加快建设“三地一中心”，西部地区外商投资首选地、西部地区最具国际影响力的产业聚集地、西部地区最重要的入境旅游目的地、西部地区最大的国际商务中心。立足更好服务对外开放，实施资源优势转化工程、小微企业帮扶工程、口岸功能拓展工程、便利通关提速工程、国门安全保障工程“五项工程”。
	10. **重庆：不断增强创新意识和超前的国际化意识。**加快建设成为我国西部地区乃至全国对外开放的门户和桥头堡、中国内陆城市扩大对外开放的先行试验区，以及世界城市网络重要节点城市。
	11. **陕西：打造成为统筹区域发展的核心平台，向西开放的前沿阵地，成为带动中西部发展的排头兵。**以建设西安国际化大都市为核心，以构建欧亚立体大通道为基础，以加强商贸物流、文化旅游、先进制造、科技教育、现代农业等领域合作为重点，把陕西打造成为丝绸之路经济带的交通物流商贸枢纽、文化科教交流核心区、承接产业转移示范区、高端生产要素聚集区。
二、对接国家战略	12. **广东：拟定《参与建设21世纪海上丝绸之路规划》。**提出发挥好战略枢纽和经贸合作中心的作用，当好排头兵。将出台广东参与建设“一带一路”实施方案，重点实施“粤企丝路万里行计划”。举办首届广东21世纪海上丝绸之路国际博览会。制定《关于加强与中亚国家经贸合作的实施方案》。全面推动粤港澳台以及与东盟合作。制定《关于进一步深化粤台经贸合作和支持台资企业转型升级的意见》，积极融入海峡西岸经济区建设。建立广东国际战略研究院、广东海上丝绸之路研究院等决策咨询机构。
	13. **广西：借助中国—东盟博览会平台，打造为中国东盟全方位交流的“南宁渠道”。**推动泛北部湾经济合作，写入第13次中国—东盟经贸部长会议联合声明。推动大湄公河次区域合作，中越跨境经济合作区、中泰（崇左）产业园区等列入区域投资框架优先项目。推动南宁—新加坡经济走廊形成共识。推动中越“两廊一圈”，对接越南互联互通。积极推动文莱—广西经济走廊成为新亮点，2014年签署《文莱—广西经济走廊经贸合作谅解备忘录》。牵头推进CEPA先行先试工作，形成广西CEPA先行先试政策申请清单。与广东在梧州共建粤桂合作特别试验区。
	14. **上海：强调发挥“四个中心”优势。**以国际航运中心建设主动对接“一带一路”、长江经济带，以国际金融中心建设融入“一带一路”、长江经济带，以自贸试验区建设服务于“一带一路”、长江经济带等。
	15. **江苏：主攻连云港东中西区域合作示范区及中哈物流中转基地建设。**提升连云港陆桥通道桥头堡功能，打通向西开放的国际大通道。出台《关于抢抓一带一路建设机遇进一步做好境外投资工作的若干意见》，建立了4亿元的“一带一路”新型基金。

续表

内容	部分政策措施亮点
二、对接国家战略	16. **浙江：积极参与一带一路和长江经济带战略**。建设舟山群岛新区和海洋经济发展示范区，建设舟山江海联运服务中心，支持杭甬温等节点城市与沿线国家相关城市开展友好结对交流等。
	17. **四川：启动实施“一带一路”战略行动计划，推进对外经济走廊建设**。构建综合立体交通走廊，西向形成通往中亚和巴基斯坦的“蓉欧快铁”运输通道，南向突出中印缅孟经济走廊运输通道和西南出海大通道建设，北向建设成都—西安—环渤海地区的铁路和公路。将“一带一路”沿线重点国家纳入成都等城市72小时过境免签范围。
	18. **重庆：成功将“渝新欧”发展上升到国家层面，实现双向、稳定常态对开**。依托果园港等内河港区，挖掘重庆港作为长江黄金水道上游航运中心的潜力，连接渝新欧国际联运大通道和长江经济带和海上丝绸之路。加快临空经济区建设，五年间争取增加28条货运和客运通向世界的航线，平均每年增加5条以上。
	19. **京津冀“一张蓝图”规划**。协同发展规划纲要已经编制完成，北京的定位是，政治、文化、国际交往、科技4大中心。天津的定位是，全国先进制造研发基地、国际航运核心区、金融创新示范区、改革开放先行区。河北的定位是四个基地，主要涉及产业转型升级，商贸物流，环保和生态涵养，以及科技成果转化、承载产业转移等。京津冀一体化协同发展，重点要在交通一体化、生态环保、产业升级转移等方面率先取得实质性突破。
三、体制机制创新	20. **广东：把自贸区作为改革的头号工程来抓**。书记、省长亲自汇报争取，举全省智慧和力量，形成了促进自贸区建设的强大合力。广东自贸试验区一方面要复制推广上海自贸区已有的改革措施，另一方面力求突出深化粤港澳合作，又以推进粤港澳服务贸易自由化为着力点。省政府成立广东省自贸区办公室（正厅级，设在省商务厅），内设3个职能处室，新增18个公务员编制，统筹协调三个片区的自贸建设。
	21. **江苏：省委省政府出台《关于深化开放型经济体制改革的若干意见》**。实施“对接上海自贸区创新工程”。依托苏州工业园，推进开放创新综合改革试验，在苏州工业园区综保区现有规划面积内划出专门区域作为贸易功能区，率先开展综保区贸易多元化试点。打造昆山深化两岸产业合作试验区。
	22. **浙江：推动义乌国际贸易综合改革、中国（杭州）跨境电子商务综合试验区发展**。义乌形成了市场采购贸易方式、个人贸易外汇结算、供应链金融、离岸金融、线上线下融合发展等可复制可推广成果。杭州计划经过3～5年试验，建设成以“线上集成＋跨境贸易＋综合服务”为主要特征的全国跨境电子商务创业创新中心、服务中心和大数据中心。
	23. **天津：制定《关于全面提高对外开放水平的决定》**。各相关部门围绕加强国际国内大企业招商、扩大开放领域、改革机制体制、优化营商环境、工作评价考核等重点工作出台了44个配套文件。

续表

内容	部分政策措施亮点
四、外贸稳增长、转型升级	24. **广东：加快建设广货国内外销售体系，提出了2017年所有企业"触网"的目标**。省财政安排外经贸专项资金30多亿元，支持企业开拓国际市场、发展外贸新业态等。加快驻境外经贸代表处、广东商贸城、采购中心等广货营销平台和品牌渠道网络建设。推动建设境外商品展销中心。商业模式创新遥遥领先外，贸综合服务企业带动作用突出。省有关部门对认定的23家外贸综合服务试点企业，每家给予500万元财政扶持资金，加强通关、退税、融资等支持。 实施更加积极的进口政策，重点支持扩大先进技术、关键装备进口，滚动贴息支持1658项先进技术装备进口。 出台《广东省推进加工贸易转型升级三年行动计划（2013—2015年）》，制定了《广东省加工贸易转型升级目标责任考核评价办法》，着力打造全国加工贸易转型升级示范区。2014年，广东技术密集型和资本密集型产品出口占比达53.5%，"委托设计+自主品牌"生产方式出口产品占比达66.2%，比2013年底提高了3.2个百分点。 制定了《落实"三互"推进大通关建设实施方案》，在广州南沙港区和深圳大铲湾港区，启动国际贸易"单一窗口"建设试点。在东莞寮步车检场开展"三互"试点。
四、外贸稳增长、转型升级	25. **浙江：实施"品质浙货，行销天下"推广工程**。实施"国际营销网络建设行动计划"，重点推动生产型企业境外设立营销网络，经认定、备案，给予补贴支持。2014年新增国外营销网点561个，总数已达到3500多个，新增一个网点一年可增加出口300万美元。有序推进境外"浙江名品店"建设，首家在香港国际机场开业。 推进"跨境电子商务行动计划"，加快20个跨境电商产业园和10个公共海外仓建设，培育100家跨境电商重点企业。 浙江省引进"一达通"，向外贸服务"最后一公里"延伸。进一步研究设立"浙江外贸诚信保证基金"等支持措施。预计可为浙江外贸出口增量贡献20%~30%的份额。 着力创新市场采购贸易模式，要求义乌2015年市场贸易采购出口实现翻番，达到400亿美元。
	26. **江苏：开展"江苏产品万里行"，每年选择几个地方举办推介会**。开展外贸抢"春播"行动。大力实施品牌战略，开展了第五轮江苏省重点培育和发展国际品牌评选，认定303家企业的315个国际知名品牌。支持苏州市加工贸易转型升级试点，"苏州造"加工贸易产品网上销售平台正式上线。
	27. **上海：将国际展览项目一年两次集中申报调整为网上实时申报**。新建一批国别进口商品中心，设立内外贸融合的报税交易平台等。
	28. **京津冀通关一体化改革**。作为一体化改革的一项重要内容，京津冀海关打破关区界限，建立区域通关中心，打造统一的申报平台、风险防控平台、专业审单平台、现场作业平台（简称"一中心，四平台"），实现三地企业的自主选择申报、纳税、验放地点。关检部门推动一次申报、一次查验、一次放行的"三个一"改革，实现了数据的自动导入，并将申报数据项从169个压缩到88个。

续表

内容	部分政策措施亮点
四、外贸稳增长、转型升级	29. **陕西：实施外贸孵化成长工程**。在各市（区）建立外贸企业孵化中心，提供业务能力培训、专业人才引进、优化业务流程等服务。加快建立出口产品基地，省级相关部门制定了统一标准，联合授牌，培育外贸出口优势特色产业集群。 设立国际航空运输专项资金，用于支持开通国际客运及货运航线，提高对外通达能力，促进高附加值、高技术含量商品出口。支持开通了西安至港口铁路集装箱快速货运“五定”班列，打通了西安至欧洲铁路货运快速通道，确保进出口货物畅通无阻，贸易便利化程度明显提升。
	30. **四川：出台《支持外贸稳定增长十二条措施》**。重点支持数字化、智能化等先进技术设备、关键零部件进口。建设省级服务贸易特色基地，建立了省级中小微出口企业综合金融服务平台。
	31. **重庆：货物在陆海两方面都实现了“直通”出口**。在全国率先实现了一次报关、一次查验、一次通关的海陆出口方式。首次在渝新欧铁路线上实现了出口货物“安智贸一卡通”、“五定班列一票通”，途经多国不重复检验。与上海、广东、深圳、广西、云南和新疆6大主要进出口通道检验检疫局签署合作协议，进行大通关合作。开创了“两头在内、一头在外”的内陆加工贸易新模式，即供应、结算的“两头在内”，产品销售的“一头在外”，实现了出整机与零部件、生产装配与研发设计、加工基地与结算中心“三结合”的垂直整合。建设美国硅谷、日本东京、印度班加罗尔三大服务外包境外接单中心。
五、招商引资	32. **广东：出台《关于进一步加强与欧洲交流合作的实施方案（2014—2018）》**，建立针对欧美发达国家招商工作机制，以服务外包、健康医药、游艇产业等新兴产业为重点开展产业链招商。加快在欧美等海外重点目标国家及地区和国内重点城市设立经贸代表处或代理招商工作平台。2014年新设立6个驻境外经贸代表处和17个驻海外旅游合作推广中心。不断完善粤港澳联合赴海外推介机制，粤港联合、粤澳联合、省市联动，赴境外定向开展节能环保、汽车零配件及工业设计、电子信息、生物能源产业招商活动。 出台招商引资指导性文件，对招商目标、产业、模式统筹规划，每年拿出7000多万元资金作为基金用于推进招商引资工作。
	33. **上海：集聚跨国公司地区总部**。先后发布“鼓励跨国公司设立地区总部的规定”“关于鼓励外商投资设立研发中心的若干意见”“鼓励跨国公司地区总部发展专项资金使用和管理办法”“关于鼓励跨国公司设立地区总部规定实施意见的补充规定”等。鼓励和支持跨国公司“提升能级、整合业务、拓展功能”。市财政安排专项预算，给予开办和租屋补助、营业额奖励、提升资助、股权整合资助等。
	34. **江苏：出台外资总部经济和功能性机构鼓励政策**。认定外资总部、外资独立研发机构。
	35. **浙江：紧盯世界500强项目，重点发展七大万亿产业**。一个一个召开推进会。规划发展15个产业聚集区，推进开发区“腾笼换鸟”“机器换人”“空间换地”“电商换市”和名企、名品、名家“四换三名”产业升级。

续表

内容	部分政策措施亮点
五、招商引资	36. **天津：加大产业链招商引资力度**，聚集了以大飞机、大火箭、大炼油、大汽车为代表的一大批重点项目。瞄准世界、国内、民营500强企业，下大力量抓实抓好引资引技引智工作，实现“天津制造”和“天津创造”双轮驱动发展。市政府将招商引资任务和目标层层分解，落实到各区县单位，形成了“一月一通报、一季一点评、半年一观摩、年底总考评”的工作制度。设置金、银、铜奖。坚持“对内对外开放并举”，成立合作交流办公室，与商务委分别负责国内、国外招商引资。制定招商引资三年行动计划，开展面向国内企业，特别是民企500强企业的定向招商。
	37. **陕西：对发展总部经济进行奖励扶持**。以北美、欧盟、东南亚和日韩“四大板块”及长三角、珠三角、环渤海区域为重点，吸引世界500强企业和全球行业龙头设立总部、研发中心和专业服务机构。对新引进的世界500强、全国服务业100强、全球外包100强企业，国内外知名企业总部、地区总部、销售公司，给予奖励。
	38. **四川：积极开展“精准招商”**。围绕整合完善产业链、供应链、价值链，组织开展了汽车、电子信息等专题招商活动，引进东风神龙、英特尔骏马等重大产业项目。推动更多跨国公司研发中心、采购中心、结算中心、营运中心等功能性机构聚集。 成都市按照“引龙头、聚配套、成集群”的思路，先后成功引进戴尔、联想等世界知名品牌企业以及富士康、仁宝、纬创等系统生产厂商，并带动配套跟进落户，电子信息产业迅速成为千亿产业集群。
	39. **重庆：着力推动与世界十大最具竞争力国际大都市建立战略合作关系**。与洛杉矶、纽约、伦敦、新加坡、巴黎、东京、芝加哥、亚特兰大等世界十大最具竞争力国际大都市开展战略合作，打造产业合作示范区。着力扩大与500强央企战略合作投资规模，组织了“重庆市领导与500强央企恳谈会”，吸引石化炼油、核电水电、中船重工、能源电力等央企在渝投资。
六、服务企业“走出去”	40. **广东：拟制定“走出去”战略行动计划，推动建立境外经贸园区**。研究出台加快境外营销网络建设和海外并购的指导意见，支持企业在境外建立生产基地、分销基地、售后服务基地和全球维修中心。深化对外投资备案制改革，完善境外投资公共服务体系。推动境外投资领域由简单的劳务输出、劳动密集型工程承包业务等领域逐步向生产加工制造、资源合作开发、资本技术密集型工程承包、设立研发中心等领域转变。
	41. **上海：出台《关于进一步加快培育国有跨国公司的实施意见》**。建立重点培育企业名单，对国有企业境外项目，设3～5年考核单列过渡期，对并购境外研发中心、营销网络等创新资源发生的费用，经认定后在考核中视同利润。成立“对外投资合作专业服务联盟”，整合政府部门、外国驻沪机构、商务中介以及金融、保险、境外安全救援等资源。

续表

内容	部分政策措施亮点
六、服务企业“走出去”	42. **江苏：建立境外投资工作联络机制**。整合30多个省政府部门和金融、法律、风险防控等机构服务资源。建立本土跨国公司培育主体库、“江苏跨国经营专家库”，探索建立海外投资保险支持服务平台。推动企业抱团“走出去”，在柬埔寨西港特区和埃塞俄比亚东方工业园建设两个国家级境外产业聚集区。苏州市成立海外投资协会。
	43. **浙江：实施“培育民营跨国公司行动计划”**。推动境外民营资本返程投资。推进省“走出去”企业融资与担保平台建设。
	44. **四川：出台《关于加快实施“走出去”战略的指导意见》**。明确在本级财政预算内安排相应配套资金支持本地企业“走出去”，对“走出去”项目带动出口的设备、原材料、零配件按国家规定税率优先办理退税。推进以备案制为主的境外投资管理模式，最大限度简化申报程序。
七、园区和平台建设	45. **广东：实施珠三角和东西北地区产业、劳动力“双转移”**。大力推进珠三角和粤东西北地区合作共建产业园区，建立和完善产业园区协调联席会、园区管理机构、投资开发公司三层架构。探索建立产业合作园区利益共享机制，组建园区投资开发公司，省、市及各方主体投入园区的资金以股权方式投入，实行公司化运营管理，5年内政府性投资收益不分成。进一步加大省级财政支持力度，2013—2017年省财政将通过整合资金存量、新增财政预算、增加融资渠道等手段，5年统筹安排资金6720亿元（其中基数性安排4659亿元，增量性安排2061亿元），大力支持粤东西北地区振兴发展。
	46. **广西：打造沿边经济走廊**。以沿边重点口岸和开放平台为依托，加快培育沿边产业带，发展集贸易、物流、产业、金融、旅游、城镇化“六位一体”的沿边经济走廊，中越跨境经济合作区《共同总体方案》编制完成并报批。加快推进中马“两国双园”、中·印尼境外经贸合作区、中新（广西）产业园区、中泰（崇左）产业园区、中国印尼（防城港）产业园建设，构建跨境产业链。
	47. **江苏：突出园区科技创新和功能创新**。建设创新型园区、智慧园区、金融合作创新园区、生态工业园区、特色产业园区、知识产权园区、海关特殊监管区和共建园区“一区八园”。推进开发区南北共建开发区41个，苏北37个，苏中4个，实施产业、资金、科技、人才“四个转移”，2014年新开工500万元以上的转移项目2000个、财政转移支付800亿元。共建园区考核前10名的，省财政每个给予1000万元奖励。
	48. **浙江：浙江出台《关于各类开发区整合优化提升意见》**。加大设区市本级各类开发区整合力度，同一行政区域内、区块相邻的开发区，原则上以国家级开发区和产业集聚区为主体，进行整合优化提升。适合大规模高强度开发的工业大县（市），以国家级、省级开发区为主体，整合各类工业园区，对省级以下各类“低、小、散”园区，加以整合或予以退出。到2014年底有34家开发区完成优化整合。

续表

内容	部分政策措施亮点
七、园区和平台建设	49. **天津**：天津自贸区重点突出天津特色，包括用制度创新服务实体经济；借"一带一路"契机服务和带动环渤海经济；突出航运，打造航运税收、航运金融等特色。天津自贸区重点任务是加快转变政府职能，扩大投资领域的开放，推动贸易转型升级，深化金融领域开放创新，以及引领和推动京津冀开放型经济发展。
	50. **四川**：把天府新区建设成为内陆全方位开放的"第一窗口"，把"中国西部国际博览会"打造为四川和西部对外开放最佳平台。还重点培育了10大外向型产业示范园区。实施"1525"工程，集中资源重点扶持一批成长型特色产业园区。。
八、金融和科技创新	51. **广东：以金融改革创新助推扩大开放**。深入推进粤港澳金融合作，积极推动泛珠三角金融合作。举办了中国（广州）国际金融交易博览会、"海上丝绸之路的金融合作"主题论坛等活动，谋划设立广东海上丝绸之路基金。加快推进人民币国际化。率先开展金融、科技、产业融合创新发展试点。探索发展互联网金融，成立国内首家省级互联网金融行业协会。
	52. **上海：推进自贸区和国际金融中心建设联动**。探索资本项目可兑换和金融服务业开放制度创新体系，发展融资租赁等新业态。大力加强面向国际的各类金融交易平台建设。
	53. **浙江：推动义乌市与市场采购贸易方式相适应的金融专项改革**。率先实施个人贸易外汇管理改革试点，探索跨境电子商务结汇便利化机制，推动离岸金融业务发展，加快贸易融资产品创新，培育供应链金融服务平台，探索贸易信用体系建设。
	54. **江苏：推动以投资便利为重点的跨境人民币业务试点**。苏州工业园启动新加坡银行机构对园区企业发放跨境人民币贷款、股权投资基金人民币对外投资、园区内企业到新加坡发行人民币债券、个人对外直接投资项下人民币业务等4项试点。昆山市深化两岸产业合作试验区，开展台资企业集团内部人民币跨境双向借款、台湾地区金融机构跨境直接投资人民币结算、个人经常项下跨境人民币业务、个人对外直接投资跨境人民币业务。
	55. **北京：实施自主创新发展战略**。加大对总部经济、高新技术产业、高效益生产性服务业、高品质生活性服务业、高价值文化创意产业五大类"高精尖"产业的投资促进力度。开展了跨国公司外汇资金集中运营、资本金意愿结汇、企业跨境并购外汇管理创新试点、外商投资企业外汇资本金结汇改革试点、外债宏观审慎管理试点等工作。
	56. **天津：围绕金融产业创新发展，积极争取国家先行先试政策**。制定《天津金融改革创新重点工作方案》，围绕民营银行、离岸金融、融资租赁等重点领域，推进金融领域改革创新。突出航运，设立飞机租赁基金和航空产业基金，通过离岸租赁和保税租赁等业务，打造航运税收、航运金融等特色。设立外资消费金融公司。建立股权、碳排放、金融资产等十个创新性交易市场，聚集了全国2/3的股权投资企业。

续表

内容	部分政策措施亮点
九、优化营商环境	57. **广东：大力推进商事登记标准化建设**。出台登记前置审批和前置改后置审批事项目录，将121项前置审批中的108项改为后置，前置审批压减率达89%。推行“一个窗口许可”，探索工商登记“同城通办”。实现“互联网+政务”，推行网上注册大厅服务，探索电子营业执照和全程电子化登记。探索实行“三证合一”登记制度改革，在此基础上扩充公章刻制、社保登记等，企业一次申请就能完成多证同发。
	58. **江苏：建设省级行政审批服务实体大厅和网上办事大厅**。完善“线上线下、虚实一体”的政务服务平台。打造政府、中介机构和企业“三位一体”，具有江苏特色的开放型经济综合服务体系。
	59. **浙江：建立重大产业项目土地奖励制度**。每年从用地计划总量中预留5%，专项用于全省重大产业项目奖励。对申报土地奖励的重大产业项目，通过第三方评估后进入重大产业项目库，经省级部门联审会审查，下达用地计划奖励指标。2015年第一季度，已批准奖励5万亩。义乌市对全市工业投资项目，允许在约定投资额完成70%以上的前提下提前办理二阶段土地证，缓解企业融资难问题。
	60. **天津：全面推行登记制度改革**。出台《关于实行营业制造、组织机构代码和税务登记证“三证合一”登记制度的意见》。从2015年3月起在全市实施一窗收件、联合审批、信息共享、颁发一证的“三证合一”登记制度，由过去三个部门接力式办理转变为“一站式”审批服务。滨海新区率先在管理体制领域进行改革，组建行政审批局，将区发改委等18个部门的216项审批职责，连人带编全部划转到行政审批局，人随事走，创新建立了“一个窗口流转，一颗印章审批”的审批改革滨海模式。
	61. **四川：行政审批目录管理省、市、县三级联网运行，实现审批登记互联互通**。推行外商投资企业年度运营情况联合申报和外商投资企业网上合同、章程格式化审批登记。推行重大产业项目各级投资促进部门代办制和项目专员制。开展对开放型经济发展环境的督导检查。组织各类涉外企业对有关部门的工作作风和服务质量进行评比，对做得好的部门予以表彰，对损害发展环境的部门和个人予以问责。 成都口岸经国务院批准，自2013年9月起对部分外国人实施72小时过境免签政策，使成都成为继北京、上海、广州之后，中国第四个、西部第一个实施这一政策的城市。
	62. **陕西：重点推动了行政审批制度改革**。出台《关于进一步推进开放型经济发展的实施意见》，在行政审批制度改革、优化考核激励机制、加强开放型人才队伍建设等方面制定一系列具体措施。对内资鼓励类产业、外商投资鼓励类产业项目，除国家有明确规定外，全部下放至各设区市（区）和国家级开发区核准，对要件齐全、符合要求的必须在10个工作日内完成核准。

续表

内容	部分政策措施亮点
十、人才队伍建设	63. **上海：上海市对跨国公司总部、研发机构等人才引进实施特殊政策。**
	64. **浙江：对成长型、外向型中小企业高管人员，开展海外培训。**参训费用政府补贴1/3，业主负担2/3。近几年，先后开展了到日本学习企业精细化管理，到意大利学习工业设计，到美国、德国、法国学习技术创新和国际营销等培训。
	65. **四川：提高涉外医院医疗及学校水平。**积极引进国际医院及外籍人员子女学校，不断提高国际医院、国际学校、国际俱乐部、外商投资企业服务中心、台商投资企业服务中心、省情展示中心等服务机构的工作水平。
	66. **重庆：构建创新创业平台、两江新区创业平台和海外高层次人才创业平台"三个平台"。**力争到2020年，集聚研发设计、服务外包、金融保险、中介会展等领域创业人才30万人。

关于广东当前对外开放工作情况调研报告

为学习借鉴广东经验，2015 年 4 月 17—18 日，省政府调研组赴广东学习调研，省政府办公厅、商务厅、研究室、口岸办等部门参加。调研组与广东省政府举行了开放型经济座谈会，与广州市委、市政府进行了交流。实地考察广东自贸试验区南沙新区片区，调研片区总体规划、口岸大厅、保税物流园区，考察嘉诚国际物流、广贸天下网等企业。考察了第 117 届广交会，走访了家用电器、机械设备、新能源等展区，10 多家企业展位。

这次调研围绕塑造开放型经济新优势，聚焦扩大开放新思路、自贸区申建、海上丝绸之路建设、外贸稳增长和转型升级、培育外贸新业态、"三互"大通关等重点问题，进行了深入交流。广东近年来以开放促改革、促转型、促发展，工作特点鲜明，给我们很多启发。有关情况报告如下：

一、统筹谋划新一轮对外开放定位准

广东省委、省政府认为，对外开放是推动广东发展的强大动力，提出了不断扩大领先优势、巩固排头兵的地位、建立广东自主的开放体系等新定位新要求。

当前，广东外贸进出口占全国的 1/4，"引进来"和"走出去"分别占到 1/5、1/12，是名副其实的开放型经济大省，形成了对外开放的突出领先优势，但新形势下同样面临转型升级的巨大压力。广东省委、省政府强调，下一步仍然必须紧紧依靠并不断扩大领先优势，主动适应国际国内发展新形势，打主动仗、下先手棋，在对外开放上迈出更大步伐。

2014年3月，广东省委常委会议审议通过《关于进一步提高对外开放水平的意见》。主要包括加快构建对外开放新格局，增创港澳台侨合作交流新优势，加快转变对外贸易发展方式，推动“引进来”和“走出去”协调发展，建设高质量对外开放平台，构建开放型经济体制机制，拓展经济领域开放合作广度和深度，广泛开展民生、人文和社会领域合作，拓宽对外交流和友好往来渠道等9个方面44条措施。要通过5年的努力，使广东省在全国新一轮对外开放中的地位进一步确立，全方位、多层次、宽领域、高水平的国际交流合作新格局形成，开放型经济新体制基本建立，开放型经济综合优势进一步扩大，参与全球配置资源要素的能力和国际竞争的新优势显著增强。

2015年4月10日，广东省委召开第22期常委集中学习讨论会，围绕“积极构建广东开放型经济新体制新格局”进行专题学习，强调按照中央的部署要求，抓住机遇，认真谋划，主动作为，加快构建广东对外开放新格局，推动建立广东自主的开放体系，继续巩固广东省开放排头兵的地位，在新一轮更高水平的国际国内竞争中牢牢掌握主动权。

二、推进自由贸易试验区申建力度大

广东省把申办和建设自贸试验区作为广东省改革开放的头号工程。交流中了解到，广东自贸试验区一方面要复制推广上海自贸区已有的改革措施，如投资准入的负面清单等，另一方面力求突出自身的定位和功能，以深化粤港澳合作为重点，又以推进粤港澳服务贸易自由化为着力点。

2013年5月，广东省向国务院上报设立自贸区的请示后，省主要负责同志即向中央领导作了专题汇报，亲自推动协调。一是成立了专门的工作架构。省政府成立了省长担任组长、常务副省长和分管副省长任副组长的工作协调领导小组，主要成员包括省政府分管副秘书长，广州、深圳、珠海三个自贸片区所在市政府和省直、中直部门主要负责人，日常工作由省商务厅牵头负责。二是密切与国家部委和港澳沟通协调。多次向国家部委领导和港澳各界阐明广东设立自贸试验区的优势条件和重要意义。邀请商务部、发展改革委、财政部等有关部门组成的联合调研组赴广东调研。省领导还先后10余次就自贸试验区申建工作专程拜会商务部、国家发展改革委、财政部、人民银行、海关总署等国家部委，争取部委指导支持。在粤港粤澳高层会晤、粤港合作联席会议、泛珠合作论坛、港澳商界高层访粤等多个场合分别与香港、澳门特区政府和工商业界积极沟通，得到积极回应和支持。三是精心组织制定总体方案。在申报初期即成立了由52个单位组成的调研组开展研究论证、提出政策诉求、与对口部委沟通衔接等工作。会同商务部制定了自贸试验区总体方案，并三轮征求了国家发展改革委、财政部、人民银行、海关总署等36个部门的意见。国务院2015年4月8日正式印发广东自贸试验区《总体方案》。

中国（广东）自贸试验区116.2平方公里，实施范围，涵盖广州南沙新区片区60平方公里、深圳前海蛇口片区28.2平方公里、珠海横琴新区片区28平方公里。功能定位上，以制度创新为核心，以深化粤港澳合作为重点，依托港澳、服务内地、面向世界，建设粤港澳深度合作的示范区、21世纪海上丝绸之路的重要枢纽和全国新一轮改革开放的先行地。试点内容上，建设高标准国际投资贸易规则体系、深入推进粤港澳服务贸易自由化、强化国际贸易功能集成、深化金融领域的开放创新、增强自贸试验区辐射带动功能等6项内容。重点工作上，进一步细化为营造国际化市场化营商环境、建立高标准投资规则体系、建立与国际接轨的贸易规则体系、进一步扩大对港澳服务业开放、促进服务要素便捷流动、推进贸易发展方式转变、增强国际航运服务功能、推动跨境人民币业务创新、推动适应粤港澳服务贸易自由化的金融创新、推动投融资汇兑便利化、引领珠三角地区加工贸易转型升级、打造泛珠三角区域发展的综合服务区、建设内地“走出去”的重要基地等13项。

三个片区的发展方向，又各有侧重。前海突出金融、现代物流、信息服务、科技服务等高端服务业，建设我国金融业对外开放试验示范窗口等；南沙突出航运功能集成、保税物流、特色金融、国际商贸、高端制造业、全程物流管理，建设以生产性服务业为主导的现代产业新高地等；横琴突出旅游休闲健康、商务金融服务、文化科教和高线技术产业，建设教育开放先导区和国际商务服务休闲旅游基地等。

目前，各项工作在试验中探索推进。省政府成立广东省自贸区办公室（正厅级，设在省商务厅），内设3个职能处室，新增18个公务员编制，统筹协调三个片区的自贸建设。在推进粤港澳服务贸易自由化、加快国际贸易“单一窗口”建设等方面不断取得新进展。如对港澳开放153个服务业门类，率先基本实现粤港澳服务贸易自由化。跨境人民币贷款业务备案金额达698亿元。联合港澳成功承办第十届泛珠大会等。我们在与嘉城物流等企业的交流中，感到企业对自贸试验区充满期待。

三、抓外贸稳增长和转型升级效果好

2014年广东实现进出口10767亿美元，下降1.4%，2015年预期目标是增长3%。2015年第一季度进出口下降3.1%。稳增长首当其冲，转型升级刻不容缓。

一是强化外贸稳增长责任目标。省政府出台《关于2015年促进外贸稳定增长和转型升级的若干措施》，省财政安排外经贸专项资金30多亿元，重点支持企业开拓国际市场、加强进口、发展外贸新业态、优化外贸环境等。加强境外营销网络建设，支持企业建渠道、拓市场、抢订单，加快驻境外经贸代表处、广东商贸城、采购中心等广货营销网络平台建设。推进境内外重点展会计划，加大对150场境外展会的补贴力度。强力促进进口，滚动贴息支持1658项先进技术装备进口，加快机器换人，2014年外商投资设备进口增长50%。拟于近期召开全省外贸专题工作会议，进一步分解任务，与各市签订目标责任书，建立工作督察和问责制度，定期通报各地外贸稳增长进度，对工作不力的实行“约谈”。

二是加快推动加工贸易转型升级。坚持把加工贸易转型升级作为提高外贸竞争力的重要抓手，着力打造全国加工贸易转型升级示范区。2014年，广东技术密集型和资本密集型产品出口占比达53.5%，“委托设计+自主品牌”生产方式出口产品占比达66.2%，比2013年底提高了3.2个百分点。加工贸易企业设立研发中心达3613个，其中2014年新增125个；

累计获得专利达52186项，比2013年底增长31.3%。全省加工贸易占比由2009年的58.2%降为2014年的48.3%，5年降低近10个百分点。具体做法：明确规划，指导转型。省政府出台了《广东省推进加工贸易转型升级三年行动计划（2013—2015)》，制定了《广东省加工贸易转型升级目标责任考核评价办法》，建立了粤港加工贸易转型升级专责小组。搭建平台，助力转型。大力推动研发中心、品牌建设、市场开拓，大力加强产业转移园区建设。省市两级共拿出40亿元，银行、中信保等提供了超过1000亿元的贷款协议和保险，为加工贸易企业搭建技术创新平台、内销平台、公共服务平台以及人才培训平台。建立珠三角合作共建园区资金投入机制。优化服务，推动转型。建立和落实重点企业联系制度，在全国率先暂停加工贸易业务审批和加工贸易内销审批，下放了大部分省级审批事项，全面实行审批限时办结制。积极争取国家延长政策优惠期限，推动来料加工企业转型为具有法人资格的外商投资企业或其他类型的企业。

三是积极培育外贸新业态。广东省市场意识和对外开放氛围浓厚，政府因势利导、政策激励，外贸新型业态加快发展，成为外贸增长新亮点。具体特点：

外贸综合服务企业带动作用突出。广东是外贸综合服务企业的发源地。2014年省有关部门认定23家外贸综合服务试点企业，每家给予500万元财政扶持资金，加强通关、退税、融资等支持，全省外贸综合服务企业出口规模超过150亿美元。其中，深圳一达通公司出口70亿美元，进入全国一般贸易出口前三强。一达通实行“出1补3贷1的政策”，出口1美元补贴3分人民币，还可以提供贷款1元人民币，已服务全国3万家中小微企业，目前仍以每月2000家以上的数量增加。

跨境电子商务平台建设全国领先。2014年，全国首个跨境电子商务平台在东莞试运行，广东邮政速递物流公司开发的全国第一个邮件进出口业务监管系统上线运行。省政府出台《促进跨境电子商务发展的意见》，大力培育综合性电商龙头企业和行业性电商平台，大力发展跨境电商产业链，提出2017年所有企业“触网”的目标。广贸天下网是一个民营电子商务平台企业。2008年筹划、2010年上线运行。该企业坚持大产业、大广贸、大电商、全球化，建设“一网一园两中心”电商平台，依托广交会掌握全球 149 万采购商资源，重点以“补贴”凝聚采购商，倒逼生产企业提高产品标准和层次，通过与专业镇、专业市场、产业集群对接，开展供应商资格认证，配有优质供应商群体。该企业通过提供宣传、推介、信用和贸易匹配服务，开展采购对接活动，成为撮合买卖双方平台，创造了以增值服务为主的盈利模式，年营业额保持了 300% 以上快速增长。据估算，广东省电子商务市场份额居全国第一，其中跨境电子商务交易额约占全国的 60% ~70% 。

旅游购物增长迅猛。广州、佛山、东莞、中山等以旅游购物方式先行先试市场采购贸易。2014 年全省旅游购物出口 110. 5 亿美元，同比增长 6. 2 倍。

四、参与 21 世纪海上丝绸之路建设规划实

在 21 世纪海上丝绸之路建设中，广东省明确提出“发挥好战略枢纽和经贸合作中心的作用，当好排头兵”。2013 年 12 月，省委、省政府主要领导亲自参与，在全国较早制定出台《广东省参与建设 21 世纪海上丝绸之路规划》。2014 年 4 月，省政府常务会议审议通过了总体工作方案，明确由省发展改革委牵头推进。通过拜访沿线国家驻穗总领事馆，召开重点企业和专家座谈会，赴重点沿线国家开展实地调研，建立了 40 多万字的专题资料库，组成了由各领域近 40 名专家组成的智库。多次赴国家发改委、商务部、外交部等国家部委汇报参与“一带一路”建设的思路和工作进展情况，积极争取政策和项目支持。

坚持边规划、边推进，“先行一步、先出一招”。2014 年 4 月，省委书记率团访问越南、马来西亚、新加坡，重走海上丝绸之路。2014 年 10 月成功举办广东 21 世纪海上丝绸之路国际博览会，境内外商协会、企业申请展位 2536 个，其中境外展位 1193 个，境内展位 1343 个；6000 多家境内外知名采购企业云集；沿线国家有 16 个国家驻华、驻粤使领馆官员出席相关活动。加强与欧洲、北美、东盟、非洲等交流合作，2014 年新设立 6 个驻

境外经贸代表处和17个驻海外旅游合作推广中心，新增国际友好城市17对。下一步，广东将按照国家“一带一路”愿景，争取开辟更多直航线路，推动建设海上丝绸之路国家港口城市联盟，继续打造海上丝绸之路国际博览会平台等，争当建设21世纪海上丝绸之路的主力省。

五、加强与欧美发达区域交流合作站点高

广东毗邻港澳台、辐射东南亚、华侨资源丰富一直是对外开放的优势。新一轮扩大开放中，广东着眼优化开放格局，明确提出要更加注重与欧美发达国家和地区的直接交流合作，把高水平引进来与重大战略决策结合起来，大力引进先进适用技术、关键设备、高端产业和优秀人才，推动产业转型升级。

一是出台相关规划指导文件。2014年出台《关于进一步加强与欧洲交流合作的实施方案（2014—2018）》。提出贸易、投资、平台建设以及金融、环保等领域交流合作的措施计划。省商务厅正牵头制定进一步加强与北美交流合作实施方案，统筹推进与北美的全方位合作。

二是务实开展平台和产业招商。加大对世界500强企业和行业龙头企业的招商力度，举办了在粤500强企业代表座谈会；利用自贸试验区和各类开发区等载体开展对欧美国家推介招商。根据完善产业布局需要，粤港联合、粤澳联合、省市联动，赴境外定向开展节能环保、汽车零配件及工业设计、电子信息、生物能源产业招商活动。

三是建设国际合作园区。依托中德（佛山）工业服务区、中德（揭阳）金属生态城、中瑞（中山）工业园、中意（云浮）产业园等国际合作园区，大力引进中高端外资项目。

六、以金融改革创新助推扩大开放势头好

广东把金融开放创新作为抢占新一轮开放高地的重点领域。2012年国务院批准广东建设珠江三角洲金融改革创新综合试验区。2014年5月，省政府印发《关于深化金融改革完善金融市场体系的意见》。2014年12月，

中国人民银行等10部委联合印发《关于支持广州南沙新区深化粤港澳台金融合作和探索金融改革创新的意见》。随着广东自贸试验区建设的推进，广东金融改革的政策叠加效应正在显现。

一是深入推进粤港澳金融合作。香港银行机构在广东设立营业机构166家。广东越秀集团收购香港创兴银行75%股份。广东证券期货经营机构在香港设立19家证券期货基金机构。广东有港资背景的保险机构经营主体5家。

二是积极推动泛珠三角金融合作。举办了中国（广州）国际金融交易博览会、“海上丝绸之路的金融合作”主题论坛等活动，谋划设立广东海上丝绸之路基金。

三是加快推进人民币国际化。全省跨境人民币结算规模6.27万亿元，占全国总量近三成。深圳前海跨境人民币贷款接近600亿元。

四是率先开展金融、科技、产业融合创新发展试点。广州、东莞、揭阳和佛山南海，获批建设“三融合”试验区。在9个国家级高新区开展“三融合”工作试点，探索科技金融综合性服务中心、科技支行、科技保险、科技小贷、科技担保资金池、科技金融基金等新模式。

五是探索发展互联网金融。成立国内首家省级互联网金融行业协会。P2P网贷平台超过350家，约占全国的1/4，2014年网贷累计成交量突破830亿元、贷款余额超过250亿元，规模居全国首位。

七、落实“三互”推进大通关建设行动快

国务院印发《落实“三互”推进大通关建设改革方案》后，广东立即制订《实施方案》，对15项改革工作进行分解，明确具体目标、牵头单位、完成时限。

一是争取国家口岸办批准，在广州南沙港区和深圳大铲湾港区，启动国际贸易“单一窗口”建设试点。试点内容为一般贸易进口、加工贸易进口货物通关环节和船舶抵离港信息三大类项目。试点涉及的主要部门有海关、检验检疫、边检、海事部门及贸易、运输企业。2015年完成试点任

务，在全省推广。

二是在东莞寮步车检场开展“三互”试点。以电子口岸为平台，企业一次申报，关、检一体合作，信息共享共用，通过关检数据对碰，系统自动发出查验或放行指令，减少了查验流程，解决了重复查验问题，提高通关效率。

三是推广客车“一站式”便利通关。在客车查验通道，海关、边检和检验检疫对客车进行同步查验，车辆一次停靠即可一次办结三家查验单位的进出境手续。

八、深化商事制度改革优化营商环境再发力

2012 年 8 月，广东就制定了《建设法治化国际化营商环境五年行动计划》，提出“力争通过五年努力，基本形成法治化、国际化营商环境的制度框架”。特别是广东率先开展商事制度改革的试点，先照后证、资本认缴、年审改年报等已全国推广。2014 年，全省新登记市场主体达到 130.6 万户，其中各类企业 49.9 万户，同比分别增长 17.9% 和 41.4%；新登记个体私营经济从业人员达 591.6 万人，同比增长 32.1%。

2015 年，广东商事制度改革进一步深化。一是大力推进商事登记标准化建设。推行“一个窗口许可”，探索“同城通办”。实现“互联网 + 政务”，推行网上注册大厅服务，探索电子营业执照和全程电子化登记。推行“三证合一”，并扩充到公章刻制、社保登记等环节，企业一次申请就能完成多证同发。二是大幅减少市场准入审批。省政府出台登记前置审批和前置改后置审批事项目录，将 121 项前置审批中的 108 项改为后置，前置审批压减率达 89%。深圳、珠海、东莞和顺德区 4 个试点地区关联审批事项压减率超过 40%。三是推进市场监管体系建设。落实“谁审批，谁监管”和行业监管有机结合的原则，梳理各部门监管责任清单，形成 260 项许可经营项目监管清单和 6 类生产经营场所监管清单。推进企业信用信息公示。到 2014 年底，全省已报送年度报告的市场主体达 188.2 万户，其中企业年度报告户数达 103.7 万户，年报率为 60.03%，报送总量排名全国

第一，企业年报率排名全国第二。

这次调研时间不长，但对广东新一轮对外开放的谋划与实践感受很深。与广东相比，我们深感差距大、压力大。结合山东省工作实际，大家认真讨论思考，提出几点具体建议。

1. 增强开放意识，营造浓厚氛围

广东的同志自己讲，仿佛又看到了改革开放初期特区创新发展的激情、活力和敢为天下先的闯劲。与此相比，我们感到，山东省对外开放的氛围不够浓，定位不清晰，观念不够新。面对开放竞争新形势和中央对山东省开放工作新要求，迫切需要增强扩大开放的危机感和紧迫感，通过筹备召开全省对外开放工作会议，理清思路，出台扎实措施，形成全省共识、合力。

2. 发挥山东省优势，抢占开放高地

毗邻日韩是山东省对外开放的独特优势。中韩自贸协定将于5月底前正式签署，威海与仁川自由经济区建设中韩地方经济合作示范区写入协定，烟台中韩产业园也将在两国有关文书中体现。建议加强与国家有关部委的对接，率先举办全省范围的自贸区政策解读，精心谋划省领导韩国出访活动，筹备好在济南举办的韩国商品交易会和论坛，打造中贸自贸区全面合作高地。

3. 加强统筹规划，对接“一路一带”

根据国家推进共建“一路一带”愿景与行动，青岛、烟台等沿海城市港口建设列入国家总体布局。同时，海关总署启动丝绸之路经济带海关区域通关一体化改革，赋予青岛海关牵头责任，批准在胶州建设全国陆海交通联运示范区。建议抓紧制定参与“一带一路”建设的规划和实施方案，统筹推进各项工作。

4. 加强领导力度，推动自贸区申建

借鉴广东经验，加强省级层面对申报工作的领导和谋划，整合相关部门和城市资源，突出对日韩合作的特色优势，密切与国家部委联系，争取早日获批，为新一轮开放注入新动力。

5. 坚持创新引领，细化具体措施

一是发挥与日韩、德国合作优势，加快产业中高端对接合作，建设高端产业聚集区。在欧美、日韩开展系列招商活动，构建全球招商网络。选择一个或几个方面，如海洋经济开放合作、中高端制造业、文化产业合作、现代农业合作、国际合作园区建设等实施重点突破。二是争取举办东亚（或中日韩）博览会，打造山东省开放平台。广交会参展企业反映，会展对企业贴近市场、开拓市场仍很重要，建议结合贯彻国务院文件精神，借鉴先进省市经验，研究设立山东省博览局，牵头制定展览业发展规划。三是加大对商业模式创新的支持。新型贸易业态正在改变货物贸易的格局。应加强与阿里巴巴、一达通、广贸天下网等龙头企业合作，加快培育本土平台和企业，打造新的增长点。建议省政府设立“商业模式创新奖”，激发市场主体活力。四是争取国家改革试点布局山东。山东省金融改革基础好、力度大，建议在争取金融开放创新等方面更多先行先试。五是突出抓好东亚海洋合作平台建设。六是加快推动中西部开放载体、基础设施布局。七是研究出台促进项目落地、贸易融资、口岸通关便利化等难点突破的政策。

6. 转变政府职能，优化营商环境

广东是最先提出加强营商环境建设的省份。广东自贸区把营造国际化、市场化、法治化的营商环境列为试点任务的第一条。山东提出建设国内领先的营商环境，也取得扎实效果。建议继续坚持问题导向，借鉴先进经验，营造全国领先、助力开放的营商环境。

（完成时间：2015 年 4 月，课题组成员：苏庆伟、吕伟、张庆伟、贾善和）

山东玉皇化工怎样成功“走出去”

近日对山东玉皇化工有限公司“走出去”进行了典型调查。玉皇化工从一个村办企业通过科技创新、股份制改造，到国外布局产业链，一步步发展成为一个跨国性公司。面对复杂的国内外经济环境，玉皇化工勇于“走出去”开拓国际市场，利用国外优质资源、市场空间、先进生产工艺和管理理念，提升产业链层次，实现转型发展，为山东省中西部地区民营企业到海外开拓发展提供了示范。

一、玉皇化工三十年发展路

玉皇化工由一家村办集体企业起步，经过近30年的发展，成为集研发、生产、销售、物流运输、机械制造、进出口贸易为一体的企业集团。拥有4大生产基地，14家子公司，总资产200亿元，员工6000余人。2014年，实现主营业务收入287亿元，利税12.6亿元，进入中国500强企业。

艰难创业。1986年，时任东明县玉皇庙村支书王金书，带领10个村民投资8万元创办了东明福利化工厂。随后几年，销售收入由1987年的20万元增加到2000年的3000万元，初步实现“强村富民”目标。1994年更名为东明玉皇实业有限公司。

创新转型。1990年，玉皇化工开始注重以科技推动发展，先后投入1000多万元科研经费，开发生产了异戊二烯、间戊二烯、双环戊二烯等碳五系列产品，申请了20多项技术专利。2002年、2004年、2007年相继建成了碳五深加工装置，成为亚洲规模最大的碳五深加工基地，成长为一家科技型企业，实现了草根企业的脱胎换骨。

改制提升。从2000年开始，公司实行股份制改造，建立了现代企业制度，由“东明玉皇实业有限公司”更名为“山东玉皇化工有限公司”，激发了市场竞争活力。2009年建成全国民营企业第一个5万吨顺丁橡胶项目，2011年建成国内第一套5万吨稀土顺丁橡胶生产装置，2012年建成160万吨延迟焦化和60万吨汽柴油加氢项目，产品处在产业链条高端，企业实力明显增强。

海外开拓。从2011年起，玉皇化工放眼全球，做出“走出去”开拓国际市场的战略选择，对不同国别化工产业和市场进行了长达2年多的深入细致的考察研究。2013年，玉皇化工迈出国际化战略实质性一步，在美国休斯敦注册成立了全资子公司——玉皇化工股份有限公司（美国公司），在路易斯安那州购买7800余亩土地，计划投资12亿美元建设年产300万吨天然气制甲醇项目。目前已完成投资2500万美元，预计2017年一期年产180万吨甲醇生产装置建成投产。为进一步延长产业链条，玉皇化工制定了二期、三期建设规划，以甲醇为原料发展聚甲氧基二甲醚等下游产品，扩大高端市场占有率。同时，为吸引更多华资化工企业开拓国际市场，玉皇化工着力打造功能完善的华资企业孵化园区，为企业开展天然气综合研究利用搭建良好平台，并利用当地丰富的科技资源，建立化工产业博士后流动站，为企业提供人才技术支撑。

二、玉皇化工怎样成功“走出去”

（一）深化市场研判，准确把握“走出去”方向

经过多年的发展，玉皇化工已基本形成以石油化工为前端、有机化工为主体、橡胶和树脂等高分子聚合物为末端的产业链条。随着产业的延伸发展，资源、人才、环境等瓶颈制约越来越突出，面对新形势，企业从市场研究入手寻求新的突破点。

一是立足国内市场。目前国内甲醇年需求量约为4190万吨，年产量约为3220万吨，尚有970万吨的缺口需要进口。在甲醇制烯烃规模扩大

后，需求量将会更大，甲醇作为上游产品有很大的需求空间。另外，从生产工艺看，目前国内80%的甲醇是煤制装置生产，成本价格约1600元/吨。

二是分析国外市场。据有关资料，目前世界甲醇产量在1亿吨左右，需求量以年均9.8%的速度增长，仅北美市场年缺口就约300万吨。从生产工艺看，一般采用天然气制甲醇。分析认为，美国有丰富的天然气资源，具有投资天然气制甲醇的明显优势。从原料成本看，美国页岩气价格大约为0.9元/立方米，仅为国内天然气价格（2.4元/立方米）的1/3左右，而原料成本占甲醇生产成本的90%（天然气制甲醇与煤制甲醇成本价基本一致）。从前期投入看，天然气制甲醇装置比煤制甲醇装置便宜一半左右。从市场价格看，目前美国甲醇为3000元/吨，在美国投资天然气制甲醇，就地销售有很大的盈利空间。如果把在美国生产的甲醇海运回国内销售，市场价约为2400元/吨，去掉海运成本约300元/吨，也有很大的成本优势。

三是看重投资环境。玉皇化工对不同国别地区进行分析研究发现：中东和非洲地区化工原料资源丰富，但政局不够稳定，投资风险较大；欧洲地区资源有限，发展空间受制约；俄罗斯天然气资源丰富，但投资环境不理想。相比之下，美国政局稳定，除页岩气（天然气）储量丰富、市场价格便宜外，水电费较国内都便宜，如工业用电美国仅0.27元/度，国内约为0.7元/度；工业用地美国为3万元/亩，国内大约10万~15万元/亩。而且美国近年来加大招商引资力度，投资环境比较宽松。2013年10月奥巴马总统亲自出席在首都华盛顿举行的“招商引资”会议，为外国投资者和美国经济发展机构牵线搭桥。

（二）吸纳海内外高层人才，破解“走出去”关键难点

人才的集聚成为玉皇化工转型升级和“走出去”开拓国际市场巨大的推动力。2013年玉皇化工设立了菏泽首家企业博士后科研工作站，引来一批高层次化工人才。目前，已拥有各类专业技术人员510人，其中国务院特殊津贴获得者3人、博士18人、硕士研究生76人。同时，玉皇化工美

国公司大胆招揽使用美国本地人才，充分利用他们本土成长优势，协调解决棘手问题。玉皇化工美国项目负责人姚超良博士，是企业顺利投资美国的关键人物。姚超良博士是美籍华人，原为美国壳牌石油公司全球战略部负责人，在壳牌石油公司打拼了30年，从技术工人做到公司全球战略部负责人，对美国化工行业十分熟悉，对美国投资规则也很了解。玉皇化工经多渠道接触、多方沟通，聘请其为公司顾问，给予充分信任，授权其代表玉皇化工全权与美国当地政府及相关企业谈判，在推动项目进展上发挥了关键作用。姚超良博士毅然辞去美国壳牌石油公司工作，担任玉皇化工美国公司负责人。公司聘任美籍人员担任企业高管，组建了45人的项目综合管理团队，其中直接雇员23人全部为美籍人士。美籍人员参与管理企业，拉近了企业与社会的距离，加深了当地民众对企业的认同感。

（三）创新多元化融资方式，确保“走出去”项目落地

玉皇化工美国公司甲醇项目计划总投资12亿美元，单靠企业自筹难以解决。公司创新思路，将整个投资采取生产小单元外包的形式，化解了巨额投资来源难题。厂区内码头、铁路、工厂通往码头的输送管道等基础设施，引进全美最大的化工管道建设公司——美国平原管道公司投资1.5亿美元负责建设，建成后玉皇化工以0.16美元/加仑的费用长期租用。公司空分装置，引进全球最大的专业空气处理公司——美国液空公司出资1.6亿美元建设，玉皇化工只提供建设空间和购买分离出的氧气，无须负担建设资金，分离出的其他气体由液空公司出售，收入归液空公司所有。与美国克氏（Koch）公司开展合作，该公司以3亿美元出资获得玉皇化工美国公司25%的股份。此外，积极争取国内银行贷款，中行山东省分行、中国农业银行山东分行等明确表示给予支持，为企业提供约4亿美元的贷款。其余的投资缺口由企业自筹解决。

（四）以本土化思维融入当地社会，赢得良好发展环境

玉皇化工投资之初就提出树立“本土化”思维，把企业管理融入当地社会，积极承担社会责任。一是适应当地法制环境。玉皇化工与当地洛克洛德（Lockelord）律师事务所、贝克博兹（Bake Botts）律师事务所、美

国环境咨询公司（Environ Consultants）等权威机构建立了长期合作关系，在法律事务处理、相关许可申请、当地政策研究等方面得到专业服务，大幅度提高了项目推进速度，比原计划提前半年时间获得了路易斯安那州空气许可、密西西比河河道使用许可，而台塑集团用了两年时间未能取得当地空气许可。二是采取美式企业管理模式。玉皇化工美国公司采用购买服务、合作管理的美式企业运营模式，与当地社会相融相通。比如，由专业项目管理公司沃利帕森公司参与项目综合管理；由中国环球工程公司进行项目前端设计，提供长期设备采购服务，为项目运作提供专业技术支持。比如在设备出口上，如果不了解美国贸易政策，直接从国内出口钢管等材料，美国政府会加收高额反倾销税。玉皇化工美国公司采用钢管焊接为阀门的方式，使钢材出口变为设备出口，合理规避了美国政府的反倾销政策，带来了直接的经济效益。三是以文化交融，凝聚企业力量。玉皇化工美国公司在充分尊重美籍员工文化习俗、突出当地人文特色的基础上，把“以人为本”“团队精神”等中国元素移植到企业文化中。企业经常举行团队联谊，邀请员工家属参加公司集体活动，在保持高效美式管理的基础上，把团结、忠诚的理念融入活动中。企业还积极参加当地社区活动，提供资金赞助，树立了主动负责、热心公益的良好华资企业形象。

（五）注重构建良好政企关系，争取当地政府政策支持

注重与当地政府沟通联系，公司董事长多次赴美与路易斯安那州州长、州务卿等会面，与地方经济发展局等职能部门加强交流合作。密西西比州政府主动提出为玉皇化工美国公司提供原料风险管控，成立基金公司，将页岩气供应量和价格锁定，以较低的价格出售给公司，允许公司免费使用密西西比河河水，并且在玉皇化工美国公司一期建设期间，给予每年1200万美元税收返还，计10年共1.2亿美元。同时无偿给予3000万美元前期基础设施建设基金。

三、玉皇化工“走出去”遇到的一些问题

目前，企业尤其是民营企业“走出去”还面临许多困难和问题，有些

是政府服务不到位造成的，有些是国别之间相关部门协调沟通不够带来的，需要引起政府和相关企业的重视。

一是外派人员境外停留时间难以满足工作需要。玉皇化工美国公司正处于建设初期，外派员工较多，境外工作时间不确定，有些专业技术人员需要长期在国外工作，有些人员需要进行短期交流。目前的问题是，申请在美长期停留的工作签证非常困难，需要通过美国移民局严格审查才可能获批，企业只能申请短期商务签证，按美国法律要求持商务签证单次入境时间不得超过6个月，而在实际操作中，单次入境时间往往限定在2个月以内，一旦超过这个时限下次赴美就会遭到拒签，影响了企业境外项目的推进，也增加了企业负担。

二是熟悉境外事务的综合人才非常缺乏。玉皇化工从2011年就开始考察美国市场，对美国的法律制度、政策环境、社会文化等方面有所了解，但在推动项目谈判时却遇到较大困难，工作走了许多弯路，在项目确定选址、信息搜集、政策对接等方面花费了大量财力和精力，2年多时间谈判无实质效果。直到2013年，美籍华人姚超良博士全权代表玉皇化工美国公司参与项目谈判后，一系列问题才迎刃而解，推动了项目的顺利开展。当年就在休斯敦市注册成立了玉皇化工美国公司。

三是政府对企业“走出去”服务还不到位。很多民营企业对贷款贴息、财政补贴、出口退税、公共服务等方面的政策信息不了解、不掌握，大多时候是“企业找政策”而不是“政策找企业”，对于一些优惠政策、企业不知道具备什么条件才可申请、如何操作等。另外，对“走出去”的企业跟踪服务也不够，缺乏综合性的公共服务平台。企业难以得到投资目标国政治、经济、法律、社会、文化等方面全面系统的信息服务，在投资风险防控、突发事件处置、法律援助等方面缺少帮助。

四是金融对“走出去”支持力度有待提高。一方面，目前金融机构在中西部市、县级开展国际金融服务业务的较少，给内陆地区“走出去”企业申请服务带来许多困难。比如，玉皇化工美国公司与农业银行山东分行达成合作意向，农行给予企业贷款支持，并指定由农业银行菏泽分支机构具体代办。玉皇化工于2015年4月到菏泽农业银行洽谈，介绍项目情况，请求银行提出具体支持方案。但由于开展国际业务少，银行至今没有提出具体的操作方案，使企业处于两难境地。另一方面，“融资贵”也是一个突出问题。财务人员介绍，企业境外投资初期迫切需要金融支持，但融资贵遏制了企业贷款愿望。目前国内贷款年利率按基准利率上浮20%～30%计算，企业贷款年利率达到7%左右，而美国银行贷款年利率一般在2.7%以内。由于公司处在前期建设时期，没有生产业绩，申请国外银行贷款更难。

四、玉皇化工“走出去”的几点启示和建议

新形势下，企业“走出去”开拓国际市场，参与国际产业分工，是推进产业转型升级的重要举措。分析总结玉皇化工“走出去”实践，结合山东省实际，提出以下建议：

启示一：支持和引导企业树立全球视野。随着开放型经济体制改革，企业境外投资主体凸显，投资更加便利，全球资源、要素配置市场化程度越来越高。企业转型升级，应树立全球视野，充分利用两个市场两种资源，在更大市场空间内谋划发展、布局产业。

（1）加大对“走出去”典型企业的宣传。媒体开辟专栏介绍“走出去”企业成功做法。有关部门要研究分析、及时总结，形成可推广可操作的经验，为正在“走出去”或准备“走出去”的企业提供借鉴。

（2）加强对企业的指导培训。充分利用商务培训中心，开设不同国别和地区政治、经济、文化、社会、法律、环境等基本知识课程，对有“走出去”愿望的企业负责人进行短期培训。委托高等院校开设国际投资、市场开拓、政策研究等领域课程，对准备“走出去”企业负责人进行强化培训。每年选拔一批创新能力强、企业外向度高的年轻企业家，到国外进行考察培训。

启示二：企业要把人才放在突出位置。玉皇化工成功登陆美国，得益于拥有高素质综合型国际人才的强力支撑，其在“走出去”谈判的关键环节、关键时点发挥了不可替代的作用，为企业走得出、项目落得下、稳定

发展打下坚实基础。因此，企业成功“走出去”，要建立一支高素质的国际化人才队伍。

（1）培养国际化人才。将国际化人才的培养和培训，纳入开放型经济发展的重要内容，制定中长期培训规划。利用现有的培训资源，开展国际化人才培训班，协调大专院校开设国际人才专业课。通过与跨国公司合作、境外研修等方式，加强在实践中培养锻炼。

（2）建立海外人才库。驻外商务代表机构，要充分利用当地华人华侨社团，宣传国内企业人才需求信息，建立海外国际人才网，构建国际化专业人才库。定期组织华人华侨回国参观，与企业联谊，引荐各类国际化人才。

（3）聘用境外人才。加强与当地人才机构合作，鼓励“走出去”的企业聘用当地专业人才，推进企业经营管理人才本土化，提升企业经营管理水平。

启示三：进一步加强政府公共服务。企业“走出去”需要政府在多方面提供支持帮助。

（1）加强“走出去”服务机制建设。由省商务部门牵头，外事、公安、财政、税务、金融等部门加强配合，形成工作合力。加强对“走出去”重点国家地区法律、法规和政策的研究，提供可靠、权威的境外市场、投资环境、法律法规、企业资信等信息服务。

（2）大力发展专业中介机构。引进或扶持一批国际性的中介服务机构，如国际性的投资银行、律师事务所和会计师事务所等，充分发挥中介机构在企业“走出去”的积极作用，提高对外投资风险评估、市场调研、涉外法律等专业化服务水平。

启示四：加强对“走出去”企业金融支持。在中西部地区市、县，支持金融机构加密国际金融服务业务网点，加大业务能力培训，提高对中西部地区“走出去”企业服务能力。加强政策性银行对民营企业“走出去”支持，对境外建立实体性企业放宽融资担保条件，降低贷款准入门槛，适当扩大境外投资贷款规模。建立对外投资专项基金，加大境外投资企业项目前期运作支持。

启示五：企业要加强市场研判，实现“走出去”准确定位。全球经济融合发展，国际国内市场复杂多变，“走出去”开拓国际市场，必须深入市场分析，了解市场行情，把握行业发展规律，做好“走出去”前期功课，实现准确定位，有效防控市场风险。

（完成时间：2015 年 5 月，课题组成员：苏庆伟　刘永宽　孙晓焱）

关于用好香港优势深化鲁港合作的几点思考

在新一轮扩大开放中，国家把扩大对港澳台开放合作，放到优化开放区域布局的重要位置，强调发挥港澳地区的开放平台与示范作用。鲁港合作有良好的基础，形成了品牌优势，在对外开放和经济转型中发挥了重要作用。2015 年 9 月 6—12 日，对香港进行为期一周访问，考察了解香港特区政制架构和运作机制、当前及“十三五”发展趋势、对内对外经贸合作、旅游文化创意发展、食品安全、社会管理服务、法治建设和国际化、便利化营商环境建设等，就重新认识和用好香港独特优势，抓住“一带一路”战略机遇，突出重点、优势互补，全面拓展鲁港合作，形成一些思考和认识。

一、香港“一国两制”下实现繁荣发展，也面临激烈的国际国内竞争，有很强的危机意识和机遇意识，强调以适度有为的新思维积极加强与内地的合作

香港回归 18 年以来，全面落实基本法和“一国两制”，经济社会实现繁荣稳定，与内地的关系日益紧密。过去 20 年，香港经济规模扩大了 2 倍，平均每年实质增长 3.7%，持续高于大部分高收入的经济体。同期间，香港的人均本地生产总值实质增加约六成，平均每年增长 2.5%。2014 年，香港的人均本地生产总值按当时市价计算达 4 万美元，在亚太区内乃至全球都居前列位置。同时，随着世界经济格局的变化和内地全面推进深化改革、高水平扩大开放，香港也面临国际国内城市的激烈竞争。

面对国际和区域发展竞争，优越感下降，危机感增强。香港各界认识到传统优势的弱化，有着强烈的危机意识。有的认为，相对于国内上海等

地基础设施大规模改善，自贸区等体制机制创新，经济快速发展，香港地位相对弱化。回归前，香港经济总量曾占内地的1/4，1997年香港经济总量相当于全国（含港澳、不含台湾）的15.6%，现在还不到3%。现在香港奢侈品店里都是内地人，香港感觉很多方面不如上海了。同时过去香港生产总值高于新加坡，现在也被新加坡赶超过去了。1997年，香港的经济总量相当于当时新加坡的177%，从2010年起新加坡的经济总量超过了香港，到2013年香港的经济总量仅相当于新加坡的92%。香港曾连续十年被评为全球最繁忙港口，但2005年被新加坡取代，2007年被上海超越，2013年被深圳超越。2014年全球综合竞争力最强的十大国际金融中心，上海已上升一位与香港并列第五。2014年中国城市综合竞争力排名，曾连续12年第一的香港首次被深圳超越等。

香港高度关注内地新一轮改革开放和“一带一路”战略机遇。特区政府希望集中精力改善民生及发展经济，不断在政策上做出检讨，努力在国家开放发展大格局中塑造香港新的竞争优势。香港舆论表示，香港拥有完善的法治、自由发达的营商环境，以及背靠国家辐射全球的国际化网络，可以扮演好“超级联系人”的角色。香港虽不会制造列车，但车站设计与管理、车站与房地产综合发展的模式，是世界一流水平。香港机场管理局在航班管理、安全、效率以及物流等服务，同为世界一流水平。香港在贸易、金融海事服务、法律服务等方面，也可以成为内地与外部世界的“超级联系人”。以适度有为的新思维推动香港与内地合作，一定能把握机遇，充分发挥香港优势，在国家新一轮开放发展中发挥无可替代的作用。在与香港政府决策机构和部门的交流中，感到香港对发挥在“一带一路”中的优势和作用、深化与内地合作，是高度关注的。

“十三五”时期，深化与内地合作，仍然是香港发展的战略重点。“一国”之下的香港，依托内地广阔市场，国家先后做出内地与香港关于建立更紧密经贸关系安排及10份补充协议，出台“36条”“39条”等支持香港发展政策，巩固和提升香港国际金融、贸易、航运三个中心地位。这是香港参与国际竞争的巨大优势。“两制”之中的香港，保持最自由的市场经济体制，以国际一流的水准占据着国际化的高地。这是香港参与国内区域竞争发展的巨大优势。为发挥好这两个优势，香港在“一国两制”的原则下，积极配合国家“十三五”规划发展工作，提出一些重大发展议题，如建设国际风险管理中心，实现金融市场互联互通，建设人民币离岸业务枢纽，发展高增值知识型国际航运，发展国际邮轮旅游、母港，打造亚太国际法律及解决争端服务中心，全面实现与内地的服务贸易自由化，建设珠三角绿色港口群，大力发展科技文化创意产业等。

二、当前和今后一个时期，香港致力巩固和提升国际竞争新优势的重点领域，也是鲁港优势互补、深化合作、实现共赢发展的重点方向

通过考察交流、学习思考，对香港原有的优势加深了认识，同时感受到香港特区政府、企业、社会各界为塑造香港发展新优势所做出的积极努力。香港是一个经济自由度高、与世界融合深、资源配置流畅、竞争环境优良、富有激情活力的经济体，拥有最自由经济体制、人才资金要素聚集、领先的国际化水平、便利的营商环境、国际商贸服务枢纽、文化融汇创意创新、法治廉洁效率政府等优势。这些优势在今后很长一个时期，是国内城市和区域不能够替代的，也是我们学习借鉴、优势互补、相互借力，深化鲁港合作的重点方向。

（一）致力于继续保持最自由和具竞争力的经济体系

香港经济体系优势，主要体现在：①健全的法治体制，完善的知识产权保护，方便营商的环境；②自由贸易、自由市场，信息自由流通；③金融网络完善，资金自由流动，外汇储备庞大，财政管理审慎，税制简单且税率低；④运输及通信基建发达，支持服务先进；⑤竞争环境公平开放，是全球数一数二的自由、开放、外向型经济体，2012 年贸易额相当于本地生产总值的 4.48 倍；⑥劳工市场灵活，劳动人口教育水平良好；⑦企业家效率高并锐意创新。凭借这些优势，香港 1995 年起被美国传统基金会《经济自由度指数》报告连续 20 年评为全球最自由经济体；加拿大菲沙研究所 2014 年在 152 个经济体中，再次评选香港经济自由度为世界第一。

香港回归，“一国两制”成功实施，世界最自由经济体获得国际公认，成为香港国际竞争力的重要基因。这是香港的成功，也是我国改革开放的重要成就。根据瑞士洛桑国际管理发展学院2014年发表的《世界竞争力年报》，香港竞争力获评全球第四、亚洲第二。世界银行在2014年10月发表《2015年营商环境报告》，香港的便利营商排名全球第三。标准普尔给予香港最高的AAA信贷评级，前景为“稳定”。《商旅》杂志（亚太版）的2014年度读者调查再次选出香港为“全球最佳商务城市”，反映香港经济活力。

（二）致力于产业结构优化，推动向产业高增值转型

香港是高度都市化的经济体，自20世纪80年代开始，香港经济日渐趋向以服务业为主。目前是全球最服务导向型的经济体之一，服务业占生产总值超过90%。有两点值得注意：一是制造业虽然对香港经济增加值的直接贡献不大，但香港厂商把更多生产工序转移到内地及其他毗邻经济体，香港的离岸生产活动不断扩展，拥有日益全球化的生产网络，有效增强香港的生产能力。二是香港经济与内地建立的稳固联系，正是促进香港服务业增长的主因，令香港发展为策略控制中心，尤其是带动贸易、金融和其他支持服务迅速发展。也有人认为，香港经济结构“优中有忧”，经济总量被新加坡赶超，其中一个原因在于经济结构中，服务业竞争同质化，又缺少了制造业的支撑，为香港经济长期发展带来隐忧。

特区政府高度重视增强香港产业竞争力。2013年1月，成立由行政长官亲自领导的经济发展委员会，就如何扩大香港经济基础、促进香港经济增长和发展的整体策略和政策，进行讨论及研究。委员会辖下4个工作小组，分别负责航运业；会展及旅游业；制造、高新科技及文化创意产业；以及专业服务业。政策目标是：凭借香港本身的优势，配合政府适度有为的方针，在一套全面的产业政策下增加现有产业的业务量、在现有产业内增加门类，以及开拓新的产业，朝向高增值发展。

今后时期政策重点：

一是打造区内创新和科技创业枢纽。设立创新及科技基金资助制造业及服务业应用研发项目，截至2014年底，该基金已拨款约90亿元，资助逾4300个由科研机构和业界进行的项目。其中包括，小型企业研究资助计划、大学科技初创企业资助计划、投资研发现金回赠计划。加强重要的创新及科技基建设施，包括数码港和香港科学园。成立香港科技园公司，建设占地22公顷的香港沙田科技园。第一期和第二期已落成，出租率92%，第三期将于2016年竣工。在该等公司创立初期最关键的数年提供租金、市场推广、财务和技术方面的支持。现有约490家从事电子、信息科技和电讯、精密工程、生物科技和绿色科技的公司。科技园公司亦管理分别位于大埔、元朗及将军澳的三个工业邨，提供217公顷具备公用设施的土地，应付经济转型所带来的挑战，扩大香港的产业基础。推动重点领域研发，建设香港应用科技研究院，成立汽车零部件、信息及通信技术、纺织及成衣研发、物流及供应链管理应用技术、纳米及先进材料等五所研发中心，推动和统筹这些重点范畴的应用研发工作，推动研发成果商品化及技术转移。推动科技创业，政府正连同本地科研机构和大学，为科技初创企业创造更佳的发展环境。初步为期三年，通过创新及科技基金向六所本地大学，合计共提供每年最高300万美元的资助，鼓励大学师生创立科技初创企业，将科研成果商品化。香港已成为世界创新重镇，在欧洲工商管理学院、康奈尔大学及世界知识产权组织共同编订的“2014年全球创新指数”中排名第10。特区政府计划成立科技创新局，作为一个政策局，统筹科技创新发展，尚未得到立法会批准。

二是锐意发展世界级文化创意设计数码产业。有人认为中西文化融汇是香港的优势，但近年来香港文化话语权下降，尤其对中国内地的文化开放窗口功能弱化。一个发达的经济体，不能缺位文化的竞争优势。因此，香港致力成为国际文化大都会、亚洲创意之都，发展领先国际的文化创意产业。目前，香港文化创意产业近20万从业人员，从事珠宝首饰设计、时装、绘画、出版、互动游戏、漫画、广告、建筑、音乐制作以及表演艺术等，年总产值达126亿美元，约占本地生产总值的5%，是香港的强劲经济动力之一。就制作创新而令人难忘的广告方面，香港是全球最具创意的城市之一。特区政府致力推动香港各方面的文化艺术创作，为此每年投入约 4 亿美元。成立创意香港办公室，负责统筹政府的创意产业政策，并管理创意智优计划，协助培育人才、扩展市场、建立品牌，以及举办大型创意活动，把香港发展为建设创新中心，为撮合设计师和用家提供“一站式”服务平台，除了为设计公司提供甲级写字楼，也会提供场地作设计培训、建立业务网络和业务推广等用途。建设香港设计中心，设立了“设计创业培育两年计划”，以培育新建立的设计公司，致力把香港发展为亚洲卓越的设计中心，其主要活动包括“设计营商周”“设计智识周”和“亚洲最具影响力设计奖”。特区政府动用 28 亿美元，建设世界级综合文化艺术区—西九文化区，正在维多利亚港临海 40 公顷的填海地段兴建，将提供多种文化艺术表演场地，2016 年起陆续启用。赋予古建筑新创意，一批古建筑已活化为崭新的创意空间，包括荷李活道前已婚警察宿舍已被改建为以设计为焦点的创意产业地标“PMQ 元创方”等。制订新“数码 21”信息科技策略，打造数码港，占地共 24 公顷，包含 293 家从事信息及通讯科技、数码内容创作和开发手机应用程序的公司，有五个互相支持的中心，分别为企业发展中心、科技中心、协作中心、知识及人才发展中心和园区创建中心，推动数码娱乐业界 4K 标准发展和迎接 4K 内容制作挑战。根据《2014 年世界经济论坛环球信息科技报告》，香港在国际互联网带宽方面全球排名第 2、在流动服务收费负担能力方面全球排名第 3。根据《2013 年数据中心最低风险指数》在亚洲名列榜首。

三是努力向知识产权贸易中心迈进。近年全球知识产权的应用激增，特别是内地制造业向中高端转型，为知识产权贸易带来巨大商机。作为科技转移的区域平台，香港输往内地的科技总额达 14 亿美元，成为全球第七大向内地输出科技的地区。香港通过健全的法制、简便易用的注册系统、严厉的执法行动和富有创意的公众教育计划，在保护知识产权的工作上建立了国际声誉。根据世界经济论坛《2013—2014 年全球竞争力报告》，香港在知识产权保护方面，在 148 个经济体系中排名第 10 位。香港多年来成为版权贸易、专利授权及特许经营、设计服务和科技转移的区域集散地和服务中心。香港贸发局在 10 个亚太城市进行的知识产权贸易调查显示，超过一半受访者认为香港是专利授权、版权贸易和科技转移的首选之地。

2013年，政府成立知识产权贸易工作小组，研究推广香港作为亚洲首屈一指的知识产权贸易中心的整体策略。2015年3月，该小组提出策略框架，计划未来三年实施28项建议，包括在香港设立“原授专利”制度、为中小企业提供免费知识产权咨询服务、推广本港成为国际知识产权仲裁及调解中心等。如建议保留现行的“再注册”制度，同时在香港设立“原授专利”制度，即由发明申请人直接在港申请专利以取得保障，研究与其他专利局建立“专利审查高速公路”，加快本地审批程序等。2013年12月，贸发局推出亚洲知识产权交易平台，已吸纳23个来自海外、内地和香港的策略伙伴，并展示逾2.5万个可供买卖的知识产权项目。特区政府、贸发局和香港设计中心合办“亚洲知识产权营商论坛”，已成为亚洲知识产权年度盛事。

四是继续做强国际标准检测和认证业。香港的检测和认证业的诚信和服务水平久负盛名。目前约有250家获香港认可处认可的实验所、检验及认证机构。这些服务均遵从国际标准，向海外买家保证区内产品质量和安全。经香港认可处认可的服务提供者所发出的认许测试报告和认可证书，获全球约70个经济体逾80家认可机构承认。2013年，香港检测和认证局提出建议，整体改善认可服务和产业生产因素（人力资源、技术、资金及土地），并在六个特定行业（中药、建筑材料、食品、珠宝、环保和信息及通讯科技）推动发展新的检测和认证服务。

五是发展高增值航运业。香港船舶注册记录册的总注册吨位位列全球第四，约700家公司提供各式各样的航运服务。特区政府拟采取措施进一步发展增值航运服务业，包括船舶注册、管理、融资、海事保险、法律和海事仲裁，吸引各地航运业界以香港为亚洲地区的首选据点。特区政府成立“海运及空运人才培训基金”，支持高端航运专业服务人才培训。有关咨询研究报告，建议特区政府成立法定机构，推动高增值航运业发展。

（三）致力于保持和提升金融创新开放和国际化优势

香港是全球最大的金融中心之一，金融市场在高效透明且符合国际标准的规管下运作。金融业在本地生产总值中所占比率为16.5%。金融业劳动人口为23.7万人，占全港工作人口的6.3%。根据英国智库Z/Yen集团2015年9月23日发表的最新全球金融中心指数，香港在80多个金融中心当中，排名第三，仅次于伦敦及纽约。国际货币基金组织金融体系评估报告，确认香港为全球规模最大及最先进、制度监管完善的金融体系之一。特区政府认为，目前香港金融服务仍然有进一步多元化发展的空间。

一是证券及衍生工具、保险市场蓬勃畅旺。截至2014年底，香港股票市场的总市值约为25万亿元（除非注明，即为港元），在世界排行第七，在亚洲则排行第三。年内，本港股票市场的平均每日成交额为695亿元。年底时，在香港联合交易所有限公司挂牌的上市公司共有1752家。以首次公开招股集资额计算，联交所的集资额高达2330亿元，在2014年排名全球第二、亚洲第一。过去五年，香港有三年的首次公开招股集资额全球排名第一。除发行新股所得的资金外，其他在交易市场筹集的资金也达7100亿元，集资总额同样为全球第二。此外，香港交易及结算所有限公司的证券化衍生产品成交量，连续八年世界称冠。债券市场发展，按未偿还港元债务证券（包括外汇基金票据及债券）总额计算，香港的债市规模在2014年底达14100亿元。全球最开放的保险中心之一，全球20大保险公司中，有14家获授权在香港经营保险业务；共有19家专业再保险公司，当中包括世界大部分顶尖的再保险公司。“沪港通”的开通是内地与香港市场互联互通的里程碑。香港市场既开放又国际化，2014年底联交所的500个参与者当中，28%来自内地或海外市场；而期交所的179个参与者当中，48%来自香港以外的市场。截至2015年7月，在香港上市的内地企业总市值占香港市场约60%，交易量占70%。

二是亚洲重要的资产管理枢纽。内地和亚洲对财富及资产管理服务的需求庞大。截至2014年底，在香港从事资产管理业务的持牌或注册公司合计有1074家，较2013年底增加7.9%。2015年3月，香港证监会认可注册基金按年上升26.7%，达到594只。基金管理业务持续增长，2014年底达到176820亿港元的历史新高。资产管理业务高度国际化，来自海外投资者的资金占基金管理业务的71%。在香港管理的资产72.5%投资于亚洲，大部分投资于香港和内地。为吸引更多私募基金在香港经营，特区政府计划把离岸基金所享有的税务豁免扩及私募基金，并豁免所有交易所买卖基金的印花税。其他新措施包括引入公司型开放式基金的新结构，以吸引更多投资基金以香港为注册地。2015 年 5 月，香港与内地基金互认签署合作备忘录，首批互认基金已经进行审批，拓宽跨境投资渠道。

三是全球最大的离岸人民币中心。拥有全球最大的离岸人民币资金池，也是全球规模最大的离岸人民币融资及资产管理中心。2015 年 5 月，香港人民币存款总额达 9724 亿元人民币。经香港银行处理的人民币离岸结算占全球 70%。通过发展人民币债券、贷款和股票类产品，香港已成为最大的离岸人民币融资中心。截至 2014 年 12 月底，未偿还点心债余额 3805 亿元人民币。

四是国际银行及支付中心。2014 年底，香港共有 159 家持牌银行、21 家有限制牌照银行及 23 家接受存款公司。此外，境外注册银行在香港设立的代表办事处有 63 个。在全球排名 100 以内的银行中，有 71 家在港营业。根据国际结算银行发表截至 2014 年底的季度报告，以对外头寸计算，香港是世界第七大及亚洲第二大银行中心。银行同业货币市场发展完善，银行同业港元拆借活动均非常活跃，2014 年平均每日成交额为 2114 亿元。

五是外来直接投资、对外投资最热区域之一。根据联合国贸发会议《2015 年世界投资报告》，2014 年流入香港的直接投资金额约为 1030 亿美元，成为全球第二大外来直接投资地方，仅次于大陆 1290 亿美元。在对外直接投资流出金额方面，香港同样名列全球第二名，金额达到 1430 亿美元，次于美国的 3370 亿美元（大陆 1160 亿美元、日本 1140 亿美元、大陆及台湾企业在香港设有办事处，其中 3784 家在香港设立地区总部或地区办事处）。

（四）致力于着力推进教育和人才国际化

教育是香港发展优先重点之一。根据《经济学家》信息部在 2014 年发表的《认知技巧及教育成就全球指数》，香港排名第四，成为全球前五个“教育重镇”之一。2014—2015 年，教育方面的政府经常开支预算为 86 亿美元，占政府经常开支超过 1/5。

一是具有蓬勃的国际学校体系。香港共有 50 所国际学校。吸引世界各地各方面的人才和行政人员，带同家属来港工作。提供约 40000 个小学和中学学额。这些学校为来自世界各地的学生提供熟悉的学习环境，并提供超过 10 种课程，包括美国、澳洲、英国、加拿大、法国、德国、日本、韩国、新加坡和国际文凭课程。特区政府还预留三幅全新土地供国际学校发展。

二是推动高等教育进一步国际化。香港有 19 家颁授本地学位的高等教育院校，包括 9 家大学。2014 学年约有 30100 名来自超过 70 个国家/地区的非本地学生在香港修读高等教育课程。香港大学 2014 年学生国际化达到 35%，教授国际化达到 59.2%。政府已放宽对外地学生的入境和就业限制，非本地学生毕业后，可留港最多一年而不受逗留条件限制。

三是推动学生国际化交流。2014 学年，大学教育资助委员会资助院校有约 5400 名非本地交换生来港交流，以及相当数目的香港学生到外地作至少一个学期的交流。设立一项新的奖学金计划，每届资助 100 名学生到香港境外升读知名大学。推行内地大学升学资助计划。香港大学 2012 年开始实施“千人计划”，至今已资助约 300 名学生内地交流。

（五）致力于打造亚太国际法律及解决争议服务中心

香港注重发挥法制健全的声誉，律政司与香港律师会、香港大律师公会及解决争议服务界紧密合作，推动香港成为区域法律及解决争议服务中心。2014 年 12 月，特区政府成立仲裁推广咨询委员会。负责统筹整体策略。根据世界经济论坛公布的 2014/2015 全球竞争力报告，在争议解决制度方面，香港在世界 144 个国家或经济体中排行第 3，比英国、美国还要高。

一是按照国际标准修订仲裁条例。新的《仲裁条例》以联合国国际贸易法委员会通过采用的《国际商事仲裁示范法》为基础，改革香港的仲裁法，于 2011 年 6 月生效。2013 年 7 月，立法会通过修订，容许法院在仲裁庭组成前强制执行紧急仲裁员批准的救济措施，进一步加强香港的仲裁制度。

二是提倡和发展调解服务。律政司在提倡和发展调解服务方面扮演主导角色。为促进香港调解服务的发展，由律政司司长领导的调解督导委员会在2012年成立，负责监察《调解条例》的实施，向公众和特定行业（包括中小型企业、医疗保健、建筑物管理和房地产）推广使用调解服务。截至2014年12月，调解员名册上有2179名认可调解员。

三是聚集世界级仲裁机构。四个世界级仲裁机构在香港设立了办事处。香港特区的仲裁裁决，可在超过150个《承认及执行外国仲裁裁决公约》的缔约司法管辖区执行。香港国际仲裁中心在2013年处理的260宗仲裁个案中，有195宗属国际个案（占个案总数量的75%）。根据《纽约公约》，在香港做出的仲裁裁决，可在150多个司法管辖区通过法院执行。随着中国经济的迅速发展，内地企业加快"走出去"等，越来越多与内地有关的纠纷指定以香港作为仲裁的地方，进一步巩固香港作为亚太区解决争议中心的地位。

（六）致力于大力提升世界一流的基础设施

香港位于亚洲中心地带，从香港出发，可于5小时内飞抵全球半数人口居住地。香港机场超过100家航空公司每天营运约1000班航机。2013—2014年，机场客运量及飞机起降量均刷新纪录，达6070万人次及377478架次，货运量420万公吨。香港港口2013年总货柜吞吐量为2240万个标准箱。

香港凭借世界一流的基建和综合服务方面的优势，成为亚洲以海、陆、空三路运送货物的首选国际物流枢纽和供应链基地。为支持物流业发展，政府一直致力于发展新基建和改善现有设施。香港的基建投资在2013—2014年达700亿元。预计未来数年每年的基建投资会维持在约700亿元的水平。

一是兴建机场第三条跑道。政府正积极协助机场管理局推展扩建香港国际机场成为三跑道系统的规划工作，将机场每年可处理的飞机升降量由42万架次提升至62万架次，以巩固香港作为国际航空枢纽的地位。

二是湾仔发展计划第二期。通过填海造地，兴建包括中环湾仔绕道在内的重要运输基建设施，建设一条由中环延伸至北角的海滨长廊，预计中环湾仔绕道可于2017年通车。

三是完善铁路网络。《铁路发展策略2014》为香港直至2031年的铁路网络发展提供蓝图，预期未来将兴建七条新铁路线，届时覆盖香港约75%人口居住的地区。

四是邮轮码头。投资160亿元的启德邮轮码头已启用，邮轮码头能同时容纳2艘排水量达22万吨的超级邮轮，也可以停泊世界上最大型的邮轮，每小时处理3000名旅客，在邮轮旅游淡季用来举办其他活动。2014年90班邮轮停靠，80%以香港为母港、起点港。启德邮轮码头将巩固香港作为亚太区主要邮轮枢纽的地位。

（七）致力于突出城市的特质、定位和品牌营销

重点推广香港作为“亚洲国际都会”。1997年香港回归，为塑造城市个性特质，树立其独特形象，展开“香港品牌”计划。特区政府聘请了经验丰富的品牌专家研究，以探究香港的核心价值和特质。向香港和海外展开历时一年的广泛咨询和调查发现，“亚洲国际都会”的品牌定位最能反映香港“国际都会、活力澎湃、安定平稳、多元共融和连接全球”的特质。为反映这些核心价值和特质，众多国际和本地设计师提交了多项建议。经筛选后的设计，在香港和海外进行严格的测试。调查显示，结合了“香港”的英文缩写HK及两个中文字的飞龙设计，别具形态、意念清晰，广为香港及国际调查对象接受。2001年5月，“香港品牌”在香港全球财富论坛隆重推出。自此，“香港品牌”成为相关机构的共享国际传讯平台，发挥最大的协同效应，向全球推介香港。

加强品牌综合推广。为了加强国际人士对香港的认识和印象，特区于2010年推出名为“见面·见香港”的综合推广计划，展现“亚洲国际都会”的面貌。2015年6月，特区政府又推出名为“见·识香港”的新一轮香港品牌活动，加强推广香港的主要优势和软实力。

加强品牌维护和管理。政府新闻处的香港品牌管理组，负责统筹在世界各地推广“香港品牌”活动，确保持续一致使用“香港品牌”。支持特区政府世界各地办事处及经济贸易办事处的宣传及推广工作，又与传媒机构、创意产业、青年团体、大学和非政府组织等举办联合项目。香港品牌管理组与众多公私营机构紧密合作，在国际推广香港，包括投资推广署、香港旅游发展局、贸易发展局等。“香港品牌”已成为香港举办国际重要活动的一部分。

（八）致力于追求法治、廉洁、便利的政府服务

法治、廉洁、高效、便利的政府服务，是香港成为有竞争力的国际大都会的必要条件和优势。印象较深的有如下几点：

一是政府依法行政的积极作为。这是香港自由经济制度下，政府职能的主要体现。特区政府架构分为政策局12个（组成政府总部）和具体执法和管理部门60多个。决策和执行分开，政策局负责政府经济社会宏观政策制定、统筹；具体执法和行政事务的执行，由执行部门负责；纯属经济和事业发展、市场化程度高、非执行性的事务由各类法定机构负责。政府部门和法定机构都经立法会批准和依据法例成立，明确法定职能，依法履行职能。

如就我们关心的食品安全问题与特区政府食物卫生局进行了交流。该局负责食物卫生方面的宏观政策，具体执法管理工作由食物环境卫生署、食物安全中心、政府化验所等负责。①执行食物方面法例为《公共卫生及市政条例》《食物安全条例》和14个相关“附属规例”、42个“业界指引”，制度规定非常细致。②在食物经营牌照管理方面，实行“一站式”，食物环境卫生署牵头受理和最终审批，统一协调涉及屋宇署、消防处等事项。③在食物卫生检查方面，对食物业处所采取风险评估、分类管理，根据风险等级确定巡查的频次，有卫生督察人员500人，2014年实施检查10.2万次。对食物质量监察，引入食物追踪机制，分为日常食品监察、专题调查、时令食品调查，2014年抽取样本64100个，整体合格率99.8%。④在管理服务方面实行承诺制，如街市服务承诺“至少每4个星期视察公众街市的熟食档一次”，设定目标95%，2015年上半年实现98%。承诺“至少每8个星期视察公众街市内售卖限制出售食物的街市摊档一次，有需要时增加视察次数至每两个星期一次”，设定目标95%，2015年上半年实现100%。⑤在执法处罚方面，对违反条例的处理，除情节轻微给予口头警告、计分管理等外，实施依法检控，由法庭定罪、罚款。2014 年对食物安全有关的检控 598 宗，与食物业处所卫生有关的检控 352 宗。

二是建设高效廉洁公务员队伍。惩治、预防、教育三管齐下，推动公务员廉洁及维持公平的营商环境，是香港竞争力的利器。回归 18 年，香港的反贪模式成功运作。国际调查持续把香港列为亚洲其中一个“最少贪腐”的地方。2014 年，“透明国际”公布全球《清廉指数》，香港是 175 个国家（地区）中第 17 个最廉洁的地方，在亚洲区排名第三。

廉政公署为独立于政府体系之外的法定机构，依据《廉政公署条例》而成立，公职人员实行聘任制。依据《廉政公署条例》、《防止贿赂条例》及《选举（舞弊及非法行为）条例》，行使法定权利。廉政专员对行政长官负责，特首委任设立贪污问题咨询委员会，负责监督廉政公署各项工作。1974 年为应对严重贪腐问题，当局下决心成立廉政公署，至今 40 多年，令香港出现移风易俗的变化。第一个 10 年主要是严厉打击政府部门贪污问题，特别是集团性贪腐，其后维护廉洁的工作覆盖面不断扩大，包括私营机构。最近 10 年，私营机构贪腐问题相对严重，廉署中心向私营机构转移。通过私营机构反贪肃贪，可降低企业 10% 的经营成本。2014 年对政府部门和公共机构的投诉分别占 30% 和 7%，对私营机构人员的投诉占到 63%。

廉政公署设有执行、防止贪污、社区关系三个处，通过调查、防贪及教育工作全方位打击贪污。执行处 1000 人，预防处 60 人，社区关系处 200 人。既注重打击，也注重预防，其中工作特点，第一，对公私机构行使权力程序审查到位。2014 年防止贪污处 526 次在政府部门和公共机构提出新的政策、法例和展开主要项目前，迅速提供防贪建议。460 次向私营机构提出防贪建议。如食物环境卫生署的“固定摊位小贩管理、小贩资助计划管理”，金融管理局的“处理和调查针对认可机构的投诉”，贸发局的“海外和内地推广活动场地建造工程的外判”，证监会的“首次公开招股的规管”等。还编制多套量身定制的“防贪锦囊”。第二，对公务人员行为规范指引到位。特别是对“受限利益”，如礼物（金钱或物件）、折扣、借款等有明确的规定，如在特别场合（生日）或其他场合，“私交友好”可分别接受不超过 3000 港元或 500 港元的礼物，“其他人士”就只能接受不超过1500港元和250港元的礼物等。

三是积极推动投资贸易便利化措施。近年来，在多项关于最佳营商城市、经济自由度、竞争力、商机和营商便捷度的世界主要调查中，香港均处于领先地位。其中，便利营商是香港提升竞争力的重要着力点。根据世界银行发表的《2015年全球营商环境报告》，通过10个指标来度量全球189个经济体的营商环境便利程度，香港位居全球第三位，其中跨境贸易单项位居第二。这次访问，重点考察了香港海关、葵涌货柜码头。①港口经营竞争性强。货柜码头设施全部由私营机构投资、拥有和经营。葵涌—青衣货柜码头由现代货箱码头有限公司、香港国际货柜码头有限公司、中远—国际货柜码头有限公司、迪拜环球港务和亚洲货柜码头有限公司5家营运商管理和营运。②推行“香港认可经济营运商计划”。落实世界海关组织的《保障及便利国际贸易标准框架》，2010年开始试验运作并且取得成功。认可经济营运商成为香港海关可信赖的伙伴，享有减少海关查验、优先接受清关等相关便利通关安排。③实施电子通关。实施“海运简易通关计划”，方便货运代理和物流公司以电子方式提交副提单数据，以进行海运货物清关。④重视与内地的通关便利合作。2012年开始推行“跨境一锁”计划，将香港电子锁“多式联运转运货物便利计划”与内地“跨境快速通关”连为一体，实现“四省十一关”的信息互认、监管互认、执法互助。通往内地货物每票缩短通关时间26分钟，当年处理货物票数增长186.2%，2014年增长10.2%。

三、关于在更高的起点上认识香港优势、善用香港优势，加强鲁港优势对接，进一步深化鲁港合作的几点具体建议

香港的市场机制优势、国际化优势和独特的内地开放平台作用，在今后相当一个时期内是无可替代的。香港对加强与内地的合作，特别是对在国家“一带一路”战略中发挥“超级联系人”作用非常重视。特区政府部门，如投资推广署、贸发局等，都在积极加强布局和内地的合作，包括增设办事机构、建立高层合作机制等。建议：

（一）结合山东省“十三五”规划的制定，加强整体谋划，形成推动鲁港合作的长期目标和工作思路

借鉴广东、上海、福建等地与香港建立高层联席合作机制做法，研究提升鲁港合作机制。特区政府驻上海办事处山东联络处已经开始运作。可探讨深化鲁港合作的框架方案，借此推动形成双向互动交流机制。

（二）推进各领域的优势对接，提升鲁港重大合作活动

香港的优势是综合性优势、集成式优势，不是单一性优势。山东优势在于产业体系完整，现代农业和安全农产品供给能力、制造业价值链提升空间大、城镇化和基础设施领域潜力大、金融等服务业领域成长性强等。

（1）创新办好“香港山东周活动”。这项活动已连续举办7届，积累了经验和人脉。要进一步聚焦股权合作、产融结合、企业改制商机、产业转型、文化创意、知识产权、城镇化和重大基础建设等，策划好活动，落实好活动成果。可考虑聘请国际或国内知名活动策划机构开展活动策划，提升品牌形象力。

（2）加强金融领域合作，助推山东省利用外资方式的转变。香港在经济领域的最大优势，是国际资本聚集的优势、离岸人民币中心优势、资产财富管理的创新优势，是一个重要的集资中心和环球投资平台。这些是新一轮高水平开放中利用外资的主渠道。支持企业赴港上市、发债、并购，推动山东省利用外资从注重项目，向资金、技术、专利、人才、机制转变。山东省金融改革走在全国前列，可联合举办财富论坛、金融合作论坛等，研究探索鲁港金融合作的新措施。

（3）提高与贸发局、投资推广署等合作水平。投资推广署在2014年举办或赞助了多项活动，包括与广东省、广州、江门、澳门、肇庆和珠海，在巴塞罗那、里昂、墨西哥城、旧金山、温哥华和台北合办投资推广活动，在重庆、贵阳、杭州、合肥、南京、南宁、泉州、石家庄、天津、无锡、西安及银川等，进行了连串推广活动。贸发局在山东省首次成功举办“转型升级 香港博览”活动。可考虑进一步加强合作，互相支持，提高合作水平。

（三）加强品牌推广领域合作

香港打造推广城市品牌的经验，值得我们学习借鉴。同时，很多国际品牌的宣传推广运动都以香港为起点，再扩展到全世界。

（1）考虑设计推广山东整体品牌。山东省推出的“好客山东”形成了一定的影响，近两年又推出了“好品山东”等。可加强整体策划，形成整体品牌和系列品牌，加大整体推介力度。

（2）加强产品品牌的培育。可在香港集中开展一次山东精品名品和品牌的推介活动。

（四）加强人员交流和部门合作

拓宽合作领域，形成经济与人文、各部门各领域合作合力。

（1）加强政府相关部门直接的交流合作。政府管理、社会管理等方面法治化、便利化、廉洁高效等，是香港优势的重要组成部分。当前，我们正在推动转变政府职能，有必要通过相关部门间的交流合作，推动政府部门思维方式、工作方式的转变。可选择食品卫生、城市管理、交通管理、工商管理、市场监管、金融监管、民生服务、文化卫生等部门，建立与特区部门相应的经常性对口交流机制。

（2）深化和拓展与香港高校、科研院所、科学园区、创意园区、企业间科技研发和创新创业方面的合作。

（3）加大青年和学生等交流。香港大学等积极推动学生内地学习、内地实习计划。政制及内地事务局也希望加强年轻人到内地交流体验。可支持教育、文化部门和青年组织，加强青年学生的交流活动。

（完成时间：2015 年 9 月，作者：苏庆伟）

枣庄市以务实措施加强开放工作

面对经济下行的严峻形势，枣庄市认真研究，扎实应对，努力加快开放型经济发展。其特点是高度重视、措施具体、狠抓落实。2015 年 1—3 月，全市实现进出口 3.13 亿美元、出口 2.58 亿美元，同比分别增长 9.7%、10.9%，均居全省第 3 位，其中出口位次比 2014 年前移 3 位。

一、认真研究谋划推动工作落实

针对枣庄经济外向度偏低、借外力强内力不够的现实，市委、市政府从全市经济发展全局的高度，把对外开放作为 2015 年经济工作的主要抓手、关键一招，明确以更大的决心和魄力抓好开放招商，以开放统筹经济社会发展，以招商引资贯穿对外开放始终，以“三外”激活经济社会发展。

一是主要领导推动。2015 年以来，新任市委、市政府主要领导亲自抓对外开放工作，将开放招商作为各类经济会议的首要议题研究部署。3 月 31 日，市委、市政府高规格召开了全市对外开放暨招商引资工作大会，对抓好开放招商工作做出总体部署。强调充分认识对外开放和招商引资工作的极端重要性，将其摆在更加突出的位置、作为各项工作的重中之重，以时不我待、只争朝夕的紧迫感，以“坐不住、等不起、慢不得”的责任感，全力以赴抓招商、上项目，千方百计优环境、搞服务，全面吹响新一轮对外开放和招商引资的冲锋号，加快建立富有外在引力和内在张力的开放型经济新体系。

二是政策扶持具体。出台了《关于促进外贸稳定增长的实施意见》《关于深化产业招商工作的意见》《关于大力推进工业创新转型提质增效的意见》《关于进一步加快全市民营经济发展的实施意见》等一揽子政策文件。围绕外贸稳增长，扶持和引导出口基地和示范区各类公共服务平台建设，对年度出口额达到500万美元以上骨干出口企业的共性技术研发、基地内公共服务平台项目给予配套支持；加大财税政策支持力度，建立和完善外贸领域涉企收费清单管理制度，将重点面向外贸企业实行政府指导价、政府定价管理的收费项目纳入清单，清单外的一律实行市场调节，清单内的逐步减少数量，并实行动态管理、对外公开，接受企业和社会监督；扩大出口信用保险规模和覆盖面，加大对品牌产品、服务贸易、国际营销网络和小微企业的支持力度，对枣庄市海关出口额低于100万美元的小微企业实行财政统保，对超过100万美元的出口企业，给予保费补助，每个企业补贴不超过20万元。在人才支持方面，提出每引进1名两院院士、国家“千人计划”“万人计划”专家，视同完成1亿元招商引资任务；每引进1名“泰山学者”“泰山产业领军人才”，视同完成5000万元招商引资任务；每引进1名“枣庄英才”，视同完成2000万元的招商引资任务。

三是到一线调研解决问题。自2014年以来，分管副市长带队，相关部门参与，分行业到重点外经贸企业调研，研判经济发展形势、外贸政策对企业影响，分析外贸进出口趋势、企业生产经营现状，充分听取企业的意见建议，以企业的需求指导政府工作，切实帮助企业解决实际问题。

四是加强行业、企业分类指导。建立纺织服装、机电设备、农产品、化工、玻璃建材等重点产业和42家重点企业帮包跟踪服务制度，按照“一业一策”“一企一策”的思路，实行重点支持、跟踪服务，确保重点行业、重点企业出口稳定增长。截至目前，全市有进出口业绩的企业达到339家。

五是强化责任落实。严格执行对外开放工作目标责任制，市政府与各区（市）分别签订目标责任书，分解任务，逐级下达，落实到单位、到个人，切实把责任传导到位，部门联动、齐抓共管，形成对外开放、招商引资的整体合力。

二、以务实措施狠抓对外对内开放招商

把招商引资作为经济工作的“一号工程”，围绕建设转型升级和经济文化融合发展高地，推动资源城市转型和产业升级，强化市场意识、开放意识、项目意识，努力精准发力、增强实效。

一是市政府领导每人牵头1个产业招商工作组。市委、市政府主要领导亲自抓招商，每周调度一次招商引资进展情况，每月至少外出招商一次。各区（市）、各有关部门主要负责人每年拿出50%以上的时间用于招商引资和项目建设工作。实行市级领导重点项目建设帮包责任制，确保项目招得来、落得下、快见效。

二是瞄准产业升级狠抓产业招商。以产业招商为龙头，变过去招商部门单兵突进为各级领导和部门及早参与、共同推进，建立“一个主导产业、一名政府领导、一个责任部门、一套工作班子、一个实施方案”的工作机制，成立装备制造、精细化工、现代物流、纺织服装、农副产品加工、医药健康、文化旅游、战略性新兴产业和金融产业等9大产业招商工作组，要求2015年每个招商组至少签约1个合同外来投资2亿元或2000万美元以上的生产性项目，新招引一家股份制银行或基金公司。明确9个责任部门、20个专业招商引资引智部门，形成齐抓共管、密切协作、配套联动的工作格局。明确各区（市）、枣庄高新区7个产业招商主体，立足自然条件、资源禀赋、产业基础，充分发挥优势条件，积极招引适合本地发展的项目，形成竞相发展、错位发展的局面。

三是突出解决“招什么”“如何招”“往哪落”“建的好”的关键问题。明确“招什么”，重点围绕大企业集团、项目库、改造传统产业、培育新兴产业、生产性服务业、国企改革、创新驱动和人才集聚、推进新型城镇化，有针对性地开展招商。主动抬高安全、环保、土地三个门槛，对质量效益不高又可能带来后遗症的项目坚决“舍弃”。把握“如何招”，挖掘培育差异化的比较优势，瞄准京沪、江浙等高铁沿线省市，主攻港台、日韩等重点区域，务实开展招商活动，推动枣矿、泉兴等一批企业与联

想、华润、中联、韩国SK等国内外大企业集团加强合作，增资扩股，切实提高招商实效性。解决“往哪落”，积极探索园区发展新模式，加快形成以枣庄高新区为引领、6个省级开发区为支撑、滕州鲁南煤化工产业园和薛城能源循环经济产业园等特色园区为补充的园区发展格局，打造产业培育的重要载体、转型发展的重要支撑和对外开放的重要窗口。确保“建的好”，成立重大项目推进领导小组，市政府主要领导任组长，相关部门参加，及时研究解决项目洽谈、落地建设过程中的各类问题，全力以赴破解土地瓶颈，增强金融服务能力，确保项目“落地生根、开花结果”。截至目前，全市共有外资企业166家，总投资27亿美元；成功引进鲁南铁路物流中心、中联水泥集团运营总部、奥瑟亚建阳炭黑、穆拉德石榴种植与深加工等一批大项目。

三、以开放的视野推动企业培育竞争优势

大力实施“走出去”战略，鼓励支持企业更好地利用国外资源和国际市场，拓宽发展空间，实现互利共赢。

一是着力培育竞争优势。持续加大对重点出口企业的扶持力度，做大做强机电机床、化工建材、纺织服装等外贸出口基地，巩固外贸出口份额。积极开展出口农产品质量安全示范市创建，围绕石榴、马铃薯、长红枣等特色农产品，引进国内外知名食品加工企业，拉长产业链条，提升农产品出口的竞争力。突出发展加工贸易，探索承接加工贸易产业转移新模式，不断扩大加工贸易规模。加快发展软件和信息技术、研发、金融等领域的服务外包，扶持小微外贸企业发展。大力引进外向型项目，强化跟踪服务，推动项目早落地、产品早出口，培育新的外贸增长点。支持企业依靠自主品牌开展出口贸易，形成以品牌和技术为核心的出口优势。

二是稳妥推进境外投资。鼓励煤炭、水泥等优势企业扩大境外投资领域和规模，采用基础设施换资源、勘探合作换矿业开发权等模式，开发资源能源，建立原料基地和研发机构，提升企业核心竞争力和产品国际市场占有率，借机推动建材、能源、纺织、轻工等优势产业向境外转移。截至

目前，全市境外投资企业达到 16 家，涉及 10 多个国家和地区，实现境外直接投资 2.4 亿美元。枣矿集团新中兴公司在加拿大投资的再生能源设备及产品研发、制造、销售项目，滕州愚公机械股份有限公司在韩国投资的工程机械及其零部件的开发、生产、销售项目，既吸收了当地先进技术，又有效地绕开各种贸易壁垒。

三是推动企业借力发展。积极探索对外承包工程的新路子，组织企业加强与北京城建、中铁五局、江西国际等国内大型企业交流合作，利用其优势和渠道"借船出海"，熟悉国际规则，锻炼人才队伍，扩大市场份额，带动成套设备出口和劳务输出。截至目前，全市有对外承包工程资质企业 6 家，援外资质企业 1 家，对外劳务合作平台 2 家。

四、坚持问题导向加强和改善政府服务

一是加强外贸企业金融服务。针对当前外贸企业融资困难的问题，市政府加大协调力度，引导金融机构改善金融服务。人民银行枣庄市中心分行积极实施本外币双轮驱动，支持外贸稳增长。2014 年初，制定实施了改进金融服务和外汇管理支持全市经济提质增效、转型发展的意见，引导银行机构运用货币政策工具，重点支持外贸稳定发展。促进贸易投资便利化，货物贸易行政许可项目减至 2 大项 4 小项，服务贸易购付汇管理已实现零审批。大幅简化外商直接投资、境外放款、外债、跨境担保等政策，形成以登记为核心的资本项目外汇管理新模式，全市 99% 以上守法合规企业享受到政策便利，自主配置外汇资源的能力显著增强。推行人民币跨境使用全覆盖，进出口额在 10 万美元以上企业全部开展跨境人民币结算业务，全市开展这项业务的有 101 家。推进银企合作，建立银企合作长效机制，实行主办行制度，推进外贸企业信用体系建设。市政府组织召开金融支持外贸企业推进会议，5 家外汇指定银行与 77 家企业就贸易融资、跨境人民币结算和配套人民币借款达成合作意向 54.46 亿元，年底累计到位 52.87 亿元，资金到位率 97%。

二是加强市场开拓服务。实施国际市场开拓三年行动计划，千方百计

巩固欧美、日韩等传统市场，开拓拉美、东盟、非洲等新兴市场。针对企业急需借助展会开拓国际市场，对市重点组织的境外展会参展费用加大补贴支持。同级财政对企业参加省政府或国家部委组织的境内展会，给予每个展位5000元人民币补助；对参加市里统一组织的境外展会，按展位费50%给予补助。对枣庄市企业牵头召开国内行业发展高层论坛、年会等重要行业活动的，一次性给予不超过10万元的补助。同级财政对承接国际服务外包业务的企业、软件出口企业、服务外包示范基地等，按照年签订离岸外包合同、软件出口合同及外汇结算额，给予5万~10万元奖励，在获得认定之日起两个月内拨付。2014年以来，先后组织140多家企业参加了广交会、华交会、日本大阪展、南非轮胎展、俄罗斯玻璃展、香港玩具展等。枣庄金通胶管有限责任公司生产高压钢丝编织胶管，2015年在广交会上成交比上年提高20%~30%，印度、俄罗斯、迪拜等国家客商会后来厂洽谈，还在巴西南部、胡志明市、莫斯科等地设立了海外仓。

三是统筹整合涉外资源。市政府要求由市外侨办对全市出访活动进行把关，所有出访团组必须结合经贸活动，做到因事定人，从严把关，没有实际经贸文化交流活动的不予批准。市外侨办建立对外投资信息发布机制，统筹调度全市进出口、对外投资企业和涉外部门联系人，定期通过政务服务中心网和省外办短信平台发布海外投资信息，做到及时预警、及时发布。

四是多层次举办国际市场开拓培训班、外贸实务培训班。开展外贸政策宣讲班等培训活动，提升企业家开放意识和企业开拓国际市场、“走出去”竞争合作的能力。

（完成时间：2015年5月，课题组成员：苏庆伟　刘永宽）

枣庄、济宁两市对外开放工作情况和几点具体建议

按照省政府统一安排，对外开放第二调研组，于2015年4月23—28日，围绕对外开放促进产业转型升级、开放载体建设等内容，赴枣庄、济宁两市进行了调研，分别与市、区（县）级政府研究室、发改、经信、商务、金融、外办、海关、检验检疫等部门单位进行座谈，与16家“走出去、引进来”活动较多企业的负责同志进行了交流，实地考察了4家企业。通过调研，认真梳理了两市对外开放工作亮点，分析了制约开放发展的主要问题，研究提出了在开放中加快产业转型升级的具体建议。报告如下：

一、两市对外开放工作迈出新步子

枣庄、济宁两市属于资源型城市，对外开放程度相对较低。但近年来两市强化对外开放意识，加大对外开放力度，立足现有产业推动转型升级，注重开放载体建设，促进产业集聚发展。从调研情况看，有以下特点：

1. 增强开放意识引领开放工作

两市始终把对外开放作为引领经济社会发展的重要举措，主动作为、不等不靠，抢抓开放发展新机遇。枣庄加快构建“引进来”与“走出去”、扩大内需与争取外需相结合的开放型经济体系，2015年把招商引资作为各类经济会议的首要议题研究部署，争取发展先机，3月召开了全市对外开放暨招商引资工作大会，对开放和招商工作做出全面部署，提出以更大的决心和魄力抓好招商，把客观优势转化为开放优势、发展优势、竞争优

势。会后出台了《关于促进外贸稳定增长的实施意见》《关于深化产业招商工作的意见》。济宁市坚定不移地实施“开放带动”战略，坚持“走出去”与“引进来 ”并举，开放型经济不断跃上新台阶。2014 年进出口额增幅较上年在全省前移 3 个位次，设立境外企业 24 家，中方实际投资额 13.3 亿美元，居全省首位。

2. 以扎实措施推动稳外贸增长

近年来，两市采取积极主动的措施保持外贸稳定增长。枣庄市实施“外贸三年赶超行动计划”，开展“外经贸企业服务直通车”，对纺织服装、机电设备、农产品、玻璃建材等重点产品和 42 家重点企业，按照“一业一策”“一企一策”的思路，实行重点支持、跟踪服务，确保重点行业、重点企业出口稳定增长。2014 年，全市进出口总额同比增长 15.1%，其中出口增长 21.9%，2015 年第一季度实现进出口 3.13 亿美元，出口 2.58 亿美元，同比增长 9.7%、10.9%，两项增幅均居全省第 3 位；济宁市大力实施“拓市场、调结构、建平台、优环境”行动，组织企业扎实开展“千企百展”活动，每年都精心策划组织千家企业参加百个国内外知名展会，抢订单、占市场，截至 2014 年底，全市进出口过千万美元的企业达 91 家。注重发挥出口基地稳外贸增长作用，建成 7 个省级以上外贸转型升级示范基地、机电产品出口基地和科技兴贸出口基地。兖州区对辖区内开拓市场的企业给予交通费、摊位费补贴，参加区统一组织的国外、港澳台、国内招商和贸易展览活动，交通费分别补贴 3 万元、2 万元、1 万元人民币，摊位费在省、市补贴的基础上，区财政再补贴剩余部分，省、市没有补贴的，区财政补贴摊位费的 50%，企业借助第三方贸易平台开展电子商务和市场推广活动，区财政补贴实际发生费用的 50%。

充分运用货币政策支持外贸稳增长。枣庄市银行机构积极推动进出口额在 10 万美元以上企业开展跨境人民币结算业务，全市有 101 家企业开办了跨境人民币结算业务，2014 年为外贸企业节约财务成本 9000 多万元。兖州区银行机构支持辖内企业开展贸易项下跨境人民币融资业务，办理了发票融资、订单融资等业务，提供 1 ~6 个月短期融资，满足企业出口合同签订后至出口收汇前，在材料采购、组织生产、货物运输等方面的融资需求。2014 年辖内 10 家企业累计办理贸易项下跨境人民币融资业务 29.55 亿元。

3. 企业“走出去”不甘落后

两市都不具备沿海城市良好基础设施和环境条件，但企业“走出去”发展的勇气和行动始终不甘落后，政府推动力持续增强。枣庄市积极推动企业借力发展，组织企业参加各类对接活动，与北京城建集团、中铁五局、江西国际等大型企业加强合作，借船出海、借力发展。2014 年全市实现对外承包工程营业额 5502 万美元，增长 9.8%，有对外承包工程资质企业 6 家，建立了 2 家对外劳务合作平台。济宁市引导有条件的企业“走出去”做强做大，培育源自本土的跨国公司。截至 2015 年 3 月，全市共批准境外投资企业 189 家，累计完成境外实际投资额 45.29 亿美元，连续多年位居全省前列。一批大型企业集团通过股权并购、合资合作等形式在境外获得优质资源、建立生产基地、设立研发机构，成功控制了境外 60 亿吨煤炭、48 亿吨有色金属、390 万亩农牧场、5 万公顷林地等境外资源。如意科技投资 3 亿澳元收购澳大利亚卡比棉田，面积 935 平方公里，是澳大利亚最大的棉花生产基地；投资 6673 万美元收购巴基斯坦最大的针织服装出口上市公司——马苏德纺织有限公司 51% 的股权后，又在当地设立纺织公司，与华鲁集团山东电建公司合作建设电力设施，利用当地丰富的棉花资源、低廉的人力成本等优势，建设综合性产业园区。同时，如意科技加强国际品牌并购和营销网络建设，在澳大利亚并购该国最大的羊毛贸易商伦普利公司，在日本并购瑞纳旗下 1000 多家专卖店，在香港建设贸易平台和高档面料营销网点。

4. 创新合作模式引进跨国公司投资落户

两市围绕产业转型升级，通过创新合作模式，引进跨国公司投资。枣庄市有针对性地开展引资活动，挖掘培育差异化的比较优势，紧盯京沪、江浙、港台、日韩等重点区域，推动枣矿、泉兴等一批企业与联想、华润、中联、韩国 SK 等国内外大企业集团加强合作，增资扩股，提高引资实效性，成功引进中联水泥集团运营总部等一批大项目。济宁市鼓励境内企业通过让渡控股权，吸引世界跨国企业带着先进的管理经验和核心技术来投资落户，以股权换发展，促进了产业转型升级，实现企业快速发展。华勤橡胶工业集团创造了“借外力强内力，靠开放促裂变，以股权换发展”模式，引进了多家世界500强企业和知名跨国公司，集团与意大利倍耐力公司合作，意大利方面持股60%，华勤集团持股40%，双方合作打造出全球高端轮胎生产基地，年生产高档轿车轮胎1000万套，产品全部进入倍耐力全球营销网络。太阳纸业与世界500强企业美国国际纸业及其他著名跨国公司合资合作投资了14个项目，美国方面占股份的55%，太阳集团占45%，目前太阳纸业一跃发展成为全国最大的民营造纸企业、高档涂布包装纸板生产企业。合作模式的创新，吸引了惠普电子、甲骨文人才产业基地、中兴智慧城、中科智造信息产业园等一批高端信息产业集群式相继落户济宁。

5. 加大政府服务

枣庄市开展“外资外贸企业大走访”和“访外资企业促增资发展”活动，建立重大项目推进领导小组，市政府主要领导任组长，相关部门参加，及时研究项目洽谈、落地建设过程中的问题，确保项目“落地生根，开花结果”。济宁市兖州区做好招商项目信息储备工作，对载体企业的上下游客户全部建档造册，开展“访百企促发展”活动，收集招商信息，定期与行业协会、商会联络沟通，挖掘招商信息，成立专门班子，制作项目对接专案，对招商项目从洽谈到引进、从建设到投产实施全程帮办制度。口岸管理单位主动为项目落地提供更好的服务，济宁海关对重点项目进行客户式服务，与项目方签订关企协调员合作备忘录，建立服务档案和需求清单，对项目所涉进出口业务提供预约式、菜单式服务。检验检疫部门对辖区重点项目实行“一企一策”贴身帮扶，对重点项目落户制定了6条专项扶持措施，有效促进了投资贸易便利化。

6. 强化培训提高企业家队伍素质

济宁市把企业家培训作为扩大对外开放的重要一环，市财政每年安排500万元专项经费，用于对企业家培训。主要开展三个层级的培训，第一层级培训“创二代”，会同市人社局、人才办联合组织境外高层人才创新创业培训，2014年组织15名全市优秀企业家赴德国进行企业品牌战略与精细化生产管理专题培训，培训时间 15 天，费用由政府解决，2015 年计划组织 19 名到美国开展“企业融资创新与人才开发战略”培训；第二层级培训全市规模以上工业企业、重点骨干企业负责人，组织分期分批到北京大学、清华大学、人民大学等国内知名大学参加培训，主要开设企业管理创新、品牌提升与营销管理、产业结构调整、企业家素质提升等系列课程，政府给予部分费用补助；第三层级培训中小企业负责人、个体工商户，根据企业不同需求开展形式多样的讲座、辅导等。

二、两市企业反映的主要问题

从调研看，两市企业对外开放活动日趋活跃，效果明显，但许多“走出去、引进来”活动较多的企业也反映了一些问题，我们梳理后，认为有以下六个方面比较突出，下一步工作中应高度重视。

1. 投资项目评估环节时间长、收费高

有关部门对《外商投资项目核准和备案管理办法》执行不到位，存在项目评估环节时间长、收费高现象，导致有些签约项目落地慢。如济宁碳素集团、美国国际金融集团和卢森堡科伦比恩控股公司三方共同投资 1.5 亿美元的炭黑项目，2013 年 6 月着手办理环评手续，目前才开始办理项目备案手续；济宁赛得利与韩国京仁涂料会社投资 3 亿元的船舶防腐重漆项目，2014 年 4 月正式签约，目前才办理环评、安评手续。枣庄远通纸业有限公司反映新上项目环评环节不仅时间长而且收费较高，公司新上一个 30 万吨牛皮卡纸项目，仅环评一项就需要 1 年，费用约 100 多万元，加上其他审批项目批下来需要 1 年半。

2. 国有企业人员因公出国境外停留时间短

一些国有企业反映，企业在“走出去”推进国际化进程中，每年需派出大量出国人员，但作为国有企业，派出人员须办理因公出国审批，执行一个国家在外停留不超过 5 天的规定，这种规定无法满足企业开展业务工作的实际需要，有时一些活动只能半途而返。

3. 融资成本高，涉外融资网络少

枣庄一家企业反映，在同等条件下开展贸易融资，山东的融资成本相对较高，这家企业总部在南通，对两地融资成本进行比较，山东比南通成本要高出约20%。另据枣庄一家公司反映，由于国内融资成本高于国外，这家企业通过集团公司担保，从外资银行驻国内分支机构进行融资，虽然融资成本低，但外资银行国内布点较少，融资也不方便。

4. 口岸经营性服务单位收费高

一些企业反映，港口经营性单位服务收费不规范。枣庄一家煤化工企业反映，公司与韩国合作生产碳黑，每年向韩方出口8万吨高档液态沥青，货物经岚山港出口，而港口存放费用较高，1个月费用包括电费、保温罐租用费高达20万元，而且服务单位无法出具增值税发票。

5. 定制产品出口商检次数频繁

枣庄一家新能源锂电科技公司，是一家高附加值、核心技术研发及产销一体的科技公司，生产的锂电池模组出口至英国、德国、丹麦、意大利、美国等国家，公司根据客户订单实行定制生产。公司反映，山东口岸对规格多、数量小、多批次出口的定制产品，在商检时缺少灵活性，每批次产品必须商检，程序烦琐时间长，有时延误了交货期。企业为顺利通关，舍近求远选择到深圳报关转香港出口，这样又增加了企业物流成本。

6. 对外开放的窗口少

两市许多企业反映，受区位环境和产业结构等制约，西部地区至今没有国家级经济开发区和海关特殊监管区，对企业利用国家有关政策，进一步扩大对外开放产生很大影响。

三、几点建议

1. 在新一轮开放中对中西部开放应给予足够重视

西部地区是山东省开放型经济发展薄弱地区，也是全省开放型经济发展的潜力所在。近几年对外开放步伐明显加快，开放引领作用不断增强，但在全省对外开放的大局中仍处于落后位置。从调研看，主要存在对外开放的目标还不是很清晰，开放平台建设滞后，重点不突出等。着眼全省发展大局，在新一轮对外开放布局中，应把西部地区对外开放作为山东开放型经济发展的重要一极，加强顶层设计，搞好对外开放的布局定位。建议：一是打通山东中西部地区与国家战略板块之间互联互通。突出抓住"一带一路"、长江经济带国家战略实施的重大机遇，打通山东南连、北接、西进陆路、水路、空中大通道。以济南为核心城市，加快济南到郑州高铁项目规划，加快运河山东段疏竣工程规划建设。省发改委应进行专门研究，制定详规。二是推进中西部地区开放平台建设。加快海关综合监管区申报建设，目前，西部地级城市都申请建立海关特殊监管区，省商务部门应积极做工作，力争建成一批保税物流中心、直通场站、保税功能区等监管区。三是发挥中西部地区传统产业、资源、文化、人力成本等后发优势，打造东部产业梯次转移承接地，中外国际文化产业合作平台、全球先进文化集聚平台、山东对外文化合作交流平台，资源型城市产业转型升级示范基地。经信委、商务厅、文化厅等部门要结合部门职能，研究制定具体的发展计划和支持措施。

2. 研究出台在开放中推动产业转型升级的政策

中西部地区开放型经济引领产业转型升级起步晚，但大部分企业对转型发展表现热情高、势头明显。在与企业交流中，大部分企业认为，首先，应积极实施品牌并购行动，通过品牌并购使产品迅速进入国际营销渠道，推动企业在国际产业分工中处于产业链条中高端，倒逼企业加快技术改造创新，淘汰落后产能，实现产业升级。其次，应鼓励以股权换发展，引导跨国公司以核心技术和先进管理理念与国内企业合作，通过加强合作逐步由贴牌生产向自主研发、打造自主品牌转变。最后，要打造产业转型升级的载体，吸引更多专业化企业集聚发展，通过拉长产业链条实现产业升级。如济宁市兖州工业园区意大利工业城、曲阜开发区和嘉祥开发区台湾工业园、邹城开发区大学科技园、微山开发区创达工业园、金乡化工园区、金乡食品工业园区、梁山出版印刷产业园、泗水包装彩印产业园等一大批区中园、专业园、特色园，成为引领产业转型发展的重要平台。建议：省经信委深入调研，归纳总结企业转型升级的不同模式，针对不同的模式研究制定具体支持措施。

3. 加大对中小企业开拓国际市场支持力度

在调研中了解，绝大多数中小企业是通过参加各类展会开拓国内外市场，获得订单、扩大贸易。枣庄金通胶管有限责任公司负责同志介绍，公司主要从事中高端钢丝编织胶管、钢丝缠绕胶管、棉线编织胶管生产销售，产品远销美国、俄罗斯、乌克兰、意大利、巴西等十几个国家，订单主要通过展会获取，2015 年广交会后就有印度、俄罗斯、迪拜等国家客户来企业参观签订合同，意向合同金额比去年高 30% ~40%，认为参加展会获得订单成功率高，但参展费用高，每年展会支出高达 100 万元左右。我们认为：要对中小企业参加展会制订专门补助办法，可根据参加展会所实现的真实出口货值，来确定补助额度，展会获得订单越多，补贴越多，支持的有效性越强，改变过去按展会指标分配摊位补贴费办法。在鼓励企业参加展会的同时，也要鼓励企业利用新型贸易方式等开拓市场。建议：第一，大力发展外贸综合服务。完善外贸服务平台建设。支持发展外贸竞争新业态。健全完善外贸综合服务业相关政策体系，完善外贸综合服务业的行业认定标准以及相关法律法规政策。加快跨境电子商务发展，鼓励一批重点跨境电子商务平台及企业做大做强，打造一批跨境电子商务基地和集聚区。引导具有一定规模的专业外贸公司、国际物流及报关报检企业，拓展服务功能，发展成特色外贸综合服务企业。力争到 2020 年山东省有 4 ~5 家服务能力强、辐射地域广的省级龙头对外贸易综合服务企业，为广大中小企业开拓国际市场、扩大对外贸易提供服务。第二，加大中小企业人才培训，学习济宁市分层级对中小企业负责人进行培训的办法。由省商务厅负责培训机构的选择联系，与组织部、人社厅等部门联合，每年组织开展不同层级、不同内容的培训活动，培训费用主要由财政补贴，通过培训提升中小企业扩大开放视野，加快开放步伐，促进产业转型发展。

4. 在政府职能转变、优化营商环境上求突破

许多企业认为，目前政府职能有了很大改善，营商环境得到优化，但仍存在政策执行不彻底、服务不到位现象。建议：一是由省发改委根据国家《外商投资项目核准和备案管理办法》，制定明确的实施细则，对项目核准和备案审查依据、提报材料、出具结论时限等做出明确界定。省工商

行政管理部门要规范行政审批中介服务，放宽中介机构的市场准入，按照竞争原则，让市场主体对中介机构进行自主选择。要加强事中事后监管，推动政府与相关中介机构分设、人员分开、职能分离、财务分账，坚决铲除权力寻租。二是进一步落实贸易便利化措施。推进通关便利化，简化通关报验手续，推进进出口检验“通报、通签、通放”模式改革，推进无纸化通关，加快关检合作“三个一”进程，增加试点企业数量。简化国有企业出国审批，对国有企业除主要负责人外，其他业务人员出国审批允许适当放宽时间限制，由企业根据国外开展业务实际需要申请在外时间天数。三是进一步加大“走出去”服务机制建设。建立全省“走出去”工作联动机制，建议由省商务厅牵头负责所有行业“走出去”工作和所有对外经济合作中需要协调解决的事宜，外事、公安、财政、税务、金融、农业等部门应加强配合，形成工作的整体合力。完善信息服务，加强对“走出去”国家地区法律、法规和政策的研究，加强“走出去”公共信息服务，及时发布有关政策，提供可靠、权威的境外市场需求、投资环境、法律法规、企业资信信息，为“走出去”企业提供优质、高效、便捷服务。

（完成时间：2015 年 5 月，课题组成员：苏庆伟　刘永宽　藏仁峰　赵　宇　张　鹏）

关于农业现代化的调查与思考

农业是国民经济的基础，农业现代化是“四化同步”的基础，但从目前形势看，农业是四化的短板，农业现代化明显滞后于工业化、信息化和城镇化。亟须以十八届三中全会公报和中央农村工作会议、2014 年中央一号文为指针，深入基层寻计问策，坚持改革创新，使省委省政府的决策落到实处。

一、山东农业基础好，现代化建设已经起步

（一）现代农业生产经营主体不断壮大

积极培育专业大户、家庭农场、农民合作社和龙头企业等各类新型经营主体，加快构建家庭经营、集体经营、合作经营、企业经营等共同发展的新型农业经营体系，不断提高农业生产的集约化、专业化、组织化、社会化水平。目前，全省农民合作社已发展到 11.2 万家，家庭农场发展到 3 万多家。截至 2014 年底，全省规模以上龙头企业达到 9109 家，销售收入突破 1.4 万亿元。

（二）重点领域科技攻关引领农业经济，现代农业技术创新体系异军突起

“十一五”以来，山东省围绕黄河三角洲开发、种业科技创新、粮食高效安全增产等重点领域，持续组织科技攻关，创造了世界夏玉米高产纪录和全国冬小麦单产纪录。（科技）部省共建的黄河三角洲国家现代农业科技示范区，围绕“六大平台”和“八大产业”建设，组织实施了 80 多个研发和示范推广项目。“渤海粮仓”科技示范工程在东营、滨州大面积示范，重度盐碱地粮食种植取得重大突破，黄三角数千平方公里“国荒

地”可望变良田。

省农业厅、财政厅组织实施的现代农业技术创新体系，集合了农产品从育种到加工各个环节的领军人才，按产业化要求，协同攻关，实现了体制内科技资源优化组合，在玉米粗缩病、蔬菜和大棚连作障碍、棉花机采等瓶颈问题上取得突破。该体系创新色彩鲜明，政府各有关部门以及高校、科研机构、企业高度认同，也为财政稳定支持农业科研及应用走出了新路。该体系2010年开始建设，现已达到15个，覆盖粮油种植、畜禽养殖、果蔬、水产等领域。

（三）现代农业示范区和现代渔业园等重点产业板块健康发展

认定整建制省级现代农业示范区40个，其中10个被认定为国家现代农业示范区。2013年现代农业示范区耕地产出112893.4元/公顷。截至2013年底，示范区内土地适度规模经营比重达到20.7%。同时规划设立了一批市级示范区，形成了以“国家级为龙头、省级为骨干、市级为补充”的现代农业示范体系。全省示范区规划建设各类园区1000多家。

现代渔业园区创建继续领跑全国。2011年，山东在全国率先开展省级现代渔业园区创建。园区资源配置较好地实现了市场与政府的有机结合。在认定的省级现代渔业园区中，绝大部分由渔业企业、科技型企业、渔民专业合作组织等市场主体投资建设。省海洋与渔业厅、省发改委、省财政厅联合制定的相关政策，江浙闽粤等省纷纷效仿。园区与高校、科研院所建立了长期合作关系，推行生态高效养殖、循环水养殖和物联网等技术，形成了渔业自主创新的先导区。已规划万亩以上的园区103处，20万亩以上的10处，10万~20万亩的15处；已认定省级现代渔业园区146处。

（四）财政支农规模扩大，方式创新

坚持将“三农”作为公共财政支出重点，优先保证“三农”投入稳定增长，2014年省级以上财政支持农业生产的资金超过367亿元。在莱芜开展了财政涉农资金整合试点。按照“统筹规划、分工实施，共同挖坑、分别栽树，优势互补、各记其功”的原则，省财政将部门管理的各类涉农资金切块下达，由莱芜按规划实施。开展了农业新型经营主体融资增信试点工作。在15个县试点，每县由省财政出资400万元，县财政配套100万元，以专业合作社、家庭农场为增信对象，合作银行按照1∶20的放大比例，给予1亿元左右的授信额度。增信对象只需缴纳一定的互助保证金和风险准备金，即可获得最高200万元的授信额和相应的利率优惠。

二、现有制度安排不适应现代农业发展

农业现代化是农业领域的一次革命，生产目的、生产（经营）方式和发展方式都在变革，现有农业政策不甚适应。

（一）支持现代农业经营体系发展政策的系统性和强度均需提高

1. 支持粮油类龙头企业的政策固化，需要政策创新

从事畜禽养殖和蔬菜瓜果的企业，产业链条较长，基地面积逐年增加，带动了当地农业现代化和农民增收，但从事粮油加工的企业作用却十分有限。这与缺少激励企业科技创新、链条延伸的扶持政策有关。这类企业占全省农业龙头企业总数的63.1%。

2. 合作社现代产业经济元素不足，规范引导的任务很重

顶层设计不甚科学，支持农民专业合作社的政策部门分割，没有形成合力。比如，直接负责合作社管理和指导的各级农经站，有队伍，有网络，但缺少手段。比如，2013年省农经站参与的仅有农业部出资的示范社创建和合作社理事长培训2项，经费320万元。“手中无米，唤不来鸡”，各级农经站对合作社的服务指导很难到位。目前看，农民合作社不规范问题在山东同样突出，是制约其发展的首要障碍。**第一，合作社规模太小，社会化服务难对接。截至2013年10月底，全省社均实有社员只有十几个，大大低于全国平均水平。如此小的规模，金融保险、农技推广等服务机构，都会因人力成本问题望而却步。第二，合作层次低，内部分配机制不规范。**即使办得好的合作社，成员间的合作也主要停留在农产品购销环节，在利益分配上，理事长与社员间的关系不规范。**第三，合作经营缺位。**大部分合作社没有实行品牌、技术、土地经营权合作经营，没有公共资产，甚至没有独立财务，在经济活动中无力担责，融资难。2013年1—6

月，青岛农商行一再放宽贷款条件，不苛求抵押质押物，合格的也只有14家，占合作社总数的2.2%；贷款余额4420万元，占该行同期贷款的1.2%。**第四，信用合作没有真正破题。**一是与全国总体情况一致，所有金融机构都以盈利为核心。二是在合作社内部开展的资金互助额度，远远不能满足合作社产业发展的需求。即使在枣庄、临沂等先行区，其作用也极为有限，仅仅能补充蔬菜瓜果类合作社在种植、收购环节的需求，无法助推链条延展和产业升级。

3. 家庭农场发展受限

第一，土地租金高位攀升。2013年，山东省土地流转的租金亩均1000~1200元/年，在全国最高。上海市松江区为687元，江苏镇江为500元，重庆市万州区为300元。如果没有政府奖励，种粮大户将难以为继。**第二，规模小，并且不断被下乡务农工商资本挤压。**全省经营100亩以下的家庭农场占总数的79.48%，经营50亩以下的占总数的62.8%。随着工商资本下乡务农，家庭农场租地越来越难。**第三，与其他经营主体边界不清。**相当一部分新注册的家庭农场，由合作社、农业龙头企业翻牌。比如某家庭农场名下竟然拥有耕地1.32万亩，实际是某企业生产基地“贴牌”。

4. 工商资本下乡务农，非粮化倾向明显

近年来，工商资本纷纷进入山东省农业领域，投资兴建了一批农业产业园区、产业项目，但大都以都市农业和果品花卉苗木种植为主，“非粮化”倾向明显。截至2014年9月，在全省下乡务农的工商企业中，从事粮油等大田作物种植的仅占9.5%。

（二）制度性障碍依然存在，科技支撑体系亟须改革

1. 现行科研体制不利于创新要素融合

现行的科研项目管理体制，在规划制定、项目筛选等前端，对涉农部门、高校和科研院所、企业开放不够，大部分涉农企业继续游离于创新体制之外，研发投入不足，没有成为技术创新主体。比如，山东省最大的种业公司一年的投入，仅相当于国际巨头两三天的支出。科研成果的鉴定和

评价方式陈旧，加深了科研与生产的裂痕。

2. 过分重视现有优势领域，影响了科研的前瞻性和系统性

比如小麦和玉米的良种选育。只考虑本品种单位产出，不考虑单位面积总和产出，致使最好的玉米和小麦品种不能种在同一地块，影响土地潜力发挥。同时由于小麦等作物的生理学科基础研究欠缺，粮食持续稳产高产后续动力不足。

3. 科技推广“最后一公里”出现结构性变化

相当一部分乡镇级农技推广机构缺乏活力，基本没有公益性农技活动。推广成果多为种子、机械、农资等企业物化成果，相关生产经营企业唱起主角，市场监管不到位，鱼龙混杂，农民难分良莠。

（三）适于现代农业的金融保险品种短缺

第一，金融产品创新不足。只有传统的存贷业务，土地经营权、林权、海域、荒山等抵质押方式推广慢。**第二，农业保险水平偏低。**一是覆盖面太窄。尽管2015年山东省扩大了农保范围，但范围依然偏窄。二是赔付比例太低，条件过于苛刻，农民收益水平极低。比如关于“只有绝产，才能理赔”的条款，农民深恶痛绝。三是理赔时间太过漫长，不能救急。主要原因是承保公司的服务能力太弱，农村服务网络薄弱，从事农保的专业人才奇缺。人保公司最好，全省也只有8人。

三、关于推动现代农业发展的几点想法

（一）以发展规范农民合作社为中心，加快培育新型农业经营主体

农业现代化离不开标准化生产、农产品质量安全、金融保险、社会化服务等产业元素，根植于规模经营。要实现土地适度规模经营，必须重视培育新型农业经营主体。其中，农民合作社建设是重中之重。首先，从社会公平角度审视，政府帮扶农民就不能不优先帮扶农民合作社。因为无论龙头企业，还是家庭农场和专业大户，生产经营的目的都是追求利润最大化，他们与农民之间没有直接的利益输送机制。他们是弱势群体中的强者，是少数。与他们相比，普通农民更需要帮扶，这是政府的责任，也是

落实共产党宗旨的需要。在政府帮扶下，弱者自强，农民合作社是最好的组织形式。农民合作社是入社农民的利益共同体，在平等合作的框架内，社员共同发展，共同富裕，可以使家庭经营与社会化生产和规模经营有效连接。其次，合作经济理论和实践始于社会主义的先驱，合作经济是区别与私有经济、公有经济的第三种所有制形式。农民合作社及其体现的合作经济思想闪现着强烈的社会主义光辉。我们党早在中央苏区和陕甘宁边区就开始推行。历经一二百年，已经为世界所接受，现在全世界参与合作经济的人口超过30亿，可借鉴的模式很多。最后，农民合作社可以解决当前农业和农村最棘手的问题。比如农产品质量安全问题。习总书记讲，农产品安全首先是“产”出来的，指的是生产过程的标准化，核心问题是管住化肥、农药、除草剂和畜禽添加剂。散户做不到，家庭农场和龙头企业也很难做到，因为他们都没有内部监督，合作社有，合作社是熟人社会，谁坏了规矩，就等于砸了大家的饭碗。当切身利益受到侵害时，农民是反应最快的社会群体，毫不客气。更重要的是，农民间的相互监督几乎是全天候，无时不在。如果内部监督做不好，执法队伍再庞大，检查制度再严密，也难以奏效。

1. 重视合作社在新型农业经营体系和合作经济中的枢纽地位，加强业务指导和政策扶持

第一，开展支持合作社财政项目资金整合试点，理顺业务指导与项目资金“两张皮”问题。省财政支农资金整合试点，应把整合支持合作社资金作为独立板块，探索“省级财政整合、市县政府统筹”的路径。第二，用现代产业经济理念规范“示范社”。吸收农村金融、保险、农技、法律、培训等服务机构参与示范社培育，包括标准制定、评价验收等，借此导入他们代表的产业经济理念，铺设服务通道，提高合作社市场化、社会化水平。他们的参与将会弥补基层政府专业人才不足的问题，也有助于市场配置资源。建议开展“示范社规范”试点。第三，改进政府支持方式。对于规范运作的合作社，除必要的资金支持以外，要通过政府采购，适时提供信息、疫病防治、测土配方施肥等公益服务。政府对农民合作社的支持，逐步过渡到以公益服务为主。同时在市场配置资源的框架内，探索建立政

府购买服务与社会化服务有机连接的机制，支持引导农机、植保类合作社融入一般农民合作社，进而组建联合社。第四，把落实国家七部委《关于支持有条件的农民专业合作社承担国家有关涉农项目的意见》，提高到贯彻落实十八届三中全会精神的高度，狠抓落实。其中，在政府投资的农业项目招投标过程中，要探索建立"同等条件，农民合作社优先"的机制。第五，鼓励和引导家庭农场、专业大户，依法领办或者入股农民合作社。农场和大户必须走合作之路。

2. 激励引导工商资本参与现代农业建设

工商资本下乡务农的发展态势很好。截至2013年9月底，全省"下乡务农"的工商企业有1017家，计划投资1357亿元，相当于2012年全省农业固定资产的2倍。其中计划投资过亿元的158家，过10亿元的23家，最大为60亿元。投资主体多元，房地产企业和科技型企业占比很高。经营方式以园区为主，并且已经出现集种苗培育、种植、产品深加工、销售于一体的经营实体，为山东省农业现代化带来了生机和活力。各级政府一要通过奖补，鼓励工商资本种植粮油等大田作物，保障粮食安全。二要引导他们联合当地农业龙头企业，组建大型农业企业集团，创建现代农业示范园。

3. 改进对农业产业化龙头企业的支持方式，实行以奖代补

重点鼓励企业延伸产业链条和科技创新，鼓励企业建设生产基地，建立和密切与当地合作社、农户的利益连接机制，增强产业链条的稳定性和紧密性。推进龙头企业集聚发展，在各大优势产品主产区逐步形成一批带动能力强的企业集群。激励龙头企业开展社会化服务。

（二）产业主导，机制创新，建设科技支撑型农业

1. 围绕主导产业发展，基础研究和应用基础研究并举

目前应选择重点领域进行攻关，推动农业科研持续进步。支持农科教单位承担基础性、公益性科研项目，稳步实现从应用研究为主向基础研究、应用基础研究与应用研究协调发展转变。鼓励涉农高校、农科院（所）和农业龙头企业，跨学科、跨专业组建创新团队，协同攻关，形成

“源于实践，用于生产”的产学研合作机制。

2. 改进省级农业科研项目管理制度

要进一步提高财政、涉农部门、涉农高校、科研机构和大型涉农企业，在省级农业科研项目的规划、立项、鉴定、评奖以及成果评价等环节的参与度，消除科研与生产相脱节的制度弊端。

3. 改进和推广省级现代农业技术创新体系

改进省级现代农业技术创新体系的管理办法，引导各体系尤其是首席专家，更加注重产业化，更加注重合作开放，让更多专家和大企业进入。建议财政、农业部门总结推广现代农业技术创新体系的经验，引导和激励企业加强自身科研团队和平台建设，增加研发投入，申报应用性项目，逐步成长为创新主体。

4. 加强农业科技推广服务体系建设

要着力推进“四个结合”，即农技推广服务体系创新与农业经营机制创新相结合、政府公益性服务与市场主体经营性服务相结合、农业科技专业化服务与生产经营一体化综合服务相结合、农科教相结合。基层农技服务部门要加强公益性农业科技推广，做好农作物主推品种推广公示，指导农民选择高产适用的品种；要整合农业科技推广服务资源，形成沟通科研机构与农民之间的纽带。充分发挥涉农企业、合作组织市场机制作用。鼓励龙头企业和农民合作组织融农业科技服务于生产经营之中，引导和鼓励农业龙头企业和从事种子、化肥、农药、饲料、农业机械的生产企业延伸服务领域，开展专项农业技术研发和推广工作。扩大政府购买公益性服务的范围。目前，山东省小麦“一喷三防”已由社会化服务组织提供服务，既减少了农民劳作时间，降低了生产成本，又能促进高效农药、肥料的推广使用。建议在测土配方施肥、动植物疫病防控等方面，支持具有资质的经营性服务组织从事农业公益性服务。

（三）转变财政支农方式，形成政策合力

第一，继续扩大省级财政支农资金规模，加大国家项目地方财政配套力度，确保农业项目的配套资金及时、足额到位。第二，总结推广莱芜试

点经验，扩大涉农资金整合覆盖面，集中财力扶持建设一批推动现代农业发展的大项目。第三，推进新型农业经营主体融资增信试点，适时总结推广试点经验，扩大覆盖面和融资增信规模。

（四）创新农业保险机制

坚持市场配置资源，激励承保公司提高保障水平。要建立省级承保公司进入和退出机制，把影响承保公司服务水平的农村服务网络建设、农保专业化人员数量及层级、实际理赔率等，作为省级承包公司进入和退出的约束性指标。

（五）加强农民职业教育及培训

农民的素质是农业现代化的决定性因素，没有农民自身素质的现代化，就不可能实现农业现代化。这些年来，山东省组织实施的新型农民科技培训工程、新型农民创业培训工程等项目，对发展高端高质高效农业，以及提高农民科学技能发挥了重要作用，但仍远远满足不了农民的培训需求。一要以种养大户、经纪人、大学生村官、农机手等培训为重点，加快培养新型职业农民、农业服务人员和农村社会管理人员，着力解决“将来谁来种地”的问题。二要把建立新型农民教育培训制度作为农业农村发展的一项重大改革措施来实施，建立农业职业教育的公共投入机制，发展适应现代农业需要的农民职业教育。三要完善政府主导的农民教育培训机制，尽快制定规划，整合农业、人社、教育、科技等各方面资源，调动用人企业、民办培训机构等社会力量的积极性，努力实现农民教育培训对象和专业全覆盖、资源和机会均等化。

（完成时间：2014 年 4 月，课题组成员：侯树钦　刘德先　李鹏飞　李中华　刘成旭　李清明　刘国华　王清彬）

关于台湾农业考察的情况汇报

2014 年 4 月下旬，参加了中国城乡发展中心组织的台湾农业考察团。考察历时 7 天，先后与台湾大学、中兴大学和屏东科技大学农学院的教授座谈讨论，访问了台湾农会，实地考察了 3 个乡农会、3 家合作社和 1 家农业公司。一路走来，发现山东省在“三农”领域出现的棘手问题，台湾大都经历过，他们的经验教训值得我们重视和借鉴，尤其是在合作社、农会等农民组织建设和农技服务方面。有关情况汇报如下：

一、台湾的农会

台湾农会以专业农民为主要会员，兼具农政（农业行政）、农事（农业事业运营）、农推（农民教育推广）三大功能。下设农业推广、农业信用、农业运销机构。在农政方面，农会接受当局委托，作粮食代理、土地划分、代发老农津贴。在农事方面，不仅从事农业金融、信贷、保险、供销等经济业务，还发展农民养老、健康、文化等社会事业。在农推方面，既承担农业技术推广教育，又承担妇女和农村青少年教育。农会在台湾迈向现代化进程中起到了举足轻重的作用，创造了当局与社会合作下的新型小农户可持续经营的新模式。

（一）概况

台湾农会属公益性社团法人，宗旨是保障农民权益，提高农民知识技能，促进农业现代化，增加生产收益，改善农民生活，发展农村经济。台湾农会设四个层级：乡（镇、市）、县（市）、省（市）农会及全岛。基层农会设农事小组，为农会事业基层推行单位。各级农会以行政区域为其组织区域，并冠以该区域之名称。同一区域内原则上只设一个农会。农会会员、理事会、监事，应有2/3以上为专业农民。总干事由理事会聘任；其他职员由总干事从农会统一考试合格人员中聘任；被聘人员不得兼营工商业或兼任公私团体任何有酬职务或各级民意代表。农会理事长、常务监事、总干事实行家族回避。

1. 组织架构（见图1）

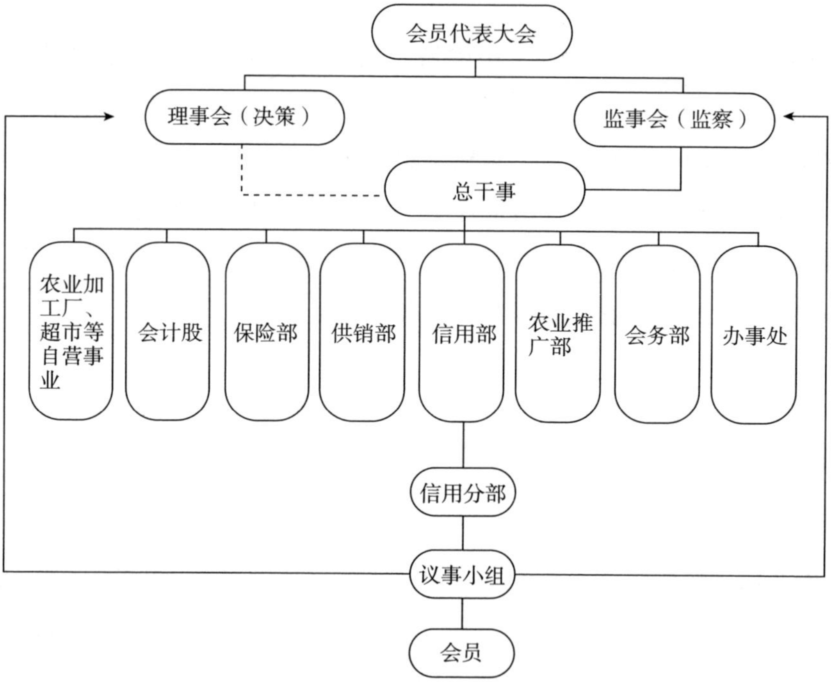

图1　组织架构图

2. 农会财务

（1）会计制度。每年1月1日至12月31日为会计年度。农会经济、金融、保险及农业推广事业的会计分社，编造年度预决算，报告会员代表大会及报请主管机关备查。

（2）经费来源。入会费（会员于入会时缴纳）；常年会费、事业资金、农业推广经费募集收入；合作金库、合作金库银行等农业金融机构，将每年度纯收益的10%以上（含10%）充作农会辅导及推广事业费；当局各级预算编列农会农业推广事业补助费；农会各种事业盈余及当局委托事业收入。

（3）农会盈余分配方式。年度决算，农会各类事业统算，提取各类事业公积金后的余额为农会总盈余。总盈余依下列比例分配：法定公积金 15%；公益金 5%；农业推广、训练及文化、福利事业费等不少于 62%；各级农会间有关推广、互助及训练经费 8%；理监事及工作人员酬金不超过 10%。

（二）台湾农会的发展历程

自日本占领台湾起，就由日本官吏主导，自上而下设立了与行政机关并存的农会组织体系。台湾收复后，国民党将合作社分离出农会，专管经济、金融业务，农会专司农推事业。改革失败，合作社与农会财产纠纷不断，农会亏损严重。1949 年，当局主导，合作社与农会合并改组，确立了台湾农会多功能与农村独占的基本体制。1950 年组织运作采取权责划分、实行专业经理人的总干事制度。1974 年新农会法通过，赋予了农会办理金融业务的权力，使得农会通过信用部与诸多农业行政机能衔接。至此，农会成为当局治理农村的重要代理机构：政治上的协助机构，经济上的资源统制代理与发展机构，行政上的农业事务代理机构，社会动员上的组织代理机构。

（三）台湾农会的组织特征

1. 组织设置全覆盖

农会分为四个层级，拥有 200 多家，基本覆盖台湾所有行政区域，加上分布于村级层面的农事小组，农会组织实现全覆盖。

2. 多功能

台湾农会具有政治、经济、社会、教育四大功能，成为一个集公共组织、企业组织和非营利组织为一体的多功能综合性组织（见图 2）。

3. 排他性

农会会员必须以农业为主业，一旦不以农业为主，基层农会将依法取消其会员资格，不再享受政府通过农会给农民的一切待遇；即使迁入其他村镇，其会员资格也将被取消，如想入会，必须在新居所在地重新申请。

4. 业务互补

与政治功能相对应的业务包括农民权益保障和政府委托业务执行等；

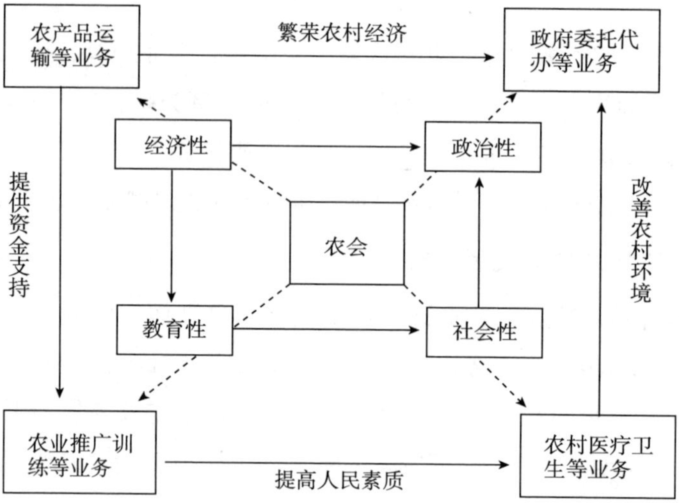

图2 台湾农会组织特征图

与经济功能相对应的业务包括农产品运销、仓储、加工、制造业务等；与社会功能相对应的业务包括农村文化、医疗卫生、福利及救济事业业务等；与教育功能相对应的业务包括农技推广，农事指导、示范等。

（四）台湾农会信用部

1. 台湾农业金融体系机构图（见图3）

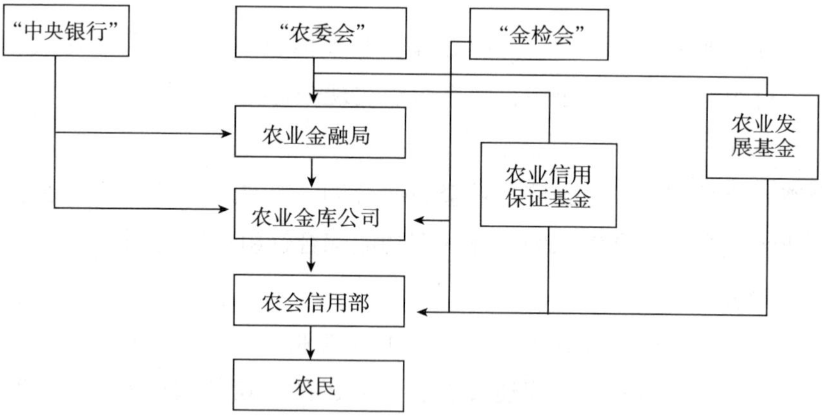

图3 台湾农业金融体系机构图

2. 台湾农业金融体系与农会信用部关系图（见图4）

	当局主管机关	全国农业金库	信用部
任务	▶健全农业金融机构的经营 ▶保障存款人权益 ▶促进农、渔村经济发展	▶辅导信用部业务发展 ▶办理农、林、渔、牧融资及稳定农业金融	▶办理农、林、渔、牧融资及消费性贷款
政策性农业案贷款	▶规制及推动 ▶先编列预算支付所需经费	▶程度配合推动、办理 ▶农业用途放款，应优先承作 ▶对担保能力不足的农民或农业企业机构，应协助送请农业信用保证机构保证	

图4　台湾农业金融体系与农会信用部关系图

3. 信用部经营范围

收受存款、办理放款；会员（会员同户家属）及赞助会员从事农业产销所需设备的租赁、国内汇款、代理收付款项；出租保管箱业务、代理服务业务；受托代理乡（镇、市）公库、全国农业金库委托业务、其他经中央主管机关核准办理的业务。

4. 信用部功能

农会信用部分散于全岛各地，包括无银行的118个乡镇，是基层农村地区最普及的金融机构。解决了金融服务断层问题。它的主要功能是：吸纳农村剩余资金；融通农民生活及生产所需资金；支援农会办理各项业务所需经费；配合农业政策执行专案农贷、促进农村建设、农业发展及农业产销结构的调整。

（五）台湾农会推广部的“四健会”

1952年，由农复会（现农委会前身）引进美国、日本的“四健会”运动。“四健”即健脑、健手、健心、健身，就是组织农村青年应用科学方法，提高农家收益，改善农村生活。四健会办理各类教育训练营队，如四健青年领袖营、田园交响曲生态营、四健会行销班、四健师资培训营等。

二、台湾的合作社

考察的3个合作社都是专营某一农产品的合作社，分别为蔬菜、稻米、罗非鱼及其制成品，组织结构极为相似，都是合作社内设股份制公司，引入现代企业经营理念。合作社设理事长，理事长聘任总经理，总经理负责合作社的经营管理。股份公司的成立基于合作社在深加工领域拥有了关键技术，产业链条可能延展。股份公司的股东以合作社社员为主，适当吸收加工销售方面的社外资本。公司对社员生产的稻米、蔬菜、鱼类等材料按保护价收购，不足部分社会采购，价格上涨时社员收购价高于社外收购价。公司形成的利润，45%为股东收益，其余部分社员按社内交易额（即交售的稻米、蔬菜和鱼类的货值）分红。合作社社员多次受益，基本实现了利益最大化。比如，云林县的湖口渔业合作社。该社从统一养殖销售罗非鱼起步，2009年与台湾海洋大学联合研发出速冻保鲜、精细切割等技术，为产品增值打开了空间。经社员大会通过，合作社开始组建融加工、冷链物流为一体的股份公司。在自愿的前提下，社员优先入股，股本金不限；同时吸收物流、冷链、加工方面的社外资本入股。目前，已经开发出系列产品，包括从鱼骨和鱼鳞等废弃物中提取胶原蛋白，制成保健品和高档化妆品，每条鱼已经增值14倍。合作社规模也随之迅速扩大。社员从原来的560人，扩展到2600人；合作社养殖基地从2万亩，扩大到26万亩，产量已经占全岛的40%，产品销往日本和欧美。

台湾的合作社与农会分属不同的部门指导，农会从当局获得的资源更多。合作社社员不受行政区域限制，在办设条件好的地区，农民既是农会会员，也是合作社社员。

三、台湾的农业科研和农技推广

1. 农业科研管理体系

台湾的科技发展体系由决策机构、咨询机构、执行机构和研究机构四大部分组成。“科学发展指导委员会”是台湾最高科技措施咨询和研究机构，“行政院”是制定科技措施的最高权力机构，下设“国科会”、应用技术研究发展小组与科技顾问组。其中，“国科会”为常设的科技发展主管管理机构，主要职能是制定整体科技发展的措施、策略、计划与推动科学技术的发展，负责协调、联系、审议、管理和考核其他部、会、署的重要科技发展计划。

台湾农业科研机构主要由管理职能部门主管。如“中研院”下属的动物、植物、生物农业研究所等，“国科会”下属的研发中心，农委会及其下属的各级农业科研机构。“中研院”主要从事学术及基础性研究。大专院校以教学及培养人才为主，研究工作为其业务的一部分。公营事业机构研究所及财团法人或类似组织的研究所从事特定项目的专业性研究。农业试验所、研究所是从事全面性的试验研究工作的主干。

2. 农业研发体系架构

中国台湾农业科研体系由五方面力量组成：

（1）农业主管部门（农委会）所属的科研机构。包括 6 个试验所、1 个保育中心和 9 个改良场。试验所和保育中心主要从事应用基础研究和应用研究，重点是优良品种选育、种植（养殖）技术研究、病虫害防治等。农业改良场既是科研机构，又是技术推广部门，其主要任务是针对地区性农业问题进行应用开发研究：根据本地区农业生产的特点和农民的实际需要，从事作物品种改良和栽培管理技术、病虫害发生测报与预防技术、农药残留检测与农产品质量监控技术等方面农业技术的试验、示范与推广；通过农委会和农业产销班对农民进行讲习辅导、示范观摩，向农民推广新品种和新技术，帮助农民解决生产中的具体问题，直接为农民和农业产销服务。

试验所按产业设置，有农业、林业、水产、畜产、家畜卫生和农业药物毒物 6 个试验所。多数试验所有分所。农业试验所有 2 个分所，水产试验所有 8 个分所，畜产试验所设有 3 个分所和 4 个种畜繁殖场。

改良场按生态区域和专业设置，分别设有桃园、苗栗、台中、台南、高雄、花莲和台东 7 个区域农业改良场及茶叶改良场、种苗改良繁殖场。

多数改良场又设有分场，如台中区农业改良场设有埔里分场，种苗改良繁殖场设有屏东分场，茶叶改良场设有鱼池、文山和台东3个分场。

（2）相关的大专院校设立的科研机构。主要有台湾大学、中兴大学、台湾海洋大学、屏东科技大学、文化大学、嘉义大学、台北大学、东海大学、宜兰技术学院9所院校中的农学、园艺、畜产、水产、林业等院（系）。主要培养农业科技人才，从事应用基础研究，也开展技术推广和农民培训。

（3）科学研究所。与农业有关的有植物科学研究所和动物科学研究所，主要开展基础研究和生物技术研究。

（4）社会团体所属研究所。如财团法人中国台湾香蕉研究所、动物研究所、农业机械化研究发展中心和食品工业研究所等，它们是由一些非营利性基金会设立的研究机构，主要为相关产业发展提供科技服务。

（5）企业界设立的科研所。如中国台湾农友种苗股份有限公司等企业，为增强公司生产的产品在市场上的竞争力，自己创办研发部门，主要以市场为导向进行种苗繁育、开发农用饲料、药物等。

3. 农业技术推广体系

台湾的农业技术推广主要通过农业改良场、大专院校、农业合作组织（农会）等三大体系。三大体系各有侧重，相互配合。

农业改良场是区域性的农业技术研究和推广单位，负责本辖区内的农业技术指导、规划及推广人员的教育培训等工作。中兴大学、屏东科技大学、台湾大学等院校，设置农业推广委员会或推广中心，并配备有农业推广教授，兼任相关区域农业改良场农业技术咨询委员，定期或不定期召开农业研究教育推广联席会议及农业技术咨询会议，协助解决农业经营及乡村发展相关问题。农会将农业推广、家事辅导和农民教育形成一个有机的整体，将科研和教育单位的技术转移给农户，通过示范、培训班、研讨会等形式，让农民了解和掌握新品种和新技术。

4. 农业科研及推广体系的特点

（1）农业试验研究机构门类较为齐全。它们是台湾农业试验研究的主干，既有农试所、林试所、畜试所、水试所等各业综合性研究机构，又有专业研究机构（中心），还有以辅导农业科技推广为主的区域性农业改良场。

（2）研究与推广层次清晰，任务明确。农业科研机构主要有试验所（下设分所）、研究所和改良（繁殖）场等三种类型。试验所和研究所以研究及试验为主；改良（繁殖）场（包括部分试验所的分所）主要从事地区性品种及技术的改良，少量从事试验研究；研究所多数属大学主管。财团法人、公司等单位也设有少量研究机构。

（3）科研队伍精干。各研究单位的人员编制、岗位由农业主管部门核定，其中技术人员必须占80%以上。技术人员分为研究员、副研究员、助理研究员和助理4级，分别占其编制数的10%、20%、40%和30%左右，每级中又分为5档。技术人员升级需等上一级岗位有空缺时才能进行，由所（场）组织评委会对符合条件的人员进行评定，所（场）长聘任。

（4）农业科研与推广相互依托，科技转化能力强。一是科研和推广紧密结合。农业科研的目的，主要是为满足农业生产和农民的需要。在中兴大学农业学院，当问及关于科研选题、成果评价以及使用的原则和管理办法时，院长回答说："只有一个标准，即农技市场是否认可。或者在技术市场卖个好价钱，或者被农业改良场等推广机构认可，起码也要被学校的试验场接受并证明其技术的先进性。成果使用情况是学院选聘老师的重要依据。"二是推广机构非常精干。推广机构（农业改良场）不按行政区域设置，只设7个农业改良场，人员编制严格限定，主要通过农会、产销班将技术传授给农民。

（5）把科研与示范、农业贷款和补贴、农民教育、农民技术培训、改进生产组织形式等统筹。比如农产品共同运销。他们把产品质量检验检测技术、快捷有效的拍卖技术、产品分级包装和运输技术，尤其是产品筛选机械设备的研发和引入，与产品市场拍卖、产销班和合作社生产经营相结合，不仅提高了产品分级销售效率，形成了优质优价的市场机理，也为共同运销制度的建立和完善提供了支撑。

四、台湾的家庭农场

（1）台湾的家庭农场都不大，百亩地左右是常态。因为台湾的土地私有，子女皆有继承权，经过几代人的分拆和工业化的蚕食，农地产权细碎化，大面积租赁或者转让的难度极大。况且大部分农地又地处丘陵，成片连方的概率极低。

（2）台湾各家庭农场以休闲农庄为主，被既有钱又有文化的农场主拾掇得极为精致。老板大都从非农领域转行而来，真正农民出身的极少。据统计，在全岛1330家休闲农场的老板中，农人出身的不到8%。这些人有钱，有文化，也有渠道，他们的办场动机，生计是次要的，主要是出于对都市生活的厌倦和对大气污染、农产品质量安全等生态环境的忧虑，回归自然，按照各自的理解，重塑农业文明，享受慢生活，大都从生态农业做起，相对封闭，自我欣赏，"玩"的成分很重。但一旦做开，生存和发展的压力就逼迫他们不得不面向市场，各扬所长，打造集"吃、住、游"为一体的经营模式，形成了各具特色的休闲农庄文化。

（完成时间：2014年5月，作者：侯树钦）

关于山东现代农业发展的几点建议

习近平总书记关于“三个导向”的论述，是新时期推进现代农业发展的重要指导方针。针对山东省农业现代化进程中的新情况，我室开展了相关调查研究，形成了一些认识。

一是关于加快推进农业经营体制机制创新。当前，山东省现代农业发展对体制机制创新的要求，突出表现为“三个如何、三个确保”，即如何在土地资源有限、农业劳动力外流、农业兼业化的新情况下，确保提高农业综合生产能力；如何突破土地分散经营、农民组织化程度低的难题，确保农业增效、农民增收；如何适应新农村社区化发展，健全新型农业经营服务机制，确保不断满足农民生产生活服务新需求。要围绕提高土地规模经营集中度，在粮食主产区推广大田托管土地综合服务；围绕增强农民组织化程度，引领带动各类农民专业合作组织提档升级；围绕解决农村金融服务短缺问题，大力发展农村信用互助和新型金融服务组织；围绕促进农业增效农民增收，探索农业经营服务体系整合新模式；围绕提升农村基本公共服务水平，加强乡镇、农村社区农业综合服务中心和农村社区服务中心建设。

二是关于现代农业示范区建设。2009 年农业部正式启动现代农业示范区建设，目前，全省国家现代农业示范区达到 10 个，数量位居全国前列，同时省内认定省级以上现代农业示范区 40 个（包含 10 个国家级现代农业示范区）。必须进一步加强现代农业示范区建设，示范引领现代农业发展。一要加大整建制创建工作力度。充分调动省市县三级创建积极性，探索实行“省市县三级联动、以县为主”的现代农业示范区推进机制。实行省抓市、市抓县、县抓乡，鼓励各市、县（市、区）适当选择一批县（市、区）或乡（镇）创建现代农业示范区。二要着力增强示范功能。更加注重示范区内涵建设，突出抓好重点示范项目、重点示范工程等载体建设，努力建设特色优势产业聚集发展的核心区、农产品质量安全的样板区、农业自主创新的先导区、农村体制机制创新的实验区、城乡经济社会一体化发展的先行区。三要打造现代农业示范区的核心区。坚持以工业园区的理念建设农业园区，以工业生产的方式提升农业生产，把工业经济中适应社会化大生产、符合市场经济发展规律、有效提高资源利用率的先进经营理念，运用到现代农业示范区建设中来，以规模化生产、品牌化经营、市场化运作推动涉农项目实施。四要突出强化政策资源整合。将农业综合开发、土地整治、高标准农田建设、农田水利建设、农村环境综合整治、农业科技示范园、现代渔业园等涉农项目和资金加以整合，重点向现代农业示范区倾斜。引导金融机构有针对性地推出一批促进示范区发展的金融产品，加大对种养大户、农民专业合作社、县域小型微型企业的信贷投放，加大对科技型农村企业、科技特派员下乡创业的信贷支持。

三是关于农业科技服务体系建设。随着现代农业加快发展和农业经营方式转变，创新农业科技推广服务体系十分迫切。要适应现代农业发展和农业经营机制不断创新的趋势，着眼于突破制约农业科技成果向现实生产力转化的瓶颈，着力推进“四个结合”，即农技推广服务体系创新与农业经营机制创新相结合、政府公益性服务与市场主体经营性服务相结合、农业科技专业化服务与生产经营一体化综合服务相结合、农科教相结合。基层农技服务部门要加强公益性农业科技推广，做好农作物主推品种推广公示，指导农民选择高产适用的品种，整合农业科技推广服务资源，形成沟通科研机构与农民之间的纽带。充分发挥涉农企业、合作组织市场机制作用，鼓励龙头企业和农民合作组织融农业科技服务于生产经营之中，引导和鼓励农业龙头企业和从事种子、化肥、农药、饲料、农业机械的生产企业延伸服务领域，开展专项农业技术研发和推广工作。打造黄河三角洲农业科技服务示范高地，整合提升以现代农业示范基地为载体的核心区建设，发挥黄河三角洲地缘优势和土地资源优势，增强对结盟城、区、园重大农业科技成果吸引力，聚集科技、金融、信息、服务等多种要素，吸引一批全国重大农业科技成果在山东落地转化，探索建立农业技术产权交易体系。

四是关于农民专业合作社内部信用合作。为破解农业现代化进程中的资金短缺问题，山东省部分农民专业合作社探索在合作社内部开展信用合作。截至目前，全省开展信用合作的农民专业合作社有600多家。我们对供销社领办的农民专业合作社内部信用合作情况进行了调研。合作社内部信用合作主要有在农民专业合作社内部、在农民专业合作社联合社内部、依托县级供销社信用担保公司、在银监部门批准成立的农村资金互助社四种类型；资金运行管理“两头扎住，封闭运行”，存借利率按资金需求情况灵活掌握，风险管理实行小额、短期、社员担保，一般有固定经营场所和管理人员，独立核算，自负盈亏，但也存在发展不规范、缺乏监管等问题。要坚持“先规范、后试点、再推广”，在运行管理规范的农民专业合作社基础上，以支持社员生产经营为宗旨，试点发展新型农村合作金融，赋予其法人地位。在制度设计上，坚持“社员制、封闭性、民主管理”的原则，不对外吸储放贷，不支付固定回报，不以盈利为目的，遵循合作社规则进行盈余分配。要加强业务监管，建立部门间信息互通机制，对专业合作社和联合社内部信用合作实行备案管理。

五是关于农村社区化趋势下加快农业农村产业结构调整。农村社区是公共服务向下延伸、农业农村经济结构向上提升的基础平台，农村社区建设对农业农村产业结构调整提出新的要求。一方面，农村社区建设加快发展迫切需要农业农村产业结构调整及时跟进。在城乡一体化发展的大背景下，积极稳妥推进农村社区建设，必须在实现农民生活方式转变的同时，推进农业农村产业结构调整和产业布局的相对聚集，实现农业生产方式的转变。必须坚持以农村社区建设促进产业园区建设，以产业园区建设支撑农村社区建设，实现农村社区建设与发展现代农业、推进农业产业结构调整、促进农民增收致富有机结合。另一方面，农村社区建设也为农业农村产业结构调整带来新的机遇。过去由于建制村的界限壁垒，农村生产要素难以集约利用，土地流转难，合作经济辐射范围小。实施农村社区建设，特别是合村并居、集中居住的社区，在这个平台上形成了人口聚集、资源整合的新优势。农村社区已经成为农村经济社会发展新的增长点。要加快社区建设与社区产业同步发展，坚持因地制宜，加大培植社区主导产业力度。着眼城乡统筹一体化发展趋势，围绕提高社区居民生产、生活水平，充分发挥农村社区建设带来的新机遇、新优势，坚持规模化、高端化、集约化、生态化发展，实施“一区一品”，突出社区特色产业发展，逐步形成新的社区产业规模优势，打造农村社区产业带。

六是关于加强农民职业教育及培训。农民的素质是农业现代化的决定性因素，没有农民自身素质的现代化，就不可能实现农业现代化。山东省组织实施的新型农民科技培训工程、新型农民创业培训工程等项目，对发展高端高质高效农业，以及提高农民科学技能发挥了重要作用，但仍远远满足不了农民的培训需求。一要以种养大户、经纪人、大学生村官、农机手等培训为重点，加快培养新型职业农民、农业服务人员和农村社会管理人员，着力解决“将来谁来种地”的问题。二要把建立新型农民教育培训制度作为农业农村发展的一项重大改革措施来实施，建立农业职业教育的公共投入机制，发展适应现代农业需要的农民职业教育。三要完善政府主导的农民教育培训机制，尽快制定规划，整合农业、人社、教育、科技等各方面资源，调动用人企业、民办培训机构等社会力量的积极性，努力实现农民教育培训对象和专业全覆盖、资源和机会均等化。

七是关于水资源供给保障。随着山东省经济、社会、生态快速发展，用水需求刚性上升与供水潜力减少的矛盾日益突出。综合分析，到2020年全省水资源缺口预计将达到50多亿立方。应立足山东实际，围绕破解水资源供需矛盾，坚持“开源”与“节流”两手抓，把“开源”作为增加可供水量的硬措施，加快雨洪资源化利用和跨流域区域调水工程建设，同时，大力转变用水方式，实施最严格水资源管理制度，提高用水效率，减少用水总量，做好开源、节流、生态三篇文章，实现水资源供需动态平衡。

（完成时间：2014年11月，作者：苏庆伟　方　兴）

关于提高山东农作物种业基础性公益性服务能力的调研报告

提高农作物种业基础性公益性研究是深化种业体制改革的重要内容，是提高农作物种业创新能力的基础。国务院办公厅《关于深化种业体制改革提高创新能力的意见》明确提出，进一步强化农作物种业基础性公益性研究，提高基础性公益性服务能力，引导和积极推进科研院所和高等院校逐步退出商业化育种。这是对科研院所和高等院校种业科研的新的要求。省农科院、省政府研究室就提高山东农作物种业基础性公益性研究开展了调研，先后到农业部种子管理局、中国农业科学院、北京农林科学院、河南农科院以及威海、烟台、青岛、东营等市级农科院进行了学习考察。加强现代种业基础性公益性研究，对我们既是机遇，也是挑战。建议立足山东省农业大省、种业大省实际，加快构建农作物种业公益性基础性研究体系，为商业化育种提供有力支撑，形成公益性研究和商业化育种同步推进的良好局面。有关情况报告如下：

一、山东农作物种业基础性公益性研究不断增强

农作物种业基础性公益性研究指从事农作物和林木育种理论、共性技术、品种抗性鉴定、种子加工储藏、种质资源收集、保护、鉴定和基础育种材料的挖掘创新等基础性研究以及非商业竞争性常规作物、林木育种等研究，以及现代分子育种新技术、新方法研究。目前，全省种业基础性公益性研究的科研力量主要集中在省、市农业科研院所及高校，主要包括省农科院、省林科院、山东农业大学、青岛农业大学及各地市农科院等单位。经过多年的积累和发展，省级农业科研单位种业基础性公益性创新能

力不断增强。

（一）育种理论研究不断强化

育种理论是思路，品种选育是实践。近年来，山东省科研院所和高等院校专家在掌握运用先进育种理论的基础上，结合育种实践，探索育种理论研究，取得了较好成效。

（二）种质资源收集保护扎实推进

种质资源是人类生存和发展的宝贵财富和战略性资源，是作物育种、生物科学研究和农业生产发展的物质基础，是农业持续发展的重要保障。山东省农业科研院所和高等院校通过申请国家和省重大项目，组织有关单位开展作物种质资源考察收集、鉴定评价、安全保存、提供利用和对外交换等工作，成果丰硕。

（三）公益性育种平台建设逐步完善

农业科研院所和高等院校依靠拥有的常规育种、分子设计育种、种质资源保存与利用等相关先进仪器设备和育种手段，针对黄淮海及山东省优势明显、地方特色鲜明的现代种业发展类型，整合省市资源，建立种业研发中心，实现了科研信息和仪器设备共享，全面提升了种业科研单位的研究条件和水平。同时，建立了一批种业成果和种植技术示范基地，组建全省农业专家服务团、专家库，培养了一批种业推广服务型专家。目前省农科院建有小麦玉米国家工程技术中心、国家花生工程技术研究中心、国家小麦区域技术创新中心、国家玉米改良中心济南分中心、黄淮北部小麦生物学与遗传育种重点实验室、农业部玉米原种基地等46个国家和省部级高层次种业创新平台，这些高层次平台为凝聚种业创新人才，开展种业创新提供了条件保障；在全省、海南、宁夏、新疆及周边省市建立小麦、玉米、棉花、花生、甘薯、大豆、谷子等中试繁育基地和推广示范基地260余处，为加快种业成果的推广示范和转化奠定了基础。

（四）育种人才实力较强

近年来，伴随国家和省高层次人才引进战略的实施，高层次种业人才不断集聚省属农业科研院所，优秀种业创新团队不断涌现，全省农业科技人才总量不断提升，人才结构层次日趋合理，推动全省现代种业科技创新能力的提高，为种业的创新发展提供了人才保障。省农科院拥有20个二级研究单位，研究领域涵盖43个学科。在职职工1816人，高级专业技术职称人员621人，博士289人、硕士363人，中国工程院院士1人，百千万人才工程国家级人选2人，国家有突出贡献的中青年专家25人，泰山学者16人。其中从事农作物种业基础性公益性研究的二级单位有作物所、玉米所等11个单位，涉及研究人员近1200名，占职工总数的67%，高级职称人员340名，形成了引导全省小麦、玉米、棉花、水稻、花生、蔬菜、果树等农作物种业发展的人才团队，是山东乃至黄淮海地区现代种业创新发展的主力军。小麦、棉花、玉米、花生创新团队先后被评为山东省优秀创新团队、中华农业科技奖优秀创新团队。与山东大学合作共建的山东大学农学院已成为凝聚高层次人才和培养专业人才的重要平台。

（五）公益性育种成果较丰硕

农业科研单位在长期的农作物新品种选育过程中收集、鉴定、创新了大量特型、专用型品种资源，为选育出适合生产实际的新品种奠定了良好基础，积累了大量的经验与方法，选育的农作物品种数量多、覆盖面广，优势突出。审定的非主要农作物品种91个，其中科研院所审定70个，占总数的77%。省农科院培育的济麦22是目前我国产量潜力最高、适应性最广、年推广面积最大的小麦品种，6年累计推广1.44亿亩，实现了小麦超高产育种的新突破。审定推广花生品种33个，累计推广面积占全国的45%以上。

二、农作物种业基础性公益性研究的新要求

商业化育种以企业为主体，公益型科研院所和高等院校主要从事基础性公益性研究，是种业体制改革的重要目标，也是建立以企业为主要研发主体的重要举措。当前，各省对种业体制改革中如何划分基础性公益性研究和商业化研究、如何提高公益型科研单位的基础性公益性研究能力，都在积极探索。山东省是农业大省、种业大省，提高农作物种业基础性公益

性研究能力，既是科研机构面临的重大发展机遇，也是科研机构改革发展的重大挑战。从调研看，目前山东省农作物种业基础性公益性研究中还有一些薄弱环节需要进一步加强。

一是构建商业化育种和基础性公益性研究优化组合需要进一步加强。长期以来，科研机构直接面对农业生产开展研究，培育了大量的农作物品种，培养了很多高水平的育种人才，但基础性公益性研究重视不足。

二是财政支持种业基础性公益性研究需要进一步加强。公益性基础性研究是提高种业发展水平的基础性工作，研究时间更长，经济效益更低，投入的人力物力财力更多，需要持续的财政支持，但财政如何投入还不明确。国务院办公厅关于深化种业体制改革提高创新能力的意见提出，将加大用于基础性公益性研究的投入，逐步减少用于农业科研院所和高等院校开展杂交玉米、杂交水稻、杂交油菜、杂交棉花和蔬菜商业化育种的投入，目前商业化投入已经减少，但公益性投入还没有提高，科研机构开展基础性公益性研究的资金支持不足。

三是留住科研人员需要进一步加强。鼓励科研人员向企业流动是提高企业创新能力的重要措施，但科研人员流失将会弱化基础性公益性研究，如何在促进科研人员向企业流动、联合企业开展商业化育种的同时，留住一部分水平高、能力强、经验足、耐得住寂寞的科研人员从事基础性公益性研究是个问题，必须认真研究解决。

四是公益性科研机构与所办种子企业脱钩需要进一步推动。根据要求，公益性科研院所和高等院校要在2015年底前与所办的种子企业脱钩，如何脱钩、脱钩到什么程度等问题还没有明确规定，科研机构不主动推动脱钩的问题还存在，事企一体既不符合有关规定，也不利于推动以企业为主体的创新体制，必须加快推动。

五是基础性公益性资源共享需要进一步强化。种业研究各自为政，信息不交流，育种资源不共享，造成公共资源支持的科研育种项目重复建设和浪费严重，这是科研效率低下的重要原因，迫切需要改革体制机制。在基础性公益性研究中要更加注重资源共享，推动在省内各农业研究机构和高等院校间开展联合合作，促进资源信息共享，形成差别研究、联合攻关、互相支持的基础性公益性研究体系。

三、提高山东省种业基础性公益性研究能力的几点建议

要立足山东省农业大省禀赋和种业科研基础优势，抓住国家深化种业体制改革的机遇，提高基础性公益性科研单位保障水平，专注于基础理论、育种材料、共性技术等研究，开展育种技术创新，人才培训和信息服务，集中力量解决制约种业基础性公益性研究的突出问题，逐步建立基础性公益性研究与商业化育种有序分工、密切配合的种业科技创新体系。

（一）提高加强现代农作物种业公益性基础性研究的认识

种业基础性公益性研究是培育重大突破性新品种的基础，也是提升种业科技创新能力的前提。建议：一是抓紧明确公益性科研机构工作职责。根据文件要求，基础性公益性研究是公益性科研单位的主要职责，但也可以联合种业企业开展商业化研究。要明确划分科研单位的商业化和公益性基础性职责，合理设置商业化研究和公益性研究岗位。二是研究出台现代农作物种业公益性基础发展的政策措施。设立农作物种质资源收集、保护与研究重大专项，重点开展作物种质资源收集、保存与信息管理，作物种质基因发掘，种质创新理论和方法研究，以及作物种质资源评价与利用，为提升全省种业科技创新能力提供有效支撑。

（二）明确种业基础性公益性研究重点工作

要充分把握国家种业科技发展战略，了解国外种业在省内布局和发展情况，不断调整优化种业基础性公益性的发展重点和方向，形成种业发展新优势，增强科研育种项目方向与产业紧密度，培育具有省内区域特色的种业自主知识产权群体，逐步解决商业育种和公益性育种方向不明等问题。要充分发挥省属农业科研院所及高校对种业科技基础性公益性研究的主体作用，开展种质资源的发掘和创制、重要基因发掘利用、育种理论与技术的突破、种子制种与加工技术创新、种子质量标准与检测技术研究，为提升我国种业科技创新能力和国际竞争力提供支撑和创新源泉。

（三）开展良种联合攻关和现代育种技术集成创新

目前，国内普遍实行课题组制的育种模式，力量分散、低水平重复。国际跨国公司高效整合基因组学、系统生物学、生物信息学，利用双单倍体技术、分子标记辅助选择、全基因组选择等先进育种技术，与传统育种技术有机结合，形成了高通量、高效率、规模化、智能化的现代育种技术体系。建议：一是建立育种资源成果共享制度，基础性公益性科研机构利用财政资金形成的研究成果，要对社会公开，建立资源共享、信息互通的高效利用机制。二是开展基础性公益性研究联合攻关，将当前分布于各科研教学单位的先进育种技术进行高效集成，联合攻克分子育种规模化应用的技术瓶颈，促进现代生物技术与常规育种技术有机结合，推动育种技术跨越发展。

（四）进一步加强种业基础性公益性科研人才培养

种业科技创新的竞争很大程度上是优秀育种家的竞争，这是推进先进育种理论和技术转化为农作物新品种的重要保证。建议：一是在全省科研院所及高校建立现代育种家培养专项基金，加快培养既掌握现代育种理论和技术，又具有丰富育种经验的年轻育种人才。二是与企业开展人才合作，通过签订合同等方式，鼓励科研人员到企业从事商业化育种工作和创新创业。三是改变论文导向机制，加强种业实用型人才培养，育种成果及推广面积可以作为职称评定的重要依据。四是支持科研单位开展企业育种研发人员培训，完善种业人才出国培养机制，提高种业基础性公益性服务能力，保障全省农作物种业的可持续发展。

（五）进一步加强与企业联合合作

农业科研单位占据育种创新能力的主导地位，种子企业熟悉农民、贴近生产，具有开拓市场的优势，但普遍缺乏科技资源。建议在全省范围内设立公益类科研机构和企业互补性技术创新联盟，使公益类科研机构与企业共同开发利用育种科技资源，搭建种业技术创新战略联盟，建立公共研究成果共享机制和优异种质资源、育种新技术输送机制，形成更加紧密的科企合作新模式。通过对市场需求分析确定产业目标，分析技术壁垒，凝练研发需求，整合种业科技创新资源，培育具有创新性的品种。通过科研单位与企业联合，建立商业化育种新机制、新体系，有效解决科研与生产“两张皮”，克服资源不共享、育种效率不高、创新能力不强的问题。

（六）建立种业创新成果评价和转化机制

科研最终目标就是转化，基础性公益性研究成果要尽可能转化为商业育种。建议：一要以改进现有农作物种业科研成果评价方式，修改和完善商业化育种成果奖励机制为研究重点，形成有利于加强基础性公益性研究和解决生产实际问题的评价体系。二要探索建立品种权转让交易公共平台，遵循“公益性、专业性、权威性”的基本原则，集授权品种、育种专利和育种材料等种业科技成果展示推介、转化交易和信息发布为一体，保障种业科技成果展示和产权交易的规范透明、公正高效，通过平台的运行改变种业科技成果转化方式，发挥市场配置种业科技公共成果资源的决定性作用，促进种业科技成果转化，增强种业科技创新的活力。三要健全合理的利益分配机制，制定激发科研人员进入企业积极性的激励措施，实施股权期权、成果奖励、绩效挂钩等多项激励政策，调动科研人员创新积极性。

（七）抓紧研究科研院校与所办种子企业脱钩的具体方案

要按照现代企业制度的要求，制定企业脱钩具体方案。建议可引进战略投资者，实现股权多元化，将企业完全推向市场，参与市场竞争。

（完成时间：2014 年 12 月，课题组成员：方　兴　刘　涛）

山东小麦玉米棉花花生收益情况报告

近日，我们对全省小麦、玉米、棉花、花生四种农作物的成本收益情况进行了了解，分别请省农业厅、物价局及烟台市、泰安市、聊城市提供了有关情况。综合情况汇报如下：

（1）由于地理位置差别及统计口径不同，两部门和三市提供的四种农作物的成本收益情况有较大的差别（见表3、表4、表5、表6）。

表3　小麦种植亩均成本收益情况　　单位：元

提供单位	纯收益	总产值	总成本	
				人工成本
农业厅	186.08	1154.68	968.6	488.8
物价局	217.28	1079.2	861.92	250.78
烟台市	205.1	1080.43	875.33	274.4
泰安市	369.02	1153.02	784	300
聊城市	592	1367.6	635	50

注：不含政策性补贴140元。

表4　玉米种植亩均成本收益情况　　单位：元

提供单位	纯收益	总产值	总成本	
				人工成本
农业厅	162.53	1247	1085.27	620.89
物价局	251.65	1050.67	799.02	276.47
烟台市	310.72	1128.39	817.67	270.20
泰安市	652.38	1268.38	616	240
聊城市	668	1088	410	50

注：不含玉米良种补贴10元。

表 5　棉花种植亩均成本收益情况　　单位：元

提供单位	纯收益	总产值	总成本	
				人工成本
农业厅	85.37	2162.00	2076.63	1485.00
物价局	-80.61	1708.09	1788.7	1117.09
烟台市				
泰安市	979.01	1669.01	690	480
聊城市	-69	1560	1629.01	1031.6

注：不含棉花良种补贴15元。

表 6　花生种植亩均成本收益情况　　单位：元

提供单位	纯收益	总产值	总成本	
				人工成本
农业厅	952.40	2518.00	1565.60	929.6
物价局	348.14	1564.33	1216.19	501.18
烟台市	122.41	1246.22	1123.81	533.08
泰安市	559.58	1259.58	700	180
聊城市	1190	2000	810	140

（2）从烟台、泰安、聊城所报数据可以看出，山东省东中西部小麦、玉米、棉花、花生四种农作物收益情况（见表7、8）

表 7　如不扣除人工成本，四种农作物收益情况　　单位：元

	小麦	玉米	棉花	花生
东部	479.5	580.92		655.49
中部	669	902.3	1474.01	739.5
西部	782	728	926.6	1330

表 8　如扣除人工成本，四种农作物收益情况　　单位：元

	小麦	玉米	棉花	花生
东部	205.1	310.72		122.41
中部	369.02	652.38	698.28	559.58
西部	592	668	-69	1190

（3）省农业厅提供的农产品生产成本除包括种子费、化肥费、农膜费、机械作业费、排灌费等外，还包括了固定资产折旧、初期生产费用分摊、小农具购置及修理费、管理费及其他间接生产费、销售费用等，这些费用占到小麦总成本的5%，玉米总成本的5%，棉花总成本的3%，花生总成本的4%。另外，省农业厅统计的人工成本数量偏高，小麦、玉米、棉花、花生用工天数分别为9.4天、11.2天、27天和16.6天，高于物价部门统计的5.22天、5.74天、23.22天和10.16天。

（4）省物价局提供的成本中还包含了土地成本。土地成本是2004年我国实行新的农产品成本调查核算指标体系引入的概念，主要体现了土地作为一种生产要素投入到生产中的成本，包括流转地租金和自营地折租，自营地折租根据当地流转地平均租金水平确定。2013年全省种植小麦平均土地成本为147.24元，种植玉米140.28元，种植棉花223.78元，种植花生199.98元。

（完成时间：2014年12月，作者：方　兴）

山东农村农业信息化综合服务平台建设的经验与启示

信息化是当今世界经济和社会发展的大趋势，信息技术的迅速发展为农业生产和农村经济发展提供了新的发展契机。近年来，省农科院科技信息研究所抓住国家农村农业信息化示范省建设机遇，大力推进农村农业信息化综合服务平台建设，充分利用信息技术改造提升传统农业，有效促进了农业现代化发展。

一、综合服务平台建设的基本框架

为推动现代农业和城乡统筹发展，实现信息化对农业生产和农村经济社会发展的倍增效应，2010 年，山东被确定为全国第一个农村农业信息化示范省试点省份，省委、省政府对此高度重视，省科技厅牵头制定了《山东省国家农村农业信息化示范省实施方案》，将“山东省农村农业信息化综合服务平台”作为示范省建设的核心内容，由省农科院科技信息研究所具体承担综合服务平台的建设和运维工作。综合服务平台采集整合各类涉农信息资源，重点研发、高度集成各种先进的软件系统和硬件设备，建成包括综合门户网站、12396 呼叫中心、视频互动、电子商务、智慧农业等在内的各类服务系统。

一是综合服务平台门户系统。开发了山东省农村农业信息化综合服务平台门户网站——齐鲁三农科技网。这是平台的重要组成部分，也是全省农村农业信息资源统一发布和展示的窗口。网站提供各类应用系统的服务接口，内容包括了农业生产和农村生活的方方面面，既有政策法规、市场信息、实用技术、劳动就业，又有生活服务、乡村旅游等。

二是数据中心系统。建设了省级农村农业信息化综合服务数据中心，目前已收录数据超过100万条，用户可轻松快捷地查询到实用技术、质量标准、种子资源、政策法规、农业专家等有关农业方面的大量数据资源。

三是远程视频互动服务系统。与寿光蔬菜视频医院等专业化服务系统对接，为用户提供远程病虫害诊断、技术培训、视频直播、专家讲座等服务，农民通过一台上网电脑或智能手机即可与专家面对面交流。

四是手机短信系统。提供手机短信的定制与推送双向互动服务，用户可通过定制相关栏目，定期接收市场、技术、文化、卫生等分类信息，也可通过系统发布供求信息，与农业专家进行互动答疑。

五是电子商务系统。与国家农产品现代物流工程中心、寿光蔬菜交易中心等大型电子交易平台进行对接，面向农民、农村经纪人、农业合作组织、农业龙头企业等开展服务，实现有效供需对接。

六是智慧农业系统。搭建农业物联网服务平台，在寿光、荣成等产业优势地区开发了设施蔬菜、设施水产等农业物联网示范系统，实现了设施种养的智能化管理。

二、综合服务平台取得的主要成效

综合服务平台开通以来，功能不断加强，作用不断显现，为服务农业生产和农村生活发挥了积极作用，取得了良好效果。目前，平台已对接基层信息服务站3100余个，发展用户14.5万户。

（一）促进了农业信息技术的示范应用

综合服务平台围绕山东省农村农业信息服务需求，充分利用现代信息技术手段，研发了一批农业生产、流通、经营、管理等方面的关键技术、系统、产品，并进行了大规模示范应用，提高了山东省农业信息技术的研究与应用能力。综合服务平台通过蔬菜视频医院远程诊断等手段，面向全国蔬菜种植企业和农户开展技术支持服务，已在全国20多个省发展固定用户3000余个，打造了全国领先的蔬菜产业服务品牌。平台建立了肉牛生产远程监控系统，与超市专柜、远程终端相连，用户可使用计算机和手机等移动终端，查看肉牛生产过程的实时动态，提高了产品质量可信度。根据山东省养殖面积比较大的31个品种发展需要，围绕水质监控、精细喂养、病害防治、车间管理、冷链物流、质量追溯、电子商务等环节，平台开发了渔业专业信息服务系统，实现了鱼、虾、蟹、鳖等水产养殖品种疾病在线诊断与决策支持功能。

（二）促进了农业发展方式的转变

以综合服务平台为基础，充分运用现代信息技术，对农业生产的各种要素实行数字化设计、智能化控制、精准化运行、科学化管理，促进了农业发展方式的转变和现代农业的发展。平台研发了远程测控系统，用户不在生产现场也可以通过手机、平板等终端了解空气温湿度、光照、二氧化碳、土壤温湿度、溶解氧等各项实时数据，为生产决策提供数据参考，并进行远程调控，提升了生产管理的现代化水平。依托鲁商集团，建立了生猪、水产等鲜活农产品物流服务系统，实现了物流GPS监管、冷链物流温湿度即时监控及运营轨迹监控、产品质量安全追溯等。

（三）促进了基层信息服务体系的建设

依托农技推广站、农民协会、合作社、农业龙头企业、运营商农村代理点、农资店等，建设了2000多个专业信息服务站点，提供专业信息服务。整合农村党员干部现代远程教育、文化服务和信息服务三项基本功能，建设了500个综合信息服务站，实现了“村村有站点，站站有服务”。在全省范围内开展了大规模基层信息员培训工作，培训1.9万余人次，提高了基层信息员信息化意识和信息服务能力。

（四）促进了农业效益和农民收入的提高

农业部信息中心调查，查询农业信息的农户家庭，农业经营收入比不查询的要提高45.8%。综合服务平台利用远程视频培训、12396对农直播间等现代化、信息化手段，先后组织培训农民、基层信息员和技术人员等2万余人次，推广应用先进成果超过120余项，提高了广大农民和基层从业人员的科技素质和信息化应用水平。禹城市大禹龙腾蔬菜种植专业合作社应用平台服务以来，销售额同比增加20%以上。平台在服务农业生产的同时，还通过建立“一村一页”“一村一品”“农家乐”等网上展示平台，宣传推介村庄特色农业，促进了农产品的销售和农民收入的增加。

三、综合服务平台的经验和启示

综合服务平台立足于让农民用得起、用得上、用得好，坚持“公益为主，市场为辅，市场反哺公益”的总体思路和“整合资源、统一接入、分地运营、个性服务”的建设原则，不断创新服务模式，扩展服务范围，使科研工作更加贴近农业生产需求，有效解决了农业科技推广最后一公里的问题。认真总结其成功做法，我们认为有如下几点经验与启示：

（一）必须坚持服务农业农村需求

综合服务平台建设过程中，始终以服务农村基层和农业生产为目标，按照“平台上移，服务下延”的指导思想，使广大用户真正能够得到准确及时、专业权威的服务。平台立足于现有农村农业信息化基础，充分整合各方面资源，与各产业信息服务系统、党员远程教育系统、呼叫中心系统、IPTV 系统等统一接入，实现有效互联和无缝对接，避免重复建设、资源浪费。根据运营主体的不同，平台搭建了分布式组织架构，采用分地运营的方式，以提高信息服务的效率。用户可根据自己的终端条件，利用电脑、电视、手机等多种接入手段，随时随地获取农业生产、管理、销售以及文化生活、医疗卫生等各个方面的信息，满足不同用户个性化需求。

（二）必须坚持提升平台服务功能

综合服务平台的目标，是建设成为各类涉农信息资源的数据中心和直接为各类用户提供方便快捷信息服务的综合窗口。平台在建设中，选择山东省基础好、带动作用强的优势农业产业与平台进行对接，建设了十大产业专业信息服务系统，上联科研单位作为信息、技术和成果来源，下联农业科技园区、农业龙头企业、农业专业合作组织、种养大户等作为服务对象，有效整合各产业链条上的资源，提供包括生产、加工、物流、销售等覆盖产前、产中、产后各个环节的一体化和专业化服务，促进了农业信息化与产业化的深度融合。目前，综合服务平台已具备农村科技在线互动服务、农业物联网服务支撑、农业电子商务、城乡互动沟通等多项功能。

（三）必须坚持不断创新服务模式

平台运营以公益性服务为主，将音频服务功能与全国统一的农村科技信息公益性服务热线“12396”有机整合，构建起以省级信息服务中心为核心，以市级信息服务中心为骨干，以基层信息服务站为主体，上下联动的信息服务体系。同时，平台创新服务模式，与山东广播电视台乡村广播频道和齐鲁网联合打造了“12396 绿色之声对农直播间”，实现了音频节目视频化和网络视频全球同步直播，架起了农民与专家、市场、政府互动沟通的直通桥，专家在任何时间、任何地点都能够解答用户咨询，改变了传统电话“一对一”的服务模式，实现了“一对十、一对百、一对千、一对N”服务。节目自 2013 年初开播以来，已成功播出 100 余期，拥有大量的听众用户，位居同时段节目收听率前十名，具有较强的影响力。

平台开通以来，取得了一定成效，但运行中仍存在一些问题。主要是：由于体制问题，还不能完全实现资源整合；作为主要用户的广大农民由于科技、文化、经济水平和观念存在差异，影响了平台效益的充分发挥；部分关键技术研发还需进一步加强等。下一步，平台将按照农业发展新要求，坚持边运行边完善，进一步整合力量和资源，不断加强建设。

一是进一步探讨政府引导下的产学研合作，保障综合服务平台的建设和运营，实现“建设、应用、运营”相统一。

二是在确保公益性服务为主的基础上，积极探索和引进市场化机制，尝试开展增值信息服务，以实现平台的可持续发展。

三是面向优势农业产业发展需求，突出产业服务，实现综合平台与产业系统在资源标准、服务内容，服务手段等方面的整合，打造省级农业综合信息服务航母，提高服务能力，最大程度发挥“1 + N”优势。

四是根据特色产业发展需求，组建省、县、乡各级农业技术专家队伍，通过远程视频讲座、现场指导等方式，开展信息化技术服务，做好专家和用户间的双向互动交流。

五是以提高农业生产智能化水平为目标，开展平台关键技术研发和应用示范，实现技术集成创新，不断完善平台功能，提高服务。

六是适时启动“互联网＋农业”行动计划，重点围绕农业生产、经营、管理、服务等环节推进移动互联网、物联网、云计算、大数据等技术集成应用，打造“智慧农业”发展新模式，促进互联网技术在农业产业链条各个环节的应用，加速实现由传统农业向现代农业的跨越发展。

（完成时间：2015 年 6 月，课题组成员：刘永宽　孙晓焱　阮怀军　封文杰）

关于大田托管化肥施用情况的调研

山东省政府研究室、省农业厅组成专题调研组，选择潍坊高密市、济宁汶上县、聊城东阿县重点调研。汶上和高密是供销社大田托管的先进县，东阿是邮政系统领办的鸿雁粮食种植专业合作社大田托管的先进县。调研分两步进行：第一步，由省农业厅经管站和土肥站专业技术人员编制用（化）肥调查表，委托县市的农业局经管站、土肥站各选 3 个乡镇，组织域内参加大田托管的农民合作社、种粮大户以及相邻的 8 ~ 10 家农户，如实填报用肥调查表。政府研究室负责镇村的协调。第二步，调研组会同各县农经站、土肥站以及镇村干部，进村入户，直接与农民专业合作社、家庭农场、种粮农户对话，包括核实托管合同，检查化肥购销凭证、施肥记录等。调研情况报告如下：

一、集体化肥提成现象在供销、邮政等体系中比较普遍

目前山东省无论供销系统，还是邮政系统，所提供的大田托管服务，绝大多数限于耕翻、播种、浇水、收割、秸秆还田等主要生产环节，以及政府买单的小麦“一喷三防”和玉米“一防双减”等植保环节，化肥由农民或合作社选购。经过多年的筛选，供销、邮政选择的供应商值得信赖。为保证产品进入，他们大都请村委会协助宣传推介、统计数量、组织采购等，并支付少量费用。在东阿县，邮政领办的鸿雁专业合作社按销价的 3.5% 给村集体提成。在汶上县，供销社给村集体按销量提成，每吨 100 元。

二、化肥提成没有刺激过度用肥

村干部化肥促销只对参加大田托管的农业经营主体有效，单干户基本

不买账。是否过度用肥，将托管地块与周边农户的化肥用量做比即可。经核查，东阿、汶上和高密3县市大田托管的化肥施用量普遍低于周边农户，其中东阿低7.5%，汶上低9.4%，高密低10.4%。对比方式：①地块相邻；②产量相近；③农户必须不使用“提成化肥”；④化肥用量按有效养分折实。

（一）核查结果

东阿县接受核查的单位有9家：由鸿雁托管的顺丰合作社，粮田面积400亩；郑言祥、张再芳等8户农民，粮田面积73亩。核查结果：郑言祥、张再芳等8户农民玉米、小麦两季亩均用肥53公斤（按化肥有效养分折实。下同）；顺丰合作社亩均49公斤，低于农户7.5%。

汶上县接受核查的单位有11家：梁彦勇、李凯华、周广新3家参加托管的种粮大户，粮田面积866亩；李文、李传新等8家农户，粮田面积83亩。核查结果：李文、李传新等8家农户玉米单季亩均用肥23.2公斤，参加托管的种粮大户亩均21公斤，低于农户9.4%。

高密市接受核查的单位有13家：众鑫、新嘉怡、康达和五谷丰登4家专业合作社，粮田面积4600亩；程普进、李原文等9家单干户，粮田面积85亩。核查结果：程普进、李文等9家单干户小麦玉米两季亩均用肥82公斤，4家合作社亩均用肥73.4公斤，低于农户10.4%。

（二）原因分析

一是近些年山东省大田作物增产主要依靠良种，化肥施用量相对稳定，无论是否加入合作社，是否参加托管，农民都不肯为化肥多花冤枉钱。二是农业经营服务组织化肥提成的目的，不是鼓励多用肥，而是鼓励用推荐肥。相比而言，供销和邮政推荐的化肥质量稳定、性价比较高，销售提成比例也不高，被托管方可以接受。三是目前农业服务市场竞争日趋激烈，如果刺激农民多用化肥，势必增加成本，降低收益，参与土地托管的农户、家庭农场、合作社等必将因此退出，倒向其他农业经营服务机构。

三、高密供销社大田托管不搞提成，化肥照样减量节支

高密供销社大田托管服务模式有创新。一是以农民专业合作社为服务对象，化肥、种子等农资供应直接对合作社，无须村干部组织推介，价格公开，无提成。我们抽查的 3 个镇，参与托管的合作社经营的粮田，多的 1650 亩，少的 430 亩，理事长只有一家是村支书，其余都是普通农民。农民合作社与供销社只是农业服务的供需关系，通过契约，双方的权利和义务清清楚楚，没有灰色地带。二是供销社大田托管的地块全部实施测土智能配肥。配方用复合肥，由高密供销社与苏州东洋化工的合资企业生产；配方肥所用微量元素和生物菌肥以及配肥技术，由高密供销社与米高生物科技的合资公司提供。各乡镇都有技术员负责土样采集，市、镇均有智能配肥设施。对托管地块，供销社只提供配方肥。经核实，托管地块与周边相比，用肥量减少了 10. 2%，吨肥节支 15%。2015 年供销社已经托管了 35. 1 万亩，占全市大田作物的 26. 2%，同比增长 48%。

四、一点建议

调研发现，政府对大田托管等农业经营性服务监管不到位，一无服务标准，二无绩效评价。建议农业主管部门会同相关方面，尽早研究制定农业服务标准及评价体系。

（完成时间：2015 年 8 月，课题组成员：侯树钦　诸瑞云　滕希群　朱宏锋　张克新）

以服务规模化推进农业现代化
——关于全省供销社系统开展农业生产全程社会化服务机制创新的调查

2015年中央一号文件将强化农业社会化服务作为增加农民收入的重要举措，提出“抓好农业生产全程社会化服务机制创新试点，重点支持为农户提供代耕代收、统防统治、烘干储藏等服务”。近年来，省供销社系统以山东省被国务院确定为全国供销合作社综合改革试点为契机，顺应现代农业发展趋势，探索开展以土地托管为切入点推进现代农业服务规模化，以为农服务中心建设为重中之重打造“3公里土地托管服务圈”，积极构建农业生产全程社会化服务体系，开辟了一条以服务规模化推动农业现代化的新路子。近期，省政府研究室、省供销社联合赴潍坊、烟台、泰安、莱芜等市，就省供销社系统以土地托管为切入点开展农业生产全程社会化服务情况进行了深入调研，实地考察了10处为农服务中心、10家农民专业合作社及联合社、11家农业服务公司、6家城乡社区服务中心；召开了由市、县、乡供销社及农民合作社、农业服务公司等方面负责同志参加的7次座谈会，听取有关情况和意见建议。在此基础上，系统总结了其经验做法及主要成效，并思考了几点启示。现将有关情况报告如下：

一、基本做法

全省供销社系统积极顺应农业新变化、农村新形势、农民新要求，立足于打造服务农民生产生活的生力军和综合平台的职能定位，发挥自身优势，聚合资源要素，创新服务模式，初步形成了较为完善的农业全程社会化服务机制。

（一）创新为农服务组织体系，培育经营服务主体

供销社在推进农业全程社会化服务中，将培育具有法人资格的市场经

营服务主体作为首要条件，重点发展了两种类型的专业性、市场化经营服务组织。第一种是农民合作社及联合社。按照基层组织与经营服务“双覆盖”的原则，以实体性合作经济组织创新工程为抓手，各地供销社采取以经营设施、场地、资金入股等方式，与农民共同组建合作社，并建立按股分红和按交易量分红的二次分配制度，以利益联结吸引更多的农民加入。在此基础上，依托县级社和基层社，自下而上组建农民合作社联合社，提高农业服务的组织化水平。全省供销社系统已领办创办各类农民合作社10794 家，组建专业性农民合作社联合社 615 家、乡镇农民合作社联合社470 家、县级农民合作社联合社 52 家。安丘市茂源果蔬专业合作社联合社借助所属的 14 家农民合作社 1.5 万亩标准化种植基地，开展产、供、销、运、加系列化服务，年销售额达到 2.2 亿元，为 4259 户社员增加收入4800 万元。第二种是农业服务公司。各地供销社依托农资、果品、农产品等社有企业，积极与农业龙头企业、农民合作社等新型经营主体实行产权联结、合作发展，打造专业化、综合性农业服务公司，由卖商品向卖服务转变，提升为农业服务的能力和实力。烟台农资公司大力推进连锁经营，在全省设立了 6 家分公司、44 个配送中心、93 家直营连锁店，同时建有 6 处标准化示范基地、14 个专业合作社，年化肥经营量 150 多万吨、销售额35 亿元，被评为全国供销系统百强企业、4A 级物流企业。高密市惠德农产品公司围绕发展食用菌产业，领办创办专业合作社 35 家，规划建设了总投资 20 亿元的惠和食用菌产业园，带动 1 万多农民进行专业化生产和经营，食用菌鲜品年产量达到 12 万吨，产值超过 10 亿元，每年为农民增收近 2 亿元。目前，各地供销社都结合当地的产业优势，组建了各具特色的农业服务公司，开展规模化、专业化、系列化服务。

（二）创新为农服务方式，开展土地托管服务

针对农村劳动力外流，农民外出打工顾不上种地、在家种地耽误打工赚钱等现实问题，汶上、郓城张营等县级供销社和基层社创新开展了针对小麦、玉米等粮食作物的半托管和全托管服务。其中，半托管是对两个以上生产经营环节提供个性化、“菜单式”服务，全托管是对耕、种、管、收、加、贮、销等所有环节提供全程“保姆式”服务，每亩可为农民节支增效600元以上，供销社实现服务收入100元以上。对基层的这一创新做法，省供销社及时总结推广，制定实施2000万亩土地托管5年规划，并列入系统综合业绩考核。各地供销社积极扩大托管覆盖面，创新服务手段。在服务品种上，由粮食作物向经济作物延伸，省社组织对18种经济作物农户自己种植与土地托管规模化服务效益进行了案例分析，指导各地供销社围绕当地特色产业开展托管服务。目前，全省供销社经济作物托管服务面积已占总托管面积的30%以上，托管服务品种达20多个。在服务对象上，以服务种粮大户、家庭农场、专业合作社、农业龙头企业等适度规模的经营主体为主攻方向，服务面积占土地托管面积的65%；对分散经营户，通过与村“两委”联合，组建土地股份合作社，整合耕地、推平垄背、连片成方，为开展托管服务创造条件，促进了规模化、集约化生产。在服务手段上，着力强化科技支撑，省供销社与全国总社直属科研院所、省农科院等科研机构签署战略合作协议，大力推广应用粮食烘干、智能配肥、良种良法、飞防作业等先进技术和设备，通过科技成果转化实现增产节支提效最大化。截至2015年7月底，全省供销社系统完成测土面积727万亩、智能配肥623万亩、飞防作业680万亩，日烘干能力达到1.7万吨。

（三）创新为农服务综合平台，建设为农服务中心

各地供销社适应土地托管对服务能力带来的新要求，本着经营性与公益性相结合的原则，由县农业服务公司联合乡镇农民合作社联合社实体性建设和运营为农服务中心，搭建全程社会化服务综合平台。在建设过程中，坚持“三个突出”：一是突出最佳效益规模。按照布局合理、规模适度、半径适宜、功能完备的原则，以粮食生产为主的为农服务中心一般占地20亩左右，服务半径3公里，辐射面积3万~5万亩，形成“3公里土地托管服务圈”；而且这个服务半径恰巧与山东省2001年乡镇合并前的行政区划基本吻合，更便于整合资源、统筹推进。二是突出农民主体地位。为农服务中心的投资主体，除政府扶持外，主要是两大块：一块是以县级供销社农资公司等企业为依托组建的农业服务公司；另一块是由基层社联合当地农民合作社组建的农民合作社联合社。本着农民出资、农民参与、农民受益的原则，省供销社设定了“两个比例”：一个是2∶8，即组建实体性农民合作社联合社，基层社持股比例一般不超过20%，农民合作社不低于80%；另一个是3∶7，即为农服务中心的投资，原则上县农业服务公司不超过30%，农民合作社联合社不低于70%。政府扶持资金可按比例以股权形式量化给农民社员，也可部分作为县社股权进入县农业服务公司。按这两个比例计算，农民社员在为农服务中心的持股最低为80%×70%=56%，既保证了农民占大股，也密切了供销社与农民的利益联结。三是突出经营服务收益。为农服务中心通过为各类农业经营主体提供耕、种、管、收、加、贮、销系列化服务，不仅增加了土地产出和农民收入，而且带来了持久性经营服务收入。以小麦、玉米为例，通过托管服务，每亩耕地可获利润10元、供种20元（小麦10元、玉米10元）、供肥35元（其中配方节肥20元）、种肥同播10元（小麦5元、玉米5元）、打药15元、浇水20元、收获20元（小麦10元、玉米10元）、秸秆还田5元、烘干15元，合计每亩150元的利润。建设一处规范的为农服务中心大约需要投资500万元，一般可争取各级政府和部门扶持资金150万元左右，县农业服务公司和乡镇农民合作社联合社自筹资金约350万元。按托管土地2万亩、每亩最低纯收益100元测算，自筹资金回收期为1.75年。高密、滕州、汶上、莒南、梁山等18个综合改革试点县市区党委、政府已将为农服务中心纳入重点建设工程或为民所办实事。截至2015年6月底，全省建成和在建为农服务中心497处；到2020年，全省将建成为农服务中心1500处左右，基本覆盖涉农乡镇。

（四）创新为农服务联动格局，构建双线运行机制

省供销社按照构建联合社机关主导的行业指导体系和社有企业支撑的经营服务体系的要求，以密切层级联系、提升服务效能为重点，探索推行“3控3*6+1”双线运行机制。“3控”，即省、市供销社控股社有龙头企业，县社控股农业服务公司，以此把握为农服务的方向，做到“为农”；乡镇农民合作社联合社控股为农服务中心，体现农民的主体地位，做到

“姓农”。“3＊6”，即按照分工明确、功能互补的原则，分级划定服务功能，形成上下协调联动的服务体系，做到“务农”。其中，省、市龙头企业主要承担农资统采分销、日用品统采分销、农产品流通、融资担保、统防统治（飞防）、96621服务热线6项功能；县农业服务公司主要承担承接政府惠农政策和购买服务、农资仓储服务、大型农机具服务、对接二三产业融合发展、关键技术培训、分享创新成果6项服务功能；县农业服务公司与乡镇农民合作社联合社共同成立分公司，并作为二级法人建设运营为农服务中心，主要承担测土配方和智能配肥、统防统治、农机作业、烘干贮藏或冷藏加工、庄稼医院、农民培训6项服务功能。“+1”，即涉农部门在为农服务中心设立服务窗口，开展“一站式”公益服务。

（五）创新全产业链服务模式，拓展农业服务领域

各地供销社在开展土地托管基础上，按照农业产业化的要求，着力强链补环，加快构建全程社会化服务体系。一是积极推进一二三产业融合发展。各地供销社加强与农业龙头企业的产权联结，打造全产业链、一体化经营新模式，促进农业“接二连三”，提高农业的附加值，使农民群众在产业融合中得到更多收益。高密市供销社、孚高农业服务公司与当地龙头企业望乡食品公司共同组建注册资本金3000万元的山东望乡农业发展公司，年可加工小麦原粮30万吨，相当于60万亩小麦的总产量，不仅促进了农业增效、农民增收，而且也为企业打造了标准化原料生产基地。二是实施“供销社+互联网”行动计划。省供销社提出把构建信息化综合平台，为适度规模的众多市场经营主体提供全渠道服务，作为山东供销流通现代化的重要路径；形成了以信息化整合系统网络资源，推进流通现代化的实施方案，并搭建起信息化综合服务平台。2015年6月2日，省社与国内最大自营电商京东集团签署战略合作协议，合资成立由省供销社控股的山东供销京东农商发展股份有限公司，采用B2C、B2B、O2O商业模式，开展日用品、农资统采分销，建设农产品冷链物流体系和质量认证追溯体系，培育“鲁供”等优质农产品品牌，通过线上线下无缝隙融合发展，让城乡居民享受到便利、快捷、优质的服务。三是稳妥开展农村合作金融。

抓住山东省被国务院批准为开展新型农村合作金融唯一试点省的机遇，供销社稳妥推进农村合作金融试点。按照社员制、封闭性，不对外吸储放贷、不支付固定回报的原则，对只服务未参股的300多家开展资金互助业务的合作社进行了清理。坚持试点探路、有序推进，选择10个县市区作为专项试点县，先行开展信用互助业务，创新推广了滕州市供销社"四四八"模式。开展信用互助业务的合作社不设资金池，选择1家银行业机构作为账户开立和资金存放、支付及结算的合作托管银行，最大限度地确保资金安全。同时，着力解决服务主体融资难、融资贵的问题，省财金投资公司与供销社系统75家企业共同组建了总股本3.26亿元的山东供销融资担保股份有限公司，并与农行、中行、交行3家山东分行签署战略合作协议，可撬动32亿元的银行资金投向"三农"，提升了供销社对市场经营主体的融资服务能力。

（六）创新为农服务协同体系，汇聚兴农强大合力

各地供销社充分发挥组织网络和服务平台优势，整合服务资源和力量，形成多方协力推进农业现代化的聚合效应。一是强化社农结合。坚持行政推动与市场化运作相结合，供销社主动与农口部门对接，以服务规模化为导向，实行政策联动、资源共享、服务共抓，推进为农服务向协作化、集约化、组织化、专业化纵深发展，打造现代农业发展"共同体"。省社与省农业厅联合下发了《关于加快推进农业社会化服务的意见》，与省财政厅联合出台了《关于加快供销社为农服务中心建设的指导意见》，与省科技厅在农业科技成果落地等方面达成了合作意向，整合相关资源力量，共同推进现代农业服务规模化。目前，泰安、枣庄、烟台、临沂、莱芜等13个市和一半以上的县市区供销社与涉农部门联合出台了开展服务规模化的文件。二是推进社社合作。供销社通过产权联结、提供服务和领办各类农民合作社等方式，加强与农民合作社、种粮大户、家庭农场等农业经营主体的联合与合作，推行基地共建、品牌共创、利益共享。目前，全省供销社系统服务的农业经营主体已达3.1万个，受惠农民200万人。三是深化"社村共建"。实施"党建带社建社村共建"创新工程，以构建村

“两委”、供销社、农民合作社、信用互助组织“四位一体”合作机制为主线，紧密结合农村基层服务型党组织建设、巩固党的群众路线教育实践活动成果、各级党委选派“第一书记”工作以及实施精准扶贫，与村“两委”共建农民合作社、服务中心、发展项目、干部队伍，促进村集体和农民“双增收”，供销社基层组织向村居、经营服务向田间地头“双覆盖”，形成强村固基、富民兴社的长效机制。全国总社将“开展‘党建带社建’‘村社共建’活动”写入贯彻落实中发〔2015〕11 号文件的指导意见，省委、省政府将“党建带社建社村共建工作”写入 2015 年省委 1 号文件，全省 17 市和 114 个县市区党委或组织部下发文件推动这项工作。截至 2015 年 6 月底，全省共建村已达 7575 个，实施共建项目 1.12 万个，干部交叉任职 1518 人，增加村集体收入 2.1 亿元。

二、主要成效

供销社系统创新开展农业生产全程社会化服务，为现代农业发展提供了有效路径，产生了农业增效、农民增收与供销社发展的多重功效。

（一）促进了农业适度规模经营

供销社系统创新开展土地托管服务，在不改变农民土地承包权、经营权、收益权的前提下，把一家一户分散经营的农民组织起来，走集约化、规模化的路子，破解了“谁来种地”“地怎么种”等问题，找到了在人多地少的省情和统分结合的双层经营体制下，实现“统”的有效途径。据测算，通过大田种植推平垄背，重新规划沟路渠，可增加有效种植面积 13%～15%。同时，围绕农业全程社会化服务，集合各类资源，建设为农服务中心，打造“3 公里土地托管服务圈”，实现了生产规模化与服务规模化的统一。截至 2015 年 6 月底，全省供销社系统土地托管面积达到 1037 万亩（不含复种指数），其中全托管 146 万亩。

（二）推动了农业发展方式转变

各地供销社坚持以增产节支提效为根本目的，大力推广应用农业新技术、新设备，主动念好减、退、转、改、治、保“六字诀”，打通了科技推广的“最后一公里”，促进了农业可持续发展。采用粮食烘干技术，使小麦提前7天收获，玉米提前播种、延期收获、田间脱粒、烘干入仓，小麦、玉米分别亩均增产10%左右，并且提高了品质，为开展订单生产创造了条件；采用智能配肥技术，可减少15%～20%的化肥使用量，有效控制了农业面源污染；采用病虫害飞防技术，可提高效率300～600倍，降低农药使用量20%，节约费用40%，有效防治率超过96%；采用秸秆还田及回收利用技术，通过对小麦、玉米秸秆直接粉碎还田或回收加工青储饲料，实现了增加收入、培肥地力、保护生态环境的多方效益。安丘市供销社与中国农科院植保所联合建设教科研中心，采取土地熏蒸的办法改良土壤，每亩节省费用500元，农药使用量减少50%，产量提高20%，并有效解决了农作物重茬难题，确保了农产品质量安全。土地托管形成的农业生产规模化、标准化、集约化优势，更加便于农业由生产向贮藏、加工、销售以及品牌培育等领域拓展延伸，从而促进农业与二三产业的融合发展，有效提升农业的产业链、价值链。

（三）增加了农民和村集体收入

从农民群众的角度看，供销社系统开展全程社会化服务，地里的收益归农民，农民只需付给供销社服务费，其实也不需要农民掏口袋，托管后成本降低、收益提高，只需从增收部分分成即可。据测算，每亩粮食作物可节支增效400～800元，经济作物每亩可达千元以上，其中70%以上的收益归农民所有，农民还能从加入的合作社中取得股息或分红收益，另外可以安心进城打工挣钱。从村集体的角度看，供销社在开展全程社会化服务过程中，注重借助村“两委”的力量，通过“四位一体”合作机制，村集体能够获得部分规模化服务带来的收益，并在共建农民合作社、服务中心、发展项目中拓宽了经营性收入来源。牟平区开展社村共建的62个村，实施共建项目180多个，村集体年均收入都达到了5万元以上。

（四）提升了供销社为农服务的能力和实力

通过开展农业服务规模化，供销社进一步密切了与农民的利益联结，不仅使农资经营等传统业务有了更加稳定的市场，而且也在服务中得到了更多收益。招远市顺丰植保专业合作社开展统防统治，托管基地所用的农资和设备全部由合作社供应，在为农民每亩节支950元的基础上，合作社可获利70元。通过创新“3控3＊6＋1”双线运行机制，实现了供销社系统资源整合、上下联动，形成了“一个社、一张网、一条龙”发展格局，增强了为农服务的能力。随着全程社会化服务机制的建立，供销社系统逐步成为承接各项强农惠农富农政策的重要平台，进一步提升了供销社汇聚资源的能力，也有利于最大限度地发挥政策的综合效益。

三、几点启示

全省供销社系统开展农业生产全程社会化服务的成功探索，开辟了以服务规模化推进农业现代化的新路径，为面上推广积累了宝贵经验，给予我们深刻的启示。

（一）以服务规模化推进农业现代化，必须培育兼顾公益性和经营性的服务主体

农业经营服务具有区域性、趋利性的特点，如果完全交由市场运作，单纯追求利益最大化，就会发生与民争利的问题。因此，必须依托涉农部门，既要从事政府的公益性服务，又要发挥自身的职能和优势，拓展功能开展经营性服务。省供销社坚守为农务农姓农本色，以增产节支提效为目的，通过社有企业或控股的方式，全力推进土地托管为主要内容的农业生产全程服务，既保障了农民安心打工获取务工收入，又能享有农业生产带来的增值收益。邮政、农机、水利、交通、科技、烟草等涉农部门，都具有为农服务的独特优势，应借鉴供销社的经验做法，大力推进服务向农村延伸，支持和发展基层专业性服务组织，提高为农服务水平。乡镇一级的涉农部门作为农业社会化服务体系中最基层的组织体系，需要进一步调动和发挥“七站八所”优势资源，做好公益性与经营性相结合的文章，更好地为农民提供农业生产和经营服务。

（二）以服务规模化推进农业现代化，必须搭建综合高效的服务平台

开展农业生产社会化服务，需要大型农机存放、农资储存、粮食仓储等场地，只有把这些功能区域集中起来，才能为农民提供综合高效的服务。全省供销社系统按照农业服务适宜半径，建立了为农服务中心，形成了“3 公里土地托管服务圈”，设置了农机维修存放、粮食烘干仓储、农资储存供应、综合服务和农业技术培训等功能区，并为涉农部门提供服务窗口，为农民及各类新型农业经营主体提供了“一站式”服务，大大提高了为农服务效率和水平。在调研中，我们了解到国土资源部和农业部 2014 年联合下发的《关于进一步支持设施农业健康发展的通知》难以落实，建设为农服务中心的农业设施用地指标很难解决。建议政府在加大用地政策支持的基础上，要搞好顶层设计，将基层的社区综合服务中心、农村综合服务社与生产性为农服务中心统筹规划，明确农业社会化服务体系的布局、规模、功能设置，防止出现重复建设、服务单一的现象，使各类新型农业服务主体既充满活力，又能竞争有序，以利于现代农业的整体发展。

（三）以服务规模化推进农业现代化，必须创新丰富多样的为农服务方式

全省供销社系统采取全托管或半托管的方式，为农民和种粮大户、家庭农场、农民合作社、土地流转企业等新型农业经营主体，提供耕、种、管、收、加、贮、销等多环节服务，走出了“农民外出打工、供销社给农民打工”的新路子。为农服务的使命非常光荣，空间也十分广阔，省供销社系统要发挥得天独厚的优势，不仅拓展生产服务领域，在金融信贷、市场信息、技能培训等方面提供服务，加快农民增收致富步伐；也要进一步拓展生活领域，在家政服务、文化娱乐、医疗卫生、养老保健等方面提供服务，真正解决为农服务“最后一步路”的问题，逐步提高农民的生活品质。

（四）以服务规模化推进农业现代化，必须充分发挥村级基层组织作用

村“两委”是农村基层社会管理实体和基本单元，与农民最贴近、最密切，具有组织服务农民的天然优势，只有紧紧依靠村“两委”来组织发动群众，服务规模化才能发挥出巨大的活力。省供销社系统开展党建带社建社村共建，通过共建服务中心、共建合作社、共建发展项目、共建干部队伍，整合各种资源，激发多方活力，实现了供销社与农民的深度联合。同时，还解决了当前农村基层发展面临的诸多难题，也为基层服务型党组织建设找到了有力抓手和有效载体。这种优势互补、多方共赢的合作模式，符合我国基本国情，符合现代农业发展规律，需要在共建内容、共建领域、共建方式等方面深入探索，以便供销社系统在推进规模化服务进而推进农业现代化上发挥更大的作用。

（五）以服务规模化推进农业现代化，必须调动各级党委、政府的积极性

农业全程社会化服务是涉及农业生产全领域的系统工程，是实现农业现代化的必由之路。推进全程社会化服务既要靠农业经营服务组织的专业化运作，更离不开各级党委、政府的组织领导和政策引导。供销社扎根农村、贴近农民，组织体系比较完整，经营服务网络比较健全，服务功能比较完备，完全有条件成为农业全程社会化服务的骨干力量。各级党委、政府应将供销社开展全程社会化服务纳入现代农业发展总体布局，制定完善相关政策，整合各项涉农资金和项目，进一步加大扶持力度。各级供销社要主动站位“三农”工作全局谋划和推进改革发展，积极创新服务机制，提升服务能力，切实在发展现代农业、促进农民增收中更好地发挥独特作用，担负起更大责任。

（完成时间：2015 年 8 月，课题组成员：郭　涛　吕　学　苏　鹏）

关于当前农村土地确权登记颁证有关问题研究

农村土地确权登记颁证是深化农村改革的基础工程，是惠及广大农民的民生工程。省政府研究室、省国土资源厅、省农业厅以及省财政厅、省法制办、省档案局等单位，就农村土地确权登记颁证有关问题，在对17市进行书面调研的基础上，先后到泰安、临沂、潍坊、淄博、滨州五市的9县（区）实地调研。有关情况和建议报告如下：

一、山东农村土地确权登记颁证工作位居全国前列

农村土地确权登记颁证包括两部分：一是由省农业厅牵头推进的农村土地承包经营权确权登记颁证。山东省作为全国三个试点省份之一，始终走在全国前列，并在国家层面多次介绍经验。2014年全国农村土地承包经营权确权登记颁证座谈会在山东召开，汪洋副总理对山东省这项工作给予充分肯定。截至2015年4月底，全省已有92.6%的村（社区）完成了农村土地承包经营权确权登记颁证工作，涉及承包土地面积8757.6万亩，占全省集体耕地面积的78.2%；其中有13个市90%以上的村（社区）完成了土地确权登记颁证工作，数据整理入库、文件资料归档工作正在有条不紊地进行。同为全国试点的四川、安徽目前还处于试点阶段。二是由省国土资源厅牵头推进的农村集体土地所有权、宅基地使用权和其他集体建设用地使用权确权登记颁证。2012年，已全面完成农村集体土地所有权确权登记颁证工作。2013年，所有权颁证成果以优秀等级通过国家级检查验收，并开始重点推进宅基地和集体建设用地使用权确权登记颁证工作。汪洋副总理曾在中央农村工作会上给予表扬，《中国国土资源报》多次作专题报道。截至2015年4月底，宅基地使用权已颁证21149393宗，颁证宗

数比率96.07%；集体建设用地使用权已颁证413050宗，颁证宗数比率为96.31%，均达到95%以上。目前全省各地正在开展农村土地确权颁证工作“回头看”。主要经验做法是：

（一）领导高度重视，强化责任落实

省委、省政府主要领导对农村土地确权登记颁证工作高度重视，多次做出批示，专门成立领导小组，领导小组办公室分别设在农业厅和国土资源厅。市、县、乡三级也普遍成立了由党政负责人任组长，有关部门负责人为成员的工作领导小组，建立了党委政府统一领导、部门通力协作、上下整体联动的领导机制。各级都将确权登记颁证工作纳入科学发展综合考核，层层签订目标责任状，细化任务分解，强化督导检查，建立月报制度，形成了一级抓一级、层层抓落实的工作推进机制。

（二）省市县三级足额预算，财政支持到位

在农村土地承包经营权确权登记颁证方面，省财政确定在国家财政按10元/亩进行补助的基础上，每亩再补助5元。截至4月底，国家、省已下拨补助资金9.953亿元（其中，省财政4.343亿元），市、县两级财政已累计投入资金12.4亿元。此外，省级财政列预算1124.5万元，专项用于全省土地承包经营管理信息系统建设。在集体土地所有权、宅基地使用权和集体建设用地使用权确权登记颁证方面，省、市、县三级分别编制预算，将农村集体土地确权登记颁证经费足额纳入财政预算。截至4月底，全省累计财政批复工作经费160559.46万元，其中省级3853.96万元，市、县两级156705.5万元。

（三）加强宣传培训，统一工作标准

各级采取印制宣传单、明白纸、发放致农民群众的一封信、粉刷标语、制作公益广告、电视广播等形式，对确权登记颁证工作的重要性、必要性和工作中应把握的原则、程序进行了广泛深入的宣传，营造了良好的社会氛围。省级开展了业务培训，制定了技术规程，严格工作标准，成立了技术指导组，赴各市开展技术指导。各市选拔业务骨干，积极开展业务培训、工作研讨，夯实了工作基础。

（四）转变行政方式，政府购买服务“物有所值”

本次土地确权颁证采取了购买服务的方式。政府通过公开招投标，遴选资质高、业绩和口碑皆好的专业测绘队伍，将测绘任务外包。全省共有近200家作业单位、30000多名专业人员参与。同时，省、市、县三级完善了质量监督机制，实行第三方监控和评价，保证政府购买的服务“物有所值”。

（五）严格工作程序，确保颁证质量

为保护广大人民群众的切身利益，各级在确权登记颁证过程中，始终坚持“三公开”：即坚持政策公开、程序公开、结果公开，增强颁证的透明度和社会公信度。在工作中严把“五关”：即测量关、权属关、程序关、审核关、颁证关，确保所发的每一个证都合法、规范、准确，经得起法律和历史的检验，真正做到“确实权，发铁证，惠民生”。

（六）坚持依法依规，稳妥化解矛盾

省里依据国土资源部和农业部有关农村土地确权登记颁证的政策文件，研究制定了实施意见和有关法规政策问题解答，及时反馈群众疑问，依法依规推进确权登记工作。各市也有针对性地加强了对涉及法律、政策复杂问题的研究和处理，制定了《工作规范》《指导手册》等，指导乡镇、村依法处理工作中遇到的问题。在工作中始终坚持依靠乡镇政府、依靠村两委干部、依靠部门合作、依靠群众配合，本着“尊重历史，注重现实”的原则，妥善化解矛盾争议。截至目前，共发生权属争议20000多宗，现已调解处理86.3%，有效维护了群众的合法权益。

（七）推进信息化建设，提高土地管理水平

农村土地承包经营权确权登记颁证信息系统项目，通过政府采购，浪潮公司承担。目前，系统应用开发工作基本完成，已有11个县（市）进行数据采集和汇交测试。系统建成后，将支持省、市、县、乡四级进行业务管理，满足和方便群众查询。青岛、淄博等市统一招标设计土地承包经营权信息管理平台。枣庄、临沂等市在县（市、区）数据库建设的基础上，积极推进全市数据库的整合，确保将来数据库能顺利导入全省管理信息平台。在农村集体土地确权登记颁证工作中，全省各县（市、区）均建立了县级土地登记数据库，完成了新颁证宗地统一代码编制，初步建立了城乡统一的地籍管理信息系统。各县（市、区）按照国家和省的统一技术规程，开展了农村地籍调查工作，查清了农村集体土地的权属、界址、面积和用途等，形成了1∶2000—1∶10000大比例尺村农民集体权属界线图。

二、当前农村土地确权登记颁证难点问题及有益探索

（一）农村土地承包经营权确权登记颁证工作中存在的问题及探索

虽然全省农村土地承包经营权确权登记颁证工作总体进展顺利，但由于历史遗留问题积存多，国家相关法规建设滞后，还有一些亟待解决的困难和问题。从面上看，城中村、城郊村、园区村及“两委”班子软弱涣散村的土地承包经营权确权登记颁证工作尚未有效开展；“两田制”土地、其他方式承包土地的确权登记颁证工作还有待于研究推进。从个体看，关于进城务工经商人员的土地承包权益问题也有不同程度的反映。如何解决这些问题，各地依照国家政策，充分发挥村民民主议决的作用，进行了积极探索，提供了可以借鉴的模式和经验。

1. 关于城中村、城郊村、园区村的土地承包经营权确权登记颁证

随着城镇的不断发展和园区建设，这些村土地或被国家依法征占；或虽未被完全征占，但已用于非农建设，剩余土地面积较少；或由于土地被征占，土地调整频繁，权属关系复杂，地界早已打乱，对农民很难既确权又确地。按照国家原有政策，可以实行确权确股不确地，但国家对其具体实施范围、工作程序等没有顶层设计。各地不等不靠，因地制宜，大胆探索，创出了不少好办法。青岛市、淄博市出台指导意见，明确了确权确股不确地的原则、程序，对符合要求的城郊村、城中村、园区村实行确权确股不确地；潍坊市潍城区根据工作实际，将城郊村、城中村、园区村的土地确权与农村集体资产改制结合进行，对承包地进行数量量化和确权登记，与非土地资产同时登记在股权证上。滨州市滨城区针对城区村土地大多流转，但未进行农村集体产权股份制改革的现实，在这次确权登记颁证

中，采用了“确权确面积不确地”，发放“简略证”的办法。泰安肥城市鉴于村民确地要求强烈的现实，指导部分城郊村在理清承包关系、尊重农民意愿的基础上，根据国家及省有关规定，实行确权确地到户。

2. 关于班子软弱涣散村的土地承包经营权确权登记颁证

这类村大部分缺少二轮延包基础资料，没有村干部组织开展基础信息的采集工作，无法进行土地承包经营权权属调查。根本原因是村民委员会组织不健全，甚至没有村委会主任。由于缺乏发包方负责人，无法订立完善承包合同，更谈不上开展确权登记颁证。对此，各地以土地确权颁证为契机，注重发挥下派“第一书记”抓班子、带队伍的作用，加强村班子建设，尽快推动确权登记颁证工作的开展。

3. 关于“两田制”土地的确权登记颁证

“两田制”问题由来已久，尽管早被中央叫停，省里也进行过专项整顿，但一直留有死角：有的承包合同签订时间在国家清理整顿文件之前，承包期较长，法院依据《民法通则》等法律法规不支持解除合同或认定合同无效；有的承包方在土地上种植林果或经营设施农业；有的一次性付清了全部承包费，若进行清理整顿，村集体没有经济实力补偿承包方的损失。这些问题不解决，就无法确权。烟台是“两田制”问题较为突出的市之一。该市区分不同情况，指导基层采取“确权确地到户”“确权确股不确地”“确权确利不确地”三种方式进行确权。目前，已完成166个“两田制”村的土地确权登记颁证工作，占“两田制”村总数的12.3%；涉及土地面积4.2万亩，占“两田制”土地面积的5.5%。

4. 关于其他方式承包土地的确权登记颁证

其他方式承包土地大多属于“四荒”地及老果园、桑园等。有的发包较早，由于当时村级民主议事程序不完备，发包时没有依法履行民主程序；有的承包合同上面积不准、四至不清；有的承包期较长，承包费较低，农民意见较大；有的承包费一次性交清，承包方在土地上投入较多，村集体收回土地难以补偿，等等。对于“其他方式”发包土地的确权登记颁证，各市普遍持慎重态度。只有既符合农业部等六部门《关于开展农村土地承包经营权登记试点工作的意见》（农经发〔2011〕2号）、《农村土地承包经营权证管理办法》规定，又经县级土地承包管理部门审核，且群众无异议的，才参照家庭承包经营方式予以登记颁证。当前，各地正在对“其他方式”发包土地进行调查摸底，分类处置。

5. 关于进城务工经商人员土地承包经营权确权登记颁证

主要体现在二轮延包时进城务工经商人员的土地确权上。由于当时依附在土地上的农民税负较重，不少进城务工经商人员将土地或以代耕形式流转，或撂荒，或交回村集体。近年来，部分人又回来主张土地权益，人数不多，占不到总户数的1%。由于有的代耕户不愿交还土地，有的村已将撂荒或农户交回的土地另行发包，村里现已无机动地或机动地较少，满足他们的土地权益主张难度很大。德州市的做法是，对于以代耕形式流转土地的，采用调解、仲裁或诉讼的方式处理，明确双方土地承包经营权益后再确权登记颁证；对于采取书面形式交回承包地的，二轮承包期内依法不予确权；村集体将外出务工经商人员的土地以撂荒等非法定理由收回并发包给其他农户的，按照2004年《国务院办公厅关于妥善解决当前农村土地承包纠纷的紧急通知》规定依法解决后，再按程序确权。

（二）农村集体土地确权登记颁证工作中存在的主要问题及探索

山东省宅基地和集体建设用地使用权确权登记颁证工作的问题集中在两个方面：一是存在权属争议和历史遗留问题的土地确权登记颁证；二是对“新型农村社区”等新事物的确权登记颁证，国家层面还没有相应的政策规定，工作无法开展。

1. 关于存在权属争议和历史遗留问题的土地确权登记颁证

对土地权属争议主要表现在地籍测量、四邻指界、相关权利人确定等环节。在全省集体土地确权登记颁证工作中，共产生争议数10842宗，现已处理争议9736宗，调处率87.79%。对争议的处理主要依靠积极的协调和群众的支持。各市在工作中都加大了对土地权属纠纷的调处力度，建立有效的纠纷调处机制。比如滨州市博兴县，该县的国土部门与司法部门建立工作联动机制，共同调解。县国土资源局成立土地权属争议调解委员会，委员、调解员在局业务科室、国土资源所（分局）内选聘；镇国土资源所（分局）成立土地权属争议调解小组，由国土资源所和司法所的工作人员组成；聘用群众威信高、具有一定法律常识的448名村民或村委会委员作为村级调解员。争议案件在本级调解成功的，制作土地权属争议调解书；调解不成的，报上一级组织调解。基本做到了“情况早知道，问题早处理”。

历史遗留问题突出表现在现土地权利人无法提供有效土地权属来源证明，因时间跨度较长，历史资料缺失，村委会和政府相关部门也无法出具证明文件，导致确权登记颁证缺乏法定要件，源于法律制度不完善、缺乏有效的审批监管制度以及档案管理工作不规范等。按照《土地登记办法》及国家有关部委的指导意见，现阶段无法突破法律政策规定进行确权登记颁证。国土资源部地籍司2015年工作要点中已明确，要研究制定宅基地及集体建设用地使用权确权政策，重点解决历史遗留问题，为各地工作提供政策依据。

2. 关于新型农村社区土地确权登记颁证

自2006年以来，山东省将土地整理复垦开发与城乡建设用地增减挂钩有机结合，新型农村社区建设在全省大范围展开，并且在实践中探索出“一村一社区”“多村一社区”“企业型社区”等多种建设模式。目前，新型农村社区确权登记颁证工作的难点主要体现在：一是社区管委会的主体地位未得到法律确认。对于多村合并的新型农村社区，虽然社区组织机构经相应的上级部门审批通过，但是涉及土地管理的上位法中，没有社区可以作为土地所有权和土地使用权主体的规定，现阶段尚不能代表村集体经济组织行使社区内集体土地所有权。同时，多数社区实行社区组织与原行政村委会管理并存的二元管理体制，村委会与社区管委会的关系模糊，社区管理职责不明确。这也是新型农村社区无法确权登记颁证的主要原因之一。二是土地权属调整情况复杂，村集体间利益难以平衡。新型农村社区建设多数会涉及土地权属调整。如何确保各村土地面积不减少、土地质量不降低是工作难点之一。由于项目区内可能存在飞地、插花地或界限不规则的土地，权属调整不易操作。另外，涉及农村土地承包经营权、地块质量不平衡、农民种植习惯、作业半径等多种原因，村民进行权属调整的积极性不高。三是新型农村社区土地权属管理缺乏法律上的明确规定。新型农村社区的建设，改变了农民传统的居住模式，住宅由分散式变为集中住宅楼，农民享受的宅基地权利由独用变为分摊，同时还涉及配套基础设施、公共服务设施等用地与住宅用地的分摊。如何确权登记颁证，有关法律、法规和规范性文件都没有明确规定，国家层面没有明确指出会出台相应的政策。国土资源部要求各地积极总结先进经验，探索创新，强力推进工作开展。目前山东省也没有出台细化的政策措施和技术规范，全省新型农村社区绝大多数没有开展确权登记颁证工作。

新型农村社区的确权登记颁证工作虽然困难重重，但全省各地都积极探索，积累了不少好经验，其中寿光的做法引人注目。该市人民政府于2011年出台了《寿光市城乡建设用地增减挂钩项目安置区用地管理暂行办法》，对增减挂钩项目安置区用地管理提出了具体措施。一是借鉴城市住宅分割办法进行确权；二是在宅基地的分配上体现了村民自治，考虑了后续人口增长等因素；三是社区涉及两个以上村庄合并的，土地如果能分割登记的，分别登记到相关村民委员会；如果因村民交叉分配住房无法确认土地权属界限的，将社区土地设为一宗地，土地使用权为两个以上村民委员会共有；四是明确了社区土地面积分摊系数和户住宅土地分摊面积的计算方法，较为合理。截至2014年6月，寿光市共计为19个安置区912亩土地办理了集体建设用地使用手续，颁发了土地证。潍坊市国土资源局下发《关于转发〈寿光市城乡建设用地增减挂钩项目安置区用地管理暂行办法〉的通知》，推广寿光经验。临沂市兰山区、泰安市肥城市对新型农村社区住宅用地采取按面积比例确权的方式，按社区居民每户房屋面积测算分摊楼座所占土地的公摊面积。肥城市对社区土地发放了集体建设用地使用权（母证），对住户按照建筑面积建立了土地登记台账。

调研发现，各市对新型农村社区土地确权登记颁证拟采取的措施基本一致，与《物权法》《土地管理法》等法律以及《山东省土地登记条例》《土地登记办法》等地方性法规和规章无冲突。一是对社区组织未经过合法批准的，新型农村社区确权应尽量做到原权利主体不变。对于多村合并社区，能够划分所有权界线的，在土地确权时应根据各自的所有权界线，分别划分宗地。对难以划分土地所有权界线的，采用集体土地所有权共有方式，确权登记时载明各村分摊的集体土地所有权面积，主要是按每个村庄的建筑面积占整个社区总面积的比例进行分摊。二是社区组织经过合法批准的，土地确权给新建社区农民集体。三是社区土地被征收为国有的，应办理国有土地使用权手续，性质为划拨。原农民集体其他土地仍然归原农民集体，对非国有部分确定村集体土地所有权，原有宅基地使用权注销。四是对于宅基地，能够单独成宗的，按实际占压面积确认，经法定程序确权登记颁证；新建楼房安置的，参照城镇国有土地的分摊办法分摊到户，进行确定登记；社区内公共设施用地等其他建设用地确权为共有。

三、关于当前农村土地确权登记颁证工作的建议

（一）研究制定《山东省新型农村社区土地权属管理暂行办法》，在全国率先推进新型农村社区确权登记颁证工作

中办发〔2014〕71号文件，决定开展农村土地征收、集体经营性建设用地入市、宅基地制度改革试点工作，要求试点地区完善集体经营性建设用地产权制度，对依法取得、符合规定的宅基地予以确权登记颁证，确保农民现有宅基地用益物权；同时，配合农民住房财产权抵押担保转让试点，慎重稳妥探索农民住房财产权抵押担保中宅基地用益物权的实现方式和途径。由于国家层面制度缺失，目前山东省大多数新型农村社区未开展农村集体土地确权登记发证工作，所涉农民和村集体的合法权益得不到保障，群众愿望强烈。建议省政府总结各地的成功经验和做法，研究制定《山东省新型农村社区土地权属管理暂行办法》（以下简称《暂行办法》）。

《暂行办法》一要对新型农村社区土地产权确认、分配方式、共有范围、登记程序等方面做出较为明确的规定，在全省范围内实施。文件的出台，将在全国率先破解新型农村社区权属管理难题，对山东省目前已建成新型农村社区的确权登记颁证工作给予有力指导，提升全省发证覆盖率，维护农民权益。二要加强对土地整治、增减挂钩项目实施中的土地权属调整工作的组织领导，为新型农村社区土地权属管理奠定坚实基础。山东省大部分新型农村社区依托土地整治、增减挂钩项目建成，应严格按照国土

资源部有关政策规定，尊重群众意愿，依法明确调整前后的土地权属，避免发生土地纠纷。三要加大对现有新型农村社区土地权属纠纷的调处力度，完善土地权属争议调处机制，实现“定纷止争”。同时，改进土地权属争议调处方式，预防土地权属争议升级，减少行政复议与行政诉讼，及时有效化解矛盾。

（二）制定出台《关于当前农村土地承包经营权确权登记颁证工作遗留问题及后续成果利用的意见》

一是总结推广各地在推进城中村、城郊村、园区村及“两田制”村土地确权登记颁证、妥善解决进城务工经商人员土地确权等方面的经验。二是坚持分类指导。积极推进城郊村、城中村、园区村土地承包经营权确权登记颁证工作，稳妥解决“两田制”等历史遗留问题，依法维护进城务工经商人员的合法土地承包权益，依申请对“其他方式”发包土地的确权登记颁证。三是及时纠正“回头看”发现的问题，准备接受国家检查验收。四是完善配套政策，推进农村土地承包经营权确权颁证成果深度利用。探索放活土地经营权，加快农村产权交易市场建设，促进多种形式农业适度规模经营。

（三）探索建立不动产登记信息互联互通平台

根据国家不动产统一登记信息平台的顶层设计，依托“国土云”建设，以全省国土资源信息平台为基础，充分考虑各部门应用管理和社会服务的需求，制定加快各类不动产登记操作系统对接和融合工作方案，积极推动标准统一、内容全面、覆盖全省、互联互通的不动产登记信息平台建设，实现纵向上省、市、县三级联动，横向上国土、住建、农业、林业、海洋等部门不动产审批、交易和登记结果的互通共享，向相关部门以及金融保险机构提供查询验证服务，向社会提供信息查询服务。通过信息平台，支撑相关部门优化管理工作，进一步提高管理效率和水平，方便企业和群众办理不动产登记。

（完成时间：2015 年 6 月，课题组成员：侯树钦　李金良　肖培强　张艳艳　关　梅　吕　学）

关于农村饮水安全工程建设的调研

在委托山东大学对59个县调查评估后，调研组进村入户，实地考察了济宁、泰安、莱芜3市，调度了其余14个城市以及江苏、浙江和河南等兄弟省的情况，拜访了国家有关部委。调研表明，山东省农村饮水工作起步早，成效大，位居全国前列，但让农村居民喝上干净水的任务依然艰巨。建议尽早谋划，借国家即将实施的农村饮水工程“提升增效”之东风，启动实施“山东农村饮水安全提升工程”，继续领跑全国。

一、农村饮水工程的建设情况和主要做法

山东省农村饮水工程，先后经历了从饮水解困到饮水方便，再到饮水安全的演变，探索形成了“农村供水城市化，城乡供水一体化”的发展战略和“规模化发展，标准化建设，市场化运作，企业化经营，专业化管理”的运作思路，取得了长足发展。截至2013年底，全省农村自来水普及率达到93%，受益人口6000多万人，改善了农村生产生活条件，促进了乡村文明，推动了城乡公共服务均等化，成为受益人口最广、受益最直接的民心工程，拉动了农村消费升级。截至2013年底，全省农村洗衣机、热水器等涉水电器达到了1800万台套，货值超过200亿元。主要做法和基本经验总结如下：

（一）省政府持续推进是农村饮水工程建设的主动力

近十年来，省政府每年都把农村饮水作为重要民生工程写入《政府工作报告》。从2013年起，省政府每年都与各市签订《农村饮水工程建设管理责任书》。省财政不断加大投入，仅“十二五”以来就投入15.9亿元。2005—2007年在全国率先实施了“村村通自来水工程”，解决了2610万人的饮水问题，农村自来水普及率由42.6%提高到了82.1%。2009年在全

国率先颁布了《山东省农村公共供水管理办法》，为供水工程运营奠定了法制基础。目前，继“千村饮水扶贫工程”完成之后，省政府正强力推进平原水库建设，解决沿黄地区地下水浅层高盐、深层高氟高碘问题。

（二）市县政府重视是农村饮水工程建设的关键

调查发现，走在全省前列的市县往往不是经济发展最好的地区。比如山区面积多、工程建设难度大的潍坊。该市把保障农村饮水安全与食品安全放在同等重要的位置，纳入科学发展考核体系。市政府先后出台 8 个文件，6 次召开现场会。近年来，市级财政投入 1.6 亿元，县级财政投入 12.7 亿元（分别占全省同期同级财政投入总额的 20%、50%）用于农村饮水工程，全市规模化集中供水率达到了 94.6%。临朐县山区丘陵面积占 87.3%，最高供水村居海拔 867 米。2012—2013 年，县政府投入 1.53 亿元，用于农村饮水工程建设，规模化集中供水覆盖率达到 88.4%。德州市财政状况欠佳，在 2012 年全省最困难的 10 个财政穷县中该市有 3 个。2011—2013 年，德州市县两级财政分别投入 1.76 亿元、9.68 亿元，铺设农村饮水管网 5.2 万公里，使 400 多万农村居民饮水与城市居民“同源、同网、同质”，成为全国第一个实现城乡供水一体化的建制市。财政补贴县泗水，把农村饮水安全作为践行群众路线的大事，2014 年县财政硬挤出 2500 万元，启动了“农村群众安全饮水攻坚行动”。

（三）规模发展是农村饮水安全的重要保障

与单村供水工程相比，规模化集中供水优势明显。一是具有规模效益，发展具有可持续性；二是管理规范到位，供水保证率高；三是节约土地。山东省的做法是：平原区，“全县一网”；山丘区，以水库或地下水为依托，“一个流域一网、一县几网、网间互通”；在城镇周边，利用城市自来水供水管网向周边村庄辐射延伸；对已建成规模较小的供水工程，通过改扩建、整合联网，扩大供水规模。目前，全省已建成万人以上集中供水工程 1052 处，覆盖人口达到 3331 万人，占总受益人口的 55.52%。

二、保障农村饮水安全的任务依然艰巨

山东省农村饮水工程起步早，上得快，但大部分建于 2007 年以前，工

程标准普遍偏低，亟须改造提升。

一是农村供水工程安全保障水平不高。虽然自来水普及率较高，但工程规模小、标准低、效益差、可持续运行能力不强的问题比较突出。全省单村工程21048处，占76.3%。这些工程规模小、标准低，75%以上没有配置相应的消毒设施，其中2004年前建设的工程占39%，管材大部分采用PVC，老化失修，跑冒滴漏严重。另外，由于原有供水工程以群众散居为标准进行设计，村头水压为10米，供水水流小、水压低，很难与新城镇或社区供水管网对接，不适应农民居住方式的转变。

二是水质不达标问题相当突出。根据卫生部门2013年以来对1199处工程、4791个水样的化验分析，山东省农村供水工程水质达标率虽然呈上升趋势，但总体偏低，低于全国平均水平。成因复杂，既有水源问题，也有工程建设标准问题；既有水处理问题，也有输水管路问题。

三是农村饮用水源地面临污染风险。由于农村水源地划定保护工作滞后，被污染的风险逐年加大。近期齐鲁晚报等新闻媒体对农村饮水污染进行调查，所涉案例都源自奶牛养殖场废弃物、工矿废水和生活污水对供水工程水源的污染。农村供水水源一旦污染，治理难度空前。

四是部分基层政府对农村饮水安全工作不重视。2007年全省“村村通自来水”基本完成后，农村饮水工程从政府考核体系中退出，部分基层政府对农村饮水工程建设的重视程度锐减。比如，某乡镇政府宁为工业园基础设施升级出资4000万元，却为投资不过百万的农村供水管网改造叫苦。据统计，2011年至2014年9月底，全省有7个市、43个县的财政没为农村饮水工程配套，除去省和中央拨付的53%，全部由镇村和农民承担。

三、关于实施“农村饮水安全提升工程”的建议

农村供水经济效益低，市场融资能力弱，必须政府主导。建议省政府在加快解决未通水农村居民饮水问题的同时，启动实施“农村饮水安全提升工程”。

（一）编制“十三五”农村饮水安全规划，搭乘国家“提升增效工程”便车

水利部透露，国家“十三五”期间将启动农村饮水“提升增效工程”。建议各级发改、财政、水利等有关部门尽早开展前期准备工作，围绕解决未通水地区饮水安全问题和实施饮水安全提升工程，编制好山东省“十三五”农村饮水安全规划。规划要与村镇发展规划和新农村建设规划衔接，并打破行政区划限制，发展规模化集中供水工程。

（二）完善制度设计，调动各级各部门积极性

一是明确市县财政的投入比例。多年来，山东省农村饮水安全工程一直由中央补助33%，省级补助20%，其余由市、县配套和居民自筹，但没有明确市县的配套比例。建议省政府明确市、县财政配套比例。实施“农村饮水安全提升工程”，全省概算175亿元左右，年均35亿元。如果仍执行20%的省补标准，年均7亿元。二是改进省以上补助资金拨付程序，实行“先干后补”。三是实行验收销号制度，以县为单位整建制推进。通过竞争立项，每年选取一定数量条件好、改造需求迫切的县，省里将通过部省补助资金统筹等方式重点支持。对建设任务重、经济基础差的菏泽、临沂两市给予倾斜。争取到2017年底，60%的县（区）完成农村饮水安全提升工程；到2020年底全部完成。四是强化省直部门责任制。发改、财政、水利、国土、环保、卫计委等省政府职能部门，既要各尽其责，又要协调配合，落实好水源地划定保护制度以及农村饮水安全工程用电、用地、税收等优惠政策。

（三）加强督导考核

建议省政府对农村饮水安全提升工程实行行政首长负责制，逐级落实政府主体责任。省政府定期对各市政府和相关省直部门进行督导，确保全省农村饮水安全提升工程如期完成。

（完成时间：2014年8月，课题组成员：侯树钦　赵洪亭　崔培学　马明方　孙　磊）

关于农民合作社创新发展的调研报告

山东省政府研究室牵头，省农业厅、林业厅、海洋与渔业厅、供销社、畜牧兽医局、农机局、财政厅、发改委以及青岛农业大学、大众日报社等单位参加，实地考察了6市13县区；委托青岛农业大学，赴北京、黑龙江、辽宁、新疆、浙江、安徽、河南、湖南等省（市、自治区）及中国社科院、人民大学、浙江大学等地学习考察。2014年底，我室与青农大联合召开了“山东省农民合作社创新发展座谈会”。座谈会上，调研组成员和29家农民合作社理事长，与省外著名实务型专家互动式交流，问难答疑。会后又分头对制约合作社发展的重大问题专题研究。有关情况报告如下：

农民合作社是促进农民实现抱团发展，建设现代化农业的有效载体。它在我国现代史上几度辉煌，为新中国的建立和繁荣做出巨大贡献，比如陕甘宁边区的各类合作社，20世纪50年代风靡全国的农业合作社、供销合作社以及农村信用合作社。目前，全世界合作社的直接受益人口近30亿，许多国家的合作社经济已成为仅次于私营经济、国有经济的第三种力量。美国80%的农场主通过合作社购买农用物资、销售农产品或得到所需的服务。荷兰95%的花卉出口由合作社完成，占全球交易市场的53%。日本农村人口400万人，其中农业人口240万，几乎百分之百加入农业合作社。2013年，日本全国农业合作供销联合社的经销售额15万亿日元，合1377亿美元，紧步丰田，位居全日第二，高于位居同年世界500强28位的美国福特汽车。德国、法国、以色列、韩国和我国台湾等国家和地区的农业合作社也高度发达，对消除贫困、促进就业、缩小贫富差距、推进城乡经济社会一体化发展做出了重要贡献。

当前，山东省农民合作社还处于初级发展阶段，合作社“小散弱”的问题依然突出，影响合作社发展的瓶颈问题依然存在，必须充分重视和深入研究。

一、山东省农民合作社发展现状

（一）山东省农民合作社发展的成效

截止到2014年底，山东省在工商部门注册登记的农民合作社数量为13.16万家，出资总额3022亿元，注册登记社员293.8万个（户），合作社数量和出资总额继续保持全国领先地位。农民合作社正逐步成为引领农民发展规模生产、参与国内外市场竞争的现代农业经营组织，对发展现代农业、促进农民增收、建设社会主义新农村起到越来越重要的作用。一是提高了农民参与市场竞争的能力。据统计，2014年全省农民专业合作社统一组织销售农产品总值861.25亿元，统一组织购买农业生产投入品总值310.7亿元。二是助推了农业标准化进程。到2014年底，全省实施标准化生产的合作社7626家，通过农产品质量认证的合作社2737家，拥有注册商标的合作社7468家。三是提升了农业产业化水平。农民合作社带动发展了一大批专业村、专业乡，形成了各具特色的产业带、产业群，促进了农业生产的区域化布局和规模化生产。四是加快了农业技术推广应用。目前，全省80%以上的专业合作社都能为农户提供多种形式的技术推广服务。五是促进了农民收入持续增加。据县级以上农民专业合作社示范社抽样调查，入社社员比非入社社员户均增收均在20%以上。

（二）山东省农民合作社发展中存在的问题

从发展现状看，合作社存在“四低、三不”问题。“四低”即规范化程度低，大部分合作社运作不规范，民主管理、决策等制度流于形式，相当一部分合作社与社员只是产品买卖关系；服务能力低，大部分合作社还停留在为社员提供简单的生产技术服务上，真正达到生产、加工、销售一体化的寥寥无几；带动能力低，缺乏一批知名度较高、规模较大、品牌叫得响的农民合作社；管理者素质低，合作社经营管理方式落后。“三不”即一是不适应农产品消费市场转型。面对质量安全受到高度关注和消费者需求导向越来越明显的市场变化，沿用传统产销方式的合作社力不从心。二是产业发展不协调。山东省农民合作社主要集中在种植业（含农机、蔬菜）和畜牧业，其他产业数量很少，水利合作社极少，服务型合作社更少。三是地区发展不均衡，临沂、潍坊、枣庄、菏泽等地农民合作社发展较快，地方政府的支持力度较大，其他地区的发展速度和质量普遍偏弱。

从面临的社会环境看，合作社发展“两难一忧”。一是融资难，大银行门槛太高，农民合作社望洋兴叹；小贷公司趋利性太强，花样翻新，合作社望而却步。二是有困难找政府难。不少基层政府对农民合作社工作或者漫不经心，蜻蜓点水，或者急功近利，做表面文章。政府服务指导力量明显不足。合作社理事长们反映：合作社出现问题，无政府部门出面规范，纠错；合作社遇到困难，找不到政府部门排忧解难。三是合作社发展前景堪忧。农民合作社正面临农业龙头企业和下乡务农的工商资本的双重挤压。它们大都从事非粮类设施农业，为大面积流转土地，通过抬高地租、安排农民就地打工等市场手段，拉走了想入未入合作社的农民，挤压了合作社的发展空间。

（三）山东省农民合作社存在问题的原因分析

当前山东省农民合作社的发展存在的问题错综复杂，既有体制层面的，也有运营层面的。简要分析如下：

1. 法制建设滞后

《农民专业合作社法》和《山东省农民专业合作社条例》已经滞后于蓬勃发展的农民合作社实践。一是在农民专业合作社基础上发展起来的土地股份合作、社区股份合作、资金互助、农民合作社内部信用合作、互助保险、联合社或联合会等新型合作形式，法律地位不明确。比如土地股份合作社，截止到2014年底，全省实有3535家，入股土地面积63.4万亩，入股成员153821人。虽然近几年的中央一号文件多有涉及，但由于合作社法律法规中没有明文规定，新型农民合作社在注册登记、注册变更或其他环节常吃“闭门羹”，更无法享受政府的政策支持。二是上述法律法规在政府对农民合作社的服务指导、监管、扶持（包括政府的指导部门）等操作方面无明确规定，导致政府监管难，支持政策落地难，甚或出现“政策俘获”。比如，由于未对农民合作社是否进行年检做出规定，合作社领取营业执照后是否开展经营、是否出资到位、是否停止经营等情况，工商部门和负责行业管理的涉农部门都说不清，既无法量体裁衣，编制发展规划，制定支持政策，又容易让不良农业经营组织钻政策漏洞，导致政策扶持失准。

2. 政府服务指导短板

一是指导部门多元和行业化，导致部门责任不清，对合作社锦上添花多，雪中送炭少。二是针对农民合作社等新兴经营主体的服务指导队伍单薄。据统计，山东省除农机和供销社系统以外，其他涉农部门都没有省市县三级贯通的指导服务机构。三是政府涉农部门和基层政府对合作社的服务，主要停留在资金、项目争取和示范社评选等表层。

3. 政府支持合作社发展的力度和方式需要改善

一是支持力度小而散。专项扶持政策少，而且条块分割，基层政府统筹难，形不成合力。二是资金跟着项目走，资金支持点对点，一些资金使用效益不高。三是对合作社信用体系建设缺措施，少办法，不注重“采信”，也不善于“用信”。

4. 合作社功能发挥受限

日韩台的农民合作社可统筹开展科技服务、供销运输、生产加工、金融合作、经管管理和咨询服务等，但受《农民专业合作社法》的限定及合作社自身能力的限制，山东省农民合作社大多数还停留在初级农产品的生产和销售，产业链条短，获利空间狭窄，对社员的业务指导、技术服务不够，凝聚力极其有限，而且只关注提高产业效益，忽略对农民的教育。

5. 农村信用合作体系尚未真正建立

金融是现代经济的血液，也是农民合作社从简单再生产到扩大再生产的保障。调研中发现，资金短缺是山东省农民合作社面临的最大问题。此前各级政府或者通过财政贴息，或者通过财政负担，支持金融机构对农民合作社优惠信贷，但这些措施，只能解决少数有资产可抵押的合作社的问题，一般是合作社发起人和骨干社员拥有的商品房等资产，大量无资产可抵押的农民合作社还是望洋兴叹。即或优惠信贷无障碍，农民合作社也难以做大做强。因为农业是微利产业，尤其在两个“天花板”双重挤压的今天，背负着融资成本10%以上的重负，大部分农民合作社只能艰难蜗行。学习借鉴日韩台经验，构建金融保险机构融入、合作社内部信用合作体系，才是最理想的治本之策。

二、推动山东省农民合作社良性发展的几点建议

（一）推动农民合作社地方立法工作

山东省的农民合作社越来越彰显出多元化、多类型的特点。农民专业合作社以及基层创造的土地股份合作社、社区股份合作社、资金互助社、联合社等多种形态，适应了农业现代化发展的需要，对搞活农村经济、促进农民增收作用十分明显，体现了广大农民的根本利益，具有极强的生命力。山东省应按照中央“尽早修订《农民专业合作社法》”的要求，借鉴浙江省曾经率先对农民专业合作社和村经济合作社进行地方立法并推动了全国立法进程的经验和做法，参考和借鉴国际先进经验，率先制定出台《山东省农民合作社条例》，以尽快解决《农民专业合作社法》和《山东省农民专业合作社条例》滞后于实践而造成的一系列问题，推动农民合作社健康、永续发展。

（二）构建政府服务指导体系

一是探索建立省级政府服务指导体系。学习借鉴湖北、湖南、浙江和新疆等地的做法，明确农业部门为农民合作社指导部门。建议省农业厅成立山东省农民合作社指导中心，统筹全省农民合作社的指导、跟踪、服务、扶持、评价等工作，并有效对接省农民合作社发展联席会议。二是开展县级政府服务指导体系建设试点。借鉴北京密云、平谷等地，在“不增人、不增编、不改变机构性质”的前提下，把县乡两级的农经站、农技站、畜牧站、种子站、土肥站等涉农服务机构整合为农民合作社指导服务中心的做法，在县级开展试点。试点县要探索通过政府购买服务，把农村金融机构、律师事务所、会计师事务所等社会化服务接入，在政府主导

下，为农民合作社搭建和完善制度平台、注册登记服务平台、信息化服务平台、融资服务平台、农业保险服务平台、市场营销服务平台、财务服务平台、人才培训服务平台、审计和监管平台，构建农民合作社“信得过、用得上、靠得住”的政府服务指导体系。

（三）加大规范合作社发展的力度

从国际经验来看，建立政府主导、以审计机制为核心的外部监管机制是保证农民合作社规范发展的关键。建议建立以农业部门（农民合作社指导服务机构）监管为主，其他涉农部门和工商、税务、银监等相关部门紧密配合的外部监管体系。一是逐步建立强制性外部审计监管制度。可以考虑赋予农业行政主管部门外部审计监管职能，或由农业行政主管部门委托第三方审计机构对农民合作社进行外部审计监管，并通过法律或政府文件规定：享受扶持政策、申请各级示范社、获得各项荣誉的合作社必须接受政府的强制性外部审计监管。二是对合作社信息采集精准化。出台相关的合作社检测实施办法，在登记初期就实行有效的规范，严格按照法律规定进行注册；在合作社运行过程中实时监测，避免“空壳社”“翻牌社”和“休眠社”产生。三是分行业监管合作社。按照合作社所处行业或者业务领域，安排与其主营业务有较强关联性的政府部门作为监管责任的承担者，增强监督效力。比如，农机部门承担监管农机合作社的责任，供销社承担其基层社领办的合作社的监管责任。四是建立合作社的退出机制，适时取缔不规范合作社。

（四）引导农民合作社合作与联合发展

面对山东省合作社规模普遍较小和业务单一的问题，省政府应及时出台推进农民合作社合作与联合发展的引导政策。一是总结完善“邹平县联众农民合作社联合社”等社的经验做法，鼓励业务和产品相近的合作社，通过合并重组等措施，组建联合社。二是鼓励产业链上下游的合作社之间或合作社和企业之间组建联合社，延伸产业链条，实现三次产业融合。三是以“章丘大葱”“马家沟芹菜”“孙正小米”等地理标志以及其他区域性品牌为纽带，实现合作社的合并、合作或联合。四是鼓励“烟台阳光乔农业电子商务有限公司”等农业服务型企业领办联合社，促进农业服务的社会化。五是探索构筑联合社的再联合或组建合作社集团。

（五）财政支持政策创新

一是出台力度更大、更有针对性的财政、税收、金融和产业支持政策。将合作社纳入国家扶持项目申报范围，同等条件下优先给予支持，如农业部蔬菜园艺作物标准园创建、畜牧标准化养殖小区创建、水产健康养殖示范场、农机购置补贴等项目等。二是重点支持农民专业合作社组建联合社，切实解决资金力量不足、生产设施不配套、管理运行不规范等问题，使联合社逐渐成为规范化、标准化、规模化运作的行业龙头组织。三是扶持合作社的项目和资金，以合作社信用值为准。向信用值高的合作社大幅度倾斜，不规范的合作社不予扶持。四是进一步减少财政点对点的直接扶持，依靠市场机制，支持农民合作社开展贷款担保、融资增信、资金互助、信用合作、土地流转、社会化服务等新型生产经营服务。项目管理资金全面实行竞争性分配。五是发挥财政资金的杠杆作用，采取市场化方式，积极引导社会资金进入，搭建面向合作社的公共服务平台，实现“四两拨千斤”。

（六）农村金融创新

一是依托政府指导服务体系，引导农民合作社、金融机构合力进行信用建设，包括加快和完善农村信用体系建设的相关法律法规和制度建设，构筑农民合作社信用信息平台，建立信用监管机制，加强信用道德宣传教育。二是创新合作社融资模式。在继续开展县级“融资增信试点”的同时，通过风险补偿，引导更多金融机构与农民合作社开展信用合作。总结完善中行山东分行与泛亚达担保公司合作“无抵押、无担保”农民合作社信用贷款的做法，构建“商业银行＋担保机构＋采信、评信、用信机构＋财政风险补偿”的信用合作模式。三是启动分别以日本农协模式、韩国农协模式、台湾地区农会模式为参考的综合型农民合作社试点，开创和拓展农民合作社内部信用合作的路径。

（七）加大人才培养力度

一是利用青岛农业大学合作社学院等高等院校培养合作社专业人才、培训合作社企业家，全面提高山东省农民合作社带头人和管理者的素质。鼓励高等院校及公益性培训机构逐步开设农民合作社课程，为农民合作社输送高素质人才。二是参照“大学生村官”的政策，鼓励高校毕业生到农民合作社担任“理事长助理”。同时，应借鉴青海等地的做法，制定优惠政策吸引优秀大学生加入到农民合作社的建设发展中，以此来不断提高合作社的管理能力。三是对市县政府主要领导和分管农业的领导干部以及乡村干部进行定期培训，强化合作社理论、合作社法律、合作社案例、规范化管理等实用性训练，培养造就一大批掌握农民合作社知识、熟悉农民合作社法律政策、遵循农民合作社发展规律的干部队伍。

（完成时间：2014 年 12 月，课题组成员：侯树钦　李中华　李振波　方　兴　朱宏锋）

邹平“农盟联合社”为农业新型经营主体融合发展闯出路子

土地规模经营是农业现代化的基础，但同等情况下，搞大田作物、规模经营的农业新型经营主体往往比不上单干农户。种地如绣花，单干户早出晚归，精耕细作，单产高，亩均效益也高。因此，农业新型经营主体只有另辟蹊径，把单产和亩均效益搞上去，才能跨过这道坎，实现土地适度规模经营。2013 年 5 月成立的邹平县农盟现代农业专业合作联合社（以下简称农盟）已经跨过了这道坎。2014 年，该社小麦、玉米平均亩产 2080 斤，扣除包括土地流转费、劳动力在内的所有经营成本，亩均纯收入 486.45 元，高于周边单干户 9%。2015 年，在周边村庄普遍减产的情况下，农盟纳入样本检测的小麦单产 1018 斤，同比增产 3.9%，高于相邻合作社 130 斤，高于散户 100 斤；亩均纯收入 326 元，同比增长 5.2%，高于周边单干户 14.3%。联合社的作业组组长年收入已达七八万元，日子过得滋润，也有尊严，自诩“给个县官也不换”。

一、“农盟”是专家主导型的农民合作社联合社

邹平农盟通过培养使用职业农民和全面接入社会化服务，初步回答了习总书记视察山东时关于“谁来种地、怎样种地”的发问；通过旨在产业链条打造的制度设计和抱团闯市场的发展模式，为新型农业经营主体融合发展做出了有益尝试。更重要的是，联合社的制度设计、经营管理、发展战略和队伍建设等，都体现着现代农业的发展理念，凝聚着农经、农技专家的智慧，代表着农村合作经济的未来。

（一）精巧的制度设计和可持续发展战略，夯实了联合社发展的根基

农盟是严格按照《合作社法》要求，依法依规成立的。他们恪守“民办、民管、民受益”的原则，制订了一系列民主管理制度，为维护成员社及全体社员的合法权益提供了制度保障。同时又逐步引入了现代企业经营理念，在质量管理、标准化生产、市场营销、品牌打造等方面，形成了比较周全的制度体系，既保证了合作社成员间的平等合作属性，又不乏机制激励，多劳多得。在高层专家指导下，农盟建社伊始就有明晰的发展思路和三步走的发展战略。第一步，按照产业链条选择骨干社，通过规模经营和保姆式农技服务，让成员单位共享人才、信息和团购、团销的好处。第二步，延伸农业产业链条，打造全产业链发展模式。纵向上实行产加销一体化，以期农产品增值。第三步，探索股份＋合作的组织架构，在稳定农村基本经营制度基础上，适当以资金、设施设备和农村“三权”等生产要素折资入股，形成要素股份化、经营产业化、运作市场化的新型农民专业合作社联合社。较为完美的制度设计和可持续的发展战略，一是源于高层农经专家的精心设计。北京市政府农业顾问、农业部农村经济研究中心原主任缪建平，山东农业大学冯永军教授、丁方军教授等一批农经专家，直接参与联合社的制度设计、战略制定。二是借鉴吸收了省内外先进经验。联合社的领办者先后12次赴北京密云区和平谷区、潍坊、济南、深圳等地学习考察，并数次到农业部向专家请教。

（二）精英管理队伍和职业农民的汇集，强化了联合社的核心竞争力

积聚了一批爱农业、有技术、懂管理的专业人才。理事长宫洪沛是退休的县渔技站站长、高级工程师。副理事长石正太是退休的农业局副局长、农技推广研究员，已从事技术推广工作52年，拥有丰富的农业技术和管理经验。联合社经理层：2人大学毕业，2人大专毕业。30名分社经理人均参加过从县级到省、部级的各种专业培训，且有长期从事涉农产业的实践经验，其中26名是村干部，12人具有工商企业经历。作业组组长要么是种粮大户，要么是家庭农场主，都是种田能手。

二、注入了现代企业制度、“互联网 +”等现代产业元素

（一）立足全产业链打造，优中选优，农业多种经营主体和产业形态在这里融合

联合社的发起者清醒地认识到，农业要实现多级增值、高效低耗，必须立足种植（养）、加工、销售一体化，打造以种养为基础的农业全产业链，使多种农业新型经营主体和产业形态融合发展。择优选社是关键。一是坚持“三规”（即经营有规模，生产讲规范，理事长、场长做人做事守规矩）标准，精心选择了粮食（耕种面积 300 亩以上）、蔬菜、良种、畜牧等 22 家农民专业合作社和鲁邹面业公司入社。二是产业互补。首先是大农业内部的互补。比如：粮食、蔬菜类合作社为畜牧合作社提供饲料用粮和青贮饲料，畜牧合作社能够为粮食和蔬菜合作社提供有机肥料。然后是产业链延长。比如，吸收当地最富盛名的面粉加工企业鲁邹面业公司入社，不仅保证了小麦的销路，还促使鲁邹面业公司增加了“粮食银行”、熟食制作等新业态，实现了多赢。目前农盟已经拥有 30 家成员，有农民专业合作社、家庭农场、农业产业化龙头企业等多种经营主体，经营土地 2.8 万亩，涉及粮、菜、果种植，畜禽养殖，农产品加工、销售以及餐饮、休闲等领域，全产业链已具雏形。

（二）优质社会化服务不断接入，节支增效端倪初现

肥料团购。请省农科院、山东农大等单位进行测土配方，推行专用肥定制化服务。统一团购、供应的配方肥，比市场上同质肥料便宜 20% 左右，增产幅度 5% ~8%。农药团购。平均每亩节支 23%，其中小麦除草剂节支 53.5%。良种。引进玉米、谷子、土豆、大豆、紫薯等良种 8 个，还协助成员单位建立了小麦、紫薯、土豆、大豆良种繁育基地。植保服务方面。联社制定了科学的病虫草害防治策略，大力推广小麦、玉米种子的二次包衣技术，使小麦纹枯病、玉米粗缩病的发病率降低了 70% 以上。第三，引导 5 个核心成员单位购买了 30 余台自走式旱田喷杆喷雾机，每台日

作业面积可达200亩，可顶50人作业。农机服务。成员单位中的大型农机由合作社同意调配使用，联合社内作业收费优惠20%。目前，联社成员单位粮食的耕、耙、播、收已实现了全盘机械化，植保实现了大型机械的统防统治。技术服务。联社外聘专家教授组成顾问团，为成员单位提供技术培训、技术咨询、现场指导等。每年小麦秋种、春管和玉米夏种之前集中培训。

（三）运用现代企业经营理念和模式管理联合社

一是建立了二会（理事会、监事会）一层（经理层）治理结构。理事会选聘总经理，总经理全权负责联合社的经营管理，下设6个部。技术部负责技术信息的搜集和提供，技术方案的制定，技术培训、指导、咨询。财务部负责会计、保管和出纳业务。信用保险部负责成员单位间的金融互助等。购销部负责农资的采购与供应、农产品销售。成员部负责成员单位的发展、联络、信息反馈。电子商务部负责电商及网络服务等事务。二是探索实行目标责任制。2014年，联合社在八方生态农场试点实行责任制，主要包括基本工资、超产奖励和超产分成3项。农场将1600亩地分成6个作业区，通过竞聘，6位种田能手担任作业组长，各自负责一个片区的全程生产。2014年小麦每亩超产80斤，玉米每亩超产100斤，每亩纯盈利631．45元。2015年平均超产230斤，其中新流转的478亩破烂地每亩超产小麦440斤。

（四）整合各类优质资源，抱团闯市场

一是市场资源共享。比如，2014年蔬菜种植社打开了广州、东莞的土豆市场。2015年全社开展土豆间作试点，产品全部销往广东，销价高于本地34%。二是开展短期资金借贷。联合社推出“发展股”，成员社将多余的资金存到联合社，联合社以略高于银行同期利息收存，转贷其他成员社。

（五）打造三大板块，以“互联网+”引领未来

2015年4月，全国最大的互联网农资交易平台和农场主互动社交圈“云农场”在联合社设立县级站。目前已发展“云农场”村级站97个，完成农资垂直交易额1200万元，农资采购成本平均降低30%左右。一是打造“丰收汇”板块。“丰收汇”是依托云农场建立的农产品供应和采购交易平台，融信息发布、订单种植、农产品展示、金融服务于一体。二是打造“农技通”板块。“农技通”利用互联网将农户和专家联系起来，农户足不出户，便可得到“私人订制”的农技指导。三是打造“乡间货的”板块，实现产品快捷流通。目前，物流企业的配送服务还没有延伸到村级，“乡间货的”将货主需求提供给空闲车主，满足农村货主物流需求。

（完成时间：2015年12月，课题组成员：侯树钦　郭小涛　宫洪沛　孙　磊　朱宏锋）

充分激发农民合作社发展活力

近日，农业部、发展改革委、财政部等全国农民合作社发展部际联席会议九部门下发了《关于引导和促进农民合作社规范发展的意见》，从12个方面提出加强农民合作社规范化建设的任务。这是《农民专业合作社法》颁布实施7年以来，又一个具有里程碑意义的文件。随着农业产业化进程的深入和农村市场经济的发展，农户之间联合起来走合作发展的道路成为必然。为更好地贯彻落实意见，充分激发农民专业合作社发展活力，建议农民合作社从以下几个方面用力：

诚信经营、浓厚服务氛围是合作社发展的基础。合作社的主体是社员，直接与农民打交道，农民最关心的是农资质量和服务水平。在立体式复合型现代农业经营体系中，农户家庭经营是基础，合作与联合是纽带，社会化服务是支撑。从运营比较成功的农民合作社情况看，能够快速成长壮大的一个重要原因，就是在服务社员的过程中，更加注重质量和效益。要始终秉承诚信经营和“让成员受益”的理念，确保农资质优价廉，让社员放心、安心、省心。同时，建立健全农产品质量可追溯体系，指导成员建立生产记录制度，确保产品质量和人民群众“舌尖上的安全”。

加强指导、强化队伍是合作社发展的前提。合作社都要把服务作为中心环节，通过服务这一中心环节带动农资经营、农机作业、作物种植和购销环节的发展。2009年和2013年中央1号文件均提出，要开展示范社建设，将示范社打造成为规范运行的标杆和政策支持的重点。建议坚持“因社制宜、一社一策”的原则，大力抓好“三个一批”，即对基本符合法律规定登记条件的，坚持服务到社，及时“引导登记一批”；对已经登记的，着力“扶持提升一批”；对没有经营基础的专业协会以及产业特色明显、群众合作愿望强烈的地方，加快“培育发展一批”。着力提升农民合作社领办人素质，把农民合作社人才培养纳入实用人才队伍建设和现代农业人才支撑计划，重点培训和提升农民合作社理事长的组织管理、创业经营、市场谈判、产品营销等方面的能力。

让利于民、政策扶持是合作社发展的关键。合作社在为社员服务过程中，尽可能地降低成本，适当压缩利润空间，让利于民，让农民切实得到实惠，这样合作社才能发展壮大。建议研究出台扶持农民合作社的优惠政策，让广大农民成员真正受益。在产业政策支持方面，将农民合作社作为实施国家农业支持保护体系的重要方面和可以依托的组织资源，优先由农民合作社承担或吸纳农民合作社参与。在财政资金支持方面，安排专项发展资金，用于合作社的基础建设、技术引进、人员培训、贷款贴息等。落实和完善合作社税收优惠政策，支持合作社发展农产品生产加工流通。在建设用地支持方面，对农民合作社生产设施用地和附属设施用地按农用地管理，符合城镇规划的，优先安排用地指标。

规范管理、建章立制是合作社发展的保障。合作社在发展过程中，必须严格遵循合作社章程，始终将其作为决定合作社发展方向的根本制度。建立健全财务会计、社务管理等各项制度，完善成员账户和档案，使合作社做到依法依规办社、照章程制度办事。加强合作社的登记工作，并作为享受相关扶持的最基本条件，依法进行变更和注销登记，通过企业信用信息公示系统定期向工商部门报送年度报告。指导合作社建立健全（成员）代表大会、理事会、监事会等组织机构。坚持法制底线，明确产权关系，坚持“一人一票”的民主决策办法，重点强化对农民合作社的监督管理。

（发表于2014年10月8日《农民日报》，作者：朱宏锋）

农民合作社如何“抱团发展”

创新农业新型经营主体，是发展现代农业的核心，是农民群众的迫切需要。农民专业合作联合社的产生和有序运转，有利于加快推进专业合作社的抱团发展，有利于增强专业合作社抵御市场风险能力，有利于发挥联合社在引领专业合作社及其社员致富作用。当前，我们已经进入经济增速放缓、经济结构不断优化升级、发展动力加快向创新驱动转变的经济发展新常态。农民专业合作联合社发展具有良好的基础，既面临诸多的机遇和条件，也面临着资金短缺、组织架构松散、产业链纵横联合不紧密、农民素质亟须提升等问题、困难和挑战。

推动农民专业合作联合社发展，必须更加注重加强政府引导。当前，越来越多的工商资本进入到农业农村领域，以往农民专业合作社“单打独斗”已经不能适应日益激烈的市场竞争，唯有走联合的道路，才能在国内国际两个市场竞争之中占有一席之地。一是制定出台有吸引力的扶持政策。立足区域农业发展比较优势，以及合作社、种养殖大户、科研院所等产业发展实际，创新制定出台具有竞争力、可操作性强的农民专业合作联合社配套政策措施，确保政策落到实处。二是强化“一对一”的指导服务。联合社块头较大，覆盖范围通常以县级为单位，因此开展“一对一”的保姆式服务有必要，也比较可行。建议本着“循序渐进、分类指导”原则，在内部管理、市场开拓、技术应用、信息传播等方面，为联合社提供含金量高的优质服务。有条件的地方可以聘请专家学者，帮助联合社建立健全财务管理、市场营销、风险预警、利益分配等制度体系，确保联合社从一开始就沿着规范化道路运行。三是营造良好的发展环境。紧密结合信用体系建设等，既要从面上营造农民专业合作联合社发展的外部环境，职能部门又要针对联合社的需求特色，提供“保姆式、个性化”的服务，帮助联合社解决外部发展环境、拓展农村市场、延伸产业链条等问题。既要把联合社“扶上马”，又要将联合社在发展的道路上“送一程”。

推动农民专业合作联合社发展，必须更加注重提供优质服务。必须始终坚持联合社组建和运营“平等、自愿、互利”原则，凸显出经济性、服务性、民主性的显著特征。农民及专业合作社对于联合社是否认可，衡量的最重要标准就是联合社的社会化服务是否到位。联合社的成立应该达到“大树底下好乘凉”的效果，而不应产生“建庙供菩萨”的负担。一是着力做好产加销服务。目前，大多数联合社的业务主要是围绕粮食生产，但是，联合社在粮食加工和销售方面仍然比较薄弱。建议联合社大力发展粮食加工和销售方面的成员社，积极引导成员社之间开展纵向横向联合，力促一二三次产业融合，着力将联合社打造成为“第六产业”试验阵地，推动农产品标准化生产和品牌化经营。二是着力做好资金互助服务。以控制住融资风险为前提，探索实行以“粮食银行”为主要模式的资金互助，即成员社或农户将粮食、蔬菜等农作物存入联合社，联合社统一仓储、生产加工、经营销售，以生产经营利润支付农作物存储利息，开展资金互助服务。成员社派人参与生产经营管理，让联合社在阳光下运行，提升联合社信用水平。三是着力做好经济作物销售服务。销售环节是蔬菜、瓜果等经济作物生产运营的重中之重。针对农作物销售难的问题，联合社可以在淘宝、京东或微信上建立“联合社菜场”。打造“新鲜、安全、低价、质量可追溯”农产品供销体系，研发适合物流配送的农产品，帮助成员社建设绿色优质农产品基地。同时，积极与超市、学校、社区对接，实现销售环节点对点、零距离服务。

推动农民专业合作联合社发展，必须更加注重发挥信息作用。市场规律告诉我们：大的不一定吃掉小的，但是快的一定会吃掉慢的。现代农业发展对信息的及时便捷获取及高效处理至关重要，以“互联网 +”、物联网为代表的信息技术是专业合作联合社发展不可或缺的基础设施。目前，信息技术已经步入“大数据”时代，这是继大型计算机、个人计算机、互联网、云计算之后的第五次 IT 产业革命。专业合作联合社在信息时代不能置身事外，必须积极适应“大数据”信息时代的发展趋势，在利用先进信息技术支撑专业合作联合社方面取得新的历史性突破，实现现代农业、专业合作联合社与大数据、“互联网+”等先进信息技术互动发展、共同提升，让专业合作联社发展腾“云”驾“数”，在新一轮新农村建设中占据有利地位。建议借鉴“云农场”做法，探索实行“电商+点商+店商”的上自“云农场”、下自农户的“上挂下联”的大联合格局，搭建起网上农资和农产品交易平台。通过“互联网+农业”，加快传统农业改造创新，着力解决农资和农产品在村镇间“最后一公里”的问题。加强农业生产技术信息服务，健全完善农技推广服务长效机制，畅通农业信息服务渠道网络，职能部门要为联合社免费提供生产、市场、技术等多方面的信息咨询服务，定期组织农业专家团深入田间地头提供技术培训。

（发表于2015年7月19日《大众日报》，作者：朱宏锋　孙　磊）

从农民视角思考农民增收问题

“小康不小康，关键看老乡”。“三农”问题的核心是农民问题，农民问题的核心是农民增收问题。农民增收乏力，影响着农民生活水平的提高，制约着农村经济的发展。只有让农民富起来，过上丰衣足食的美好生活，中国梦才能梦想成真。以往考量农民增收问题，大多是以自上而下的视角进行的，建议从农民个体微观的视角，自下而上地分析农民增收问题。

土地是农民增收的基础。要加快推进农村土地制度改革和创新。改革农村土地征用制度，调整土地收益分配政策，大幅度提高土地征用补偿标准，进一步完善“土地换社保”的补偿机制，彻底解决失地农民的生计问题。积极探索土地入股、租赁和地产开发等办法，使农民从土地开发中得到长久的收益。坚持依法、自愿、有偿原则，规范农村土地流转机制，保证农民的土地经营权、收益权。统筹城乡劳动力资源，用市场运作的方式加强对农民进城务工的管理和服务。建立农村劳动力转移的长效机制，为农村富余劳动力转移提供如信息服务、职业介绍、就业指导、劳动合同签订等较为完善的服务，以充分就业带动农民增收。

融资难问题是横亘在农民增收道路上的天堑。加大信贷资金的投入，是农民增收的重要环节。各类金融机构要积极探索多种小额贷款方式，进一步扩大农户小额信用贷款和农户联保贷款。加快信用担保机制的建设，重点发展面向农户和龙头企业的信用担保机构，积极探索实行动产抵押等多种担保形式。让农民与城市居民一样，能够通过房屋等不动产进行抵押贷款。通过加大信贷扶持力度，帮助农民增收。同时，要通过政策性措施，让农民的支出降低，变相地实现增收。持续增加对农村基础教育的投入，减少农民的教育支出。加强农村公共卫生体系建设，在加强乡村医疗卫生网络建设的基础上，完善以大病统筹为主的新型农村合作医疗制度，最大限度减轻农民医疗负担。不断扩大农村养老保险参保率和投保额，消除农民后顾之忧。健全农村社会救助制度，如农村医疗救助制度、农村助学制度、救灾救济制度等。

调整优化农业结构是农民增收的关键。种植业仍是多数农民收入的主要来源，种植业增收的状况对农民收入的增长仍然具有举足轻重的作用。要进一步优化农产品品种和质量，重点是发展无公害食品、绿色食品、有机食品的生产。农业龙头企业在带动农民增收方面具有独特的优势和不可替代的作用。本着“高水平、大规模、专业化、外向型”思路，加快发展龙头企业的步伐。健全完善农业龙头企业与农户利益联结调节机制，通过发展订单农业、保护价收购、入股分红、利益返还等多种形式，实现企业发展和农户增收的“双赢”。通过兴办专业合作社、组建农产品专业协会、发展农产品中介组织，在引导农民种什么、养什么和帮助农民推销产品方面发挥重要的作用，使农民增收成为现实。

政府特别是乡镇政府是直接与农民群众接触的一线，要按照市场经济“小政府大社会”的要求，调整管理和服务的内容和方式，实现由“管农民”向“为农民服务”的转变。农民关心的事情办好了，农民在生产和生活中的许多问题得到有效解决，农民增收就会有坚定的基础和保障。同时，为适应现代农业发展的需要，将提高农民素质作为农民增收的内在条件。大力发展农村职业技术教育，教育的内容以农业技术教育和技能教育为重点，加强先进的农业种植技术、市场看好的畜牧养殖技术和驾驶、烹饪等技能的教育培训。对农民进行由农民自己选择培训内容的“菜单式”教育，增强教育培训的针对性。政府拿出一定的财政资金购买培训服务，对农民教育培训的方式方法要灵活多样，特别注重搞好农民工的技能培训，提升就业和自主创业的能力。

（发表于2015年8月8日《农民日报》，作者：朱宏锋）

山东邹平县加快农业新型经营主体创新步伐

创新农业新型经营主体，是发展现代农业的核心，是农民群众的迫切需要。农民专业合作联合社的产生和有序运转，有利于加快推进农民专业合作社的抱团发展，有利于增强农民专业合作社抵御市场风险能力，有利于发挥联合社在引领专业合作社及其社员致富的作用。

邹平县农盟现代农业专业合作联合社成立于2013年5月22日，主要吸收一定规模的农民专业合作社、家庭农场、种养殖大户和具有土地托管能力的村级负责人加入。联合社重点围绕农作物的生产、加工、销售等全产业链条，着力为成员社提供项目建设、测土配方施肥、农资团购、农机联合、农技推广、农产品购销等服务。目前，联合社拥有成员单位30家（农民专业合作社16家，农业企业12家、家庭农场2家），耕地3万余亩，各种大型农机具200余台（套）。

一、邹平县农盟现代农业专业合作联合社的做法

（一）完善组织架构，打造专业队伍，内部整体合力显著增强

联合社采取理事会运营、监事会监督的管理模式，用科学管理、创新管理的理念指导成员社，科学设置组织机构，打造各层面专业队伍，提升核心竞争力。组织架构严谨化。坚持“入社自愿、退社自由”原则，以“规模化、规范化、规矩化”为标准，择优吸纳成员社。目前，30家成员社主要是粮食生产企业、家庭农场、合作社、种粮大户，兼顾吸纳农机、农资、农技等方面的成员社加盟，有效弥补社会化服务不足的问题。设立理事会，负责联合社日常运营，同时设立监事会，负责对理事会的经营活

动、财务管理等工作进行监督，理事会成员不得兼任监事。专业队伍多元化。分析联合社的团队，我们发现，他们是一批热爱农业、懂技术、懂管理的精英队伍，用他们自己的话是“内行领导内行”。管理者层面：11 人中有 6 人是党员，大专以上学历 4 人，理事长和副理事长均是农业专家，有高级工程师，有退休多年的农业系统领导，有的从事从业技术推广工作 40 余年，拥有丰富的农业技术和管理经验。成员社层面：全部是村干部和村里能人，40%的成员社理事长有工商企业经历，有长期从事涉农产业的实践经验。作业组层面：从各成员社中精挑细选出来的农业能手，具有在粮食种植方面的丰富经验。利益链条紧密化。将利益机制作为农业产业化的核心，构建起利益分配长效机制。配套完善盈余分配机制，按交易量分配不得少于可分配盈余的 60%进行分配。2014 年，联合社在八方生态农场试行这套管理办法，将 1600 亩地分成 6 个区，雇用 6 名工人，每名工人负责一个区。规定，工人的年基本工资以责任区内 10 亩地产量为准，秋收后，产量超过 900 斤的部分，50%归工人所有。结果亩产达到 1030 斤，产量提升 5%，过程中节约 10 名工人的人力成本，平均每亩盈利 631. 45 元。2015 年上半年，该农场的小麦平均亩产比 2014 年亩均增加 75 斤，仅小麦一项收入达到 64 万元，6 名工人上半年平均收入达到 3. 9 万元。

（二）整合农业资源，提供统一服务，生产经营成本显著降低

联合社为成员社搭建起农业社会化服务平台，在农资购买、植保作业、农机作业、保险理赔、农产品流通等环节，坚持做到“五个统一”。一是统一技术服务。成立由退休农技研究员、山东农业大学教授等组成的农业专家顾问团，为成员单位提供技术培训、技术咨询、现场指导，编写和发放技术资料，特别是每年小麦秋种、小麦春管和玉米夏种之前，都对成员单位进行系统性培训。联合社成立以来，共开展各级培训 19 场，举办电视讲座 7 次，现场技术指导 100 余次，编写和印发绿色小麦、绿色玉米、绿色山药栽培技术规程等技术资料 10 余种、明白纸 12 万份。二是统一肥料供应。据实地测算，肥料支出约占农资支出的 30% ~40%。联合社带领核心成员单位到肥料生产厂家考察，择优选取质优价廉的良肥推荐给成员，直接与供货厂家进行价格谈判。以养分含量46%的小麦测土配方肥为例，市场价格为160～170元/袋，联合社供应成员社的价格为100～110元/袋。2014年，联合社成员单位用肥、用药1010.9吨，施用面积20218亩，亩均节支60元，共节支122万元。向成员单位和农户推广小麦、玉米、苗木、山药等测土配方专用肥6000吨，累计节省开支160余万元。同时，积极推广科学施肥技术，向成员单位建议化肥施用量，入社农户比周边其他农户化肥施用量少30%左右。三是统一种子采购。在每年的农作物备种阶段，联合社都向成员单位推介适宜不同生产条件的良种，避免因盲目引种而造成损失。组织带领成员单位到省农科院考察，共引进玉米、谷子、紫薯等良种8种。2013年，为提高鲁源生态核桃园大豆生产效益，联合社通过省农科院，引进全国单产第一的“齐黄34号”优质大豆良种3000余斤，并对其栽培管理进行指导，当年平均亩产达到400余斤，创造了邹平县夏大豆单产的历史最高纪录，所产豆种被省农科院每斤加价0.2元一次性回收。四是统一田间植保。外出参观学习先进植保装备和技术，鼓励和引导5个核心成员单位，购买30余台自走式旱田喷杆喷雾机，每台日作业面积达200亩，植保效率大大提高，人力成本下降90%以上。2014年，通过推广小麦单双子叶除草剂，联合社为成员单位亩均节约开支10.4元，通过推广小麦玉米种子二次包衣技术，成员单位小麦玉米纹枯病发病率降低70%。五是统一农机作业。众林农机、九户农机2家农机合作社为联合社的成员单位，拥有各类大型农机100多台（套），为其他社员提供全方位的农机服务。农机作业前，联合社召开农机协调会，统一制定作业标准，促进“农机+农艺”有机融合。组织专家对农机合作社成本进行核算，在成本基础上适当增加利润，有效保证农机合作社合理收入的同时，使其他成员社享受到质优价廉的农机服务。目前，联合社核心成员单位的小麦和玉米耕、耙、播、收实现全盘机械化，浇水全部实现喷灌，植保实现大型喷雾机械统防统治，普遍采用小麦宽幅精播、小麦和玉米肥种同播、秸秆还田、土豆机播机收等新技术。2014年，联合社成员单位一季小麦和玉米亩均农机作业费用仅230元，亩均农机作业成本降低40%。

（三）推广网络服务，突出上挂下联，农业产销脉络显著紧密

“互联网+”是时下的热门话题，联合社成立之初就逐步开展互联网服务。2015年4月8日，联合社与“云农场”（全国最大的互联网农资交易平台和农场主互动社交圈），在邹平设立县级站，借助“云农场”网络平台，开展面向全县农户和农业经营组织的互联网服务，打造区域性“首家农业网络化综合服务基地”。一是打造“云农场”板块，实现农资垂直交易。目前，大多数农资交易仍然处于传统模式阶段，农资从厂家到农村市场，经过层层加价，农户承担的农资价格远远高于出厂价。“网上垂直交易”模式省去中间众多环节，由厂家与农户直接交易，既大大降低了农资价格，又保证了农资质量。同时，网上农资交易针对线下农资交易起到冲击作用，有力助推区域农资市场规范化、合理化运行。二是打造“丰收汇”板块，实现销售渠道畅通。农产品“销售难”一直是农民种地的隐忧，“丰产不丰收”的现象仍然存在。“丰收汇”构筑起农户与农产品加工企业之间的沟通桥梁，供求信息匹配对称，农产品销售视野更加广阔，流通成本大大降低。三是打造“农技通”板块，实现农技便捷服务。农户与农技专家直接对话，是解决农技推广服务体系“最后一公里”问题的根本举措。“农技通”利用互联网将农户和专家联系起来，农户足不出户，便可得到“私人定制”的农技指导。四是打造“乡间货的”板块，实现产品快捷流通。目前，物流企业的配送服务还没有延伸到村级，农资和农产品从镇到村的运输一直是个难题。“乡间货的”（在镇村之间或村村之间运输货物的小型货车）将货主需求提供给空闲车主，满足农村货主物流需求，同时可以避免社会资源的浪费，进一步增加车主的收入。五是打造“信贷通”板块，实现融通资金互助。农业信贷不够规范一直困扰着农村市场发展，特别是利用农民合作社非法融资危害更大。“信贷通”搭建起正规的信贷平台，通过建立信用体系、提供担保等有效举措，保证农村信贷真正起到资金互助的目的。截至目前，双方合作已发展“云农场”村级站70余个，农资垂直交易完成交易额达到850多万元，农户购买农资平均成本降低30%左右。

二、促进农民专业合作联合社发展的几点启示

当前，我们已经进入经济增速放缓、经济结构不断优化升级、发展动力加快向创新驱动转变的经济发展新常态。农民专业合作联合社发展具有良好的基础，既面临着诸多的机遇和条件，也面临着资金短缺、组织架构松散、产业链纵横联合不紧密、农民素质亟须提升等问题、困难和挑战。邹平县农盟现代农业专业合作联合社对现代农业和合作经济的促进和提升作用方面的经验做法，给我们有益启示。

（一）推动专业合作联合社发展，必须更加注重加强政府引导

当前，越来越多的工商资本进入到农业农村领域，以往农民专业合作社单打独斗已经不能适应日益激烈的市场竞争，唯有走联合的道路，才能在国内国际两个市场竞争之中占有一席之地。建议学习借鉴邹平县农盟现代农业专业合作联合社的经验做法，更好地发挥政府引导和支持作用。一是制定出台有吸引力的扶持政策。立足区域农业发展比较优势和合作社、龙头企业、种养殖大户、科研院所的产业发展实际，创新制定出台具有竞争力、可操作性强的农民专业合作联合社配套政策措施，确保政策落到实处。二是强化“一对一”的指导服务。联合社块头较大，覆盖范围通常以县为单位，因此开展“一对一”的“保姆式”服务有必要，也比较可行。建议本着“循序渐进、分类指导”原则，在内部管理、市场开拓、技术应用、信息传播等方面，为联合社提供含金量高的优质服务。有条件的地方可以聘请专家学者，帮助联合社建立健全财务管理、市场营销、风险预警、利益分配等制度体系，确保联合社从一开始就沿着规范化道路运行。三是营造良好的发展环境。紧密结合信用体系建设等，既要从面上营造农民专业合作联合社发展的外部环境，职能部门又要针对联合社的需求特色，提供“保姆式、个性化”的服务，帮助联合社解决外部发展环境、拓展农村市场、延伸产业链条等问题；既要把联合社“扶上马”，又要将联合社在发展的道路上“送一程”。

（二）推动专业合作联合社发展，必须更加注重提供优质服务

必须始坚持联合社组建平等、自愿、互利原则，凸显出经济性、服务性、民主性的显著特征。农民及农业专业合作社对于联合社是否认可，衡量的最重要标准就是联合社的社会化服务是否到位。联合社的成立应该达到“大树底下好乘凉”的效果，而不应产生“建庙供菩萨”的负担。一是着力做好产加销服务。目前，大多数联合社的业务主要是围绕粮食生产，但是联合社在粮食加工和销售方面仍然比较薄弱。建议联合社大力发展粮食加工和销售方面的成员社，积极引导成员社之间开展纵向联合，力促一二三产业融合，着力将联合社打造成为“第六产业”试验阵地，推动农产品标准化生产和品牌化经营。二是着力做好资金互助服务。以控制住融资风险为前提，探索实行以“粮食银行”为主要模式的资金互助，即成员社或农户将粮食、蔬菜等农作物存入联合社，联合社统一仓储、生产加工和经营销售，利用生产经营利润支付农作物存储利息，开展资金互助服务。成员社派人参与生产经营管理，让联合社在阳光下运行，不断提升联合社信用水平。三是着力做好经济作物销售服务。销售环节是蔬菜、瓜果等经济作物生产运营的重中之重。针对农作物销售难的问题，联合社可以在淘宝、京东或微信上建立“联合社菜场”。以打造“新鲜、安全、低价、质量可追溯”农产品供销体系为着力点，研发适合物流配送的农产品，帮助成员社建设绿色优质农产品基地。同时，与超市、学校、社区对接，实现销售环节点对点、零距离服务。

（三）推动专业合作联合社发展，必须更加注重发挥信息作用

市场规律告诉我们：大的不一定吃掉小的，但是快的一定会吃掉慢的。现代农业发展对信息的及时便捷获取及高效处理至关重要，以互联网+、物联网为代表的信息技术是专业合作联合社发展不可或缺的基础设施。目前，信息技术已经步入“大数据”时代，这是继大型计算机、个人计算机、互联网、云计算之后的第五次 IT 产业革命。专业合作联合社在信息时代不能置身事外，必须积极适应“大数据”信息时代的发展趋势，在利用先进信息技术支撑专业合作联合社方面取得新的历史性突破，实现现

代农业、专业合作联合社与大数据、互联网+等先进信息技术互动发展、共同提升，让专业合作联社发展腾“云”驾“数”，在新一轮新农村建设中占据有利地位。建议借鉴邹平县农盟“云农场”做法，探索实行“电商+点商+店商”的上自“云农场”、下自农户的“上挂下联”的大联合格局，搭建起网上农资和农产品交易平台。通过“互联网+农业”，加快传统农业改造创新，着力解决农资和农产品在村镇间“最后一公里”的问题。加强农业生产技术信息服务，健全完善农技推广服务长效机制，畅通农业信息服务渠道网络，职能部门要为联合社免费提供生产、市场、技术等多方面的信息服务，定期组织农业专家团深入田间地头提供技术培训。

（发表于2015年8月21日《人民日报内部参阅》，作者：朱宏锋　孙　磊）

关于全省供销社系统农民专业合作社内部信用合作情况调查

近日，省政府研究室与省供销社组成调研组，到枣庄、潍坊、济宁和临沂的8个县（市、区），就供销社系统农民专业合作社内部信用合作情况进行调研。目前，全省供销社系统农民专业合作社6000多家，其中开展信用合作的有600多家，分布在60多个县（市、区）。总的看，农民专业合作社内部信用合作处于起步发展阶段，各地情况差异较大。

一、信用合作的主要类型

省供销社系统从2005年开始，在领办的农民专业合作社内探索开展资金互助和信用合作，找到一条破解生产经营资金困难的途径。经过近10年的实践，大致形成四种类型。

一是农民专业合作社内部开展的信用合作。这种类型主要在基层供销社领办的管理规范、带动能力强的专业合作社内开展。一般由基层供销社、部分种养大户、经营大户作为股东，发起成立资金互助部，基层供销社持大股，其他社员自愿入股，构成股东社员。不入股的社员为非股东社员，也可以在资金互助部存款、借款。产业比较单一的合作社资金互助部股东社员一般在10～20户，经营服务产业链较长的合作社资金互助部股东社员一般在30～40户。股东社员股份不能退出，但可以转让和继承，享有年终分红，承担亏损责任。非股东社员存款可以获得利息收益。有的合作社采取了社员普遍入资格股的办法，实行保息加分红。

二是农民专业合作社联合社内开展的信用合作。这种类型是在镇域或县域范围内由基层供销社或县级供销社牵头，成立农民专业合作社联合社，通过相互参股持股等形式，组建联合社资金互助部，在不同专业合作社之间利用产业和季节差异开展资金调剂互助，扩大资金互助合作的范围和优势。在乡镇层面，比较典型的是山亭区水泉镇供销社依托强源农资合作社，2005年联合祥明大樱桃、田坑冬桃组建了强源农资资金互助合作社，股东11户，入股资金15.9万元，其中供销社入股5万元。目前已扩大到长城山楂、郑庄樱桃、鲁南黄桃等共7家农民专业合作社。该联合社有资金互助社员613户，互助资金规模730万元。在乡镇层面的联合社，由于各专业合作社内没有开展资金互助，由联合社直接为各专业社社员提供存借款资金互助服务。在县区层面，比较典型的是临沂（河东区）亿嘉农林牧专业合作联合社。2006年初，由河东区供销社发起组织专业合作社、基层供销社、供销社企业入股，成立山东亿嘉担保有限公司。在此基础上，2011年注册成立了河东区亿嘉果蔬专业合作社，联合其他13家开展资金互助的专业合作社，相互参股持股，形成河东区供销社信用合作资金互助融资平台。目前，这14家联合开展资金互助的合作社共有社员6847户，总股本金4215万元，净资产1.28亿元，互助资金规模3.4亿元，累计发放助农增收互助金4.9亿元。2013年亿嘉果蔬专业合作社更名为临沂（河东区）亿嘉农林牧专业合作联合社，并吸收临沂市供销社系统部分专业合作社入股，逐步向市级信用合作融资平台过渡。这种类型的联合社，资金互助的主要形式为在各专业合作社之间进行资金调剂，联合社不直接对各专业社社员开展存借款服务，各专业社社员也不发生跨社存借款关系。

三是依托县级供销社信用担保公司开展资金调剂互助。这种类型是以县供销社为主体，专业合作社、社有企业参股组建担保公司，以此为平台在专业合作社之间进行资金调剂互助。比较典型的是山亭区供销社成立的农合信用担保公司，注册资金达到600万元，其中区供销社306万元、占51%，各专业合作社144万元、占24%，社有企业90万元、占15%，基层供销社60万元、占10%。当有的专业合作社或镇级联合社资金有闲置时，由该担保公司及时调剂给有资金需求的专业合作社使用。当专业合作社资金短缺时，也可由担保公司从农村信用社担保借款，最高担保额度可达1500万元，贷款利率上浮不超过基准利率30%。2009年以来累计为本系统专业合作社调剂资金2300万元，担保1200万元。

四是银监部门批准成立的农村资金互助社。这是一种依托乡镇供销社领办的农民专业合作社，经银监部门批准，颁发金融许可证，纳入银监部门监管的农村金融互助组织。目前有沂水县姚店子镇聚福源农村资金互助社、诸城市相州镇泰丰农村资金互助社2家。聚福源农村资金互助社有社员（股东）168人，其中个体企业2个，农民166人，社员以本镇种姜户为主；股本金103万元，最大股东1万元，小的1000元；资金总额252.8万元，包括股本金、社员存款和部分银行拆借资金；2013年累计贷出款400万元。泰丰农村资金互助社社员（股东）72个，其中法人社员7个（包括3个农民专业合作社、3个小企业和1个基层供销社）、自然人社员65个，股本金600万元，其中基层供销社入股55万元，占9.17%，供销社职工入股242万元，占40.33%，其他303万元，占50.5%。吸收存款额678万元。成立以来累计发放贷款1.08亿元，其中小企业贷款1600万元，农户贷款9200万元。互助社的社员必须是股东，没有非股东社员，存贷款严格限定在股东范围之内。股东的变化、股本金的增减需经银监部门批准。从试点情况看，由于资金规模小、服务范围窄，经营活力不足。

二、信用合作资金管理运行情况

1. 资金运行管理“两头扎住，封闭运行”

从调查情况看，四种类型的信用合作在这方面也有差别。沂水、诸城两个农村资金互助社控制最为严格，资金来源和存贷款都控制在股东社员范围之内。农民专业合作社资金互助部相对比较灵活，基本控制在合作社社员范围内，但由于非股东社员加入退出合作社较为简便，不受监管，比较灵活，封闭的边界有时相对模糊。从资金来源看，互助资金由股东社员股本金，非股东社员的土地流转收入、生产经营收入、劳务收入等沉淀资金构成。从资金出口看，主要是社员借款、合作社经营、社属企业使用等，社员借款一般可达到40%左右，合作社经营一般也达到40%左右。联合社资金合作互助突破了单个专业合作社的边界，但基本控制在各专业合作社之间，以及与供销社的企业之间，控制在县供销系统的管理范围之内。

2. 资金存借利率按资金需求情况灵活掌握

专业合作社资金互助具有自存自借的相对关系，存借款利率由合作社资金互助部理事会或股东会自主决定。沂水、诸城两个农村资金互助社执行银行基准利率，为吸引股东社员存款，给予一定协议补贴，相当于利率上浮50%。农民专业合作社内部资金互助存款利率一般年息5%左右，社员借款利率一般年息9%左右，使得社员存款收益比银行高，用款成本比银行低。当专业合作社互助资金规模过小或过大时，可通过存款利率进行适当调控。滕州市级索镇供销社领办的级翔果菜专业合作社社员存款年利率4.8%，贷款年利率9.6%。临沂（河东区）亿嘉农林牧专业合作联合社为各专业合作社调剂资金时，上调资金利率比社员存款月息高1厘左右，下放资金利率比社员借款月息高1厘左右。

3. 风险管理实行小额、短期、社员担保

专业合作社资金互助部都健全了存借款管理流程和担保、风险准备金等风险管理制度。借款额度一般控制在5万元以下，借款期限一般3~6个月。一般借款流程为：向理事会提出申请—业务人员调查并出具调查报告—理事会通过—理事长审批—发放借款。借款实行社员联保制度，担保额一般不能超过担保人的入股金额等。山亭区枣店香大红枣种植专业合作社资金互助部借款额度一般不超过2万元，申请借款的社员需要3名以上社员担保，1万元以下的，资金互助部派专人调查审核后办理；1万元以上的，由借款审核小组审核。同时，由于专业合作社与社员之间存在生产经营服务链条关系，借款用途可控，也有效降低了借款风险。

4. 一般有固定经营场所和管理人员

专业合作社资金互助部一般在合作社办公场所设立营业部，也有的在乡镇（街道）沿街设立营业场所，对社员开展服务。一般设兼职管理人员3~4人，互助资金规模较大的，设立专职管理人员。河东区德盛大蒜种植专业合作社资金互助部有专职管理人员4人，其中财务2人，业务1人，审核1人。临沂（河东区）亿嘉农林牧专业合作联合社资金互助部，有专职管理人员10人，其中财务管理人员3人、业务人员4人、资产管理人员（法律部）3人、综合服务2人。

5. 独立核算，自负盈亏

资金互助部实行独立核算，从调查看，可实现一定水平的盈利。资金规模较大的具有较好的盈利能力，能实现10%左右的股本金分红。资金规模较小的，也能实现微利持续经营。

三、供销社系统专业合作社信用合作的优势

供销社系统农民专业合作社，除具有资金互助合作方便快捷、资金成本低，合作社成员之间地缘、业缘、亲缘关系带来信息对称、诚信度高，与合作社生产经营服务结合紧、量入为出等优势外，还具有两个突出的优势。一是供销社领办的农民专业合作社比较规范，资金互助合作的产业支撑比较好，加上供销社系统跨越一二三产业，有利于按照产业链形成大联合，在联合社范围内开展资金互助合作，提高资金互助合作的水平。二是系统管理和监督优势。供销社有完整的组织管理系统，在领办的农民专业合作社或联合社中，又通过相互持股形成了股权联结关系，便于形成统一管理的机制。临沂市供销社专门成立信用合作社资金监督管理办公室，事业编制3人，制定了《合作经济组织信用合作资金互助监督管理办法》等文件，已对本系统24个达到规定条件的专业合作社资金互助部颁发了《许可证》，还与软件公司合作开发了专业合作社资金互助业务核算和管理系统，实现对资金互助的业务、核算、报表一体化管理。

四、问题和建议

基层反映，目前供销社领办的农民专业合作社资金互助还存在一些问题。一是宣传不够，有的地方政府、供销社、专业合作社对资金互助合作的性质、特点、定位了解不够，担心出现风险。二是发展不规范，专业合作社资金互助的章程、管理制度、操作流程、社员身份界定等一社一个

样。三是资金互助合作层次偏低，单个专业合作社内部资金互助调剂空间有限，需要更大范围的资金调剂平台。也有的资金规模小，服务对象范围窄，不能满足社员需求。四是资金互助部虽然实行独立核算，但没有明确的法律地位，与合作社共用一个经营账户，合作社的经营风险会直接影响资金互助的安全，不利于资金互助业务的发展。五是资金互助合作缺乏有效的业务监管，对一些可能突破专业合作社界限的问题，不能及时发现处置。

为此，提出以下建议：

一是发挥供销社领办农民专业合作社的优势，严格遵循合作组织原则，坚持社员制、封闭性，坚持依托生产经营合作开展信用合作，积极推进合作社和联合社内部资金互助合作。可选择发展比较成熟的专业合作社，赋予其资金互助部经营主体法律地位，开展农民资金互助专业合作社试点。

二是总结供销社系统的实践，制定全省农民专业合作社和联合社内部资金互助合作指导意见，出台合作章程和管理制度范本等，加强政策指导。

三是加强政府监管和系统监管。建议金融、工商、农业、供销社等部门建立信息互通机制，对专业合作社和联合社内部资金互助实行备案管理，由地方金融监管部门加强业务监管。推广临沂市供销社加强对系统内专业合作社资金互助合作业务管理的经验，并开发使用资金互助管理软件和信息管理系统，提高对资金互助业务的系统监管水平。

（完成时间：2014 年 4 月，课题组成员：苏庆伟　刘永宽　闫长国　方　兴）

关于小微企业融资问题的调研报告

小微企业对增加就业、活跃市场、改善民生和促进经济结构转型升级有着不可替代的作用。与此同时，小微企业发展中存在着诸多困难和问题，反映最突出的，就是金融资源配置不合理，小微企业“融资难”“融资贵”始终没有得到有效解决。由省金融办负责，有关部门组成课题组，围绕小微企业融资问题，进行了广泛深入的调查研究。调研采取发放调查问卷、走访座谈、专家研讨等形式，几经讨论修改，形成了调研报告。

一、山东省小微企业融资服务不断改善

改善小微企业金融服务，是山东省金融改革的重要目标。近年来，围绕缓解小微企业融资难和贵的问题，山东省采取了多项措施，小微企业贷款已连续5年实现“两个不低于”的目标。截至2014年底，小微企业本外币贷款余额10239.3亿元，比年初增加1492.8亿元，同比增长15.9%，增速高于各项贷款增速4个百分点；另据山东银监局2014年底的统计数据显示，小微企业综合金融覆盖率和申贷获得率分别为67.61%和93.39%，较2013年末分别提高4.37个和12.29个百分点。

（一）对小微企业的信贷支持力度不断加大

银行信贷是小微企业外源融资的首要也是最重要来源。一是落实差异化引导政策。2014年央行两次定向降准，山东省共释放资金118亿元；人民银行济南分行累计发放支农再贷款68.65亿元，支小再贷款22.6亿元，再贴现128.55亿元，有效增加了中小金融机构的可用资金。目前支小再贷款一年期利率4%，支农再贷款一年期利率3.35%，再贴现利率2.25%，明显低于金融机构吸收存款的综合成本，对于引导金融机构支持

小微企业具有较强吸引力。二是完善和创新监管政策。督促银行建立不良贷款尽职免责制度和提高小微企业不良贷款容忍度，允许小微贷款不良率可分别高出银行自身各项贷款不良率目标和监管部门各项贷款不良率 2 个百分点，提高银行机构支持小微企业的积极性。组织对全省 170 家金融机构的小微企业信贷政策执行效果进行评估，引导其加大对小微企业支持力度。督促银行严格执行小微企业服务收费标准，清退不合理收费，加大收费优惠力度。全省银行业推出对小微企业服务收费优惠措施近 300 项，有效控制了小微企业融资成本。三是银行业机构创新推出形式和种类多样的支持小微企业金融产品。如针对小微企业融资“短、小、频、急”的特点，部分银行采取“信贷工厂”等模式，促进小微企业金融服务集约化、规模化；部分银行面向商圈、产业链等小微企业集群客户，根据行业特色定制服务方案。同时，依托自助设备、网银、电子交易平台等，为小微企业开发了网络贷、金融 IC 卡等快捷高效的产品。

（二）小微企业直接融资渠道得到明显拓宽

资本市场是引领企业创业创新、降低融资成本的有效途径。一是推动小微企业上市挂牌融资。山东省在中小板和创业板上市的公司分别达到 58 家和 19 家。在全国中小企业股份转让系统（“新三板”）挂牌 98 家，同时储备挂牌企业资源近千家，均居全国前列。二是促进小微企业在银行间市场开展直接融资。与中国银行间市场交易商协会率先签署了《银行间市场助推山东经济发展合作备忘录》，短期融资券、中小企业集合票据等银行间市场债务融资工具在山东省得到较好推广应用。2014 年，全省累计发行中小企业集合票据 19 单，募集资金 66.5 亿元，占全国集合票据融资总额的 22.45%。同时，积极推动法人金融机构在银行间市场发行小微企业专项金融债，扩大支持小微企业发展的专项资金来源。全省已有青岛银行、莱商银行、威海市商业银行、齐商银行和潍坊银行 5 家金融机构在银行间市场注册小微企业专项金融债额度 180 亿元，实际发行 105 亿元。中小企业私募债券试点步伐加快，累计备案企业达到 64 家，备案金额 108 亿元，分别占全国的 9.8% 和 9.3%，其中 32 家企业成功发行，融资 53 亿元。三是积极发展服务于创新型小微企业的专项基金。省级创业投资引导基金累计到位资金5亿元，带动地方政府和社会资金20多亿元。目前已为80余家科技型中小企业提供融资近10亿元。四是加快建设股权交易市场。目前齐鲁股权交易中心已经形成了股权托管、挂牌交易、上市孵化、融资服务、综合展示和企业规范六大平台功能，创新开展了私募股权、私募债券、信托、股权质押等多种融资方式，在全国同类市场处于领先地位。截至2014年底，该中心挂牌企业412家、托管企业534家，累计实现融资近150亿元。2014年4月，蓝海股权交易中心开业运营，目前已有挂牌企业131家、展示企业1255家。

（三）对小微企业的增信服务能力有效提升

增信机制是解决小微企业与银行间信息不对称的重要手段，在小微企业融资过程中发挥着越来越重要的作用。一是保险机构积极发挥风险分担和经济补偿功能。创新开发了小微企业贷款保证保险、信用保证保险、中小企业借款人综合保险、借款企业高管人员大额意外险等新险种。2014年，德州、济宁、聊城等地开展政策性小微企业贷款保证保险试点工作，探索建立政府、保险公司、银行三方风险共担、利益共享的信贷风险管控模式，累计撬动银行贷款近5000万元。二是加强了小微企业融资担保体系建设。引导和鼓励融资性担保机构开展业务创新，不断扩大对小微企业融资的担保规模。截至2014年底，全省共有融资性担保机构464家，融资性担保机构在保责任余额1082亿元，为4.05万户小微企业贷款担保702.89亿元。三是出台政策鼓励银行开展抵质押物创新。先后制定了《山东省海域海岛使用权抵押贷款实施意见》《山东省科技型小微企业知识产权质押融资管理暂行办法》，探索开展了农村土地使用权、林权等贷款抵（质）押业务。四是加强了权益类交易市场建设。有针对性地发展权益类交易场所，便于产权定价流转。重点建设了齐鲁农村产权交易中心，业务范围涉及农村土地承包经营权、林权、水域滩涂养殖使用权、农村集体经济组织股权、农业类知识产权等12个农村产权交易品种，对提升涉农小微企业融资能力很有帮助。另外，成立了省级金融资产管理公司，为银行资产转让提供了平台，一定程度上缓解了银行放贷的“后顾之忧”。

（四）定位于支农支小的金融专营机构和中小法人机构蓬勃发展

相对于大银行，小型金融机构凭借特有的贷款模式和快速审批机制，在服务小微企业方面更具比较优势。一是推进小微企业金融服务专营机构建设。积极引导国有银行、股份制银行设立小微企业专营机构，引导城市商业银行向县域下沉机构。截至2014年底，主要国有银行和股份制银行均设立了小微企业专营机构或小微企业金融服务部门，各类银行业金融机构设立小微特色支行604家，搭建了多层次、多元化的小微企业金融服务组织体系。二是发挥农信社“支农支小”主力军的作用。截至2014年底，山东省已经改制组建农村商业银行50家，占农村信用社原有机构总量超过50%。截至2014年底，山东省农信社系统贷款余额达到8449亿元，其中小微企业贷款余额3193亿元。三是发展村镇银行。特别是引入大型金融机构批量化发起设立村镇银行取得明显成效。目前山东省村镇银行数量已发展到100家，居全国首位。四是做好小额贷款公司试点工作。制定实施了鼓励和支持小额贷款公司发展的政策，在准入门槛、融资渠道、经营区域等方面实现了新突破。截至2014年底，全省共有小额贷款公司400家，注册资本494.53亿元。全年累计发放贷款1183.15亿元，其中90%以上投向了小微和“三农”。五是引导民间融资阳光化、规范化发展。民间融资规范引导试点工作推广至全省。截至2014年底，全省民间融资机构达到680家，其中，民间资本管理公司601家，全年累计投资额达到342.5亿元；民间融资登记服务中心79家，成功对接金额9.5亿元。另外，山东省还设立了356家典当行、88家融资租赁公司，进一步丰富了“草根”金融组织体系。

（五）小微企业融资服务环境逐步得以改善

一是加强了对小微企业的政策支持。省委、省政府对小微企业极为重视，近年来从关系国计民生的战略高度，先后发布《关于贯彻国发〔2012〕14号文件进一步支持小型微型企业发展的实施意见》《关于加快山东金融业改革发展的意见》《关于加快全省民营经济发展的意见》《关于贯彻落实国办发〔2014〕17号文件加强“三农”服务促进“三农”发展的意见》《转发省科技厅关于支持高新区科技型小微企业创新发展的若干意见的通知》等文件，采取一系列有力措施，努力为小微企业打造更加公平的市场、投融资和科技创新环境。发挥财政资金的导向作用，逐步建立起中小企业信用担保奖补、小企业贷款风险补偿、小额担保贷款财政贴息、企业上市挂牌扶持、创业投资引导、财政资金与信贷资金联动等“六个机制”，每年省财政资金累计投入近10亿元。二是加强了涉农涉小信用体系建设。人民银行济南分行印发了《关于2014年全省小微企业和农村信用体系建设工作的意见》（济银发〔2014〕173号）。目前，全省小微企业和农村征信数据库已上线运行。小微企业信用培植工程正式启动，制定了《小微企业信用评分数据项指引》，为处于信用培植阶段或授信前期的小微企业进行信用评分。搭建省域征信服务平台，以其为依托推进部门间信用信息共享。开展小额贷款公司等中小机构接入征信系统工作，已为36家机构开通征信系统查询权限。三是加强了地方金融监管体系建设。近年来，小额贷款、融资性担保、交易市场、民间融资、典当、拍卖、私募基金、股权投资等新型金融组织和业态加速涌现，对促进小微企业发展作用很大，潜在风险也不容忽视。这些组织和业态处于中央统一的监管体系之外，地方政府应担起这个责任。山东省已率先建立地方金融监管体系，省市县三级独立设置金融工作办公室，加挂地方金融监督管理局牌子。此举对改变新型金融组织和业态野蛮生长状态，使其更好地服务实体经济，更好地实现自身发展，均有重要意义。

二、山东省小微企业融资存在问题及成因分析

这几年，山东省虽然对缓解小微企业融资困境努力颇多，成效较大，但现实存在的问题依然不容乐观，必须保持强烈的责任感，清醒地认识问题，努力寻找更有效的解决办法。目前面对的问题主要有：

（一）从银行体系“融资难”短期内仍将持续

2014年底，全省小微企业本外币贷款余额同比少增256.6亿元；同

期，山东银监局的数据显示，小微企业贷款覆盖率仅为 10.6%，近八成被访企业反映存在资金缺口、从银行融资困难。同时，小微企业融资负担较重。2015 年银行为吸收存款普遍提高了存款利率（上浮 20% 左右），存款利率上升带来的成本势必转嫁到企业。目前，小微企业贷款利率上浮一般都在 30% 左右，连同 3% 左右担保费外加其他隐性成本，小微企业贷款综合成本在 12% 以上，而中小工业企业利润率一般在 6% 左右，难以承受利率之重。

从目前形势看，银行对小微企业的贷款投放还是以控制风险为第一要素，特别是在经济下滑、信贷去杠杆化的困难时期，小微企业从银行体系融资困难有可能进一步恶化。究其原因，一是受山东省“群象”经济发展特征影响，山东省小微企业发展相对滞后。在经济下行和产业升级的双重压力下，小微企业生产经营困难明显增多，不良贷款率快速上升，截至 2014 年底，小微企业不良贷款率为 2.54%，超出各项贷款不良率 0.87 个百分点。信用风险持续暴露，进一步加大小微企业获取授信难度。同时，山东省企业互保联保问题突出。根据对 13 家中小企业融资情况调查，13 家企业实际贷款 5.22 亿元，对外担保高达 7.11 亿元。这种情况下，一旦一家企业资金链断裂，往往导致互保体贷款风险迅速蔓延，出现“一家跑路、几家拖垮、群死群伤”的局面，这使得银行放贷更趋谨慎。二是大中型银行为主导的金融服务体系难以匹配小微企业“短、小、频、急”的融资需求。山东省银行体系以体型巨大、主要服务于国有或民营大型企业的国有控股银行、全国性股份制银行为主体，其业务结构、产品类型和信贷门槛让绝大部分小微企业望而却步。当前我国利率市场化程度仍然有限，资本市场发展滞后，大银行服务大企业仍然能获得较理想的回报，主动转型服务小微企业的意愿和动力不强，大型企业对小微企业的“挤出效应”明显。三是银企信息不对称问题突出。小微企业一般不具备规范的财务管理体系和信息披露机制，加之山东省社会征信体系建设滞后，企业用电、用水、纳税、工商、环保、房管等信息散落在政府各个部门，信息共享不充分，银行在发放小微企业贷款时，更多地依赖抵押、担保等第二还款来源。而小微企业“轻资产”的特征，进一步加剧银行放款难、小微企业难贷款。

（二）针对小微企业的融资增信机制亟待完善

融资增信机制对于提高小微企业的信贷可获得率具有重要作用，但现实情况不容乐观。一是小微企业缺乏有效抵押担保物。大多小微企业并不具备土地、厂房、机器设备等实物资产。调查显示，82.5%的小微企业没有自己的厂房；在获得贷款的企业中，仅9.8%的企业使用过厂房抵押，6.9%的企业使用过机器设备抵押。与此同时，创新类的抵质押品在权属界定、价值的确认评估、权力变现方面，很难同时满足安全性、有效性和流动性的要求，抵押品创新存在瓶颈。二是融资担保功能发挥不充分。银担合作门槛过高、银行和担保公司之间风险分担机制不健全限制了担保行业的发展。基层反映，山东省融资担保机构规模实力偏弱，行业平均担保放大倍数不足2倍，而一般成熟的融资性担保公司担保放大倍数应在5倍以上。另外，受资金投资比例不得超过20%、商业模式单一以及身份定位不明、无法享受金融机构税收优惠政策等影响，担保公司持续经营存在困难。调查显示，山东省部分融资担保机构偏离主业、违规进入民间借贷领域、违规收取客户保证金、要求反担保等问题时有发生，对小微企业的增信支持相对偏弱。

（三）直接融资渠道相对较窄

资本市场发育过慢，导致企业融资过度依赖银行间接融资，直接融资成为明显“短板”。调查显示，在争取外部融资的优先顺序方面，82.8%的小微企业将银行贷款排在首位。小微企业直接融资不足，一方面缘于企业对资本市场认识不够；另一方面是因为我国多层次资本市场发育滞后。小微企业通过中小企业板和创业板上市融资难以形成规模，能够通过发行债券进行直接融资的小微企业数量也很有限；场外股权交易市场处于起步阶段，截至2014年底，山东省在“新三板”及区域股权交易市场挂牌企业500余家，仅占小微企业总数的万分之一。而P2P、众筹等互联网金融方式的发展尚不规范，也难使众多小微企业获得长期稳定的资金来源。

（四）普惠金融组织发展受到制约

目前，山东省虽已初步形成了以城商行、农村信用社为主体，村镇银行、小额贷款公司、典当行、融资租赁公司、农村合作金融组织、民间资本管理公司等为补充的普惠金融组织体系，但部分机构的商业可持续发展成为难题。以小额贷款公司为例，按照现行规定，小额贷款公司是由人民银行批准、在工商注册登记的企业法人，从事金融业务，却不能取得金融许可证。由于不具备金融机构的身份，小额贷款公司被排除在正规金融体系之外，在同业拆借、税收优惠、财政补贴、法律诉讼等方面难以享受金融机构的同等待遇。虽然部分地方政府相继推出相关补贴扶持政策，但普遍存在落实不到位的问题。调查中，70% 以上的被访小额贷款公司反映，非金融机构身份提高了小额贷款公司融资难度和成本，进而抬高了向小微企业放贷的成本。

（五）融资支持政策落实不到位

近年来，银监部门先后发文，要求银行建立单列年度小微企业信贷计划等“四单原则”和高效贷款审批机制等“六项机制”，明确了适度提高不良率容忍度的政策界限等。但调查发现，由于监管政策对商业银行的约束力不足，其附加的鼓励政策带来的收益也无法弥补银行在小微贷款中的损失，难以调动商业银行的积极性，部分银行甚至采取拆分放贷、子公司放贷、伪造企业录入信息系统信息等形式绕开政策限制。另外，山东省虽然加大了对小微金融服务的财税支持力度，但效果并不理想。调查发现，部分银行将获得财政补贴资金作为营业外收入，纳入本行资产负债表，并于年底结转利润，并未按照要求入账“贷款损失准备”科目，用于弥补不良贷款导致的贷款损失，导致财政资金未能充分发挥作用。

三、缓解小微企业融资难的对策思路

缓解小微企业融资难是一项系统工程，涉及融资体制、信用环境以及企业自身等诸多因素，需要综合协调、配套解决。本报告着力从增加金融供给的角度，提出了对策思路：

（一）推动小微金融服务创新

1. 建立与小微企业特点相适应的银行服务模式

银行是小微企业融资的主渠道，越来越多的银行机构开始明确服务小微企业的市场定位。但从传统的企业金融视角来看，小微企业金融服务在收集信息、控制风险和控制成本三个环节存在困难。银行要成功服务小微企业，必须牢固树立以客户为中心的经营理念，根据小微企业的不同特点，相应确定信贷扶持重点、融资比例和融资方式。如改变传统的企业金融视角，大力发展产业链金融，即以产业链的核心企业为依托，针对产业链的各个环节，设计个性化、标准化的金融服务产品，为整个产业链提供综合化金融解决方案，一定程度上缓解小微企业金融服务的“三难”问题。

2. 拓宽直接融资渠道

积极引导处于不同发展阶段的小微企业利用多层次资本市场融资。股权融资方面，除了支持小微企业在境内外上市、再融资，还要下大力气推动其利用区域股权交易市场改制、挂牌、定向转让股份和融资。同时，加快培育私募市场，引导企业通过私募、资产证券化等多渠道融资。债券融资方面，要进一步扩大中小企业私募债券试点，逐步扩大中小企业集合债券和小微企业增信集合债券发行规模。

3. 发挥保险业在服务小微融资中的作用

加大保险资金运用力度，鼓励保险公司通过投资企业股权、债权、基金、资产支持计划等多种形式，为科技型企业、小微企业等发展提供资金支持。探索推广“信贷+保险”服务模式，加快发展小微企业信用保险和贷款保证保险，增强小微企业融资能力。

4. 规范发展互联网金融

近年来，我国互联网金融发展迅猛，截至2013年6月末，阿里小贷的投入贷款总额已超过1000亿元人民币，客户超过32万户，户均贷款额度为4万元人民币。而以“陆金所”“拍拍贷”为代表的大众筹资网站，对小微企业的融资门槛更低。虽然目前对于互联网金融的法律规定仍不明晰，国内也出现了P2P平台跑路的现象，但从长远看，互联网金融具有透明度高、参与广泛、中间成本低、支付便捷、信用数据更为丰富和信息处理效率更高等特点，在匹配小微企业融资需求方面具有先天优势。目前，国家层面正在研究加强互联网金融监管的意见，省级层面要尽快研究制定加快山东省互联网金融健康发展的措施。

（二）健全普惠金融服务体系

1. 大力培育和发展与小微企业金融支持相适应的各类中小金融机构

现阶段，大银行在小微企业贷款规模上仍处于绝对优势地位，要继续发挥大银行的支柱作用，鼓励大中型银行加快小微企业专营机构建设和向下延伸服务网点，提高小微企业金融服务的批量化、规模化、标准化水平。同时，要通过促进中小银行发展，发挥其在服务小微企业方面的比较优势，如引导城商行坚持立足当地、服务小微的市场定位，向县域和乡镇等小微企业集中的地区延伸网点和业务，进一步做深、做实小微企业金融服务。另外，还要推动民间资本发起设立自担风险的民营银行、金融租赁公司和消费金融公司等金融机构。

2. 深化农村信用社改革

农信社作为农村金融的主力军，在支持农村经济发展方面发挥了重要作用。但由于产权不明晰、法人治理结构不完善、管理责任不落实等问题，发展受到明显制约。要坚持银行化、股份制方向，充分体现市场原则，建立以股权关系为核心的运行机制，把农信社系统改造为运作规范、风险可控的银行类金融机构，更好发挥“支农支小”主力军作用。

3. 推动小额贷款公司转型发展

鉴于目前小额贷款公司发展存在后续资金、优惠政策缺乏，转制村镇银行制度障碍尚未打通等现实约束，可先鼓励部分优质小额贷款公司转型为金融公司，即有限制牌照的金融机构，如消费金融公司等；具备一定条件后，再转型为村镇银行。

4. 开展新型农村合作金融试点

金融组织缺失是涉农小微企业融资难的主要原因之一。建议继续探索建立与山东省农业农村发展相适应、运行规范的新型农村合作金融框架，规范发展新型农村合作金融组织。

5. 规范发展民间融资机构

民间融资目前已经成为小微企业融资的重要渠道之一。粗略统计，山东省民间融资规模约4000亿元。要在加快民间资本管理公司和民间融资登记服务机构发展的同时，强化对民间借贷的监督与管理，防止信用风险和道德风险，降低小微企业融资成本与风险。建议国家及相关部门尽快制定《民间融资法》，赋予民间借贷主体及相关行为应有的法律地位，对民间融资行为从权利义务、准入条件、风险纠纷处理等方面加以规范，使民间借贷有法可依。

（三）完善小微融资支持体系

1. 促进小微企业规范改制

鼓励个体工商户转制为企业，对因“个转企”税负增加的，可由同级财政给予适当补助。要大力促进规模以上企业规范改制，把规模以上企业改制为规范的股份有限公司，做到应改尽改，为对接金融市场奠定基础。建议设立小微企业财务规范引导基金，切实减轻小微企业财务管理成本，逐步提高企业财务状况的透明度和可信度，为小微企业融资创设良好环境。

2. 推动小微企业数据信息整合

发挥大数据和云计算技术优势，由人民银行等部门牵头，整合小微企业注册登记、生产经营、人才及技术、纳税缴费、劳动用工、用水用电、节能环保等信息资源，搭建小微企业综合信息共享平台。也可以学习借鉴上海模式，由政府入股大数据信用信息服务机构，积极整合小微企业交易过程中产生的各类碎片化信息，为小微企业融资提供信用信息支持。有关部门要强化信用信息安全管理，建立信用信息侵权责任追究等机制，保护信用信息主体权益。

3. 加快政策性担保体系建设

发展融资担保能够简单有效降低金融机构对小微企业的不信任度。鉴于小微企业融资担保服务的准公共品性质，小微企业的融资担保业务仅靠担保费收入可能难以维持。现阶段要有针对性地加大政策扶持力度，大力发展政府支持的融资担保机构和再担保机构；鼓励政府设立非营利性小微企业贷款担保基金，专项用于信用担保机构为小微企业提供贷款，对担保机构的代偿损失给予适当风险补偿。

4. 支持小微企业抵押品创新

抵押机制的创新是解决小微企业融资困难的重要方面。政府应发挥主导作用，推动抵押品种类创新。要进一步完善现有创新方式的不足，对权属关系不明确的，要完善法律保障、规范抵质押办理登记办法，降低法律风险，如林权、矿业权抵押；对估值和流动性不足的，要着力加快评估公司、交易所等中介机构的发展，降低估值成本，开拓资产转让渠道，如知识产权质押等。

5. 发挥财政资金引导激励作用

探索财政金融联动机制，改变过去政府资金直接奖补企业的做法，设立各类政府引导基金，通过委托、跟投等方式，提高财政资金使用效益，引导社会资金以更大规模、在更广领域进入私募市场，更好地解决创业创新型小微企业资本不足问题。

6. 创新差异化监管政策

小微企业抗风险能力差，在经济下行期更需要差异化的保护政策。为不让紧缩的信贷规模影响到小微企业信贷领域，建议继续加强对小微企业贷款的业务份额限制。金融监管部门要重点加强考核和政策落实的专项检查，通过适度提高不良容忍度等方式，确保各项激励政策切实落地。

（完成时间：2015 年 3 月，课题组成员：赵理尘　初明锋　黄建东　栾永强　王志福　郭之祥　陈艳艳　杨金栋　陶文军　姚旭东　陈福锋　刘晓东　韩　薇　贾洪斐）

创新利用多层次资本市场引领金融改革发展调研报告

该课题由山东省金融办召集，省发改委、省财政厅、人民银行济南分行、山东银监局、山东证监局、山东保监局，以及齐鲁证券、鲁信创投、鲁证期货等单位共同参与，运用文献分析、实地调研、统计分析、对比分析、案例分析等分析方法，搜集我省创新利用多层次资本市场发展的现状、发展空间等相关第一手资料，对国内创新利用多层次资本市场发展走在前面的兄弟省市进行重点案例剖析和经验借鉴，参考国外创新利用多层次资本市场建设发展的制度理论，重点分析了股票市场、债券市场、创新资本市场、区域性资本市场、期货市场等多层次资本市场的现行政策导向、当前存在的突出问题等，研究推进山东省创新利用多层次资本市场引领带动金融改革发展的思路与对策，形成课题研究报告。

一、山东省多层次资本市场发展情况

（一）山东省股票融资情况

1. 挂牌上市融资情况

一是企业上市融资稳步发展。2014 年，山东省新增境内外上市公司 8 家，境外上市公司退市 4 家，境内外首发上市融资合计 77.5 亿元；其中，龙大肉食、康跃科技在境内交易所上市，首发募集资金 7 亿元。截至 2015 年 3 月底，山东省境内上市企业数量为 156 家，在全国居第 6 位。**二是各层次的股票市场融资齐头并进。**在前述 156 家境内上市公司中，主板有 77 家、中小板 59 家、创业板 20 家，各层次股票市场融资出现了齐头并进的良好形势。特别是利用近年来资本市场重点支持中小企业发展的有利时机，我省企业在中小板、创业板上市的数量之和，已经超过了主板。**三是新三板挂牌公司融资增长迅速**。2014 年，山东共有 97 家公司在新三板挂牌，共有 15 家公司通过定向发行融资 17 次，累计融资约 3.2 亿元。截至 2015 年 3 月底，我省在新三板挂牌企业 150 家，比上年新增 53 家，挂牌数量居全国第 5 位。

2. 上市公司并购重组情况

自 2014 年初至 2015 年 3 月底，山东上市公司共启动实施重大资产重组事项 41 家次，终止实施 9 家次。其中鲁银投资等 10 家公司的重组方案已实施完成或通过证监会审核，涉及标的资产金额 74 亿元，配套融资 16 亿元；山东黄金等 10 家公司已发布重组预案，涉及标的资产金额 201 亿元，拟配套募集资金 44 亿元；新潮实业等 12 家公司已停牌，正在筹划重大事项。

（二）山东省债务融资情况

1. 银行间市场债务融资情况

近年来，在人民银行济南分行、省政府相关部门、交易商协会和承销金融机构的协同配合和积极努力下，山东省银行间市场债务融资迅猛发展，呈现出融资总量增长迅速、主体结构逐步优化、产品条线不断丰富的良好势头。**一是融资规模持续快速增长**。自 2005 年全省推出非金融企业债务融资工具以来，融资额逐年增长，2005—2014 年融资额增长 40.7 倍，年复合增长率达 51%。2015 年以来，全省债务融资工具继续发展，前 5 个月，全省累计发行非金融企业债务融资工具 121 单，融资 1307.6 亿元，同比增长 36.1%，规模仅次于北京和江苏，居全国第三。截至 5 月底，山东省累计发行非金融企业债务融资工具 781 单，融资 7997.3 亿元，处于存续期内的债务融资工具 371 单，余额 3900.2 亿元，各项指标均居全国前列。**二是创新型产品发行量居全国前列**。①中小企业集合票据发行量居全国首位。截至 2015 年 5 月末，全省累计发行 19 单中小企业集合票据，融资额 66.5 亿元，居全国首位。作为区域集优债务融资模式的试点省，先后推动潍坊、临沂、济宁等 6 市政府设立风险缓释基金 7.4 亿元，累计发行区域集优集合票据14.3亿元，有效助推了全省小微企业发展。②超短期融资券发行居全国前列。作为债务融资工具市场推出的新品种，目前全省已有12家企业完成超短期融资券发行，共发行70单，募集资金1379亿元，居全国第四位。超短期融资券的发行，优化了全省企业债务融资的期限结构，有效满足了规模较大企业的流动资金需求。③非公开定向债务融资工具支持重点项目和民生工程建设成效明显。截至2015年8月，全省已累计发行非公开定向债务融资工具144单，融资1270.4亿元，居全国第六位。2014年，济南市小清河开发建设投资有限公司、济南西城投资开发集团有限公司和临沂城建投资集团成功发行了95.2亿元非公开定向债务融资工具，筹集资金用于济南市、临沂市保障房重点项目建设，进一步拓宽了保障房融资渠道。**三是市场参与主体数量显著增加，结构趋于优化。**从发行主体看，省内作为独立主体完成债务融资工具发行的企业从2005年的7家增加至目前的150家，企业规模和行业分布也逐步优化、更加均衡。从承销主体看，2014年以来，交易商协会认定的全部22家A类主承销银行和10家A类主承销券商均参与了全省债务融资工具的承销，而2008年以前参与承销的主承销商仅为10家左右。

2. 利用交易所市场债券融资情况

2014年，山东省共有54家公司发行了73只债券，发行金额总计316.86亿元。就债券类别而言，73只债券中，包含2只证券公司债、5只ABS、5只一般企业债、6只一般公司债、3只可转债、1只可交换债、51只私募债；就区域（17地市）而言，济南10只，青岛10只，潍坊12只，济宁7只，滨州4只，德州4只，聊城4只，泰安4只，枣庄4只，淄博3只，菏泽3只，烟台2只，威海2只，东营2只，日照1只，莱芜1只，临沂0只。

全国信用债发行规模最大的省市主要是北京、广东、上海、江苏、山东、浙江、福建，上述七省市2014年信用债券发行规模占全国信用债发行总规模的70%以上。以上各省市2014年在交易所发债总体情况如表9所示。

表 9　各省 2014 年在交易所发债情况表

序号	省市	发行人（家）	发行只数	发行金额（亿元）	发行金额较大机构
1	北京	31	100	1123.74	证金公司（483.78）亿元 银河证券（274.1）亿元
2	广东	39	60	952.96	广发证券（277）亿元 中信证券（210）亿元
3	上海	17	41	711.9	国君证券（220）亿元 海通证券（185）亿元
4	江苏	112	144	642.2	华泰证券（230）亿元
5	山东	54	73	316.86	兖矿股份（50）亿元 魏桥纺织（30）亿元
6	浙江	41	50	188.62	财通证券（20）亿元
7	福建	9	14	131.2	兴业证券（100）亿元

如剔除证券公司发行额度，山东省与排名前列省市的债券发行规模差距明显缩小。

3. 利用场外债券融资情况

场外债券市场是指在上海、深圳证券交易所和新三板以外开展的债券市场。除银行间市场之外，山东省的场外债券融资主要有齐鲁股权交易中心私募债券、齐鲁证券柜台市场收益凭证和中证机构间报价系统收益凭证等。

齐鲁股权交易中心私募债券已成为其拳头产品，围绕打造私募市场，分别从规则制定、产品设计、发行流程以及投资者权益保护等方面进行了改进与优化。自 2013 年 11 月开展此项业务以来，截至 2015 年 6 月，共备案私募债券 35 只，备案金额近 23 亿元，并创新推出特色短期私募债券产品——“短融宝”。

收益凭证被定义为证券公司发行约定本金和收益的偿付与特定标的相关联的有价证券。作为一种债务融资工具，收益凭证不对应具体资产，由证券公司的信用担保偿付，募集资金可以直接用于补充运营资金。而其收益约定方式的多样性又使长于金融产品结构设计的券商有了更多施展空间。齐鲁证券 2015 年 1—6 月收益凭证类产品发行共计 129 只，发行规模已达 120 亿元，收益凭证类产品保有数量 70 只，保有规模 64.2 亿元，占总保有规模的 32% 左右。

中证机构间报价系统收益凭证包含证券公司短期公司债券、并购重组债券、次级债券等以非公开方式发行的债券。2015 年第一季度，报价系统共发行私募债券 3 只，规模 19 亿元；发行收益凭证 799 只，发行规模 453.13 亿元。

4. 利用企业债券融资情况

近年来，山东省积极探索债券品种创新，进一步扩大债券融资规模的同时更加注重监管。2013 年底，国家下放企业债券预审权，我省抓住国家小微企业增信集合债试点机遇，精心挑选兖州区作为试点地区，先后于 2014 年 4 月和 9 月发行两期小微企业增信集合债，发行总额 8 亿元，发债募集资金以委托贷款的形式发放给小微企业，可惠及小微企业 350 余家。同时，还成功发行了全国首只省管国有企业集合债“14 鲁国资债”，募集资金总额 6 亿元，有力支持了省管企业高新技术项目开发与重点基础设施建设。

在抓好债券创新发行工作的同时，山东省加强对拟发债企业的指导，通过采取严格把关债券申报材料、抽查发债企业偿债准备及募集资金使用情况等措施，在债券发行的事前、事中、事后各阶段全面加强债券监管。山东省对企业债券的发行监管做法作为典型经验被中国经济导报进行了专题报道，并获得国家发改委的高度认可。截至目前，全省已发行的 139 只、1401 亿元存量企业债券均做到了按时兑付，未出现一起违约行为，得到国家发改委与债券市场的充分肯定。

2014 年全省共发行企业债券 48 只，发行总规模 497.1 亿元，超出年初债券融资计划目标 280 多亿元，发行只数和规模均居全国第三位（前两位分别为江苏和浙江）。从债券融资支持的重点区域和关键领域的发展情况来看：“一圈一带”企业债券融资规模占到全省企业债券发行规模的 56.4%，发行支数 27 只。同时，全省债券融资中有 164 亿元用于保障性安居工程建设，40.1 亿元用于市政道路建设，77.7 亿元用于城区河道治理，

30.2 亿元用于污水处理及市政管网铺设，充分发挥了债券融资对民生、民心工程的支撑保障作用。

（三）山东省资本市场创新融资情况

1. 私募股权众筹融资现状

党的十八大提出了深化金融体制改革，加快发展多层次资本市场的要求。2014 年 11 月 19 日，国务院常务会议首次提出“建立资本市场小额再融资快速机制，开展股权众筹融资的试点”。2014 年 12 月 18 日，中国证券业协会公布了《私募股权众筹融资管理办法（试行）（征求意见稿）》，拟允许券商作为中介服务机构开展股权众筹业务。由于目前私募众筹融资数据统计和监测制度尚未建立，因此，山东省的私募众筹融资数额目前尚无法统计。2015 年 3 月，齐鲁证券有限公司（以下简称齐鲁证券）通过中证众筹平台和公司 OTC 柜台系统完成了第一单股权众筹融资业务，8 名投资者认购，共募集资金 580.5 万元。该项目是行业内第一单认购金额起点为 10 万元的股权众筹融资业务。

2. 投贷联动融资发展现状

投贷联动融资在山东省探索起步较早，但发展一直较为缓慢，尚未发挥其应有的作用和效果，只有资质特别优良的少数企业才能够享受到投贷联动的实效。从省内金融机构开展投贷联动融资的情况来看，主要运行模式包括以下几类：一是与私募股权投资机构合作，项目互荐、信息共享。商业银行向股权投资机构推荐经筛选的、有股权融资意向的本行授信客户，由股权投资机构与企业商谈股权投资介入相关事项；股权投资机构也向商业银行介绍自身已投和拟投企业，商业银行经筛选后给予信贷支持，从而实现投贷联动。二是与系统内投资银行机构合作，协同配合、服务企业。这种方式的参与主体主要是拥有全牌照的金融集团。如招商银行的投贷联动品牌“展翼计划”旗下便拥有多种投贷联动产品，可以借助招银国际的股权投资直接实现投贷联动；可以通过设立结构化夹层基金为企业提供债权融资，视企业发展情况再由招银国际进行股权投资；也可以与并购基金合作，由并购基金在资本市场寻找并购方，商业银行通过对企业进行竞争力和成长价值评估寻找合适的被并购方，通过并购帮助企业实现价值增值。三是与券商等中介机构合作，为既有授信客户提供投行业务服务。联合证券公司和律师事务所、会计师事务所等中介机构，为主板、创业板、“新三板”及区域股权交易市场已上市和拟上市企业提供上市辅导、挂牌推荐、做市商引入以及协助定向募集等投行服务。

3. 股权投资基金发展现状

股权投资基金作为新兴的资本投资方式，对于促进产业转型升级，提高经济素质具有重要的意义。2014 年 8 月，《私募投资基金监督管理暂行办法》正式颁布实施，确立了私募基金行业的正式法律地位，为推动股权投资稳定健康发展、带动金融更好服务实体经济等奠定了制度基础。

与国内资本市场发达地区相比，山东省在股权投资基金的规模上差距还是比较明显的，这与我省的经济结构也有一定的关系。根据清科集团的统计数据，2014 年，全国 PE 投资主要集中在互联网、房地产、生物技术及医疗健康、机械制造、电信增值、能源等领域，而山东省在投资行业的前五大领域内的优势企业明显少于北京、上海、深圳、江苏等地区。2014 年，山东省 VC 投资案例仅 25 起，数量居全国第 11 位，排名前五的分别为：北京 629 起、上海 290 起、深圳 163 起、江苏 160 起、广东（除深圳）101 起。按投资金额，山东省投资金额为 1. 7 亿美元，排名第 12 位，排名前五的分别为：北京 67. 6 亿美元、上海 31. 3 亿美元、深圳 11. 1 亿美元、江苏 8. 5 亿美元、浙江 7. 6 亿美元。

山东作为稳居中国经济总量前三位的经济大省，设立的私募股权基金规模较小，企业融资需求与地区内私募股权投资基金发展尚不匹配。受近两年的宏观经济下行的影响，山东省的经济结构偏向于传统行业，整体来看，私募基金的投资行为尚未体现出预期的效果，仅有少数企业受益于此获得快速发展，多数企业还需经过一段时间的培育。同时，省外投资机构和私募基金早在 10 年前，就已深入到山东省挖掘项目资源，省内投资机构在面对国内一流 VC 和 PE 机构时的谈判能力也可能处于相对弱势的地位。

自 2014 年以来，山东省股权投资引导基金的设立工作，在制度建设、方案制定、基金筹措以及投资运作等方面取得了初步成效，预计 2015 年全省各级政府参股或出资的各类投资基金总规模将达到1070亿元以上，其中，政府出资257亿元。分投资方向看，产业发展方面的基金640.5亿元，科技创新与天使投资方面的基金113亿元，城镇化建设等方面的基金316.8亿元。

4. 资产证券化发展现状

自2005年启动资产证券化试点以来，北京、上海、广东、江苏等省份就开始积极参与，而山东省的起步相对较晚，直到2014年5月，国泰租赁以其应收承租人的租赁应收款为基础资产，发行了省内首单企业资产证券化产品；2014年10月，青岛银行以其信贷资产为基础资产，发行了省内首单信贷资产证券化产品。

山东省虽是经济大省，具备开展资产证券化的资产规模庞大、类型丰富，但实际开展的资产证券化业务规模偏小、资产类型单一。截至目前，全省共发行了5只资产证券化产品，总规模83.55亿元；包括国泰租赁发行的1只企业资产证券化产品，以及青岛银行、广饶农商行、恒丰银行、威海商行发行的4只信贷资产证券化产品。已发行资产证券化产品的基础资产主要是市场相对成熟的租赁债权和信贷资产，应收账款、小额贷款、商业物业、特许经营收益权等其他类型基础资产还没有成功案例。

（四）山东省区域性资本市场建设情况

1. 区域性股权交易市场发展现状

在近年来区域性股权交易市场建设的大潮中，山东省一直走在全国的前列。作为全省重点支持建设的齐鲁股权交易中心，在推进金融创新，拓展企业融资服务，深化多层次资本市场纵向合作，促进企业规范运作，支持全民创新、万众创业等方面，都发挥了有效的推动作用。一是企业挂牌融资成绩显著。截至2015年4月底，齐鲁股交中心服务企业超过5000家，其中挂牌企业462家，企业覆盖全省17市，涉及125个县（市、区），市场资源配置作用与政府行政作用有效结合，创造了业内难以复制的“齐鲁模式”；累计帮助挂牌企业实现各类融资170亿元，推出全国首单挂牌企业集合私募债、可转债、短融债、系列债和山东省首单小贷公司私募债，为企业实现债券融资 18.43 亿元，企业实现股权质押融资 22 亿元。二是交易网络平台建设不断完善。依托全省“两区一圈一带”发展战略，齐鲁股权交易中心成立了省会城市圈、蓝色经济区、“黄三角”、鲁南区域总部；强化与市县政府合作对接，设立了烟台、济南、德州、泰安 4 家运营中心、75 个工作机构，形成了覆盖全省的市场服务网络。在完善挂牌交易、托管发布、综合展示三大市场平台基础上，将挂牌交易平台细分为“精选板”和“成长板”，建立了地方金融、知识产权、金融产品、医药产业等板块，初步形成了“三大平台、两层结构、多个板块”为一体的市场平台体系。上线了齐鲁股权综合金融服务平台、大宗股权竞价转让平台，搭建了互联网金融服务平台“齐鑫投”，探索推出了众筹平台。三是多层次资本市场的合纵连横工作持续深化。齐鲁股权交易中心于 2014 年 10 月与全国股转系统达成了“单独受理，优先审核，提前沟通，集中挂牌”的批量对接机制，26 家企业启动“新三板”挂牌程序，17 家企业顺利转板至“新三板”，开区域性市场与全国市场挂牌企业批量转移的先河；积极推进省级股权投资引导基金的对接工作，建立配套省级股权投资引导基金的企业项目备选库建设工作，在全省范围首批筛选 150 家优质企业入库，有效推动挂牌企业与股权投资公司进行融资对接；通过设立上市培育咨询委员会，初步建立了与主板市场的对接机制，有 8 家企业启动了深沪市场上市程序。四是创新融资方式和拓宽融资渠道齐头并进。齐鲁股权交易中心坚持直接融资与间接融资并重，综合运用私募股权、私募债权、股权质押、信托产品、集合信贷等多种融资方式，探索建立多元化投融资服务体系，先后与 28 家商业银行签署战略合作协议，协议授信额度 638 亿元；与省再担保集团开展了“股权融资保”、“债券融资保”业务，为挂牌企业融资提供增信支持；与市县政府合作设立“齐鲁股权普惠融资种子基金”，探索推出了“股权质押增信宝”等产品；推出了国内首支专门针对挂牌企业的区域市场信托产品；积极对接省级股权投资引导基金，建立股权投资项目库；首创“齐鲁众筹”“众创板”和“众创服务空间”的直接对接模式，有效延伸众创平台的服务链条。

2. 区域性金融资产交易市场发展现状

为贯彻落实《山东省人民政府关于加快全省金融改革发展的若干意见》（鲁政发〔2013〕17号），完善各类要素交易市场体系，打造济南区域金融中心，2014年3月省政府同意成立山东金融资产交易中心。该中心注册资本5000万元，从事金融资产交易服务及相关的咨询、财务顾问服务，随着市场推广力度的加大，交易量在逐渐增加，预计2015年将超过50亿元，其发展情况基本上代表了山东区域金融资产交易市场的发展现状。一是切实加强自身建设，保障市场健康规范运作。在各方的支持下，鲁金中心建立起了完善的法人治理结构，搭建起了高水平的专业团队，以及规范的交易规则体系，研发推出了国内较先进的综合交易系统，形成具有自身特色的业务和产品体系；成立了创新工作领导小组，同时设立研发中心，拨付专项资金支持创新型业务的研发，并建立起了一整套以市场为导向的研发创新工作机制和激励机制；借助外脑，与各大院校、研究机构、驻鲁金融机构建立合作研发机制，探索研究符合市场需求、服务地方金融和实体经济发展的交易品种和模式；设立了业务决策委员会，对中心探索业务渠道和创新交易模式及产品，特别是在风险管控等方面，进行研究、审核，确保决策的科学化和规范化。二是充分发挥市场平台功能，开展金融权益交易。作为全省性不良资产处置和具有金融企业国有资产产权交易资格的交易平台，鲁金中心在省内率先推出了电子竞价交易模式，此交易模式通过专网、互联网为多家公司的资产、债权等进行实时电子竞价，使交易更加公平、公正；与多家金融机构、驻鲁银行及城商行建立了密切合作关系，特别是依托股东信达在处置不良资产方面的专业化优势，基本承揽了信达在山东不良资产的处置业务，2014年通过电子竞价交易实现不良资产平均23%的增值，加快了资产的有效流动，实现金融资产的保值增值。三是大力推动产品研发，拓宽企业融资渠道。①小贷贷款资产收益权产品：利用小贷公司持有的信贷资产为基础，引入实力雄厚的担保公司，通过在鲁金中心挂牌面向特定投资者进行转让，该产品具有风险低、期限设置灵活等特点，目前已为全省小贷公司实现融资近3亿元。②融资租赁收益权凭证产品：以融资租赁公司已投放的租赁项目应收租金为基础资产设计研发而成，探索出适合融资租赁公司融资的风控体系，形成完整的交易流程，具有多重风险控制、收益平稳等特点，满足了融资租赁公司的融资需求，拓宽了中小微企业的融资渠道。③互联网金融产品：鲁金中心自主研发出了以“鲁金宝”为核心的互联网金融理财产品，具有认购门槛低、产品结构清晰、操作安全便捷等特点，满足了企业融资和百姓理财的需求。四是创新平台合作模式，推动融资渠道建设。与阿里招财宝、陆金所、京东、易BANK等互联网交易服务平台创新业务合作模式，实现技术端口对接，推出鲁陆通、鲁金广融定向融资工具以及债务融资计划等，实现了产品异地挂牌和国内重点区域的业务覆盖，极大地拓展了融资渠道。

3. 区域性大宗商品交易市场发展现状

为加快全省金融改革发展，推动大宗商品交易市场建设，按照国家有关政策规定和省政府文件要求，2014年8月份，省金融办出台了《关于开展介于现货与期货之间大宗商品交易市场试点工作的意见》，确定了试点工作的总体要求、基本条件和主要内容，明确了试点工作方向。试点以来，全省新设了日照大宗商品交易中心、临沂国际商品交易中心、山东休斯顿石油装备交易中心、华东石油交易中心、金乡大蒜现货电子商务交易市场等5家交易市场，开展介于现货与期货之间的大宗商品交易市场试点，主要交易品种涉及铁矿石、板材、螺纹钢、石油、石油装备、农产品等。一是政策支持力度比较大。《关于加快全省金融改革发展的若干意见》提出，探索发展介于现货与期货之间的大宗商品交易市场，这是国内首次以省级政府文件明确提出这一市场类型；省金融办出台了《关于开展介于现货与期货之间大宗商品交易市场试点工作的意见》，这是全国首个指导大宗商品交易市场建设的专项文件。二是立足服务实体经济。大宗市场立足于商品交易、交收，同时又具有金融属性，在市场搭建时着眼区域经济特色，依托当地资源禀赋、产业优势和区位条件，着力支持由行业骨干企业、政府平台发起设立，增强市场公信力和资源集聚能力，更好地促进当地优势产业发展。三是突出综合性市场与专业性市场相结合。按照“总量控制、合理布局”的原则，科学统筹数量规模、品种结构和区域布局，推动将日照大宗商品、临沂国际商品交易中心逐步建设成为综合性大宗商品交易市场，推动建设特色化、专业化大宗商品交易市场。**四是**注重探索创新。立足于提升和服务现货市场，以实物交割为目的，在现有政策框架内积极探索，健全完善交易、定价、避险、投资等服务机制，逐步培育并放大商品定价、现货贸易、商品投资、现代物流、供应链融资等服务功能，不断提高市场效率。

4. 区域性债券市场发展现状

区域性债券市场在全国范围内尚无先例，各地主要以研究探索为主，并力图通过试点获得突破。目前，除了沪深证券交易所的场内债券市场和银行间的场外债券市场外，部分省市依托区域股权交易市场开展了私募债券发行和交易。2014 年，齐鲁股权交易中心备案私募债券 23 单，服务企业 24 家，备案金额 11.73 亿元；创新推出特色短期私募债券产品——“短融宝”，目前已成功备案 6 单，备案金额 0.93 亿元。

（五）山东省期货市场发展情况

一是期货市场规模增长较快，场外期权市场起步平稳。截至 2015 年 3 月，市场总成交量为 5594.80 万手，同比增长 43%，全国占比 3.63%；总成交额为 67623.57 亿元，同比增长 72%，全国占比 2.85%；山东省市场客户保证金为 149.72 亿元，较年初增长了 54%，全国占比 4.92%。场外期权业务是 2014 年以来涌现的创新业务，山东省目前只有鲁证期货开展了该项业务。截至 2015 年 3 月底，鲁证期货完成了 17 笔场外期权交易，累计名义成交额达 2.17 亿元、累计成交期权费约 500 万元，主要交易标的为豆粕、棕榈油、棉花和铁矿石。二是期货渗透率显著提高。期货渗透率是指期货成交额与 GDP 的比值，可以从总体上反映出实体经济运用期货市场的程度。2014 年我省期货渗透率为 0.76，较 2012 年的 0.66 显著提高。三是期货交割库建设成绩显著。截至 2015 年 3 月底，我省已经设立了涉及农、林、金属、贵金属、化工等各大类商品的期货交割库共 55 个，全国占比约 9%。其中农、林产品交割库 29 家，工业品 26 家。四是期货经营机构综合实力明显提高。我省有 3 家本地注册期货公司，分别是鲁证期货、招金期货和中州期货。截至2015年3月底，3家期货公司的净资产为14.76亿元，较上年同期增长了6.57%，三家公司客户保证金总额为63.67亿元，较上年同期增长了48.52%，累计实现净利润2158.94万元，较上年同期增长了42.55%。五是期货市场投资者结构渐趋合理。①机构客户数量增长较快，2014年末机构客户的数量为1860户，较2012年增长31.3%，而同期自然人客户数下降了21.7%；②机构客户数量占比大幅提高，其占总客户数的比例由2012年的1.56%增长到2014年的2.58%；③机构客户日均持仓量快速增长，2014年机构客户的日均持仓量为9.8万手，较2012年增长了151.3%，而同期自然人客户日均持仓量仅增长了87.7%。

二、存在的突出问题

（一）股票市场方面

1. 挂牌上市方面

一是上市企业总体数量偏少，且新兴产业上市企业占比严重偏低。从境内上市公司数量来看，截至2014年底，广东、浙江、江苏、北京、上海分别为393家、268家、256家、239家、207家，山东省的境内上市公司数量仅为154家，与经济总量全国排名第3的地位不相匹配。另外，从新兴产业上市企业的情况来看，截至2014年底，在沪深证券市场上，环保、互联网与相关服务、软件与信息技术服务、金融、文化传媒等行业，分别有上市公司27家、14家、112家、53家、44家，山东省除了东软载波、浪潮软件、鲁信创投等3家外，再无新兴产业上市公司。号称文化大省，却没有一家文化传媒类上市公司。二是进入上市辅导程序的企业数量较少，企业上市推进工作仍需加强。山东上市后备企业较多，但进入上市辅导程序的企业数量相对较少。根据证监会2015年6月5日发布的最新情况，全国共有正常在审企业554家，其中，江苏在审企业为82家，浙江在审企业为63家，山东在审企业仅有20家，与山东作为经济大省的地位远远不相匹配。究其原因，有以下几种情况：部分企业对借助资本市场加快发展认识还不到位，比较介意被稀释股权；部分企业对新股发行体制改革持观望态度，对“注册制”理解有偏差；在首发上市监管力度加大的情况下，部分企业整改前期问题需要时间，等等。三是部分中介机构执业质量难以适应企业到“新三板”挂牌的需求。随着新三板融资功能的日益显现，交易的不断活跃，企业到新三板挂牌热情持续高涨，但与此同时，部分主办券商在执业过程中也出现了一些问题，如：项目组成员专业水平参差不齐，对“新三板”挂牌政策认识不到位；部分中介机构“嫌贫爱富”，单方面提高拟挂牌公司立项要求，对之前承揽的项目“消极怠工”；部分主办券商片面追求挂牌数量，对后续持续督导重视不足，等等。这些问题的存在，在一定程度上影响了企业到“新三板”挂牌的进程。

2. 上市公司并购重组方面

一是利用并购重组做优做强的意识不强，资本市场资源配置功能发挥不理想。山东省制造类上市公司占绝大多数，在目前经济新常态下，产业结构调整和转型升级的压力很大。从2014年年报看，山东省上市公司中有16家亏损，比去年增加7家，亏损面扩大，亏损金额合计达到33.8亿元。从2014年以来实施重大资产重组的数量来看，与江浙等经济发达地区相比，山东省上市公司利用资本市场实施并购重组的差距较大。2014年度，证监会审核188家上市公司的194单重组（通过185单），山东省仅有6单，占比仅为3%。特别是国有控股上市公司实施并购重组的数量更少，只有新华医疗1家（辖区国有控股上市公司数量52家，占比39%，总资产、营业收入规模占比均超过70%，净利润占比64.67%）。二是资本运作能力略显不足，且部分公司在实施并购重组过程中法律意识不强，丧失了很多机会。2014年以来，山东省共有16家上市公司终止重大资产重组，原因主要有：事前尽职调查不够，标的资产实际质量与真实情况存在较大差异；行业景气度下降，标的资产估值出现大幅波动，导致谈判破裂；交易对手方涉嫌存在内幕交易等导致交易无法进行，等等。特别是部分上市公司频繁发布筹划、终止重大事项公告，有“忽悠式重组”之嫌。这一方面暴露出山东省上市公司实施重大资产重组中，在并购标的选择、内幕信息管理、尽职调查、停牌时间选择等方面的资本运作能力还不强。另一方面也说明山东省私募股权基金、产业基金、财务顾问和审计评估等中介机构发展滞后，难以在上市公司并购重组中充分发挥作用。三是由于体制机制原因，国有控股上市公司在资本市场上的发展活力和竞争力明显不足。近年来，辖区国有控股上市公司在治理机制和管理水平方面已经有了很大改观，但一些深层次的矛盾和问题依然存在，比如：政企不分、政资不分不同程度存在，现代企业制度建设进展不均衡，激励约束机制不到位等。而资本市场瞬息万变，对效率要求较高，特别是在内幕信息防控方面，需要尽可能地减少知悉范围和缩短审批链条。因此，目前对国有控股上市公司管理内容偏多、方式偏死板的情况在客观上对其利用资本市场增强企业活力、提高运作效率方面形成了很大的掣肘。

3. 历史遗留股东超过200人公司问题

（1）山东省股东超200人公司的基本情况。山东省股份制改革和国有企业、集体企业产权制度改革起步较早。改革初期，在当时全国大的政策背景下，企业股份制改革处于探索和试点阶段，法律政策、监管制度缺乏明确规定，一些历史遗留问题不可避免地会出现。近期，省金融办从各市金融办、省工商局、山东证监局、山东产权登记公司、齐鲁股权交易中心、青岛股份制企业股权托管中心等处对全省股东超200人公司进行了调查摸底，从调查了解的情况看，山东省通过非公开发行股票方式设立的股东超200人公司有293家（含部分地方银行业机构，不含隐名股东超过200人的公司），居全国第一位。这些公司绝大多数是1996年之前以定向募集方式设立的股份公司。从区域分布看，淄博、济南、烟台三市居多，合计占到了全省的近60%；从上市挂牌情况看，共有36家已（拟）上市挂牌，其中，已上市26家，“新三板”挂牌4家，正在申请上市、挂牌6家；从经营情况看，除已上市挂牌的企业外，还有120多家经营比较正常，有80多家具备上市挂牌的基本条件。

山东省股东超200人的公司主要有四类：一是定向募集股份公司。股份制试点之初，在《公司法》1994年实施之前，省、市、县政府或有关部门都可以批准设立定向募集公司，1995—1997年，省政府按照国务院的要求，对这类公司进行了规范确认，当时确认保留的定向募集公司有384家。

这些公司有 1/3 已经破产清算或关闭，有 1/3 半死不活，有 1/3 经营情况还是不错的，部分企业已经上市。二是国有企业、集体企业改制而来。山东省国企、集体企业产权制度改革一直走在前列，当时改革的方向是搞股份合作制，鼓励管理层、员工持股，这样就造成改制后实际股东超 50 人、200 人。三是地方产权交易市场下柜企业。20 世纪 90 年代初正是我国资本市场刚刚建立之时，曾有省、淄博、青岛等三个地方产权交易市场，挂牌企业最多时近 200 家，投资者超过百万人。1998 年，按照国务院整顿场外交易市场的要求，这些产权市场被关停，这些市场下柜企业均为股东超 200 人的公司。四是城市商业银行、农村信用社等地方法人金融机构。这些机构普遍存在股东实际人数超 200 人的问题。

（2）山东省股东超 200 人公司存在的问题。一是历史政策与当前政策衔接的问题。在 1992 年 5 月 15 日原国家体改委等五部委发布的《股份制企业试点》《股份有限公司规范意见》和 1994 年《公司法》实施之前，我省股份制改革和企业产权制度改制已经开始起步。这段时间出现的股东超 200 人公司大部分与 1994 年实施的《公司法》的有关规定不尽一致，主要是内部职工股“超比例、超范围”发行的问题。现在中国证监会对这类公司要求在规范的基础上，由省政府出文予以确认。二是部分公司历史沿革复杂，改制不规范，股权确认困难。企业改制与国有、集体产权制度改革密不可分。由于历史原因，股东超 200 人公司的股权形成及国有、集体产权制度改革政策与国家、省里的政策不尽一致，履行程序不规范，存在越权定政策、越权审批或未审批等问题，对这部分股东超 200 人公司的改制规范确认难度较大。三是部分公司股东存在代持现象。根据《公司法》的规定，有限责任公司的股东不得超过 50 人、股份公司的股东不得超过 200 人（股东超过 200 人的需证监会同意），因此，很多国有、集体企业改制时，通过自然人、持股会、工会或信托等方式代持，工商登记股东不超过 50 人、200 人，但实际股东人数却超过 50 人、200 人。四是部分公司运作不规范。部分股东超 200 人公司多年不披露年度报告，不召开股东大会，公司治理不完善，“三会一层”不健全。五是部分公司存在“脱壳”现象。有些股东超 200 人公司的资产已经被大股东或实际控制人转移，公司已成为“空壳”公司，经常有中小投资者上访现象。

4. 规模企业规范化公司制改制存在的问题

一是部分省属企业资源配置水平不高，行政化色彩较重。山东省属企业尤其是大企业仍然处于行政化管理模式，企业负责人总是想着自己是什么级别，而不是紧盯着市场，考虑如何适应市场进行改革发展。二是国有企业股权激励机制建设较为落后。由于高管人员、普通人员的薪酬激励机制建设，无法与市场化的企业具有同样的竞争力，很难留住高素质高水平人才。导致山东国资结构在分布上还不太适应现在的形势需要，能源、原材料、重工业领域以及高污染、高排放企业比较多，面临环保、民生压力，所以这类国有企业必须进一步调整。三是中小民营企业缺乏可持续发展能力。山东省企业特别是中小民营企业规模小、实力弱，融资渠道狭窄，法人治理不完善，股权归属不清晰，财务规范性差等问题突出，严重制约企业的长远发展。

（二）债券市场方面

1. 银行间市场债务融资

一是债务融资工具发行利率显著分化，中小企业、民营企业直接债务融资存在困难。在经济下行压力和债务融资工具违约趋于常态化的背景下，债务融资工具发行利率显著分化，评级偏低、资质偏弱的中小企业、民营企业债券发行的难度进一步增加。2015 年前 5 个月，国有企业债务融资工具的平均发行利率为 5.32%，民营企业为 6.76%，差值较上年同期扩大 0.35 个百分点，所有制“阶梯型”溢价明显。而作为银行间市场相对弱势群体的中小企业，其通过集合票据实现融资就更为困难。2015 年前 5 个月，全国仅有北京发行 1 单中小企业集合票据，山东省自 2014 年年初以来还未能实现集合票据的成功发行。可以说，虽然有最初区域集优模式的选择和政府信用的介入，但信用度偏低、企业实力偏弱仍然成为当前背景下中小企业集合票据难以被投资者广泛接纳的核心因素。二是融资主体行业结构有欠合理，制约了全省的转方式调结构进程。受产业结构影响，钢铁、有色、煤炭、化工等行业企业仍是山东省债务融资工具发行的主力，而高新技术、文化产业等新兴行业企业发债数量少、规模小。从发行情况看，2015 年前 5 个月，两类行业企业债务融资工具累计发行额分别仅占全省的 3.6% 和 0.3%，发债主体的行业结构不够合理也制约了银行间市场债务融资对于全省转方式调结构进程的引导与促进作用。

2. 交易所市场债务融资

一是金融机构利用交易所债券市场融资起步较晚。从先进省份的发展情况来看，各大证券公司通过交易所发行债券占据了融资额的半壁江山。山东省之所以排名第 5，主要是由于省内大型证券公司数量较少，而且齐鲁证券在 2014 年未能进入 20 家试点发行短期证券公司债券券商名单，不能通过发行短期债券循环融资；此外，受制于净资产的限制，公司债券发行规模也不能有效放大。二是大型企业利用交易所债券市场发债较少。省内大型企业特别是国有大型企业，之前受限于交易所发债主体要求，债券融资主要是在银行间市场进行。交易所债券发行政策变化之后，未能及时充分利用交易所债券市场发行债券。三是债券新品种数量较少。如可交换债、ABS 等新品种，省内发行数量较少。这主要受制于山东省上市公司数量（165 家）相较于广东（441 家）、浙江（298 家）、江苏（276 家）等省份有较大差距，以及符合发债条件的公司较少；此外，相关参与主体的创新意识和能动性需要进一步提升。

3. 场外债券融资

一是场外债券产品类型不够多元化。产品设计不足、同质化较为严重，无法满足投资者对于不同风险收益投资品种的需求，目前仅收益凭证较为活跃，是场外债券中发行最多的产品。此外，产品未形成系列，品种不全、时有断档，导致客户流失严重。二是场外债券市场交易机制相对单一。中国证券业协会的专项调查显示，在开办柜台业务的证券公司中，以销售为主的占绝大多数，而以销售为主、转让为辅的仅为 6 家。目前绝大部分柜台市场交易额为产品发行销售额，转让业务和做市业务尚未正式开展。2014 年 11 月 12 日，报价系统在线转让功能正式上线，但截至 2014 年底，只有 3 只资管计划完成转让，场外债券还没有实现转让。三是场外债券市场参与主体不够丰富。尽管证券公司柜台市场鼓励各类机构投资者参与，但由于受分业监管的限制，保险、基金、银行、信托等机构投资者并不能投资柜台市场的上柜产品。目前柜台业务和报价系统参与人主要以证券公司及其子公司为主，银行、保险、信托等金融机构参与程度相对较低，不利于柜台业务的做强做大。

4. 企业债券融资

一是整体发行规模不大，市场占比仍然较小。近期来，虽然山东省企业债券市场获得一定的发展，但其债券发行总量占 GDP 的比例与银行贷款占 GDP 的比例相比仍然较小。企业债券市场不论是债券品种、市场规模，还是债券市场的发育程度，都有较大的提升空间。企业债券市场不成熟的具体表现为债券品种单一，相对于国债、政策性金融债等利率债券而言，其占总体债券市场规模总量不大，且企业债券流动性相对较差，相关的发行定价制度等不够健全。二是企业债券融资方式尚待普及发展。现代资本结构理论认为，企业价值在一定程度上会随着企业的负债持续增加而上升。受多种因素影响，山东省企业融资目前过分地依赖间接债务融资，尤其是以银行贷款为主的融资方式，银行贷款规模在社会融资总量中占比依然较大。也正是由于山东省企业债券融资方式尚待普及发展，导致不能充分发挥资本市场的融资功能和资源配置功能，无法满足企业发展的资金需求，也无法满足社会资金的投资配置需求。三是企业债券发行环节非市场化特征明显。在企业债券发行环节，部分品种债券仍采用发行计划规模管理方式，采取审批制的监管制度。并且除基础债券之外，资产支持票据等新型债券发行规模尚未放开，在政策上束缚了债券品种的创新；并且企业债券的发行定价也并非完全市场化运作，企业债券发行利率弹性不大，无法客观体现债券的风险收益关系，也难以使每只企业债券得到合理的风险定价。

（三）资本市场创新融资方面

1. 股权众筹

根据中国人民银行等 10 部门 2015 年 7 月联合印发的《关于促进互联网金融健康发展的指导意见》（银发〔2015〕221 号）（以下简称《指导意

见》）对股权众筹融资的界定，其“主要是指通过互联网形式进行公开小额股权融资的活动。股权众筹融资必须通过股权众筹融资中介机构平台（互联网网站或其他类似的电子媒介）进行”。为有序推进股权众筹融资试点工作，2015 年 8 月，证监会向各省级人民政府印发了《关于商请规范通过互联网开展股权融资活动的函》，请各省级人民政府严格按照《指导意见》要求，严禁任何机构和个人以“股权众筹”名义从事非法发行股票的活动。并且，证监会决定近期对股权融资平台进行专项检查，检查的重点内容包括平台上的融资者是否进行公开宣传、是否向不特定对象发行证券、股东人数是否累计超过 200 人、是否以股权众筹名义募集私募股权投资基金。

目前，一些市场机构开展的冠以“股权众筹”名义的活动，是通过互联网形式进行的非公开股权融资或私募股权投资基金募集行为，不属于《指导意见》规定的股权众筹融资范围，存有一定的政策风险。证监会正在研究制定通过互联网进行非公开股权融资的监管规定。当前，股权众筹业务对所有机构而言均处于起步阶段，没有一个标准化、流程化的开展股权众筹业务的模式，需要花费大量的人力、时间成本进行重复探索。谁先探索出标准化、流程化的业务模式，谁将大幅降低业务成本，提高业务开展效率，实现业务收入快速增长，从而在未来的市场竞争中占据主动权。

2. 投贷联动融资

一是股东方和债权人评判标准的差异成为投贷联动融资操作层面的主要障碍。股权投资者和债权投资者对于企业的评判标准差异很大，前者注重于企业的成长性和盈利增长潜力，后者为了确保本息的及时收回，大多只关注于企业短期的现金流情况。对于中小企业来说，获得双重融资的难度加大，企业很难取得投贷联动带来的实际效应。现阶段，伴随着互联网模式的风暴影响，刚起步或发展前期的轻资产中小企业数量越来越多，无法提供有效的担保和抵质押成为债权融资的“绊脚石”，无法满足银行的授信条件。二是信息不对称给投贷联动业务风控管理带来了较大挑战。由于我国信用体系不完善，对于企业来说，股东方和债权人获取的信息有较大的差异。由于股权投资者和债权投资者对于企业的尽职调查的程度和后续管理方式的显著不同，更加大了这种信息不对称情况出现的可能性。而为了融资目的或者避税目的，企业多套报表的现象并不鲜见。尤其是在近两年频繁发生互保风险的环境下，企业间互保越来越谨慎，从而对投贷联动业务的风控管理提出了较高要求。三是投贷联动多为被动形成，尚没有形成金融控股集团协同下的典型模式和范例。投资机构与银行等金融机构通过各自的合作关系，建立项目资源库，在获取到项目基本信息后，根据各自的评价体系来选择确定融资的服务对象。一方面，投资机构对被投资企业完成投资后，为了促进被投资企业的发展，会寻找所熟识的银行等金融机构为其提供债权融资服务；另一方面，银行等金融机构为了使贷款企业通过股权融资降低负债率，也会向投资机构推荐项目。相互独立的投资机构与银行等金融机构之间的主动协同机制，尚没有典型模式和范例。

3. 股权投资基金

一是民间资本的股权投资活力有待进一步被激活。民间资本活动以投机性为主，大多为短线操作，无法转化为生产资金，迫切需要正面的规范引导。然而，由于一些机构以私募股权基金之名非法募资、误导投资者的恶劣影响，监管部门纷纷出台措施加大对股权投资机构的管制，山东省内工商部门也出台了严控“投资管理”类和“基金”类的名称核准和注册的内部政策。对于规模庞大的民间资本，不能简单地加以阻止，而是应该采取措施进行引导和规范，重点激活民营资本的股权投资活力。与大多民间资本投资形式相比，私募股权投资在具备灵活、盈利能力较强等特点的同时，凸显出专业化、规范化、透明化的优势，有利于控制风险，能够成为有效引导民间资本进行合理投资的新途径。二是行业内竞争加大了投资难度。随着私募投资基金规模的迅速扩张，跨区域的行业竞争加剧，对优质企业的争夺持续升温，PE 投资估值（市盈率）倍数显著提升，私募股权投资的难度明显加大。实体经济的下滑，导致企业短期内经营风险尤其是偿债风险增大，慧眼识别潜力项目成为投资成功的关键。与此同时，2014 年，国内股权投资新势力开始形成，VC 投资主要集中在互联网、电信增值、IT、生物医疗和金融等热点领域，PE 投资主要集中在互联网、房地产、生物技术及医疗健康、机械制造、电信增值、新能源等重点行业。然而，山东省的优势产业主要集中在传统行业上，与当前的投资热点不匹配，从中发掘潜力项目更是难上加难。三是PE投资后管理欠缺。高水平的投资后管理是控制投资风险、提升投资收益和证明投资实力的重要保证。在当前经济环境复杂多变的情况下，投资后管理的必要性更加凸显，越来越多的投资机构开始设立专职的投资后管理团队。整体而言，山东省内区域投资和管理机构的经验不够丰富，对于被投资企业的监督管理和增值服务能力有待磨炼和提高。四是缺乏有效的多层次退出渠道。尽管中小板和创业板的先后推出为私募股权投资企业提供了优质的退出渠道，但相对于投资总量而言，这一渠道非常有限。清科数据显示，2006—2014年我国累计私募股权基金投资案例数为19162起，而累计退出数量仅有3624起，投资退出率仅18.91%。“新三板”做市制度的推出，虽然进一步丰富了投资机构的退出通道，但过高的挂牌和增发市盈率，随之增大了后续投资风险。省内区域性股权交易中心在交易制度上尚未实现质的突破，交易不活跃，暂时不能作为三板市场的有效补充。五是股权投资创新与经济发展不匹配。山东省的各类股权投资创新较为落后，有待和上海、北京、广州、深圳及国外机构对接，有效将风险管理工具引入到省内，提高本地金融安全层级，引导社会资本合理规避市场风险及系统性风险。

4. 资产证券化

资产证券化的基本原理是，以所转让基础资产的未来现金流为偿付支持，发行资产支持证券的融资活动。理论上，在基础资产转让真实和收益风险隔离有效的情况下，完全依赖基础资产的未来现金流即可为资产支持证券提供偿付保障。但在实际操作过程中，作为基础资产转出方的企业往往会继续作为资产服务机构为基础资产的运营提供后续服务，因此，企业对基础资产的管理能力会影响到基础资产的未来现金流，给基础资产运营带来操作性风险。

此外，由于国内资产证券化起步较晚，配套的法律基础还不健全，导致基础资产的转让可能会存在一定的瑕疵，投资者往往要求原始权益人自身具有较强的实力和较高的资信水平，或者要求追加强有力的外部担保，以防止原始权益人经营风险的继续涉入。这也是目前开展资产证券化业务的主体主要是各类大型企业和金融机构的原因。中小型企业、小贷公司、租赁公司等中小型机构因自身的抗风险能力较差，又无法落实外部担保，很难参与到资产证券化业务中来。

（四）区域性资本市场建设方面

1. 区域性股权交易市场

一是市场参与主体亟待培育和规范。我省的区域性股权市场建设还处于发展阶段，一方面，市场挂牌企业主体多为处于创业期、成长期、发展期的中小微企业，亟待借助资本市场进一步规范和发展；另一方面，市场参与主体水平参差不齐，缺乏经验丰富的大型银行、证券公司等金融机构的深度参与，服务区域性股权市场的中小型中介机构正在培育规范过程中。作为服务平台的区域性股权市场，肩负了市场自身和各参与主体培育和发展的多重职责。二是“新三板”迅速发展形成企业资源分流。“新三板”是全国性公开转让市场，门槛较低，交易、融资、转板制度建设等方面具有明显的优势，中小企业登陆“新三板”的积极性较高，企业资源的分流对市场的影响不容忽视。三是外省区域性股权市场的不断渗入。前海股交中心、上海股交中心等区域性股权市场跨省域扩张，“跑马圈地”争夺挂牌企业，加剧了竞争业态。四是市场自身竞争力有待提高。比如股权交易中心在改制后的现代企业管理制度仍须进一步完善，内部体制须进一步理顺，金融创新能力须进一步提高，对中小微企业培育孵化的能力须进一步提升，专业人才的培养和引进亟待加强。

2. 区域性金融资产交易市场

一是金融资产交易市场或者说要素市场作为市场的高端形态没有国际先例，无例可循，缺乏足够的法律支持。目前，除了《企业国有资产法》对产权市场的作用有一定体现以外，其他如《合同法》《物权法》都不能直接为要素市场提供法律支撑。二是中国金融资产交易市场的监管体系也没有形成，而一个公开的、外部性如此之大的市场没有统一的、完善的监管体系，完全靠自觉意识、责任担当与生存需求，获得持续发展是很困难的。

3. 区域性大宗商品交易市场

一是大宗市场发展总体处于起步阶段。与先进省份相比，山东省大宗市场建设存在一定差距，尚未形成功能显著、影响力大的交易市场，与山东省经济大省地位不相称，与实体经济多元化需求不适应。此外，入市交易和提供服务的市场参与主体也需要规范培育和发展。二是交易市场创新发展受到国家政策制约。国发〔2011〕38 号和国办发〔2012〕37 号文件明确提出“六个不得”，特别是“不得以集中交易方式进行标准化合约交易”的规定，限制了市场创新发展的政策空间，市场流动性差，创新难度大，较难确立合规交易经营模式和盈利模式。三是交易市场高端专业人才明显不足。大宗市场建设急需既有理论认识又有实践经验、既懂金融业务又懂商品交易的复合型、创新型高层次人才，同时也需要专业化的经营管理团队。高端人才的缺乏，是目前制约市场发展的最大短板。

4. 区域性债券市场

一是场外债券市场融资渠道狭窄。由于区域性债券市场的缺失，与规模庞大的企业数量相比，有机会进入全国银行间市场完成债券发行的仍偏少。据统计，2014 年末，山东省规模以上企业为 3.9 万家，在全国性市场发行债券的企业仅有 326 家，占比不到 1%，其中在银行间市场发债的企业为 232 家；发行的债券处于存续期内的企业大概有 180 家，其中银行间非金融企业债务融资工具处于存续期内的企业仅有 148 家。二是现有场外债券市场融资效率有待提高。现有场外债券融资办理周期明显长于银行贷款，企业在银行间市场注册发行非金融企业债务融资工具，一般从前期调查到最终注册完成，周期约为 2～3 个月，采取审批制发行的企业债所需时间还要更长，而正常银行贷款的审批程序一般仅需要两周。建立区域债券市场，将注册审批单元向区域内有效延伸，有利于缩短材料反馈和沟通协调的时限，降低时间成本。三是发展区域性债券市场需要“摸着石头过河”。区域性债券市场在全国范围内尚无先例，没有成熟的经验可供借鉴。另外，国家层面尚没有明确的指导意见和管理规范，在业务开展过程中需要不断地探索和改进。四是适应区域债券市场融资需求的中介机构尚需培育。中小企业的资产规模、财务状况、经营管理水平等差距较大，探索建立专门针对中小企业的区域债券市场，需要逐步形成专门服务特定区域市场的承销商、评级机构、律师事务所等中介机构，量身定做适合中小企业、民营企业的债券市场产品。

（五）期货市场方面

一是多层次衍生品市场发展不均衡。一方面，场内与场外市场发展不均衡，尽管场内期货市场取得了长足的发展，但场外期货市场由于交易法规、监管机制、风险监测、集中清算等不完善，目前尚处于发展刚起步阶段。另一方面，期货与现货衔接不畅，重要行业的期货交割库设置不足。以钢材期货为例，2014 年，山东省钢铁产量在全国排名第三位，但是省内并没有设置钢铁交割库，钢铁企业如需参与期货交割必须去省外的交割库，对企业参与期货市场造成不便。二是山东省企业特别是国有企业参与期货市场的程度不高。由于国有企业参与期货等衍生品市场需要经过复杂的审批和决策流程，其参与积极性和效果均受到影响，山东省多个实体行业的生产规模在全国排名居前，但相应企业运用期货市场的程度不高。例如：钢铁冶炼行业，2014 年，山东省钢铁产量居全国第 3，期货保值量占实际产量的 30%，不及产量排名第 1 和第 2 的河北省、江苏省 50% 的比重。铜冶炼行业，2014 年，山东精炼铜产量全国第三，期货保值量占其实际产量的比重不足 40%，而全国铜冶炼行业期货保值量占其实际产量的总比重大约为 90%。三是山东省期货经营机构实力有待进一步提高。山东省经济总量全国排名第 3，实体经济中存在大量的风险管理需求，需要综合实力强大的期货经营机构来满足，但山东省期货经营机构的综合实力与经济总量不匹配。从综合排名进入全国前 20 的期货公司数量来看，山东省有 1 家，浙江省有 3 家，广东省有 5 家。从资本实力来看，江苏省、浙江省、广东省的省内期货公司注册资本总和分别是山东省的 2.9 倍、4.4 倍和 9.5 倍。从创新业务的开展来看，山东省内期货公司的风险管理子公司、场外衍生品、资产管理等创新业务的规模尚不足以满足实体经济的需要。四是实体企业对期货认识不足，期货高端人才匮乏。山东省实体企业对期货市场的认识不足，对期货市场的风险管理功能理解不够深刻。此前中航油巨亏事件等给中国企业留下了期货等衍生品市场“碰不得”的“教训”，加之一些媒体的负面宣传，使企业对本应是风险对冲场所的期货市场认识存在偏差。企业期货参与率不高导致期货人才队伍建设滞后，运用期货管理风险需要既懂现货又懂期货且具有较为丰富风险管理经验的高端金融人才，而目前相对匮乏，难以满足企业风险管理的实际需要。

三、外地经验借鉴

（一）银行间债务融资

从银行间市场参与主体和债务融资工具发行规模上看，山东省银行间市场直接债务融资的发展已经走在全国前列。其他省市的发展经验，目前值得借鉴的主要是江苏省的债务融资工具发行激励机制。

2010 年，人民银行南京分行会同江苏省财政厅、江苏省金融办在全国率先出台了《直接债务融资引导办法》，通过财政出资对主承销商进行奖励，有效调动了主承销商的积极性。2013 年，又按照“坚持鼓励做大总量、强化支持薄弱环节、强化产业政策导向、强化支持中长期限产品、强化支持创新”等原则，对引导办法进行了修改。此外，还在全国率先出台了《债务融资工具主承销商评价指引》及《债务融资工具主承销商评价规则》，并根据市场发展的最新情况不断对其进行完善。在这一系列激励措施和制度规范的引导下，江苏省银行间市场债务融资发展十分迅猛，在总量、结构、创新能力、风险控制等方面均走在了全国前列。

（二）投贷联动融资

投贷联动的代表之一是美国硅谷银行集团，主要为高科技公司提供金融服务，主要业务包括 5 大板块：硅谷银行、个人客户服务公司、分析服务公司、投资公司和全球业务公司。通过全资控股的硅谷银行为科技型企业提供商业银行贷款，通过参股美国的 300 多家创投基金开展股权投资业务，通过认股权等工具形成商业银行贷款和创业投资的协同业务推动机制和风险与收益的平衡机制。

2009 年，中关村管委会学习硅谷银行集团扶持科技型企业的经验，组建了中关村科技创业金融服务集团有限公司，逐步形成了创业投资、天使投资、银行、担保、小贷、租赁、典当的服务体系。通过融资方、投资方和小贷公司的三方合作方案以及认股权贷款的方式，实现投担联动和投贷联动的创新。同时北京市金融办出台了促进股权投资基金发展的相关优惠政策，鼓励商业银行以信托方式投资于股权基金，鼓励保险公司、信托公司、财务公司等金融机构投资或设立股权基金。2014 年，北京中关村互联网金融信息服务中心成立，主要为投融资平台提供各种征信信息服务。

2011 年，在上海市政府和国家有关部委的大力支持下，由上海国际集团和相关投资人共同发起设立了人民币国际投贷基金——赛领国际投资基金。赛领国际投资基金的运作模式，体现了境内外联动、投贷联动、基金运作与企业海外发展联动的“三个联动”特色，是国内金融服务的重大创新。赛领国际投资基金为公司制，总规模为 500 亿元，首期募集规模为 120 亿元。基金投资人包括中央和地方企业集团、上市公司、知名民营企业和金融机构等。未来几年内，将通过母子基金、投贷结合及发行债券等多级放大方式，使基金投资总规模超过 1500 亿元。

（三）股权投资基金

中国经济经过 30 年的高速增长后遇到了一些问题，从国际经验看，当时美国经济经过高速增长后也遇到了不少问题，而美国通过高科技产业替代了传统经济，其背后的推手就是发达的资本市场，其中 VC 和 PE 起了重要作用。目前，各地政府正积极地通过各种措施引导和促进股权投资基金的发起设立，以应对经济转型升级的需要和加强对本地企业的投资培育，京、津、沪的私募股权中心之争可见一斑。

天津最早提出建立 PE 中心。天津很早就提出在搞好渤海产业基金试点基础上，鼓励发展各类产业基金，把天津逐步建成中国产业基金发行、管理和交易中心。由国务院特批、发改委批准的渤海产业投资基金于 2006 年底挂牌，并募集首批 60 亿元资金，成为国内设立的首只产业投资基金。2007 年初，由天津市政府主导的、国内规模最大的滨海创业风险投资引导基金成立，该基金起始规模达 20 亿元，采取“母基金”的方式运作，力争带动直接投资 500 亿元。2008 年 5 月，国家发改委发布《关于在天津滨海新区先行先试股权投资基金有关改革问题的复函》，支持天津市加快发展股权投资基金。2008 年 9 月，天津船舶产业投资基金获国家批准设立，总规模为 200 亿元。2010 年 6 月 11 日，在天津召开的“首届中国股权投资基金年会”上，成立了全国性的产业（股权）基金与创业投资协会筹备小组，并将报请民政部设立全国性的行业协会。

北京强力推进股权投资基金的发展。首先是建立股权投资基金的快速注册通道，其次是研究制定针对有限合伙企业的财税支持政策，并对经国家批准的产业投资基金视同金融企业给予政策支持，最后是股权投资基金中心大厦落户北京金融街。此外，北京市还积极探索创新政府资金使用模式，统筹考虑地方社保基金、企业年金，采取设立股权投资引导基金的方式，引导国内外各类机构投资者在京设立股权投资机构，促进股权投资基金产业的发育成长。中关村的投—贷—担联动可以有效地解决企业的融资问题，具有一定的借鉴意义。作为资本市场的中心、政策制定部门和监管部门的所在地、大型金融机构的聚集地，北京具有别人无法比拟的天然优势，股权投资基金发展迅猛。在近年的投资事件中，北京无论从投资企业数量上还是投资金额上都占据着榜首地位。

上海抓住制约 PE 的关键点。2008 年 8 月，上海市金融办、市工商局和市财税局联合发布了《关于本市股权投资企业工商登记等事项的通知》，对股权投资企业、股权投资管理企业进行规范的同时，还抛出了多项优惠政策，以期吸引更多的 PE 落户上海。此次虽然看似只是发布了一个关于私募股权基金注册方面的通知，但实质上是抓住了当时制约私募股权基金发展的关键点，工商登记已成为一些私募股权基金，特别是有限合伙制私募股权基金难以名状之痛。这项政策的具体内容包括明确了股权投资企业可以使用“股权投资”或者“股权投资管理”等名称，并可以以有限合伙制注册。在税收政策上也尽量给予股权投资企业优惠，市政府还发挥本市市场和项目优势为股权投资企业提供交易平台和投资资源，比如这些企业的股权或者出资可以在本市产权等要素市场进行转让。浦东新区的股权投资企业，在这项政策中率先受益。

江苏争当国内新兴股权投资中心。近年来，江苏省积极鼓励和支持各地探索孵化器市场化建设、管理的各种模式，合建、共建、租赁、委托管理等形式的孵化器不断涌现，公司化机制运作的孵化器数量不断攀升。位于苏州高新区的博济科技创业园成立 4 年来，通过市场化运作，在苏州开创了“官助民办、校市企合作、产学研全面推动”的运营新模式，摸索出了一条“民营资本投入 + 高校科研支撑 + 政府政策驱动引导”的民营孵化器运营新路子。为了让更多的科技型初创企业深入了解国家和江苏省支持科技创新创业的有关政策，江苏省定期举办江苏创业周活动，组织科技、税务、创投、银行、担保等各类专家，重点介绍支持科技创业创新的财税、知识产权、中小企业贷款等政策与扶持措施，辅导科技型中小企业用政策推进创新创业。苏州股权投资基金协会于 2010 年 11 月成立，联合北京、天津、上海、深圳和重庆的股权投资基金协会于 2010 年 12 月发起并成立中国股权投资基金协会，有限合伙股权投资基金向苏州快速集聚。

（四）资产证券化

从省外资产证券化发展较快地区的经验来看，一方面是不断创新尝试，积极推出基于不同类型基础资产的资产证券化产品，另一方面是通过大力推动租赁公司、小贷公司等类金融机构的资产证券化业务，间接为中小微企业发展提供资金支持。例如，为解决小贷公司规模普遍偏小、开展资产证券化业务不经济的问题，江苏省集合 7 家小贷公司发行了小贷集合资产证券化项目，通过资产证券化的方式为小贷公司筹集资金，用于对中小微企业的小额贷款发放。

（五）区域性股权交易市场

近三年区域性股权市场覆盖面迅速扩大，基本上形成了“一省一家”的局面，少数区域内设有两家到三家。区域性股权交易市场挂牌企业数量、融资规模不断增长，培育孵化能力逐渐增强。

浙江股权交易中心产品丰富，创新特色明显，是最早开展私募债业务的场外市场，创造了多个区域性股权市场的全国首单，其私募债权品种较为齐全和丰富，包括民生工程类私募债、小贷公司定向债和普通私募债券。

深圳前海股权交易中心侧重于服务民营中小微企业，期限灵活，发行主体多元化，债新产品系列丰富，相继推出“梧桐私募债—天地金信”4大系列产品以及短期融资凭证等，对私募债的发行期限和发行条款不做限制，募集资金限定用于与企业的生产经营相关的各个方面。

重庆股权交易转让中心和广东金融高新区股权交易中心主要发行小贷债，并创新私募债网上销售模式。通过对接私募债或以私募债作为基础资产拆分，相继推出了财富管理计划、资产管理计划等多种资产增值服务；利用互联网平台拓展私募债的投资者渠道，将部分私募债打包、拆分，通过线上渠道如阿里金融的招财宝平台，完成募集或销售。

贵州股权金融资产交易中心侧重地方融资平台发行，其私募债发行主体大部分是地方融资平台公司，已形成自己的“银杏债”系列产品。

四、现行政策导向

（一）股票市场

1. 上市挂牌融资

近年来，我国多层次资本市场体系建设不断加强，为对接投融资需求搭平台、拓渠道、建机制，营造有利于企业成长的良好环境。一是注册制改革推动投资银行业务转型发展。随着新股发行体制改革的启动，IPO开始了向注册制过渡的阶段。注册制的正式实施要等到《证券法》修改之后。按照立法程序，《证券法》的修改须在全国人大常委会的三审程序后才能获得通过，因此注册制的出台最快可在2015年下半年实现。《证券法》的修改、注册制的推出，将取消股票发行的持续盈利条件，降低小微和创新型企业上市门槛。二是优先股试点逐步推开。为贯彻落实党的十八大、十八届三中全会精神，深化金融体制改革，支持实体经济发展，依照《公司法》《证券法》相关规定，证监会于2014年3月21日正式发布《优先股试点管理办法》。我省的晨鸣纸业已于2014年12月推出发行优先股的方案。开展优先股试点，有利于进一步深化企业股份制改革，为发行人提供灵活的直接融资工具，优化企业财务结构，推动企业兼并重组。三是创业板降低盈利门槛和发行条件。证监会于 2014 年 5 月 16 日发布《首次公开发行股票并在创业板上市管理办法》和《创业板上市公司证券发行管理暂行办法》，除了盈利门槛降低外，还简化了其他发行条件，强化了信息披露约束，并且全面落实保护中小投资者合法权益和新股发行体制改革意见的要求。另外，创业板申报企业不再限于新能源、新材料、信息、生物与新医药、节能环保、航空航天、海洋、先进制造、高技术服务九大行业。创业板包容性再一次增加。四是战略新兴板酝酿推出。在上海证券交易所设立战略新兴板，与创业板错位发展，定位于服务规模稍大、已越过成长期、相对成熟的战略新兴产业企业。该板块将采用更包容的上市条件，配备差异化制度。五是"新三板"活力将不断增强。为进一步激发市场活力，"新三板"于 2014 年 6 月 5 日推出《全国中小企业股份转让系统做市商做市业务管理规定（试行）》。该规定对证券公司做市的业务条件、做市人员资格、做市系统及做市商的责任进行了规定，进一步激活了中小企业股份转让系统挂牌的股票交易活跃度。

2. 上市公司并购重组

一是充分发挥资本市场促进资源流动和优化配置的基础性功能，推动并购重组市场化。在发行股份购买资产中，增加定价弹性和调价机制，增加发行优先股、定向发行可转债，定向权证等三种并购重组支付方式，提高发行股份购买资产配套募集资金的比例，取消向非关联第三方购买资产的盈利补偿要求，鼓励交易双方经协商签订符合自身特点、方式更为灵活的业绩补偿协议，取消发行股份购买资产的比例、金额要求，丰富要约收购人履约的保证方式，不再强制要求上市公司提供盈利预测报告，明确标的资产价值可以资产评估结果作为定价依据，也可以其他估值方式作为定价依据。对于构成借壳的并购重组项目，审核标准等同于 IPO，执行累计首次原则和预期合并原则，规定创业板公司不得借壳。二是取消、下放部分审批事项，简化审批程序，加大对并购重组事项的财税政策支持力度。取消上市公司收购报告书事前审核，强化事后问责；取消上市公司重大资产购买、出售、置换行为审批（构成借壳上市的除外）；优化企业并购重组相关审批流程，推行并联式审批，避免互为前置条件。实行上市公司并购重组审核分道制，对符合条件的企业并购重组实行快速审核或豁免审核；完善企业所得税、土地增值税政策，落实增值税、营业税等政策。三是强化信息披露，加强事中事后监管，保护投资者合法权益。要求充分披露发行股份购买资产定价的选择依据、调整方案，细化管理层对未来盈利能力、未来发展前景等分析的披露要求，增加披露投资者保护的相关承诺；对于虚假重组等情况，增加暂停、终止重组等监管措施，强化重组各方的法律责任，加强对并购重组的现场检查力度；引导建立民事赔偿机制，并购重组预计摊薄每股收益的要求披露填补每股收益的具体措施，加强投资者权益的保护。

3. 股东超 200 人公司问题

解决股东超 200 人公司的历史遗留问题，需要因企施策，多措并举，分步骤，分层次，优先解决经省级政府规范确认，股权清晰、治理完善、运作良好的股东超 200 人公司。一是在区域性股权交易市场开展股东超 200 人公司挂牌试点工作。根据国发〔2011〕38 号、国办发〔2012〕37 号文件精神，区域性股权交易市场是为非上市股份公司提供股份协议转让的私募市场，该市场不允许挂牌公司因协议转让致使股东人数超过 200 人。目前，山东省的股东超 200 人公司都不是因协议转让产生的，这些公司在区域性股权交易市场挂牌并不违反法律法规的规定。今后，应积极争取中国证监会的支持，允许山东省开展股东超 200 人公司在区域性股权交易市场挂牌转让的试点，解决股份流通和公司规范问题。二是将企业“新三板”挂牌作为工作重点。加强与全国中小企业股份转让系统的战略合作，推动全国中小企业股份转让系统开辟山东省股东超 200 人公司在“新三板”挂牌的“绿色通道”，推动在“新三板”建立“股东超 200 人公司板块”。三是直接到沪深交易所“介绍上市”。积极争取中国证监会的支持，允许符合条件的股东超 200 人公司在不首发融资的前提下，直接到沪深交易所上市。四是探索建立上市挂牌的转板机制。争取中国证监会支持，开展已在区域性股权交易市场、“新三板”市场挂牌的股东超 200 人公司与沪深交易所直接转板的试点。五是开展股权集中登记托管。为规范股权结构，推动股权有序流通，开展股权质押业务，打下进入资本市场的基础，本着自愿的原则，推动股东超200人公司到经省政府批准的股权登记托管机构办理股权集中登记托管。2010年底，省政府、省金融办已经批准了齐鲁股权交易中心、山东产权登记有限责任公司在全省开展公司股权登记集中托管业务。山东产权登记有限责任公司是经省政府批准，负责全省非上市股份公司股权登记托管的机构。目前，齐鲁股权交易中心、山东产权登记有限责任公司已分别托管股东超200人公司61家、70家。

（二）债券市场

1. 银行间债券市场

近年来，为了推动改善企业融资结构，促进转方式、调结构和稳增长目标的实现，人民银行和交易商协会积极作为，采取一系列措施推动直接债务融资市场发展、促进债券市场繁荣。一是债券市场准入的重新开放将有力推动市场投资者有效扩容。2014年末，人民银行金融市场司先后印发了《关于非金融机构合格投资人进入银行间债券市场有关事项的通知》和《关于做好部分合格机构投资者进入银行间债券市场有关工作的通知》，推动非金融企业和农村金融机构及部分非法人投资者进入银行间债券市场从事投资和交易。重启备案后，地方法人金融机构均积极响应，迅速递交材料完成备案。债券市场投资者的增加，将有效带动非金融企业债务融资工具一级发行市场的扩容和二级交易市场的活跃。二是对非标业务的规范将增加债务融资工具等标准化债券产品的市场供给和需求。2014年4月，"一行三会"印发《关于规范金融机构同业业务的通知》，对商业银行的非标业务进行了进一步规范。这将促使金融机构资产配置向包括债务融资工具在内的银行间市场标准化产品倾斜，非金融企业债务融资工具投资需求增加。从供给层面看，依靠非标准化债券融资的企业将更多地转向银行间市场发行非金融企业债务融资工具等标准化债券，发债主体数量将显著增加。三是制度和产品创新将为债券市场发展注入更多活力。近年来，交易商协会开展了一系列有利于债务融资工具发展的制度创新试点。如长期含权票据可计入发行人权益，有利于发行人调整资产负债结构，降低资产负债率，受到地方国有企业欢迎；项目收益票据以城镇化建设项目未来现金流作为偿债保障，突破了地方政府财政和债务状况对发行规模的限制，拓宽了城镇化建设融资渠道。2015 年 5 月 26 日，人民银行公告明确将取消银行间债券市场债券交易流通审批，有效简化了债券上市程序，降低了企业债券上市门槛，有利于推动更多企业实现市场直接债务融资。

2. 交易所债券市场

2014 年底，证监会发布《公司债券发行与交易管理办法》，2015 年上半年沪深交易所及证券业协会分别发布了相关规则、指引等制度。根据规定，公司债券分为可以向公众投资者公开发行的公司债券（简称大公募债）、仅面向合格投资者公开发行的公司债券（简称小公募债）以及非公开发行的公司债券（简称私募债）。公募债实行审核制，其中小公募债流程相对大公募债更简便；私募债采取备案制。同时，在发行主体上，取消了公募债券发行人为上市公司或非上市证券公司，以及私募债发行人为上市公司或中小企业的限制。

从新近出台的有关交易所债券市场管理的制度规定来看，分类管理、简化流程、提高审核备案效率、鼓励符合条件的公司在交易所市场进行债券融资，是监管部门及交易所新近的债券融资政策导向。结合债券发行人及投资人的特点，可以预见，小公募债及私募债是下一步交易所债券市场重点发展的方向。

3. 场外债券

经过 20 年的发展，多层次资本市场体系初步形成，以交易所为中心的公募市场形成了完备的市场支持体系和监管体系。2012 年以来，证券行业积极呼吁发展私募市场，服务实体经济，并在证券公司柜台市场、区域性股权交易市场等方面进行了有益尝试。

为推进多层次资本市场体系建设，2014 年 5 月，国务院发布《关于进一步促进资本市场发展的若干建议》（以下简称新“国九条”），从顶层设计的高度提出“培育私募市场”“建立健全私募发行制度”等措施。2014 年 5 月，中国证监会发布《关于进一步推进证券经营机构创新发展的意见》（以下简称“创新十五条”），明确提出“加快建设机构间私募产品报价和服务系统”，“支持业务产品创新”。为落实国务院新“国九条”和证监会“创新十五条”，中国证券业协会在中国证监会的统一指导下，加快推进机构间私募产品报价与服务系统建设。2014 年 8 月，中国证券业协会发布了《机构间私募产品报价与服务系统管理办法（试行）》，进一步为报价系统的规范发展奠定了基础。随着《证券公司短期公司债券试点办法》《并购重组私募债券试点办法》等规则的发布，报价系统制度体系逐步建立。

（三）资本市场创新

1. 股权众筹融资

2015 年 7 月，中国人民银行等 10 部门联合印发了《关于促进互联网金融健康发展的指导意见》（银发〔2015〕221 号），提出：“股权众筹融资主要是指通过互联网形式进行公开小额股权融资的活动。股权众筹融资必须通过股权众筹融资中介机构平台（互联网网站或其他类似的电子媒介）进行。股权众筹融资中介机构可以在符合法律法规规定前提下，对业务模式进行创新探索，发挥股权众筹融资作为多层次资本市场有机组成部分的作用，更好服务创新创业企业。股权众筹融资方应为小微企业，应通过股权众筹融资中介机构向投资人如实披露企业的商业模式、经营管理、财务、资金使用等关键信息，不得误导或欺诈投资者。投资者应当充分了解股权众筹融资活动风险，具备相应风险承受能力，进行小额投资。股权众筹融资业务由证监会负责监管。”

2. 投贷联动融资

投贷联动的融资模式，为初创期、成长期中小科技型企业获得信贷投入提供了便捷有效的融资渠道。然而，由于存在银行不能直投企业的规定，投贷联动融资一直游走在监管空白地带。

在 2014 年 12 月的第五届财新峰会“如何破解小微融资难题”分论坛上，银监会有关负责同志就曾表示，将探索商业银行“投贷结合”模式，建议修改《商业银行法》，以提升银行支持创新型、高成长型小微企业的积极性。

在 2015 年 5 月 8 日的国务院政策例行吹风会上，中国银监会负责同志表示，银监会正推动商业银行投贷联动机制研究，鼓励条件成熟的银行探索建立科技企业金融服务事业部，积极支持科技创业企业发展。近期启动的《商业银行法》的修订工作，也留出了创新的空间。

在 2015 年 5 月开幕的中部投资贸易博览会暨中部发展金融论坛期间，中国人民银行有关方面透露，人民银行与有关部门一起，向国务院上报了《关于武汉城市圈科技金融创新的专项方案》，将选择有条件的银行机构探索试点，提供股权和债券相结合的融资方式。

3. 股权投资基金

近年来，一系列与股权投资基金相关的管理办法陆续出台，在规范各类股权投资基金健康发展的同时，也提供了更为广阔的平台和创新空间。

在股权投资基金的制度规范方面，2014 年 8 月，中国证监会发布《私募投资基金监督管理暂行办法》，确立了符合私募基金行业运作特点的适度监管制度，为建立健全促进各类股权投资基金发展的政策体系奠定了法律基础。为优化山东省股权投资发展环境，规范投资基金运作行为，省金融办联合省财政厅制定出台了《关于做好股权投资基金登记备案工作的通知》（鲁金办发〔2015〕13 号）。

在股权投资基金的税收优惠方面，2014 年 12 月，为加强股权转让所得个人所得税征收管理，规范税务机关、纳税人和扣缴义务人征纳行为，《股权转让所得个人所得税管理办法（试行）》正式发布，并自 2015 年 1 月 1 日起施行，在规范税收环境的同时也增加了投资人的税负压力。

在外商投资企业开展境内股权投资方面，2014 年 7 月，《国家外汇管理局关于在部分地区开展外商投资企业外汇资本金结汇管理方式改革试点有关问题的通知》正式发布，决定在天津滨海新区、中关村国家自主创新示范区、青岛市财富管理金融综合改革试验区等 16 个区域开展外商投资企业资本金结汇管理方式改革试点。外商投资企业外汇资本金实行意愿结汇，便利外商投资企业以结汇资金开展境内股权投资。

在股权投资基金的投资导向方面，2014 年 11 月，国务院出台《国务院关于创新重点领域投融资机制鼓励社会投资的指导意见》，鼓励社会资本加大社会事业投资力度，建立健全政府和社会资本合作（PPP）机制，充分发挥政府投资的引导带动作用，创新融资方式拓宽融资渠道。这是继十八届三中全会确定“允许社会资本通过特许经营等方式参与城市基础设施投资和运营”的改革方向以来，首次以国务院发文的形式，大力倡导在若干重点发展领域创新投融资体制，吸引和鼓励社会资本参与投资。

在保险资金参与股权投资基金方面，2014 年 12 月，保监会下发了《中国保监会关于保险资金投资创业投资基金有关事项的通知》为支持创业企业和小微企业健康发展，保险资金投资创业投资基金开闸。

在股权投资引导基金方面，2015 年 1 月 14 日召开的国务院常务会议决定，设立国家新兴产业创业投资引导基金，助力创业创新和产业升级。这次国务院常务会议提出，设立国家新兴产业创业投资引导基金，重点支持处于“蹒跚”起步阶段的创新型企业，促进技术与市场融合、创新与产业对接，孵化和培育面向未来的新兴产业。设立国家创投基金的主要目的是支持大众创业、万众创新，更重要的是把以前的战略性产业基金、财政专项等“碎钱”“零钱”合并起来，盘活使用，从而更好发挥财政资金“四两拨千斤”的作用，以大力支持科技创新型企业。

在股权投资基金的筹措渠道方面，2014 年 12 月，中国证券业协会发布《私募股权众筹融资管理办法（试行）（征求意见稿）》，该征求意见稿就股权众筹监管的一系列问题进行了初步的界定，包括股权众筹非公开发行的性质、股权众筹平台的定位、投资者的界定和保护、融资者的义务等。在一定程度上放宽了之前严格的准入标准，让股权众筹真正成为普惠大众的金融方式。

4. 资产证券化

从 2014 年下半年开始，资产证券化监管开始松绑，无论是证监会监管的企业资产证券化，还是人民银行和银监会监管的信贷资产证券化的审核方式都陆续从审批制向备案制转变。

2014 年 9 月，证监会发布了《证券公司及基金管理公司子公司资产证券化业务管理规定》及配套规则，正式取消了企业资产证券化的行政审批，实行了市场化的证券自律组织事后备案和基础资产负面清单管理制度。事后备案制极大提升了资产证券化的发行效率，而负面清单制则进一步明确了可以开展资产证券化的基础资产的边界范围。

2014 年 11 月，银监会下发了《关于信贷资产证券化备案登记工作流程的通知》，正式明确信贷资产证券化业务由审批制改为备案制。2015 年 3 月，人民银行发布公告，已经取得监管部门相关业务资格、发行过信贷资产支持证券且能够按规定披露信息的受托机构和发起机构可以向中国人民银行申请注册，并在注册有效期内自主分期发行信贷资产支持证券。这标志着信贷资产证券化业务彻底告别审批制的审核方式。

除了积极转变监管方式之外，监管部门也在鼓励不同类型的合适资产进行资产证券化，并在资产证券化业务创新上取得了一些突破。企业资产证券化的基础资产除了比较成熟的租赁应收款和特许经营收益权外，陆续出现了以企业应收账款、小贷公司的小额贷款、保理公司的保理应收款等债权资产为基础资产的资产证券化产品，同时在以商业物业为基础资产的房地产信托投资基金（Reits）方面也有了突破。信贷资产证券化的基础资产除了传统的企业贷款外，信用卡应收款、汽车消费贷款、按揭贷款、个人消费贷款类的信贷资产证券化产品也开始陆续出现。

（四）区域性资本市场

1. 区域性股权交易市场

近年来，国家对规范发展区域性股权市场十分重视，多次提出明确要求。2012 年 8 月，中国证监会发布《关于规范证券公司参与区域性股权交易市场的指导意见（试行）》，从规范证券公司参与区域性股权市场的角度，对市场发展间接提出了规范要求。在这些规定的引导下，区域性股权市场逐步走上了规范发展的道路，截至 2015 年 4 月底，全国已设立 33 家区域性股权市场，共有挂牌股份公司 2597 家，累计实现各类融资 2435 亿元。

2013 年 8 月，国务院办公厅发布《关于金融支持小微企业发展的实施意见》，明确要求在清理整顿的基础上，将区域性股权市场纳入多层次资本市场体系。2015 年 3 月出台的《中共中央国务院关于深化体制机制改革加快实施创新驱动发展战略的若干意见》和6月出台的《国务院关于大力推进大众创业万众创新若干政策措施的意见》明确要求，规范发展服务中小微企业的区域性股权市场。

近期，中国证监会获得制定区域性股权市场监督规则的授权，在严格遵循“上位法”规定、保持政策连续性稳定性、划定行为底线以突出市场自律、增强规则弹性以包容市场创新等几个原则的基础上，起草了《区域性股权市场监督管理办法（征求意见稿）》，预计下半年将会正式实施。

2. 区域性债券市场

建设专门服务于中小企业的区域性债券市场，有利于延伸充实全国银行间债券市场和交易所债券市场功能，填补后者主要服务于大型企业和金融机构而带来的空白，有利于丰富多层次的债券市场体系，引导私募债券规范发展。但是，从目前全国各省份的发展情况来看，尚没有成熟的经验可供借鉴。

2013年9月，周小川行长发表署名文章《资本市场的多层次性》，从资本市场、金融产品和公司债券的多层次特性论述了建设多层次资本市场的必要性。

（五）期货市场

期货市场服务实体经济发展具有重要意义。一是促进商品的流通。期货市场将商品分散的产地、市场联系在一起，有助于形成统一的远期市场，打破了市场信息传递不畅、现货市场相对分割的局面，提高了现货市场效率，推动了全国性市场体系的形成。较为统一、完善的期货、现货市场加强了商品的流通性，增强了市场自我调节的功能，减缓了突发的区域性大宗商品的价格波动，提高了社会资金的使用效率和经济效益。二是提供风险管理的工具。期货市场和场外市场能够为产业链客户提供标准化的期货合约以及远期合同、互换、期权合约等个性化的风险管理手段，满足企业风险管理需要，促进相关产业发展壮大。以有色金属行业为例，作为最早进入期货市场进行套期保值的产业群体，其在实践中探索利用期货市场管理风险，形成了较为完善的期货风险管理模式和制度，有效化解了市场价格波动对生产经营带来的风险，实现了稳定经营和可持续发展。三是提供融资服务。期货市场在提供风险管理工具的同时，还能为企业提供融资服务。参与期货市场的企业可以利用交易所标准仓单进行质押融资，缓解企业资金压力。四是推动经济转型升级。期货市场价格能够反映多种生产要素在未来一定时期的变化趋势，具有前瞻性，能帮助经济主体估算商品未来的销售价格和相应的利润空间，改变经济主体的投资意愿与行为，防止产能的盲目扩张。以钢材期货的推出为例，其有助于贯彻落实国家关于钢材产业的政策，推进企业的技术改造，加速质量差、规模小、污染严重的企业的淘汰，从而促进企业集中度的提高。五是促进多层次商品市场的发展。期货、现货和场外三类市场形成了统一完整的市场体系。期货市场在多层次市场体系中占有重要的地位，为现货市场形成价格指导，引导现货市场合理进行资源配置；与场外市场有效互补、互动发展，提供标准化合约，通过更广阔的平台和更集中、更大规模的流动性，成为非标准化合约的定价基准。

目前现行的有关政策导向：一是监管转型的积极推进为期货市场创新发展提供了良好的政策预期。党的十八大提出要处理好政府和市场的关系，使市场在资源配置中起决定性作用并更好发挥政府作用。“法无授权不可为、法定职责必须为”的监管转型指导思想有利于拓宽期货市场创新发展的空间，激发期货市场的自主创新供给能力，促使其进一步完善内生发展机制和创新机制，以源源不断的新业务、新产品来满足各类市场需求，进而为整个市场的持续健康发展提供不竭的动力。二是新“国九条”为期货市场的加快发展提供了更为广阔的空间。2014 年 5 月，国务院发布了新“国九条”，明确指出要推进期货市场建设，发展商品期货市场，建设金融期货市场，实施公开透明、进退有序的证券期货业务牌照管理制度，促进中介机构创新发展，引导证券期货互联网业务有序发展。期货市场在我国社会主义市场经济体系中的地位和功能将更加突出，服务产业的能力将得到进一步提升，各类主体的能动性和自主创新的活力将得到进一步激发。三是证监会“创新十五条”为期货市场的创新发展指明了具体方向。2014 年 5 月，证监会发布了“创新十五条”，制定了今后一段时期推进期货经营机构创新发展的总体原则和具体措施。“创新十五条”以增强竞争能力、服务实体经济为主线，对期货经营机构创新发展重点提出了八大举措。“创新十五条”发布后，证监会及行业协会已发布实施了多项法规及自律文件，切实落实相关要求，为期货市场创新发展提供了机遇。四是《期货法》立法步伐加快，为期货市场创新发展提供坚实的制度基础。市场经济本质上是法制经济，期货市场的任何发展都离不开法治的健全与完善。《期货法》的加快出台，标志着我国期货市场正在从量的扩张到质的提升，一些深层次的机制问题将获得法律支撑。

五、下一步措施建议

（一）股票市场

1. 加快推动上市挂牌融资

一是加大上市挂牌推动力度，进一步扩大直接融资体量。近年来，多层次资本市场建设取得重要突破，市场覆盖范围扩大至全国中小微企业。但相对于企业巨大的融资需求而言，直接融资占比仍然过低，多层次资本市场建设任重而道远。山东 2014 年全省企业数量超过了百万家，而境内上市及“新三板”挂牌上市企业总数不足 300 家。建议在推动企业挂牌上市工作中加大政策扶持力度，构建多方合作的长效机制，对企业进行广泛、持续、深入的宣传动员，推动企业转变观念，进一步增强企业借助资本市场加快发展的积极性和主动性。二是分类指导，优化路径，拓宽融资渠道。对拟挂牌上市企业，除引导其根据自身情况选择不同的板块挂牌上市外，动员企业利用并购环境优化和市场活跃的良好机遇，采取“借壳”或以资产换股份等方式与上市公司对接整合。对上市公司，支持公司再融资，鼓励通过并购重组实现产业转型升级。对暂不具备挂牌上市条件的，引导其发行公司债券、发行资本证券化产品、引进 PE/VC 机构。三是充分利用多层次的股票市场融资体系，加快新兴产业上市企业的培育步伐。在全民创新、万众创新的形势下，股票市场对新兴产业的支持手段日益丰富。创业板侧重于创业型企业，特别是中小规模、处于创业阶段的企业。战略新兴产业板定位于规模稍大、已越过成长期、相对成熟的企业。“新三板”立足于服务创新型、创业型、成长型企业，具有以机构投资者为主，以及小额、便捷、灵活、多元的投融资机制。要瞄准多层次的股票市场融资体系，重点加强创新型、创业型、成长型新兴企业的上市培育步伐。

2. 大力推进上市公司并购重组

一是引导企业增强并购重组科学决策能力。建议通过宣传培训、召开座谈会等方式引导上市公司解放思想，转变观念，增强实施并购重组的使命感和紧迫感；引导公司主动摈弃那些诸如坐等靠、一定要控股的陈旧观念，灵活运用优先股、可交换债、并购基金等各种工具，实现公司利益最大化；引导公司在实施并购重组的战略上把视野放宽，面向全国、面向世界对接各类资本；引导公司立足实际，增强并购重组的可行性和操作性。通过主动了解和关注市场变化，学习并购重组的相关知识，掌握并购重组的操作技巧，抓住机遇，相机而动，为企业的升级转型长远发展、奠定基础。二是不断优化境外并购重组环境。为支持企业通过并购重组加快转型升级，建议：一是推动国家有关部门通过建立跨市场协调机制、制定联合监管指引、进一步扩大并联审批范围等方式，提高企业并购重组审核效率。二是进一步转变政府职能，加快推动由以投资审批和管制为主，逐步过渡到以投资保护、投资指导、投资监管及提供服务为主，加大对潜在投资国家的政策法规、投资优惠及人文环境的深度解读和指导，帮助企业有效预判、控制投资风险。三是切实发挥战略投资者在国资国企改革中的作用。建议结合山东省正在启动的国资国企改革，在国有控股上市公司引进战略投资者时，支持其向公司派驻董事、顾问等，发挥其专业优势和积极性，促进其对公司资源、管理体制等进行梳理、优化和整合，推动上市公司后续并购发展的价值提升。

3. 积极推动股东人数超 200 人公司对接资本市场

一是成立规范协调工作联席会议。股东超 200 人公司存在的问题是历史遗留问题，且大多与企业产权制度改革相伴相生，其规范确认、挂牌上市是一项政策性、操作性很强的工作，涉及政府和众多市场参与主体，需要加强领导，发挥合力。建议省政府成立股东超 200 人公司规范协调工作联席会议。在省政府的领导下，由省政府分管领导负责、省金融办牵头，省国资委、省工商局、山东证监局等有关部门参加，建立工作协调推进机制，研究制定具体措施，统筹解决好股东超200人公司的历史遗留难题，促进企业长远规范健康发展。二是突出重点，因企施策。重点推动做好股东超200人公司的规范工作和股权集中登记托管工作。指导企业根据自身实际，拟定对接多层次资本市场的路径和方案。建议在省政府同意本方案后，由省金融办牵头制定并下发推动非上市公司股权登记托管的指导意见。三是实行市、县政府负责制。市、县政府对解决本地股东超200人公司历史遗留问题工作负主体责任。要建立组织领导机制，统筹协调推进工作，制定解决股东超200人公司历史遗留问题工作的具体政策措施和实施方案，并组织实施。四是争取政策支持。解决股东超200人公司的问题需要突破现行法规和中国证监会等部门的规定，为此，需要争取中国证监会等有关部门的支持，允许在山东开展试点工作。

4. 加快推动规模企业规范化公司制改制

一是明确改制目标任务。通过规范化公司制改制，要使企业基本达到以下目标：①产权清晰，股权结构优化；②公司治理结构完善，内部控制制度健全；③财务规范，家底清楚；④历史遗留问题得到规范，市场主体资格合法；⑤实现“人员、财务、资产、机构、业务”五个方面的独立，企业成为真正的法人实体。二是完善领导和激励机制。省里拟研究建立山东省规模企业规范化公司制改制工作联席会议制度。省级各部门明确责任，有机配合，加强对全省规模企业改制工作的组织、指导、协调和推进。各市、县（区）政府要制定本地区规模企业规范化公司制改制相关政策措施，并与省里建立联动机制。三是完善相关配套措施。省里和各市、县（区）政府要研究制定涉及税费财政支持、社会管理支持和金融支持等相关方面的优惠政策。同时，解放思想，拓宽眼界，不仅要用好用足中央和省里指定的优惠政策，更要积极学习吸收外地支持企业对接资本市场的好经验好做法，不断完善政策体系，切实为企业改制提供高效、便捷的服务。

（二）债券市场

1. 充分利用好银行间债券市场

一是切实增强融资工具服务实体经济的功能。一方面，加强融资工具创新，针对性地解决中小企业债务融资工具发行中存在的准入门槛高、运作效率低、成本负担重等问题，开发设计更多符合中小企业融资实际需求、效率高、成本低的融资工具，切实提高中小企业银行间市场融资的可操作性。另一方面，加强对发债企业募集资金用途的监督。管理部门应及时督促主承销商在尽职调查阶段要全面了解、落实发债企业募集资金用途，并在发行文件中客观披露；募集资金到位后，核实每笔资金的真实用途，及时将擅自改变资金用途的企业名单向管理部门报告，由协会进行公开谴责或采取相应处罚措施。二是积极发挥市场对经济结构调整的引领作用。一方面，管理部门加大对商业银行承销债务融资工具的产业政策指导，按照有扶有控的原则，确保企业融资行为符合国家相关政策要求；另一方面，不断加大宣传、推介和引导力度，为创新型企业、高科技企业等主体参与银行间市场直接债务融资提供更多便利。三是加强制度建设，进一步提高发债效率。建议交易商协会进一步完善注册发行制度，鼓励和引导承销商适度降低发行承销费用和准入门槛，积极帮助企业协调信用评级、担保、反担保等问题。债务融资工具发行过程中的各方也要加强协调，密切会计师事务所、律师事务所、信用评级公司等中介机构的业务合作，切实缩短债务融资工具发行周期，提高债券发行效率。

2. 大力利用交易所债券市场

一是加强宣传引导。交易所债券市场近半年来发生了重大变化，其在融资便利性等方面有了很大提升，但因为业务惯性或者信息不通畅，很多省内公司对此缺乏充分了解。通过加强对省内相关债券融资主体的相关宣传，有望快速提升省内交易所债券发行规模。二是加大支持力度。通过交易所市场进行融资，对于融资主体来说，一方面解决了发展需要的资金，另一方面会受到市场和监管部门的约束，有利于提升公司治理水平，有助于公司更好的发展。省内相关主管部门，应当充分认识到交易所债券融资的积极意义，在可行的范围内加大对融资主体的扶持力度，如进行融资补贴、协助解决信用增进问题等。特别是对于创新性的债券融资方式，应当进一步加大鼓励力度，充分发挥政府的引导作用。

3. 积极利用场外债券

一是培育多元化的场外债券市场参与主体。目前柜台业务和报价系统参与主体主要以证券公司及其子公司为主，银行、保险、信托等金融机构参与程度相对较低。地方政府应大力推介柜台市场和报价系统相关产品与业务，积极引导银行、保险、信托等金融机构及符合条件的投资者参与到柜台市场和报价系统中，丰富柜台市场和报价系统参与主体的数量和类型，优化参与主体结构，避免参与主体业务同向性。二是增强场外债券市场的流动性。证券公司柜台市场单一的发行销售模式将减少证券公司柜台市场的业务机会，难以实现商业模式的创新，应逐步建立证券公司柜台市场与中小企业转让系统、区域性股权交易市场的互联互通和转板机制，促使证券公司客户与区域性股权交易市场形成有效对接，发挥柜台市场对中小企业的服务能力，促进多层次资本市场中各市场之间差异化发展。三是地方政府出台支持场外债券市场发展的创新政策。我国场外市场尤其是地方股权交易市场以及其他相关市场的建设与地方政府支持有很大关系，因此在场外债券发展初期，应该主要依靠政府尤其是地方政府的政策推动发展。具体方式是：政府出台支持场外债券业务的通知或指导意见，鼓励地方企业尤其是“三农”、中小微、创新创业企业通过场外市场进行债券融资，并对场外债券市场的发行、交易、监管等提出具体的规范办法。

4. 企业债券

一是全面加强企业债券风险防范工作。严格发债企业准入条件，根据拟发债企业的风险和规范运作情况，进行分类管理；对已发债企业偿债能力进行动态监控，完善信息披露，加强债券资金用途监管；密切关注发行城投债融资地区经济状况、信用建设情况和政府负债情况，强化企业所在地政府性债务的综合监管；重点关注 2015 年有兑付任务的债券情况，督促相关企业及中介机构完善偿债保障措施，认真履行偿债义务。二是抓好国家下发文件的学习传达。首先，推出战略性新兴产业、养老、城市停车场建设、地下综合管廊建设四大领域的专项债券发行指引，鼓励七大类重大投资工程包、六大领域消费工程通过企业债券进行直接融资。其次，推出项目收益债券这一创新品种，鼓励优质项目通过自身收益直接发债融资。最后，在严格防范风险的基础上，鼓励优质企业、县域企业、PPP 项目建设发债融资，适度提高区域经济和债券风险警戒线，放宽部分债券发债指标限制，允许发行置换债券偿还在建项目到期债务。三是按照国家最新政策，抓好债券发行工作的落实。首先，要抓好项目储备，进一步增强服务意识，主动加强与企业、项目的对接，在国家鼓励的行业和领域，选准选好符合条件的优质企业、重点项目，建立拟发债项目库，尽快形成一批城投债、专项债、项目收益债并尽早上报。其次，要做好协同推进，每一支债券发行都是一个系统工程，涉及券商、银行、评级、审计、法律、评估等多个机构，与政府相关的城投债券、项目收益债券还涉及财政、国土、环保等多个部门，要积极争取市、县政府对债券工作的支持，积极协调相关部门，帮助拟发债企业解决相关困难。在符合国家政策要求、完善偿债保障措施的基础上，通过增强拟发债城投公司的经营能力、优化城投公司的资产结构、完备募投项目手续等手段，尽快使相关企业达到发行债券要求，将潜在的发债融资需求释放出来。最后，要推动债券创新。要优选有稳定运营收益的项目，发挥地方融资平台在项目投融资、建设、运营方面的能力，开展项目收益债试点。要选择合适的发债载体与委托贷款银行，通过发行小微企业增信集合债，推动当地小微企业创新创业。

（三）资本市场创新融资

1. *探索开展互联网私募股权融资*

在创新驱动战略实施中，“大众创业、万众创新”是新的动力和源泉。股权众筹能够动员最广泛力量支持创新创业，对拓宽中小微企业直接融资渠道，完善多层次资本市场体系建设具有重要意义。要认真落实好山东省关于开展互联网私募股权融资试点的意见，进一步深入相关制度研究，积极开展互联网私募股权融资试点。具体而言：一是在互联网私募股权融资平台方面设立准入条件，并对平台业务进行严格的规范，明示平台禁止的行为；二是在投资者适当性方面设立准入门槛，对投资比例进行限制，加强投资者保护；三是在保障措施方面，建立多部门组成的试点工作协调机制，强化监督管理，落实工作职责，推进行业自律，切实防范风险。

2. 强化投贷联动

一是促进征信系统的完善。加强工商信息（注册、年审）和征信系统、税务系统等政府公共信息平台的信息联动和共享，敦促企业如实完整地披露企业信息，尽可能地消除信息不对称和不诚信的影响。二是逐步建立严格的信用体系，加大企业和企业实际控制人及高管的违约成本，促进企业信誉度的提高。对于诚信等级高的企业，投资机构和银行可以适当放宽投资标准和贷审标准，降低对担保方式的要求，提高信用贷款的额度，降低融资成本，以敦促企业诚信经营和信息披露。三是建立政府性补助机制。对于为创新型中小企业投资或提供担保等融资服务的投资机构、担保公司等金融机构，设立专项补助资金，在一定前提条件下，可对出现风险的项目进行适当的风险补偿，以促进机构对于投资的主动性。四是对于银行、担保等金融机构的考核体系进行适当的调整。适当降低存贷款比，提高风险容忍度，对项目负责人不单纯以单个项目的不良或损失否定其他的工作，不完全以经济效益作为唯一的考核指标，积极推动金融机构在控制风险的前提下主动进行金融创新，丰富业务品种，提供个性化服务，推动消费金融公司的试点工作，建立多层次的错位经营金融体系，维护金融环境的持续健康。

3. 大力发展股权投资基金

为加快股权投资基金行业的发展，拓宽实体经济融资渠道，推动我省经济的转型升级、结构调整，提出以下建议：一是建立股权投资基金行业协会，促进各类金融机构和实体企业间的交流合作。引导金融系统形成区域性的，由天使、VC、PE、银行、证券公司、担保、租赁、小贷等机构共同参与的一个或多个投资联盟或协会，建立行业运行规范和同业竞争规则，促进行业内的合作和交流。通过实地与网络集中项目路演或交流会等多种形式，突破空间限制，提高效率，形成有效的信息共享平台和机制，增强对多家投资机构的吸引力。通过引入多家机构，增加项目融资的可能性，同时丰富项目融资的形式，形成投贷联动、投担联动，以组合融资的方式促进企业的资本结构优化，通过多方机构的不同优势和资源，为企业的发展提供后续的支持和帮助。二是建立政府引导基金多渠道投入机制。推进财政专项资金以基金方式进行市场化运作，是今后财政支持产业发展的主要方向，也是一项重大的制度创新。省级预算内支持工业、服务业、农业产业、科技创新等领域的专项资金，以及中央扶持产业发展等方面的切块资金，每年都要安排一定比例用于增加省级引导基金规模。引导基金实现的收益及退出资金，原则上继续用于补充引导基金，实现滚动发展。在此基础上，积极探索建立财政投入、国资收益、基金增值和社会资本投资及捐助等多渠道并举的滚动投入机制。同时，鼓励有条件的市县级政府设立引导基金，根据财力状况和结构调整的需要逐步增加基金规模。三是打造股权投资机构聚集区。根据全省金融业、现代服务业发展布局，在济南区域金融中心和青岛财富管理中心建设股权投资基金、投资机构及中介机构聚集区，使基金管理机构、投资人、创业团队、中介机构形成规模集聚效应，打造股权投资的栖息地。通过政府引导基金运作，积极鼓励基金加基地、孵化加投资等各类创新型基金运作模式，努力提高投资基金体系创新发展效率。济南、青岛市政府要为集聚区建设制定具体政策，促进股权投资基金的发展，在办公场所及高端人才引进等方面积极予以扶持。其他设区市也可探索建立投资聚集区。四是设立中小企业发展基金，给予引导基金管理机构更大的收益分成。由政府引导设立中小企业发展基金，专项用于对业绩良好但缺乏有效担保的企业的短期资金支持，或给予为其提供担保的机构一定的风险专项补偿，以应对目前的银行抽贷，防止互保风险的扩散，从而减少股权投资机构对于企业偿债风险的过度担忧，促成企业的股权融资事项。与此同时，针对种子期和初创期的项目投资，引导基金的运营管理原则上给予基金管理机构更大的收益分成，以促进基金对于省内创业企业、中小微企业的投资比重，培育和支持一批适应新常态经济生存和发展的市场主体。五是将夹层投资作为股权投资基金的常用投资方式予以确认，使投资基金更加适应市场竞争环境。允许产业投资基金设置一定的比例（如15%～20%）投向符合基金扶持产业方向的主板市场上市公司的定向增发，以保障基金的基本收益，为基金的后续风险投资和二期的募资奠定基础。六是积极推进信用体系的建立和完善，严格信息披露的规范。加大企业和企业实际控制人及高管的违约成本，促成企业信誉度的提高。作为社会信用系统的试点，可以在政府平台上设立专门的板块，用于有融资需求企业的信息披露和需求发布，并进行不同权限的分级管理，对有权查阅信息的机构进行严格审核和监管，促使其遵守保密约定，防止滥用信息的行为，以打消企业的顾虑，自愿如实披露，从而使股权投资机构或基金能及时有效地对接项目信息，有效促成项目融资。

4. 大力推动资产证券化

在现有的条件下，要想通过资产证券化方式来促进中小企业融资，一是需要加强对各行业，尤其是租赁、小贷、保理等类金融行业的资源整合，搭建统一的行业管理平台和增信平台，促进行业规范发展，并为企业资产证券化融资提供增信支持。例如，江苏省在小贷行业中成立了由江苏省再担保公司、国信集团、汇鸿集团等国有企业投资控股的江苏金农股份有限公司，为全省小贷公司搭建了统一的 IT 系统平台并提供业务支持；以 84 家小贷公司的法人股东共同出资成立了金创再担保公司，专门为小贷公司提供担保服务，并为江苏省 7 家小贷公司集合发行的小贷资产证券化产品提供了外部担保。二是建议由政府出资成立风险缓释基金，主要用于投资省内发行的各类资产证券化中间级产品，在风险可控的情况下甚至可以投资次级产品，在为优先级提供劣后保障、吸引外部资金积极参与到省内资产证券化产品发行的同时，也可以获取相对较高的风险收益。

（四）区域性资本市场

1. 建立完善区域性股权交易市场

区域性股权交易市场是政府金融试点的市场，正是在各级政府的大力支持和帮助下，市场才得以顺利发展并取得了一定成绩。下一步，要按照全省金融改革总体部署，紧密依靠政府各级组织和社会力量，进一步完善市场功能，增加交易品种，扩大服务范围。一是对区域性股权市场进行系统设计，既要合纵连横，又要自力更生，推荐更多挂牌企业到深沪市场上市；深化与全国股转系统的战略合作，进一步完善批量转板机制。二是要加强山东省区域性股权交易市场的自身竞争力建设，持续优化股权结构，理顺管理体制，增强综合实力。三是要大力培育多元化市场参与主体，发展壮大合格机构投资者队伍，力争2015年新增挂牌企业100家，服务挂牌、托管、展示等各类企业突破1万家。四是加大市场开拓和产品创新力度，做深做精股权、债券等交易品种，扩大私募债发行规模，争取推出基金份额、资产证券化等产品，加快推进股权质押融资业务发展。五是积极推动股权投资机构与挂牌企业的对接，充分发挥创业投资和股权投资在聚集社会资本、完善挂牌企业治理结构、促进科技创新、推动产业转型等方面的作用。

2. 积极发展区域性金融资产交易市场

为了更好地支持实体经济、服务地方金融业，金融资产交易市场需要依托山东省雄厚扎实的实体经济基础，充分利用互联网工具和手段，大力发展基于地方金融机构的各种证券化产品。一是打造地方金融创新平台。继续加大研发力度，围绕地方金融机构的基础资产，发挥平台产品小额、多批次、灵活高效率的特点，研发出更好的证券化产品，拓宽地方金融机构融资渠道，间接支持山东省中小微企业发展，使中心真正成为以资产证券化产品为主、服务于山东省地方金融机构和中小微企业的金融创新平台。二是打造不良资产处置平台。继续借助电子化手段，完善电子竞价交易系统，推动更多的资产处置由线下转到线上，实现不良资产背对背的线上交易。同时大力发展不良资产处置的会员队伍，争取全年在省内发展1000家活跃的投资会员，力争辐射到周边省份。三是打造机构间私募产品交易平台。在相关部门的指导和支持下，积极探索业务模式和交易品种创新，推动山东省金融机构信贷资产和金融产品在中心平台上实现二级流转，构建山东省统一的以非标产品为主的机构间私募产品交易平台。

3. 推动区域性大宗商品交易市场建设

一是坚持立足实体经济发展。试点工作立足全省实际，着眼区域经济特点，按照统筹规划、稳妥有序、规范运作、风险可控的原则稳步开展，打造公开、公平、公正的市场环境，发挥市场在资源配置中的决定性作用，更好地服务全省实体经济发展。二是统筹推进大宗市场有序发展。在深入调研论证基础上，结合山东省产业特点、资源禀赋和产品优势，制定全省大宗市场试点工作计划，坚持总量控制、合理布局，推动试点工作稳妥有序开展，积极构建和完善多层次商品市场体系。三是建立健全监督管理机制。坚持事前审查、事中监控、事后评估相结合，完善交易场所监督管理体系，出台业务管理、现场检查和非现场监管等配套管理细则和指引，切实防控市场风险，确保大宗市场规范运作、稳健发展。四是努力加强人才队伍建设。针对山东省大宗市场专业人才严重缺乏的现状，指导各交易场所坚持引进与培养并重，面向国内大宗商品、期货、证券等金融行业进一步挖掘和引进人才，努力打造一支专业化高层次人才队伍。五是持续加大政策扶持力度。协调推动省市有关方面从资金使用、监管安排、人才引进等不同角度给予相应的政策支持。适时修改完善试点意见，争取提升发布层次和效力。

4. 探索发展区域性债券市场

目前，全国已经运营或在建的区域性股权交易市场共33家，依托区域股权市场开展私募债券发行业务的共有10家，涵盖北京、天津、广东、重庆、山西、山东、浙江、江苏、甘肃等九个省市。齐鲁股权交易中心作为山东省内区域性股权交易市场，在私募债券备案、交易、投资者管理、登记托管等方面均已具备建设山东省区域债券市场的基本条件。有关设想和基本框架建议如下：

方案一：全国性债券市场的区域子版块

市场定位于全国债券市场的补充，从交易品种和服务对象上与全国银行间债券市场错位发展。可以承担银行间市场已推出的非公开定向融资工具或小额度非金融企业债务融资工具等品种的发行及交易工作，发债企业重点向科技型企业和中小民营企业倾斜，可探索注册发行高收益债、可转换债等新型债券品种。

组织形式上，既可以依托一家既有的区域股权交易市场，也可以重新打造一个平台，设立中国银行间市场交易商协会山东区域分支机构。同时，为了托管结算方便，可以设立上海清算股份有限公司山东分公司。

运行规则上，参照全国银行间债券市场有关规定，交易系统为同业拆借中心前台交易系统，拆借中心也可以根据需要设立一个子系统或山东子公司。

市场监管上，为了维护债券市场监管的一致性，由人民银行济南分行根据总行授权对山东区域债券市场实施监管。

方案二：独立的区域债券市场

市场定位独立于全国银行间债券市场，建设与其错位发展的独立的区域市场，发债企业重点向现阶段无法进入全国性市场完成债券发行的科技型企业和中小民营企业倾斜。

注册管理机构上，仿照中国银行间市场交易商协会在山东建立独立的注册机构。

债券类别上，可参考当前市场上现行的债券品种，如短期融资券、中期票据、私募债等，适当降低注册与发行门槛。

交易、托管与清算上，不再依托全国性机构的系统，建立独立的区域性前台交易和托管清算机构。

投资主体上，参考全国银行间债券市场准入备案条件，进一步降低准入门槛，允许工商企业和风险偏好较高的金融机构、非法人机构投资者等参与投资。

市场监管上，由人民银行济南分行牵头负责市场监督管理。

此外需要强调的是，无论是采用上述哪种方案，区域债券市场都可能存在交易不够活跃、债券流动性较差，以及由于发行企业地域集中、联系密切等造成的宏观调控期风险集中等问题。因此，必须严格注册标准，加大信息披露，加强市场监管，推进信用体系建设，优化地方金融生态，促进区域债券市场健康发展，防范系统性风险。

（五）期货市场

一是加大政策支持。贯彻国务院《关于进一步促进资本市场健康发展的若干意见》和《关于进一步推进期货经营机构创新发展的意见》的政策导向，在适应山东省期货市场发展的现状和未来发展趋势的基础上，出台一个期货市场服务实体经济的指导性文件，制定出台鼓励期货市场服务实体经济的税收优惠、融资、期货私募投资公司设立和人才培养引进方面的鼓励政策；贯彻省政府与期货交易所的战略合作协议，研究上市山东省优势产业相关品种期货，如合成橡胶、尿素等，加快现有品种特别是工业品种交割库的建设，如螺纹钢、铜等；将重点行业内期货风险管理业务开展规范、对实际经营产生较好作用的企业纳入山东省资本市场政策支持。二是积极发展场外市场，促进期货功能的发挥。极探索建立场外衍生品统一清算平台，探索货物充抵保证金模式等，推动山东省场外衍生品市场的有序发展。充分发挥期货经营机构专业优势，参与省内大宗商品交易市场建设，促进期货与现货衔接，发挥期货市场功能。加强与期货交易所的战略合作，推动农产品、有色金属、原油等品种交割库的建设。参照青岛港设立交割库的方式推动与期货交易所合作在日照港设立热轧卷板等商品交割库。通过交割库的功能发挥推动山东省物流业的发展，从而带动资金流和信息流的汇集和沉淀。三是提升实体企业期货市场参与度。建立实体企业参与期货市场的考核指标，包括期货保值量占实际产量比重，各行业规模以上企业期货参与比例等，建立山东省实体企业运用期货市场进行风险管理的定期调度机制，及时跟踪调度。针对国有企业期货市场参与水平不高的问题，相关部门展开专题研究，出台国有企业参与期货市场的意见和措施，鼓励重点国有企业在风险可控的基础上循序渐进地参与期货市场；推动国有企业与期货经营机构在合作套保、仓单业务、投资咨询、期现业务等方面开展合作，高质量的运用期货市场开展风险管理业务。四是提升经营机构服务实体经济能力。支持鲁证期货在完善资本补充渠道的基础上，整合外部资源，做大做强，成为综合性的衍生品风险管理集团。支持招金期货和中州期货依托股东优势，形成服务特定产业和地域经济的特色期货经营机构。支持商业银行对省内期货经营机构进行直接授信，解决资金来源问题，鼓励期货经营机构通过开展仓单质押融资业务为山东省中小微企业和涉农企业解决套期保值资金不足的问题，缓解以上两类企业融资不畅的短板。推动期货经营机构提升服务实体经济能力，以期货经营机构风险管理子公司为载体，支持其对省内重点企业开展风险管理服务。鼓励期货经营机构利用互联网等平台，不断完善自身原有的客户服务、风险管理、资源配置以及支付结算模式，帮助实体企业降低交易成本，提升参与期货市场效率。五是加强宣传培训，强化人才队伍建设。期货市场专业性强，部分企业特别是国有企业对期货市场了解不够充分，更谈不上有效运用期货市场管理风险，政府管理部分和期货经营机构要充分利用广播、电视等媒体，企业负责人专项培训，企业轮训等方式对期货市场基础知识、套期保值、风险控制等进行宣传培训，特别将各行业运用期货市场成功管理风险的优秀案例和经验在行业内进行分享借鉴。政府部门要引进具有熟悉成熟市场服务实体经济的高端带头人才；金融机构特别是期货经营机构要在创新业务、创新岗位引进具有国际经验的高端人才和团队；各实体企业要在国内外引进具有丰富期货实践经验和风险管理能力的期货人才和团队。

（完成时间：2015 年 8 月，执笔人：张　伟　李继干　李　健　贾庭磊）

专注小微企业 探索特色经营

——齐商银行打造小企业金融综合服务商的做法与启示

小微企业在经济社会发展中具有不可替代的重要作用，在规模扩张的各个环节，都需要大量的资金支持。但由于小微企业贷款“风险高、成本高、抵押难”，融资问题始终是小微企业发展壮大的瓶颈制约。总部位于淄博市的齐商银行，是一家股份制城市商业银行，前身为淄博市商业银行。2009 年，齐商银行提出推动全行战略转型、将齐商银行打造成山东地区乃至全国知名的小企业金融综合服务商的规划目标。为实现这一目标，齐商银行将全行业务重心转移到小微企业领域，实施特色化、差异化经营，对经管模式、营销方式、产品开发、风险管控、品牌建设等进行了一系列的改革创新优化，建立了一整套小微金融运营管理体制，将小微企业需求与金融机构供给有效对接，既满足了小微企业的融资需求，又实现了自身的可持续发展，创造了新的利润增长点，打造了小微金融发展的“齐商模式”，成为国内微金融领域的行业标杆之一。截至 2015 年 6 月底，齐商银行全行资产总额为 732. 38 亿元，各项存款余额为 592. 82 亿元，各项贷款余额为 405. 12 亿元，在省内共设有滨州、东营、济宁、潍坊、威海 5 家分行、14 家支行、入股（控股）1 家村镇银行，在陕西西安还设有 1 家分行、6 家支行，全行营业网点 97 家。

一、设立专营机构，完善组织框架

为实现全行战略转型的目标，齐商银行首先从体制上进行了深度的变革和创新。在考察国内外同行业先行者经验的基础上，对全行小微企业金融组织模式进行了大胆改革，按照现代化商业银行经营管理体制要求和小微企业金融市场需求特征，调整了原有的总、分、支行组织管理架构，探索实行“小企业金融事业部 + 小微企业业务分中心 + 专业支行”模式，进一步细分信贷市场，着重突出小微金融特色经营。2009 年，齐商银行在小企业金融事业部的基础上，经中国银监会批准，设立小微信贷专营机构——“齐商银行小企业金融服务中心”。这是全国第四家、山东首家具有独立牌照的小微企业信贷专营机构，承担了齐商银行全行小微企业信贷产品与业务的研发、营销、管理和发展，为小微企业量身打造金融产品。以小企业金融服务中心为核心，齐商银行实行了“专业化 + 市场化”的小微金融组织架构扩展方式：一是采取各分支行加盟总行小企业金融服务中心的模式，在各分支行推广设立小微企业金融服务团队，由总行小企业金融服务中心负责各分支行小微企业信贷业务人员的培训和小微信贷技术输出，并严格复制小企业金融服务中心运营管理模式，在更广泛的范围内快速延伸小微企业金融服务。二是针对小微企业地方特色、人文特色、产业特色、资源特色，细分客户类别，依托各专业市场小微信贷客户聚集、金融需求集中的特点，设立了塑料化工专业支行、小商品专业支行、建材建陶专业支行、机电泵业专业支行、不锈钢专业支行、科技城专业支行 6 家小微信贷专营特色支行。各特色支行突出“定位差异化、经营特色化、服务专业化、营销主动化、流程简约化”的管理特点，实施错位发展，增强了对区域经济和广大小微企业的专业化服务能力，形成了独特的品牌和竞争优势。齐商银行“一个专业机构 +6 家专业支行 +79 家经营支行”的特色小微企业服务组织框架，在 2012 年获得了山东省“企业经营管理科学创新成果奖”。

二、实行单独考核，强化激励机制

由于小微企业的经营特征和金融需求特征有别于一般大中型企业，因此与之配套的小微金融制度体系也要相应地有别于传统银行信贷管理制度体系。2005 年 7 月，中国银监会出台的《银行开展小企业贷款业务指导意见》提出，商业银行开展小企业贷款要落实“利率风险定价机制、独立核算机制、高效的贷款审批机制、激励约束机制、专业化的人员培训机制、违约信息通报”六项机制。2010年，有关小企业信贷倾斜政策的指导意见提出，小企业信贷“单列信贷计划、单独配置人力资源和财务资源、单独客户认定与信贷评审、单独会计核算”的“四单”原则，构建了专业化的经营与考核体系。齐商银行按照“六项机制”和“四单原则”，建立实施了一整套相对完善的小微金融制度体系：一是对小企业贷款计划、贷款规模单列，对小企业金融服务中心及分支行小微信贷业务条线的财务实行独立核算；将全行每年新增贷款计划的70%以上投放到小微企业，投放比例不达标的分支行不得新增授信，不得挤占小微企业授信规模。二是制定专门的小微业务条线业绩考核和激励约束机制。行内小企业业务指标均改为单项下达，并与分支行行长履职、分支行费用挂钩；设立小微企业业务单项奖，对小微企业客户经理建立独立考核体系，实行具体量化到人、上不封顶的独立薪酬激励机制，并落实尽职免责、失职必究的约束机制。三是通过外派人员学习、外聘专家授课、内部团队经验交流、“老带新”一对一传授学习等多样化的方式，丰富小微企业客户经理培训机制，并建设以中心为主的全行小企业客户经理培训、提升和人才输出基地。四是创新小企业授信利率风险定价机制和违约信息通报机制，构建起差别化利率定价和风险预警、信息动态通报及共享的制度体系。

三、建立标准流程，提高审批效率

齐商银行针对小微企业贷款数额少、频率高、时间急的特点，按照客户群体、产品种类，优化审批流程，减少审批程序，建立高效审批制度。根据客户群体需求特征的差异，进一步细分业务条线，分别设立了1万~100万元的微贷团队、100万~500万元的小企业团队和500万~3000万元的中小企业团队，每个团队都是独立运作，通过专业的团队来做差异化的专业服务，并针对不同业务条线进行分别授信。按照微贷、小贷和中小贷需求的差异和客户特征差异，分别建立适应客户需求的不同类型的标准化信贷管理流程，涵盖了客户的营销、首次访谈、贷前调查、贷时审查、贷后管理和贷审会审批等各个工作流程。建立起24小时授信决策平台，每天召开贷审会，完成当天各业务条线提报的贷款审批项目，贴合小微企业贷款需求的“短、频、快”特征。按照细分后的标准化规范进行操作，极大地发挥了流程作业的效率优势和专业化优势，提高了放款效率。目前齐商银行小微信贷的审批流程，新客户从受理到放款一般在3~7天内即可完成，长期合作的客户可实现当天审批、当天放款、当天到账。

四、开展特色营销，降低融资成本

传统信贷营销模式下，企业信贷需求在总体上呈现散点化、碎片化分布的特征。如果仍然用传统营销模式来发展小微企业信贷，小微金融的规模不经济特性将使得金融机构在支持小微企业过程中产生高成本问题，从而难以解决小微企业“融资难、融资贵”问题。齐商银行改变传统营销模式和方法，对淄博市以及西安、潍坊、滨州等分支机构所在地的重点区域、重点行业、重点产业、主要集群市场等进行了全面深入的调研和分析，确定了主要目标客户群，制定了营销规划图，搭建起各种形式的融资平台，实行“主动营销、精准营销、批量营销”，总结出了专业市场集群、供应链金融、商会联保授信、园区整体开发、政府产业经济带动等多种适合小微金融发展需要的新型营销模式。一是依托各类经济产业链条开展批量营销。依托行业协会、商会、核心企业产业链、供应链等搭建不同的服务平台，通过召开产品推介会、业务洽谈会等方式，集中向协会、商会内企业，以及核心企业产业链中的小微企业提供金融咨询、产品介绍、业务洽谈、现场签约等一揽子金融服务。例如，齐商银行通过与周村不锈钢行业协会、高青黑牛养殖行业协会、淄博市工商联等20余家行业协会、商会进行合作，已成功开发300余家客户。2014年拓展了涉农小微贷领域，与山东省内从事涉农担保近30年的新希望六和普惠农牧融资担保有限公司签署合作协议，与淄博地区乳品行业龙头企业——山东得益乳业合作开展农业产业链“益农贷”项目批量农户授信，截至目前，普惠农牧合作项目和得益乳业合作项目已分别发放贷款31笔和20笔，金额为2225万元和1000

万元。二是围绕集群市场进行扫街式营销。齐商银行的微贷团队对集群市场开展跑街扫楼等地毯式摸查，通过登门拜访、发放宣传资料及调查问卷、召开推介会等方式，对专业集群市场进行调研和产品推介，并派专人对已开展业务的淄博张店齐赛科技市场、淄博海盛水产品市场、淄博义乌小商品城等23个集群市场进行驻守。除提供信贷产品外，还积极推广POS机、公务卡、网银等综合业务，随时了解满足小微客户金融需求。三是积极运用“互联网+”开展电商营销。搭建了在线供应链金融平台，与山东新星集团有限公司、山东唐骏欧铃汽车制造有限公司等大型核心企业建立起合作关系，为其上下游小微企业量身提供融资服务，将传统线下供应链模式移到线上操作，利用互联网提高服务效率与质量。依托自身成熟的小微金融风险控制体系和丰富的小微信贷产品，推出国内首家为小微企业、“三农”产业、青年和妇女创业等提供普惠金融服务的互联网投融资平台——“齐乐融融E”，设立齐发财、齐致富、齐创业三个投资项目，分别对应支持借款额在100万元以下的小微企业、“三农”产业、青年及妇女等小微融资群体。2015年6月，齐商银行联合安硕信息、量化派、泥鸽靶等公司，推出了升级版的“齐乐融融E+”金融综合服务平台，融合了互联网金融、“互联网+供应链”金融、“互联网+消费”金融三个主要板块的互联网平台营销模式。此外，还与卓创资讯、隆众网、方达电子等国内知名互联网信息平台和电商平台合作建立数据共享体系，借助电商平台大数据实现对电商小微企业的批量授信。齐商银行通过创新营销渠道开展特色营销，实现了小微企业客户资金需求与金融信贷供给的批量化对接，极大降低了小微信贷的营销和管理成本。同时，积极承担起小微金融的社会责任，主动降低对小微企业贷款的利率水平，有效解决了小微企业“融资难、融资贵”的问题。近三年来，齐商银行小微贷款利率平均浮动幅度已由60%下降到目前的不足40%，小微企业贷款综合融资成本率不超过8%，远低于民间融资18%以上的水平。

五、加强风险防控，有效化解风险

在积极拓展小微企业业务的同时，齐商银行注重加强风险防控，参照国际通行的信用“6C”标准原则，通过内部研发和外部引进，建立了全流程风险管理体系，并在此基础上，建立了防欺骗、防盲目扩张、防道德风险的“三防”理念，创新了与之相应的小微企业贷款调查方式和方法，实现了有效风险防控。一是在流程上加强防控。根据小企业授信业务操作的不同阶段，分设团队，分设标准，分别考核，建立了以“贷前、贷中、贷后、技术、经验、技巧、道德、管理、监督”为结合点的“九连环”全流程风险管理体系，各个团队各司其职、分工协作，又相互制衡，实现了信贷风险的全流程控制。二是在技术上加强防控。联合中国小额信贷机构联席会，成立了中国小微企业信贷技术研发基地，以全国8000多家小额信贷机构的授信经验和授信案例为研究样本，研究开发标准化的小微信贷技术，建立了以财务数据定量分析与非财务因素定性分析相互印证、相互补充为主的独具特色的小微客户调查技术。在小企业信贷领域，实践并总结出了“六看一听一谈”“七看七重”“三详问三检验”等适合不同行业类型企业的贷款调查方法，对企业考察做到看实账、考察征信记录、隐性负债等，交叉印证企业信息的真实可靠性。在微贷领域，引进了国际先进微贷技术（德国IPC公司微贷技术），深入了解微贷客户，考察客户账户现金流，测算经营现金流及经营状况，测算并编制企业真实财务分析简表，了解企业发展历史并摸清资金来源，对客户及其上下游的进销存单据记录、运费记录、税收水电记录等外部信息进行采集并交叉验证，以此对企业提供的财务数据进行验证和修正，达到摸清企业真实财务信息和经营状况、防止客户欺诈的目的。中心还对微贷业务建立了对应的IT系统，将实践中提炼出的有关小微企业信息的100多个关键数据项标准化并录入IT系统，由系统自动判断识别信贷风险，实现了信贷风险控制的人机结合。三是在源头加强防控。小微企业盲目扩张是造成企业倒闭和银行损失的最主要原因之一。齐商银行实行了测算保本点及分期还款调查方法。通过帮助缺乏项目规划和预测的小微企业分析经营杠杆的高低、测算企业成本收益及保本点等，让客户对项目有更清晰的认识和规划，避免盲目投资而产生风险。创新小微企业贷款还款方式，帮助客户分析经营周期、淡旺季资金回笼情况，根据实际资金运转特点设定还款方式，包括分期还款金额和分期还款时间等，减轻企业一次性还款压力，避免客户资金链断裂风险。**四是**在道德上加强防控。道德风险是造成贷款风险的一大重要因素。齐商银行以“依法合规经营”为核心，加强制度对员工的约束，要求“不吃客户一顿饭，不拿客户一分钱”，制定“十个严禁”的从业纪律。建立客户轮换制度，每名客户经理每年拿出 10～15% 的客户相互轮换，防止合谋风险。建立行业领先的小微信贷售后服务部门，组建小企业家俱乐部，发挥售后监督和企业监督的双重作用。建立中心整体及各部门、各信贷小组不同层级的微信交流平台。每名客户经理每天定时发送信息，相互学习交流，发挥激励和动态监控作用等。建立了专项贷后管理岗位和内控团队，专门进行业务实时监督检查，与客户经理背对背交叉贷后检查，通过后台监控和现场检查，提高风险预警处理的及时性和自动化程度。

六、创新金融产品，满足多元需求

齐商银行设立了专门的研发机构，由北京、上海、西安 3 个产品研发中心组成技术和产品研发体系，以满足小微企业需求为导向，不断创新丰富产品，为小微企业量身定做了“齐动力”等 50 余款专属产品。一是针对不同渠道客户的特点，创新推出系列特色产品。如对政府平台渠道，设计推出了“政银企组团贷”；对协会商会渠道，设计推出了“银会企组团贷”；对供应链、产业链营销渠道，推出了应收账款质押贷款、核心企业担保回购贷款、厂商银等产品；对产业集群营销渠道，推出了“手拉手组团贷”；对房产抵押贷款拓展渠道，推出了“抵押循环贷”“抵押扩容贷”系列产品；对进出口型企业营销渠道，推出了“出口退税账户托管质押贷款”、订单融资、打包贷款等；对专业市场、集群市场渠道，推出了“租金贷”“联保贷”等产品。针对小企业抵押担保难问题，推出了涵盖 180 余个质押品种的动产质押贷款。二是在淄博地区发展了知识产权质押贷款。目前，淄博市高新技术企业近千家，拥有独立知识产权的专利授权量 10000 多件，市场评估价值较高。但由于这类企业起步晚、规模小，缺乏固定资产等传统抵质押物，一般很难获得银行贷款，影响了高新技术企业的发展。为此，齐商银行在淄博地区首先推出了专利权质押贷款业务，并在此基础上开发了商标权、著作权的知识产权质押贷款，帮助企业盘活无形资产，将“知本”变为“资本”。截至2015年6月，已累计为107家科技成长型中小微企业办理知识产权质押贷款3.47亿元。三是推出了微贷技术条件下的信用贷款产品。在微贷领域，引进德国IPC国际微贷技术，重点推出“齐动力”——“鑫易贷”“鑫用贷”两大系列金融产品，突破了传统小微企业贷款担保弱、抵押难的融资窘境，是淄博地区真正面向小微企业、服务小微企业的无抵押、无质押、无担保的信用贷款产品，有效解决了微型企业“短、小、频、急”的融资难题。

齐商银行战略转型6年来，已累计发放小微企业贷款150多亿元，支持2万多户小微企业，带动27.8万人就业，上缴利税近3000万元。截至2015年上半年，齐商银行小微企业贷款户数达到7160户，贷款余额为270.59亿元，小微企业贷款占比达66.79%。小微企业贷款较年初增速11.61%，小微贷款增量占到全部贷款增量的96.01%，小微企业贷款不良率保持在1.6%的低位。齐商银行已经成为一家业内知名的小企业金融综合服务商，2013年荣获中国服务行业最高奖项“金典奖”，2013年和2014年连续两年荣获“年度全国支持中小企业发展十佳商业银行”奖。其经验表明，金融机构实现可持续发展，服务小微企业必须坚持以下几点：

一是必须坚持准确的市场定位。2008年以来，国内商业银行在不同程度上将信贷触角渗透至小微信贷领域。由于商业银行的同质性，各机构间的相互替代性较高，竞争激烈。经过多年的市场考验，一些金融机构小微信贷业务萎缩、停滞不前，甚至最终退出了小微金融市场。而那些真正重视小微企业市场、以战略的眼光和行动专注小微金融业务的金融机构，通过专业化、精细化和市场化的经营，在小微金融领域开辟了市场、站稳了脚根。齐商银行正是以尊重市场、尊重客户的经营理念科学定位自身发展方向，始终坚持“市民银行”和“中小企业主办行”的办行宗旨，以服务小微企业的融资需求为核心，在组织机制、产品服务、风险控制、品牌营销、客户关系维护、售后服务、团队建设等环节中实施专业化经营，站在了市场、机制和技术的“高点”，与小微企业建立了长期而紧密的合作伙伴关系。

二是必须坚持合理的组织架构。组织架构是银行搭建流程、开展业务、落实管理的基本要素，是金融服务赖以推进的机制保障。齐商银行以拓展小微金融市场、提升小微金融服务效率为目标指引，构建起内生性组织架构。这种架构实质上是目前国内小微金融领域多种模式的综合体，既实行了独立准法人制的离行式小企业金融服务中心模式，同时还实施了专业化特色支行模式，使决策链条大大缩短，满足了小微企业关系型信贷额度小、频率快的基本要求。在小企业金融服务中心作为专业经销机构实现了风险可控与财务盈余后，又实施了分中心模式和支行加盟模式相结合的机构内部复制。同时，该中心作为小微金融事业部的核心，其直销经营职能退居次要位置，产品开发与试验、管理与业务创新、人员业务培训等管理职能升至主要位置。该中心这种两级分层的金字塔形组织模式，在没有任何外部因素推动下，其内生的组织化方式因贴近小微企业需求而具有可持续性和高效率的天然优势，依靠组织内部的自我优化、自我约束，具有分级配合的协作优势和扁平化管理的组织效率，不仅实现了小微金融的商业可持续，同时也规避了许多外生性小微金融组织（如众多的扶贫类政策类金融）可能带来的道德风险与低效率问题，为小微信贷的可持续发展提供了扎实的组织保障。

三是必须坚持严格的风险防控。小微企业信贷要有一套与大中型企业完全不同而且更为细致和务实的风控体系。齐商银行探索建立了一套适合区域小微企业的风险控制体系，包括风控目标、技术手段、流程管理和文化建设四个方面：制定“零容忍”的风险目标，为中心小微信贷总体风险规模提供了前置式约束；新技术手段的应用，注重对小微企业生产经营中形成的交易信用和关系信用信息的采集和加工，并通过标准化处理后的各类信息的交叉验证，来确保对企业经营风险、欺诈风险的有效甄别和过滤；小微贷客户的差异化流程管理，提供了专业化、精细化的高效内部监督机制，规避了操作环节的技术性和道德性风险发生的可能；对外尊重小微创业者、建设合作伙伴关系，对内建设学习型服务团队、实施人才培养战略、设计合理的激励约束机制以及共享交流的文化氛围等，共同构成了齐商银行小微金融积极进取的企业文化，使得“严控风险、稳健发展”的理念成为团队上下每一个个体的内在意识和自觉行动。全流程风险控制体系，筑牢了齐商银行小微信贷可持续发展的“防火墙”，使风险水平得到有效控制。

四是必须坚持不断的改革创新。小微金融市场的基本特征是散点多元化，只有与时俱进不断创新，才能推动小微金融业务健康发展。齐商银行理念的创新推动了战略的调整，组织制度的创新适应了市场，流程的创新提高了金融服务效率，产品的创新吸引了多样化的客户群体，服务的创新发挥了品牌优势，管理的创新创造了效益，文化的创新凝聚培养了人才，技术的创新规避和降低了风险。这些多层级连续化的创新形成统一的整体，为小微金融的可持续发展提供了不竭动力。

（发表于《山东经济战略研究》2015 年第 8 期，作者：孙晓焱　朱宏锋　谢峻峰　冯　波）

微金融支持小微企业发展研究

——以齐商银行为例

多年来，各级政府一直高度重视小微企业发展，在金融、税收等方面出台了一系列扶持政策，小微企业得到了快速发展，成为国民经济和社会发展中不可或缺的重要力量。小微企业的快速发展产生了巨大的融资需求，这为金融机构创造了巨大的市场空间。然而与小微企业对经济社会的贡献度相比，总体来看，传统金融机构对小微企业的融资服务仍显不足，融资问题始终是制约小微企业生存和发展的重要瓶颈。近日，省政府研究室、中国人民银行淄博市中心支行组成调研组，以齐商银行为典型案例，对微金融支持小微企业发展情况进行了调研。有关情况报告如下：

一、微金融支持小微企业的效率分析

微金融，是指专门为小微企业、个体工商户及创业者提供小额度、可持续的金融产品和服务的统称。目前，国内典型的微金融机构主要有四类：一是公益扶贫性质的机构，如社科院农发所、扶贫基金会和非政府组织（NGO），这类机构虽然不以盈利为目的，但以市场化的信贷技术方式运作；二是以开发性金融机构为代表的半商业半公益机构；三是商业性银行机构，包括城市商业银行、农村商业银行、农村信用社、村镇银行等中小银行，也包括大银行提供的小微金融服务；四是其他创新机构，如小额信贷公司、新兴的 P2P 金融信息服务平台、P2C 互联网小微金融平台等。其中，商业性银行机构占据主要部分。因此，我们以商业性银行为主要研究对象，通过 DEA 模型，对微金融支持小微企业的效率进行分析，得出结论：不同规模银行支持小微企业信贷的效率总体不断提升，相对而言，城市商业银行支持小微企业贷款的总体效率最高、规模效率较高、平均纯技术效率最高。所以，城市商业银行是微金融支持小微企业发展的最佳选择。

（一）银行 DEA 效率的定义及经济含义

效率是衡量金融机构经营业绩的重要标准，效率值的高低可以反映金融机构的资源利用效果以及整体经营状况，因而效率分析本身也是金融机构业绩评价的一种有效方法。本文采用数据包络分析模型进行分析。数据包络分析（DEA）由 Charnes 和 Cooper 于 1986 年提出，采用非参数方法对相对有效性进行评价，在单输入单输出过程或决策单元的基础上，将其推广到多输入多输出的决策单元，对其进行加权求和，以此来评价多输入多输出的决策单元之间的相对有效性。对任何一个决策单元（DMU），DEA 有效性或者说达到 100% 的效率是指：①在现有的输入条件下，任何一种输出都无法增加，除非同时降低其他种类的输出；②要达到现有的输出，任何一种输入都无法降低，除非同时增加其他种类的输入。一个决策单元达到了 100% 的效率，该决策单元就是有效的决策单元。同理，DEA 无效性是指，以较多的输入或较少的输出进行生产总是可能的。

根据研究的目的，选取不同的投入产出，对银行 DEA 效率的定义和分类方法也不同。使用非参数方法 DEA 的学者大多直接使用 Farrel（1957）的效率分类方法，将银行 DEA 效率分为技术效率、配置效率、纯技术效率和规模效率。商业银行技术效率是指在给定投入的情况下商业银行获取最大产出的能力；配置效率反映给定投入价格时企业以适当比例使用各项投入的能力。技术效率和配置效率组成了总体效率。如果放松规模报酬不变的假设，上述技术效率可以进一步分解为纯技术效率和规模效率。纯技术效率测度的是当规模报酬可变时，被考察企业与生产前沿面之间的距离；而规模效率衡量的则是规模报酬不变的生产前沿与规模报酬变化的生产前沿之间的距离。

（二）数据包络分析（DEA）模型简介

假设存在 n 个决策单元（DMU），每个决策单元存在 m 种的投入要素

和 s 种产品的产出，其所对应的权重向量分别记为：$V=(v_1, v_2, \cdots, v_m)^T$，$U=(u_1, u_2, \cdots, u_s)^T$，。这 n 个决策单元及其输入—输出关系可用向量标记为：

$X_j=(x_{1j}, x_{2j}, \cdots, x_{mj})^T$，$Y_j=(y_{1j}, y_{2j}, \cdots, y_{sj})^T$，$j=1, 2, \cdots, n$

其中：x_{ij}为第 j 个决策单元对第 i 种类型要素投入的总量，y_{rj}为第 j 个决策单元对第 r 种产品输出的总量，且 x_{ij}，$y_{rj}>0$；v_i为第 i 种输入指标的权重系数，u_r为第 r 种产出指标的权重系数，且 v_i，$u_r\geqslant 0$。则每个决策单元 DMU 要素投入和产品产出比的相对效率评价指数如下：

$$h_j = \frac{\sum_{r=1}^{p} u_r y_{rj}}{\sum_{i=1}^{m} v_i x_{ij}} \qquad j = 1,2,\cdots,n$$

而第 $j0$ 个决策单元的相对效率优化评价模型为：

$$max\ \mathrm{h}_{j_0} = \frac{\sum_{r=1}^{p} u_r y_{rj}}{\sum_{i=1}^{m} v_i x_{ij}},\ j=1,\ 2,\ \cdots,\ n$$

$$\text{s. t.} \begin{cases} \dfrac{\sum_{r=1}^{p} u_r y_{rj}}{\sum_{i=1}^{m} v_i x_{ij}} \leq 1,\ j=1,\ 2,\ \cdots,\ n \\ vi,\ ur \geq 0, \qquad i=1,\ 2,\ \cdots,\ m; \qquad r=1,\ 2,\ \cdots,\ p \end{cases}$$

上述模型中 x_{ij}、y_{rj}为已知数（可由历史资料或预测数据得到），v_i、u_r为变量。模型的含义是以权系数 v_i、u_r 为变量，以所有决策单元的效率指标 h_j 为约束，以第 j_0 个决策单元的效率指数为目标。即评价第 j_0 个决策单元的生产效率是否有效，是相对于其他所有决策单元而言的（限于篇幅，推导过程略）。

目前，基于 DEA 方法提出的基础模型主要有 CRS 模型和 VRS 模型两种。CRS 模型是研究规模报酬不变的情况下决策单元（DMU）的 DEA 效率，反映的是技术效率（*CRSTE*）。VRS 模型是假定规模报酬可变时，测算出决策单元的 DEA 效率是纯技术效率（*VRSTE*）。通过求解 CRS 模型和 VRS 模型，还可以测算出规模效率（*SCALE*）。由于技术效率等于纯技术效率和规模效率两部分乘积，即 $CRSTE = VRSTE \times SCALE$，所以 $SCALE = CRSTE/VRSTE$。

（三）指标选取与样本数据

结合国内外学者的既有研究成果以及本文的研究目的，对投入产出变量的选择如下：

投入变量：投入指标的选择主要从商业银行的成本角度来考虑，包括总资产、业务及管理费、机构个数、存贷比。其中，总资产可以衡量银行的总体规模；业务及管理费可以衡量商业银行的总体投入水平，同时也包含了资金投入的价格因素；机构个数可以衡量商业银行对企业软信息的获得渠道；存贷比可以反映银行资产、负债配置，反映不同规模银行对整体贷款的配置状况。

产出变量：考察商业银行对小微企业贷款的效率，首先要选取商业银行对小微企业的贷款余额作为输出变量，是反映商业银行支持小微企业效果的重要指标。同时，商业银行作为企业，追求利润最大化是重要目标，因此，选取利润总额作为另一个产出变量，衡量小微企业贷款业务是否具有商业可持续性。这两个指标的选择既可以反映小微企业贷款对商业银行的重要性，也可以反映商业银行作为独立决策单元的总体盈利水平和能力。

本文选取了 4 家全国性国有商业银行、4 家全国性股份制银行、4 家城市商业银行、7 家农村商业银行（农村信用社）共 19 家银行 2011—2014 年的数据，其中各上市银行数据主要来源于其年度报告、企业社会责任报告，其他机构数据来源于各银行统计部门。

（四）实证结果

利用 DEAP2.1 软件对商业银行样本数据进行处理，结果见表 10、表 11。其中，*CRSTE* 表示规模报酬不变的技术效率、*VRSTE* 表示规模报酬可变的纯技术效率、*SCALE* 表示规模效率，*RS* 表示规模报酬（irs 表示规模报酬递增，drs 表示规模报酬递减）。各指标之间的关系为：

$CRSTE = VRSTE \times SCALE$

表 10　全部样本银行支持小微企业效率

单位名称					2012 年			
	CRSTE	*VRSTE*	*SCALE*	*RS*	*CRSTE*	*VRSTE*	*SCALE*	*RS*
工商银行	1. 000	1. 000	1. 000	—	1. 000	1. 000	1. 000	—
农业银行	0. 763	1. 000	0. 763	irs	0. 793	1. 000	0. 793	irs
中国银行	0. 934	0. 955	0. 978	irs	0. 894	0. 913	0. 979	irs
建设银行	1. 000	1. 000	1. 000	—	1. 000	1. 000	1. 000	—
招商银行	1. 000	1. 000	1. 000	—	1. 000	1. 000	1. 000	—
浦发银行	1. 000	1. 000	1. 000	—	1. 000	1. 000	1. 000	—
中信银行	1. 000	1. 000	1. 000	—	0. 891	0. 917	0. 972	irs
光大银行	0. 904	0. 928	0. 975	irs	0. 941	0. 942	1. 000	—
北京银行	1. 000	1. 000	1. 000	—	1. 000	1. 000	1. 000	—
宁波银行	1. 000	1. 000	1. 000	—	1. 000	1. 000	1. 000	—
南京银行	0. 968	1. 000	0. 968	irs	0. 993	1. 000	0. 993	irs
齐商银行	1. 000	1. 000	1. 000	—	1. 000	1. 000	1. 000	—
博山联社	0. 979	1. 000	0. 979	irs	0. 891	1. 000	0. 891	irs
高青农商行	0. 683	1. 000	0. 683	irs	1. 000	1. 000	1. 000	—
桓台联社	0. 743	0. 978	0. 760	irs	0. 825	0. 935	0. 883	irs
临淄农商行	0. 991	0. 999	0. 991	irs	1. 000	1. 000	1. 000	—
沂源联社	0. 402	1. 000	0. 402	irs	0. 623	1. 000	0. 623	irs
张店农商行	0. 813	1. 000	0. 813	irs	0. 914	0. 971	0. 942	irs
淄川联社	1. 000	1. 000	1. 000	—	0. 695	0. 966	0. 719	irs

单位名称	2013 年				2014 年			
	CRSTE	*VRSTE*	*SCALE*	*RS*	*CRSTE*	*VRSTE*	*SCALE*	*RS*
工商银行	1. 000	1. 000	1. 000	—	1. 000	1. 000	1. 000	—
农业银行	0. 814	1. 000	0. 814	irs	0. 826	1. 000	0. 826	irs
中国银行	0. 923	0. 943	0. 979	irs	0. 944	0. 951	0. 993	irs
建设银行	1. 000	1. 000	1. 000	—	1. 000	1. 000	1. 000	—
招商银行	1. 000	1. 000	1. 000	—	1. 000	1. 000	1. 000	—
浦发银行	1. 000	1. 000	1. 000	—	1. 000	1. 000	1. 000	—
中信银行	0. 908	0. 951	0. 956	irs	0. 873	0. 891	0. 979	irs

续表

单位名称	2013 年				2014 年			
	CRSTE	*VRSTE*	*SCALE*	*RS*	*CRSTE*	*VRSTE*	*SCALE*	*RS*
光大银行	0.900	0.910	0.990	irs	0.922	0.929	0.992	irs
北京银行	1.000	1.000	1.000	—	1.000	1.000	1.000	—
宁波银行	0.972	1.000	0.972	irs	0.982	1.000	0.982	irs
南京银行	0.867	1.000	0.867	irs	0.912	1.000	0.912	irs
齐商银行	1.000	1.000	1.000	—	1.000	1.000	1.000	—
博山联社	0.977	1.000	0.977	irs	0.888	1.000	0.888	irs
高青农商行	0.959	1.000	0.959	irs	0.893	1.000	0.893	irs
桓台联社	0.997	1.000	0.997	irs	0.742	0.917	0.809	irs
临淄农商行	1.000	1.000	1.000	—	1.000	1.000	1.000	—
沂源联社	0.799	1.000	0.799	irs	0.777	1.000	0.777	irs
张店农商行	0.956	0.991	0.964	irs	1.000	1.000	1.000	—
淄川联社	0.691	1.000	0.691	irs	0.596	0.978	0.609	irs

注：—在 *RS* 项下表示规模报酬不变。

表 11　不同机构类别银行支持小微企业效率

	2011 年			2012 年		
	平均效率	平均纯技术效率	平均规模效率	平均效率	平均纯技术效率	平均规模效率
全部样本银行	0.904	0.993	0.911	0.919	0.981	0.937
四大国有行	0.924	0.989	0.935	0.922	0.978	0.943
全国性股份制银行	0.976	0.982	0.994	0.958	0.965	0.993
城市商业银行	0.992	1.000	0.992	0.998	1.000	0.998
农信社（农商行）	0.802	0.997	0.804	0.850	0.982	0.865

	2013 年			2014 年		
	平均效率	平均纯技术效率	平均规模效率	平均效率	平均纯技术效率	平均规模效率
全部样本银行	0.935	0.989	0.946	0.913	0.982	0.929
四大国有行	0.934	0.986	0.948	0.943	0.988	0.955
全国性股份制银行	0.952	0.965	0.987	0.949	0.955	0.993
城市商业银行	0.960	1.000	0.960	0.974	1.000	0.974
农信社（农商行）	0.911	0.999	0.912	0.842	0.985	0.854

（五）DEA 实证结果分析

（1）从时间维度看，不同规模银行支持小微企业信贷的效率总体在提升（见图5）。DEA 分析结果发现，近年来随着国家对小微企业信贷问题的不断重视，陆续出台了一系列政策措施，2011 年以来不同规模银行支持小微企业的效率总体在提升。但2014 年由于经济下行压力加大，各银行利润增幅普遍下降，小微企业贷款增速降低，导致银行机构支持小微企业贷款效率有所下降，19 家样本银行平均资产利润率为 1. 59%，低于 2013 年 0. 037 个百分点，小微企业贷款平均增速 7. 81%，低于 2013 年 6. 15 个百分点。

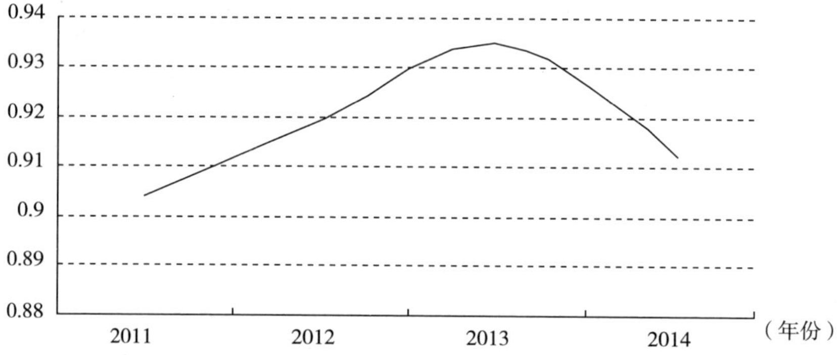

图5 全样本银行机构支持小微企业平均效率变化情况

（2）从资产规模看，中小银行支持小微企业贷款的总体效率较高，但不是规模越小越好。2011—2014 年，资产规模在 10 万亿元以上的四大国有银行，支持小微企业效率低于规模在 2 万亿 ~5 万亿元的全国性股份制银行，全国性股份制银行效率低于规模在 500 亿 ~2 万亿元的城市商业银行。但资产规模较小的农信社（农商行），内部管理水平相对落后，成本费用占比相对较高，抵御风险能力较差，盈利能力不足，因此支持小微企业贷款可持续发展的效率并不高（见图6）。

（3）全国性股份制银行平均规模效率相对较高。2011—2014 年，全国性股份制银行平均规模效率为 0. 992，且规模效率波动幅度较小，显示出通过规模扩张支持小微企业的边际效率弱化。城市商业银行平均规模效率为 0. 981，也处于较高水平，但近两年波动有所加大，2013 年以来有恢复性增长。四大国有银行平均规模效率为为 0. 929，通过规模扩张支持小微企业的效率稳步提升。

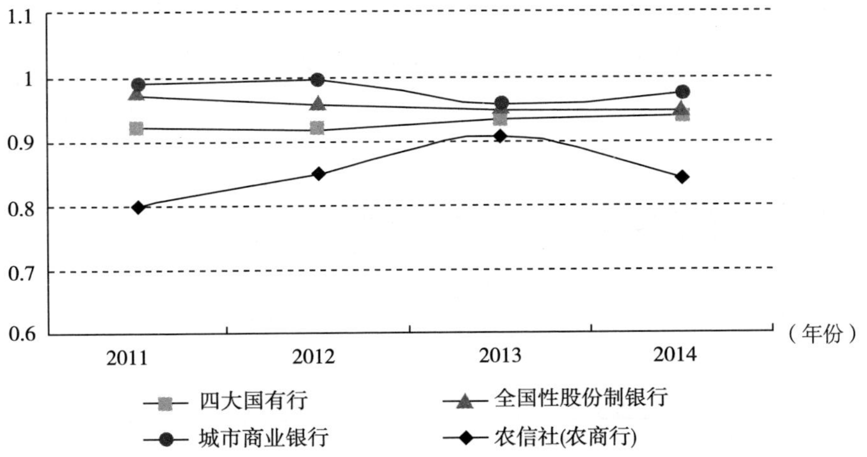

图6　分机构类别支持小微企业效率变化情况

农信社（农商行）平均规模效率为0.854，处于规模报酬递增的阶段，需要加快资产规模的发展，才能提高支持小微企业信贷效率（见图7）。

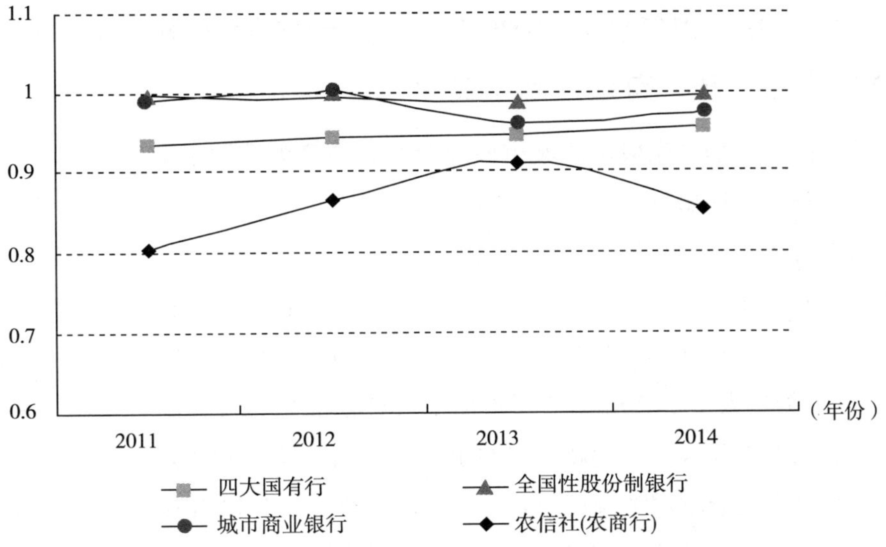

图7　分机构类别支持小微企业平均规模效率变化情况

（4）城市商业银行平均纯技术效率相对较高。2011—2014年，城市商业银行平均纯技术效率为1，农信社（农商行）为0.991，四大国有银行为0.985，全国性股份制银行为0.967。数据证明，城市商业银行、农信社

（农商行）等本地银行机构与客户地域联系密切，能够更好地利用软信息解决信息不对称问题，为小微企业提供融资服务（见图8）。

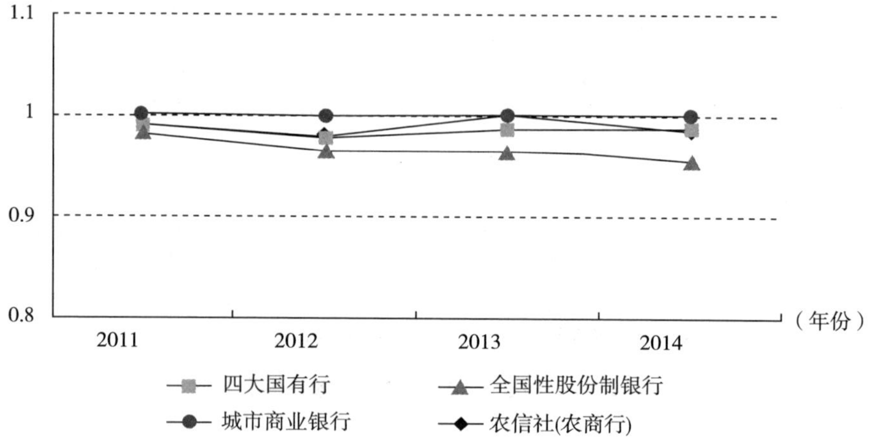

图8 分机构类别支持小微企业平均纯技术效率变化情况

二、齐商银行微金融成效：经过六年的市场检验，实现总量快速上升，有效控制不良率

齐商银行是一家股份制城市商业银行，前身为淄博市商业银行。2009年，齐商银行提出推动全行战略转型、打造山东地区乃至全国知名小企业金融综合服务商的目标，将全行业务重心转移到小微企业领域，对经管模式、营销方式、产品开发、风险管控、品牌建设等进行了一系列改革创新，建立了一整套小微金融运营管理体制，创造了小微金融领域的“齐商模式”，为广大中小金融机构探索出了一种标准化、可复制、商业可持续的特色化发展模式。其创新发展的小微企业信贷调查和风险防控技术，在全国小微企业金融服务领域得到充分肯定和推广，2013年荣获中国服务行业最高奖项——“金牌服务优秀典范企业奖”，2013年和2014年连续两年荣获“年度全国支持中小企业发展十佳商业银行”奖。截至2015年上半年，齐商银行全行资产总额为732.38亿元，各项存款余额为592.82亿元，各项贷款余额为405.12亿元，在省内共设有滨州、东营、济宁、潍坊、威海5家分行、14家支行、入股（控股）1家村镇银行，在陕西西安设有1

家分行、6 家支行，全行营业网点 97 家。

（一）小微企业信贷规模和占比不断扩大，同时实现了商业可持续

截至 2015 年上半年，齐商银行小微企业贷款户数为 7160 户，比 2009 年增长 256.93%；小微企业贷款余额为 270.59 亿元，比 2009 年增长 199.52%；小微企业贷款占比达 66.79%，远高于国内各银行机构平均 23.35% 的水平，比 2009 年提高 20.18 个百分点（见表 12）。2015 年上半年，齐商银行小微企业贷款较年初增长 11.67%，高于全部贷款增速 3.86 个百分点，小微贷款增量占到全部贷款增量的 96.01%，规模和占比迅速扩大。小微金融的发展也实现了商业可持续，创造了新的利润增长点。以该行小企业服务中心为例，截至 2014 年底，该中心存量贷款户数为 1335 户，贷款余额为 12.65 亿元，户均 94.82 万元，2014 年累计实现利息收入 9800 万元，实现利润 5083 万元，人均创利 96 万元，与全行人均创利水平相当。

表 12　齐商银行小微信贷情况统计

	各项贷款余额（亿元）	小微企业贷款余额（亿元）	小微企业贷款占比（%）	小微企业贷款户数（户）
2009 年	193.83	90.34	46.61	2006
2010 年	233.51	101.20	43.34	2024
2011 年	258.82	150.64	58.20	2438
2012 年	288.43	143.74	49.84	3592
2013 年	331.02	184.51	55.74	4923
2014 年	375.80	242.32	64.48	6577
2015 年上半年	405.12	270.59	66.79	7160

（二）小微企业信贷质量保持较高水平，实现了风险可控

齐商银行基于制度和技术结合基础上的创新风控体系日臻完善，并在 6 年的具体实践中尤其是当前经济下行的压力下，经受住了市场的检验，发挥了良好的风险控制效用。截至 2015 年上半年，齐商银行贷款不良率为 1.83%，比淄博市平均水平低 1.77 个百分点，其中小微企业贷款不良率为 1.60%，低于全行平均水平 0.23 个百分点，分别比 2013 年、2014 年下降了

1.00和0.19个百分点（见表13）。小微企业信贷规模扩张的同时，保持了较高水平的信贷资产质量，其风控能力和水平始终处于小微金融业界前列。

表13　齐商银行不良贷款及小微企业不良贷款统计

	不良贷款总额（亿元）	各项贷款不良率（%）	小微企业不良贷款总额（亿元）	小微贷款不良率（%）
2009年	4.03	2.08	2.25	2.49
2010年	2.85	1.22	1.65	1.63
2011年	4.37	1.69	2.65	1.76
2012年	4.12	1.43	1.96	1.36
2013年	6.52	1.97	4.79	2.60
2014年	7.25	1.93	4.34	1.79
2015年上半年	7.41	1.83	4.34	1.60

（三）发展普惠金融，真正实现了对小微企业的让利

齐商银行将发展微金融作为自身战略目标，摒弃了唯利润的单一目标模式，树立了普惠金融的发展理念，注重发掘扶持实业型小微企业，通过与企业合作共赢，实现小微金融内涵式、多目标增长，为解决小微企业融资难、融资贵发挥了积极作用。齐商银行小微企业贷款加权平均利率与各项贷款加权平均利率之间的利差逐步收窄，截至2015年上半年，小微企业贷款加权平均利率为7.18%，同比下降1.4个百分点，降幅达16%，首次低于全行各项贷款加权平均利率水平。从齐商银行整体资产利润水平看，其资产利润率已由2011年的2.17%下降到1.27%，反映出齐商银行真正对小微企业客户实现了让利（见表14、图9、图10）。

表14　齐商银行小微信贷利率及成本、利润指标统计　单位：%

	各项贷款加权平均利率	小微企业贷款加权平均利率	小微贷款与各项贷款利差水平	资产利润率
2009年	7.13	7.40	0.27	1.64
2010年	7.32	7.84	0.52	1.72
2011年	8.41	8.82	0.41	2.17

续表

	各项贷款加权平均利率	小微企业贷款加权平均利率	小微贷款与各项贷款利差水平	资产利润率
2012 年	8.36	8.70	0.34	2.06
2013 年	7.74	8.50	0.76	1.56
2014 年	7.71	8.41	0.70	1.31
2015 年上半年	7.26	7.18	-0.08	1.27

注：2015 年 6 月业务管理费率、资产利润率指标采用半年数据折年计算

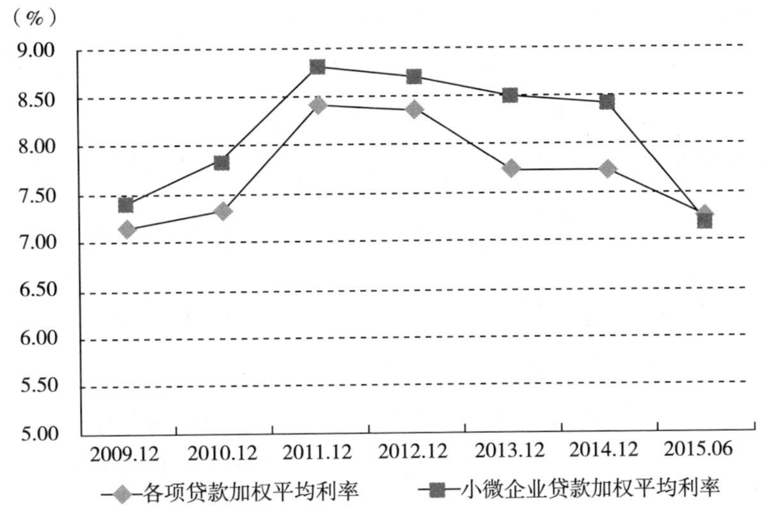

图 9　齐商银行小微企业贷款加权平均利率走势

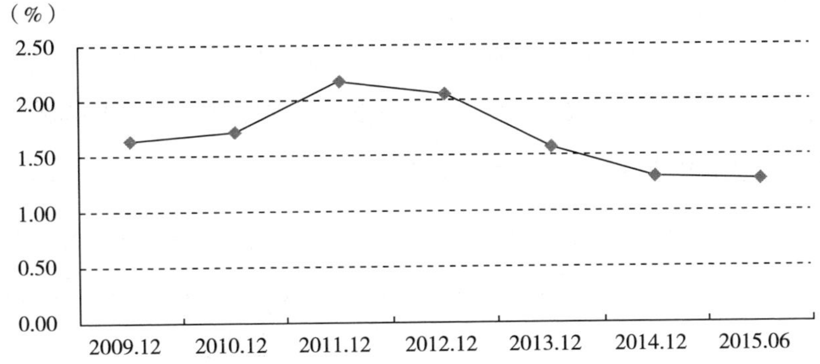

图 10　齐商银行资产利润率走势

三、齐商银行微金融做法：创新技术趋于成熟，实现模式可复制

（一）设立专营机构，创新运营模式

齐商银行按照现代化商业银行经营管理体制要求和小微企业金融市场需求，对全行小微企业金融组织模式进行了大胆改革，调整了原有的总、分、支行组织管理架构，探索实行“小企业金融事业部+小微企业业务分中心+专业支行”模式，着重突出小微金融特色经营。2009年，齐商银行在小企业金融事业部的基础上，设立了全国第四家、山东首家具有独立牌照的小微企业信贷专营机构——齐商银行小企业金融服务中心，承担全行小微企业信贷业务，为小微企业量身打造金融产品。以小企业金融服务中心为核心，搭建起“专业化+市场化”的小微金融组织架构：一是采取“特许加盟”模式，在各分支行设立小微企业金融服务中心，由总行服务中心指导组建专业营销管理团队，向各分支行统一配送微贷产品、定价模式、考核方式、制度体系等，在更广泛的范围内快速延伸拓展小微企业金融服务。二是根据各专业市场小微信贷客户集聚、金融需求集中的特点，设立了塑料化工、小商品、建材建陶、机电泵业、不锈钢、科技城6家小微信贷专营特色支行。各特色支行突出“定位差异化、经营特色化、服务专业化、营销主动化、流程简约化”的管理特点，实施错位发展，增强了对区域经济和广大小微企业的专业化服务能力，形成了独特的品牌和竞争优势。齐商银行“一个专业机构+6家专业支行+79家经营支行”的特色小微企业服务组织框架，在2012年获得了山东省“企业经营管理科学创新成果奖”。

（二）实行单独考核，强化激励机制

银监会提出，商业银行开展小企业贷款要落实“利率风险定价机制、独立核算机制、高效的贷款审批机制、激励约束机制、专业化的人员培训机制、违约信息通报”六项机制和“单列信贷计划、单独配置人力资源和财务资源、单独客户认定与信贷评审、单独会计核算”四单原则，构建专业化的经营与考核体系。齐商银行按照“六项机制”和“四单原则”，对小企业金

融服务中心及各分支行实行规模单列、独立考核，有效调动了全行开展小微信贷业务的积极性。一是对小微企业贷款计划、贷款规模单列，对小企业金融服务中心及分支行小微信贷业务条线的财务实行独立核算；将全行每年新增贷款计划的70%以上投放到小微企业，投放比例不达标的分支行不得新增授信，不得挤占小微企业授信规模。二是制定专门的小微业务业绩考核和激励约束机制，行内小微企业业务指标均为单项下达，并与分支行行长履职及费用划拨挂钩。同时，设立小微金融业务单项奖，实施新增户数奖励与费用提成挂钩，对小微企业客户经理建立独立考核体系，实行具体量化到人、上不封顶的独立薪酬激励机制，并落实尽职免责、失职必究的约束机制。

（三）优化业务流程，提高服务效率

齐商银行针对小微企业贷款数额少、频率高、时间急的特点，按照“纵向条线细分、横向流程精简”的原则，建立高效审批制度，优化审批流程，提高审批效率。在纵向上，根据小微企业需求差异，进一步细分业务条线，分别设立了额度为1万~100万元的微贷团队和100~500万元的小贷团队，分别进行业务授信。在横向上，建立包括客户营销、首次访谈、贷前调查、贷时审查、贷后管理、贷审会审批等各个环节的标准化操作流程，并建立24小时授信决策平台，每天召开贷审会，确保完成当天贷款审批项目。细分后的标准化规范，充分发挥了流程作业的效率优势和专业化优势，提高了放款效率。目前齐商银行小微信贷业务，新客户一般在3~7天内完成放款，老客户可实现当天审批、当天放款、当天到账。

（四）转变营销观念，开展特色营销

齐商银行改变传统的营销观念和模式，变“等客上门”为“送贷上门”，对各分支机构所在地的重点区域、重点行业、重点产业、主要集群市场等进行全面深入的调研和分析，确定了主要目标客户群，制定了营销规划图，搭建起各种形式的特色营销，总结出专业市场集群、供应链金融、商会联保授信、园区整体开发、政府产业经济带动等五大营销模式。一是依托各类经济产业链条开展批量营销。依托行业协会、商会、核心企业产业链、供应链等搭建不同的服务平台，通过召开产品推介会、业务洽谈会等方式，集中向协会、商会内企业，以及核心企业产业链上的小微企业提供金融咨询、产品介绍、业务洽谈、现场签约等一揽子金融服务。二是围绕集群市场进行扫街式营销。对集群市场开展跑街扫楼等地毯式摸查，通过登门拜访、发放宣传资料及调查问卷、召开推介会等方式，对专业集群市场进行调研和产品推介，并派专人对已开展业务的23个集群市场进行驻守，随时提供服务。三是积极运用“互联网+”开展电商营销。积极涉足互联网金融领域，依托自身成熟的小微金融风险控制体系和丰富的小微信贷产品，推出国内首家专门为小微企业和“三农”提供金融服务的互联网投融资平台——“齐乐融融 E”。开辟了在线供应链金融新渠道，与大型核心企业建立合作关系，为其上下游小微企业量身提供融资服务，将传统线下供应链模式移至线上操作，利用互联网提高服务效率与质量。齐商银行还与卓创资讯、隆众网、方达电子等国内知名电商平台建立数据共享体系，借助电商平台大数据实现对电商小微企业的批量授信。此外，齐商银行还联合政务中心、律师事务所、会计师事务所、评估事务所等在总行小企业金融服务中心大厅设立“一站式服务区”，与淄博市中小企业局、房管局、知识产权局等部门实现了联网，为小微企业提供一站式服务。

（五）细化风控管理，有效防范风险

齐商银行通过内部研发和外部引进，建立了全流程风险管理体系，实现了有效风险防控。一是加强技术防控。在小贷领域，总结出了针对商贸流通业的“六看一听一谈”①、针对快速消费品经销商的“七看七重”② 等

---

① “六看一听一谈”指：看账本，重点分析企业及个人的银行流水账；看产品，重点观察企业有无好的产品；看人气，重点观察企业顾客的数量、层次；看人品，重点观察企业成员的敬业精神；看成效，重点比较企业贷款前后经营效果；看存货，主要调查企业存货数量、流转速度；听同行，侧面调查企业同行对该经营者的整体评价；谈看法，努力和客户进行多方位的沟通、互动，争取掌握更多的“软信息”。

② “七看七重”指：看渠道、重年限，观察经销商的分销渠道，研究经销商的成长历史；看实力、重库存，观察经销商的库存大小，分析经销商的实力；看流量、重凭证，分析经销商现金流量，重视凭证证据，了解经销商经营现状；看产品、重品牌，比较其经销产品的销售市场、品牌效应，预测未来发展空间；看经营、重信誉，调查经销商的经营情况，了解其信誉情况，衡量其还款意愿、信用情况；看用途、重原因，分析贷款用途合理性，研究预测其资金流向；看销量、重账款，查看销售证据、账款回收情况，评估企业经营状况。

贷款调查方法，通过考察企业实账、征信记录、隐性负债等，保证交叉印证企业信息真实可靠。在微贷领域，引进国际先进微贷技术（德国IPC公司微贷技术），并结合实际情况进行转化提升，通过考察微贷客户账户现金流，对客户及其上下游的进销存单据记录、运费记录、税收水电记录等外部信息进行采集并交叉验证，摸清企业真实财务信息和经营状况，测算经营现金流及经营状况并编制企业真实财务分析简表，防止客户欺诈。建立微贷业务IT系统，将实践中提炼出的有关小微企业信息的100多个关键数据项予以标准化并录入IT系统，由系统自动判断识别信贷风险，实现了信贷风险控制的人机结合。二是加强流程防控。建立了以“贷前、贷中、贷后、技术、经验、技巧、道德、管理、监督”为结合点的“九连环”全流程风险管理体系，各个团队各司其职、分工协作，又相互制衡，实现了信贷风险的全流程控制。三是加强源头防控。齐商银行通过帮助缺乏项目规划和预测的小微企业分析经营杠杆的高低、测算企业成本收益及保本点等，让客户对项目有更清晰的认识和规划，避免盲目投资而产生风险。创新小微企业贷款还款方式，通过帮助客户分析经营周期、淡旺季资金回笼情况，根据实际资金运转特点设定还款方式，减轻企业一次性还款压力，避免客户资金链断裂风险。

（六）创新金融产品，提供多元服务

齐商银行设立了专门的小微企业信贷产品研发机构，不断创新丰富产品，为小微企业量身定做了50余款贷款产品。如针对各特色营销渠道，发展了对应的贷款品种：对政府平台渠道，推出“政银企组团贷”，由政府拿出专项资金作为风险补偿基金，组团企业共同组建担保基金，齐商银行向团内企业批量发放授信；对协会商会渠道，推出“银会企组团贷”，由协会或商会推荐会员企业，并共同出资组建担保资金池，齐商银行向团内会员企业发放授信；对产业集群营销渠道，推出“手拉手组团贷”，5户以上小微企业即可自由组团，共同出资设立资金担保池，不再需要另外担保；对专业市场、集群市场渠道，推出“租金贷”“联保贷”等产品，由专业市场提供担保，为商户发放贷款专门用于支付摊位租金。针对小微企业抵押担保难问题，推出涵盖180多个品种的宽泛化动产质押贷款，以企业自有的存货或原材料质押，无须额外抵押担保即可获得融资。针对淄博市高新技术企业多，但缺少固定资产等传统抵质押物的特点，在淄博地区首推知识产权质押贷款，帮助高科技成长型小微企业盘活无形资产，将“知本”变为“资本”。与淄博市团市委合作，推出“淄青贷”，以养殖权、林权等为抵押，为农村青年提供创业贷款。针对小微企业更加注重银行售后服务的特点，成立了“小企业家俱乐部”，为小微企业打造专属的集售后服务、会员服务、信息发布、展示合作等各项功能为一体的金融综合服务平台，并持续为客户提供信息咨询、专题讲座、产品展示、业务洽谈等各类增值服务。

四、齐商银行微金融可持续性分析

齐商银行在支持小微企业发展过程中，与广大小微企业形成了长期稳定的合作关系，将小微企业需求与金融机构供给有效对接，既满足了小微企业的融资需求，又实现了自身的可持续发展。其经验表明，商业银行在小微金融领域实现可持续发展，需要具备多方面的条件，即战略目标的设定与合理的市场定位，稳健的增长模式和目标选择，组织和制度体系的创新，经营理念的创新，覆盖业务全流程的高质量、高效率的风控技术体系等，只有实现这些环节的协调统一，才能形成对小微企业持续支持的金融发展业态。

（一）准确的目标定位是实现可持续发展的前提

可持续发展首先来自准确的目标定位和发展理念。2008年以来，国内众多商业银行将信贷触角延伸至小微信贷领域。由于商业银行的同质性较高，竞争十分激烈，经过多年的市场考验，一些银行的小微信贷业务逐渐萎缩、停滞不前，甚至最终退出了小微金融市场。齐商银行以尊重市场、尊重客户为导向，始终坚持“市民银行”和“中小企业主办行”的宗旨，确立了“小企业金融综合服务商”的发展定位，以服务小微企业的融资需求为核心，在组织机制、产品服务、风险控制、品牌营销、客户关系维护、售后服务、团队建设等各个环节中实施了专业化经营，站在了市场、机制和技术的“高点”，树立了“齐商齐行　合作共赢”的品牌优势。

（二）合理的组织架构是实现可持续发展的基础

组织架构是银行组织资源、搭建流程、开展业务、落实管理的基本要素，是金融服务赖以推进的机制保障。齐商银行以拓展小微金融市场、提升小微金融服务效率为目标指引，构建起内生性组织架构。在总行服务中心作为专业经销机构实现了风险可控与财务盈余后，将产品开发与试验、管理与业务创新、人员业务培训等管理职能放至主要位置，而使直销经营职能退居次要位置，实施了分中心模式和支行加盟模式相结合的机构内部复制。分析齐商银行小微金融业务组织结构可以看到，其内生的组织化方式因贴近小微企业需求而具有分级配合的协作优势和扁平管理的组织效率，依靠自我优化、自我约束，不仅实现了小微金融的商业可持续，同时也规避了许多外生性小微金融组织如扶贫类、政策类金融可能带来的道德风险与低效率问题。

（三）完善的风险防控体系是实现可持续发展的保障

小微企业信贷风险可控的前提，是建立一套与大中型企业信贷完全不同且更为细致和务实的风控体系，通过采集小微企业的“软信息”并将其标准化，使之成为对小微企业风险事前识别过滤以及事后规避抑制的工具和指标。齐商银行创立的适合小微企业的风险控制体系主要依靠四个方面的支撑，即风控目标、技术手段、流程管理和文化建设。一是设定零容忍的风险目标，为小微信贷总体风险规模提供前置式约束。二是应用新技术手段，对小微企业生产经营中形成的交易信用和关系信用信息进行采集加工和标准化处理，然后通过对各类信息的交叉验证，确保对企业经营风险、欺诈风险的有效甄别和过滤。三是细分小微信贷客户，实施差异化流程管理，提供专业化、精细化的高效内部监督机制，规避了操作环节技术性和道德性风险的发生。四是创建积极进取的企业文化，建设学习型服务团队，实施人才培养战略，设计合理的激励约束机制，营造共享与交流的文化氛围，使“严控风险、稳健发展”的理念成为每一个员工的内在意识和自觉行动。

（四）持续不断的创新是实现可持续发展的动力

小微金融市场的基本特征是散点多元化，只有与时俱进、不断创新才能推动小微金融业务健康发展。齐商银行理念的创新推动了战略调整，组织制度的创新适应了市场发展，流程的创新提高了服务效率，产品的创新吸引了多元客户，服务的创新发挥了品牌优势，管理的创新创造了经济效益，文化的创新凝聚培养了人才队伍，技术的创新规避和降低了风险。这些多层级连续化的创新形成统一的整体，为小微金融的可持续发展提供了不竭动力。

五、当前微金融发展面临的制约因素

在政策和经济形势的双重作用下，商业银行纷纷主动拓展小微金融业务，取得了一定的成绩，但是小微企业融资难问题仍十分突出，反映出微金融业务的发展还面临诸多制约因素，主要表现在以下几个方面：

（一）法律保障体系不完善

国际经验表明，提高小微企业融资水平、推动小微企业发展需要有一套相对独立的金融法律体系，来保障市场的合理公平，从而促进小微企业健康发展。然而目前国内对小微企业融资的保障，多出自政府或部门文件，尚没有独立的保障和解决小微企业融资需要的专题法律文件，导致小微企业遇到融资困难时，缺乏有效的法律保障，难以化解小微企业存在的风险。另外，微金融机构的深入发展也缺乏法律的依据，在一定程度上制约了微金融的发展。

（二）微金融机构自身风险抵补能力不足

银行发展微金融业务，所面对的小微企业类型众多，融资需求数量少、频率高，从而增加了贷款的复杂性，贷款成本升高。正常的小微企业贷款利率在目前的政策倡导和市场竞争环境下，上浮的通道基本已被封闭。因此，商业银行通过完全市场化行为得到小微企业风险抵补的能力受到限制，长期看，小微金融自我循环发展的动力不足。

（三）现有监管框架约束多、效率低

商业银行作为微金融供给的主体，面临着传统监管模式下的体制约束，影响了市场竞争的公平性和金融创新的效率性。典型案例之一，也是齐商银行当前面临的一大制约问题是，不能利用信用卡开展小微信贷业务。目前大型商业银行和一些中型银行均具有信用卡发卡资格，其中一些机构如平安银行已经利用信用卡授信方式向微贷领域渗透。尽管信用卡透支融资的利率相当高（万分之五的透支日利率，折年化利率达到18%），但由于其较高的资金发放效率和灵活的还款方式等优势，在微贷领域已占有一席之地。而众多地方商业银行，因为监管制度的差异，没有权力发放信用卡，从而在这类市场中失去了竞争资格。典型案例之二，传统银行机构不能涉足互联网金融。根据齐商银行小微客户群体的调查显示，目前已有约50%的小微企业发展了O2O模式，实现了线上线下的融合，因此互联网金融模式是符合小微企业融资需求发展方向的。但在一行三会分业垂直监管框架下，既有的监管制度对金融安全的目标诉求过高，传统银行机构不能开展互联网金融业务，不仅有失市场公平，而且不利于降低小微企业融资成本。而且目前各类互联网金融平台以极低的门槛涉足金融领域，并出于对高回报率的追求，倾向于选择较高风险的小微企业和项目，很容易积聚风险。

（四）小微企业信息采集成本高

由于大部分小微企业财务制度不规范，银行在对小微客户进行风险识别时，除了利用人民银行征信系统进行信用查询，更多的是依赖企业用电、用水等情况以及工商、税务、环保、房管等能够反映小微企业真实经营状态的“软信息”。由于这些非标准化的软信息分布在不同的主管部门和单位，缺乏实时畅通的查询渠道，银行需要花费大量的人力和财力对信息进行采集、识别、量化和传递。这些高人力成本和信息成本，要么被转嫁至小微企业，要么压缩了银行的盈利空间。尽管齐商银行近年来不断下调对小微企业的贷款利率，贷款平均浮动幅度由60%下降到40%，企业贷款综合融资成本率为8%，远低于民间融资18%以上的水平，但限于信息

采集中的高成本约束，银行进一步降低贷款利率的空间不足。

（五）微金融市场环境建设滞后

与微金融相配套的市场要素发展还十分滞后，金融中介、交易服务类机构和相关专业市场建设不足，一定程度上制约了创新性信贷产品的规模扩张。如农业小额信贷领域，由于缺乏专业的农业担保公司，农村产权交易、经营权交易以及生物资产交易流转都不活跃，制约了相关政策的落地和信贷资金的进入。又如专利权等新型抵质押贷款领域，尽管有些金融机构已经开始办理此类业务，但专利权等作为抵质押品，需要有相对活跃的交易市场作为支撑，否则银行的抵押品就难以有效变现而不能正常发挥抵押效用，而目前尚没有这类交易市场。

六、推动微金融发展的几点建议

从 DEA 模型分析及齐商银行的实际案例来看，城市商业银行这类规模的微金融机构，更适合为小微企业提供融资支持服务。因此，应着力支持和推动小微金融机构适度扩大规模，以更好地为小微企业提供金融服务，促进小微企业持续健康发展。

（一）加大政策性扶持力度

一是加大对小微企业融资的政策性担保支持。由政府通过出资新设、增资扩股、整合重组等方式，大力发展政府控股或参股的政策性担保机构，建立起以政策性担保机构为主、商业化融资性担保机构为补充的小微企业担保服务体系。建立政策性担保体系风险准备金制度，用于对政策性担保体系内的小微企业担保业务风险进行补偿。建立小微企业贷款担保专项扶持资金，用于小微企业担保业务补助、保费补助、业务增量奖励等，鼓励引导融资性担保机构开展小微企业贷款担保业务。探索政策性担保机构与小微金融机构亏损共担机制。二是对金融机构试行风险补偿间接补贴机制，如对小微金融业务或主要从事小微金融的机构给予税收减免等，充分发挥金融市场对小微企业扶优限劣的选择作用。

（二）加快小微金融领域立法

由于微金融发展还不成熟，制定专门的《微金融法》为时尚早。短期内，国家层面可以先考虑研究制定关于微金融的行政法规，对微金融的发展目标、内容、方式方法等做出原则性规定，地方层面则根据本地经济和金融发展水平，在市场准入、监管指标和手段等方面制定具体的细则和标准。

（三）改进金融监管模式

遵循审批准入、风险监管的配比原则，即谁审批、谁负责的原则，对已影响到市场公平竞争效率的监管制度进行梳理和调整，以适应国内金融改革发展需要。如银监部门应进一步细化《商业银行信用卡业务监督管理办法》和相关实施细则，明确对信用卡发卡资格的考察指标，对达到条件的机构简化审批，并逐步探索信用卡发卡资格由审批制向备案制转变。进一步明确行业分类监管和行政分层监管的边界，避免重复监管和监管空白。细化、强化监管部门间的监管协调机制，在金融互联网化和互联网金融发展的环境下，各监管部门要尽快建立明确的监管制度体系，适应互联网金融跨区域、虚拟化、无差异、不间断的特征，强化部门监管的协调与共享机制，探索适应互联网时代的新型金融监管方式。

（四）建立企业信息共享平台

短期内，可协调有关部门，将国内小微信贷先进技术所涉及的信息，尤其是软信息纳入人民银行征信系统，探索小微企业信用信息的标准化应用。长期内，可由各级政府牵头组建统一的企业信息共享平台，实现小微企业信用信息的多部门联合采集和整合共享。发挥互联网条件下大数据信息采集加工优势，发展专业性信息数据公司，采取市场化方式，对小微企业各类信息，进行规模化数据采集，为金融机构提供批量化信息，帮助金融机构降低信息成本，进而降低小微企业融资成本。针对小微企业特点，加强对小微企业负责人及关系人的个人信用信息体系建设，将其融合到企业信息体系建设中，更好地发挥信息评价效用。

（五）推动多层次产权交易市场发展

逐步建立完善包含股权、债权、知识产权、承包权、经营权等各类产权的交易市场准入制度，建立国家层面和省市层面的区域性多层次产权、物权交易市场，发展专业化的交易市场，拓展金融交易中抵质押物的使用范围，推动金融资本与小微企业融资需求的对接，同时可直接推动企业间产权、物权的交易和重组，提高市场配置资源的效率，加快企业扩张步伐。

（完成时间：2015 年 10 月，课题组成员：苏庆伟　刘　洁　孙晓焱　朱宏锋　谢峻峰　冯　波　沙　鹏）

浙江发挥政府在小微企业融资担保体系建设中的主导作用

日前，浙江省政府制定出台加快推进政策性担保体系建设的政策意见，缓解小微企业融资难融资贵矛盾。浙江省发挥政府主导作用，推动政策性融资担保体系建设的做法值得山东省借鉴。

一、加强政策性担保体系建设

（一）完善政策性担保体系

浙江省以扶持小微企业发展为出发点和落脚点，以政府出资的担保机构为主、商业化的融资性担保机构为补充，坚持公共性、普惠性原则，通过增信服务机制、风险共担机制、风险补偿机制、信息发现机制和担保绩效考核机制等制度设计，整合现有担保服务资源，优化风险控制，建立“政府主导、市场运作，统分结合、抱团增信，管理科学、运营规范，立足小微、服务‘三农’”的全省小微企业担保服务体系。

（二）大力发展政策性担保机构

积极鼓励各地政府通过出资新设、增资扩股、整合重组等方式，发展政府控股或参股、资金实力强、经营管理好、立足服务地方经济的政策性担保机构。支持各地将符合条件的小微企业担保基金、信保基金、风险池基金改组成政策性担保公司。把政策性担保机构发展情况列为政府支持小微企业和“三农”发展的重要考核内容。

（三）组建省级政策性担保集团

改组浙江省中小企业再担保公司，由省财政再增资20亿元，新组建浙江省中小企业信用担保有限公司，履行省级政策性担保机构的职责，发挥增信、分险和稳定的再担保作用，增强全省融资性担保行业抗风险能力。

（四）支持商业担保机构规范可持续发展

引导社会资本有序进入融资性担保行业，鼓励商业担保机构通过增资扩股、引进战略投资者、兼并重组、上市等方式增强资本实力、提升服务能力。鼓励商业担保机构积极参与全省政策性担保体系建设，不断提升规范化水平、业务拓展能力和抗风险能力，服务小微企业和“三农”。

二、创新政策性担保的服务模式

（一）探索建立市场化的政策性担保运营机制

推动政策性担保机构的现代企业制度建设。探索政府购买服务的方式，聘请专业团队负责具体业务经营，通过有关制度设计控制经营风险。完善考核机制，取消对政策性担保机构的盈利要求，提高代偿风险容忍度，增加管理人员薪酬正向激励，鼓励其扩大业务规模，降低担保收费。

（二）创新政策性担保体系增信服务机制

发挥省级政策性担保公司行业龙头作用，组织建立全省政策性担保服务网络，与银行业金融机构、地方担保机构建立公平合理的风险分担机制。坚持服务小微企业的政策性定位，对单户企业贷款担保额原则上不超过500万元，担保费率原则上不高于1.5%。建立全省政策性担保体系业务数据库，收集汇总全省政策性担保服务的小微企业信用信息数据，利用市场手段，吸引各类担保机构服务全省小微企业。

（三）建立和完善再担保的增信分险机制

大力发展再担保业务，强化省级政策性担保公司和各地再担保机构的再担保功能，对符合条件的担保机构，积极提供承担连带责任的比例再担保和一般保证责任再担保，不断提高再担保覆盖率。鼓励各地探索建立“担保+保险”等多种方式的风险分散机制，探索小额贷款保证保险的再担保服务。鼓励融资性担保机构之间开展联保、分保、反担保等多种方式的合作。

三、加大政策扶持力度

（一）建立政策性担保风险准备金制度

建立省、市、县（市、区）三级统筹的全省政策性担保体系风险准备金制度。省财政每年根据全省政策性担保体系小微企业融资担保总额的0.5%的比例安排专项资金作为全省政策性担保体系的风险准备金；市、县（市、区）财政每年根据当地政策性担保服务小微企业的担保总额的0.5%的比例安排专项资金作为风险准备金。全省政策性担保体系业务风险准备金主要用于对政策性担保体系内的小微企业担保业务风险进行补偿。

（二）完善小微企业贷款担保扶持政策

建立和完善省、市、县三级小微企业贷款担保专项扶持资金，省级建议安排2亿元，鼓励和引导全省融资性担保机构（包括政策性担保机构）开展小微企业贷款担保业务，主要用于小微企业担保业务补助、保费补助、业务增量奖励等方面。

四、加强银担合作

（一）银行业金融机构要主动作为

鼓励银行业金融机构对政策性担保机构承担主要代偿风险的小微企业贷款给予利率优惠，不上浮或少上浮。对政策性担保机构要放大担保倍数，提高授信额度，不收或少收业务保证金；不得要求担保机构拉存款，不得收取业务保证金之外的其他保证金等。

（二）加强担保机构内控能力建设

指导政策性融资担保机构加强风险内控制度建设，健全风险管理体系，不断完善业务标准和操作流程，积极向合作银行披露经营管理等信息，及时履行代偿义务。做到“三严格、三不准”：严格保证金管理，不准高额收取、挪用或占用客户保证金；严格规范收费，不准收取担保费用之外的其他费用；严格贷款流向管理，不准占用客户贷款，切实降低企业融资成本。

（三）切实推进银担合作

搭建银、政、担三方信息共享平台，重点推动解决银担合作中涉及的信息共享，合作准入，风险分担，担保公司资本金、保证金管理等问题。征信管理部门要不断健全信用信息体系，尽快将符合条件的融资性担保机构纳入征信管理系统。动产或不动产登记相关部门要完善融资性担保业务涉及的反担保物抵质押登记管理办法，比照金融机构同等条件及程序为融资性担保机构办理相关抵质押登记。

（完成时间：2015 年 8 月，课题组成员：苏庆伟　刘永宽）

关于行政执法监督工作的调研报告
——以行政机关层级监督为视角

全省行政执法监督工作调研为2014年省政府重大调研课题之一。省政府法制办、省政府研究室等部门组成调研组，以发挥行政机关层级监督作用为研究重点，以完善行政执法监督体制机制为调研目标，到青岛、胶州等地进行了实地调研，同时对全省行政执法和行政执法监督工作现状做了一次全面系统的分析。

一、加强行政执法监督的必要性

（一）加强行政执法监督，是推进依法行政、建设法治政府的需要

党的十八大将“法治政府基本建成”作为2020年全面建成小康社会的主要目标之一。十八届三中全会提出，要“完善行政执法程序，规范执法自由裁量权，加强对行政执法的监督，全面落实行政执法责任制和执法经费由财政保障制度，做到严格规范公正文明执法”。十八届四中全会进一步要求强化对行政权力的制约和监督，重点加强对政府内部权力的制约，完善政府内部层级监督和专门监督，改进上级行政机关对下级行政机关的监督，建立常态化监督制度；要严格实行行政执法人员持证上岗和资格管理制度、执法全过程记录制度、重大执法决定法制审核制度、行政裁量权基准制度，全面落实行政执法责任制，明确执法责任和责任追究机制，加强执法监督，坚决排除对执法活动的干预。省委十届十次全委会对加强执法监督做出了相应的部署。加强行政执法监督，就是要把中央关于全面推进依法治国的总体要求和省委、省政府的重大部署落到实处，运用法治思维和法治方式规范行政行为，推进依法行政，使各级行政执法机关

切实做到"合法行政、合理行政、程序正当、高效便民、诚实守信、权责统一"，为经济社会健康发展和人民群众安居乐业创造良好的法治环境。

（二）加强行政执法监督，是落实宪法和有关法律规定、实现合法行政的需要

《宪法》以及《地方各级人民代表大会和地方各级人民政府组织法》明确了县级以上地方各级人民政府的监督权，规定县级以上地方各级人民政府有权改变或者撤销所属各工作部门或者下级人民政府的不适当的决定。《行政处罚法》《行政许可法》《行政强制法》分别对执法过程中，上级行政机关对下级行政机关、委托行政机关对受托机关的监督做出了规定（见附表2）。法律赋予了政府和政府部门对行政执法的层级监督权，监督是各级政府及其所属部门必须履行的职责，不可推脱或懈怠，更不容失职或渎职。

（三）加强行政执法监督，是规范行政执法行为、实现严格规范公正文明执法的需要

行政执法活动是实施行政管理最主要的方式，涉及社会管理的方方面面，涵盖经济、社会文化、生态文明的各个领域。我国大约80%以上的法律、90%以上的地方性法规和几乎所有的政府规章，都是由行政机关组织实施的。统计数据显示，2009—2013年的行政处罚、行政审批、行政强制等行政执法行为，主要由市、县两级政府及其所属部门实施，约占98.6%（见附表3）。可以说，市、县两级政府及其所属部门在纠正违法行为、维护经济社会秩序方面发挥了重要作用。但是，在行政执法实践工作中，由于一些执法单位和执法人员缺乏依法行政意识，执法为民的观念不强，执法水平不高，导致有法不依、执法不严、违法不究、行政执法"不作为"或"乱作为"的现象时有发生，损害了国家利益，公共利益和公民、法人及其他组织的合法权益。2009—2013年，除2009年为35.89%外，全省行政复议案件的综合纠错率始终在40%以上（见附表4），行政诉讼案件纠错类判决一直占行政诉讼案件的10%以上。这说明，行政执法工作中还存在许多问题，执法行为亟须进一步规范。加强行政执法监督，健全并完善行政执法事前、事中监督，正是提升行政执法水平、减少因行政执法行为不当甚至违法而引发社会矛盾和纠纷的有效措施。

（四）加强行政执法监督，是提高行政执法效能、建设廉洁高效政府的重要途径

与其他监督方式重在纠偏于既遂不同，行政机关层级监督更注重预防、纠偏于未遂。表现在四个方面：一是行政机关层级监督基于行政机关上下级之间领导与被领导、指导与被指导的关系，集主动监督与被动监督于一体，通过构造行政系统内部完善的自我纠错机制，可以使行政系统内部自我纠错功能得到更好的发挥。二是行政机关层级监督将事前、事中、事后监督相结合，可以将化解行政执法矛盾的关口前移，实现对行政执法活动的全过程监督。三是行政机关层级监督将个案监督和普遍监督相结合，可以大大提高监督效率，确保监督权的高效运行。四是行政机关层级监督将法律规范的实体与程序、原则性和灵活性有机结合，能够有效缩短监督时限，提高监督效率，减轻行政相对人寻求法律救济的负担，大大降低监督成本。另外，行政机关层级监督还可以通过健全的行政权力制约机制，有效避免执法权寻租行为的发生，促进廉洁执法。

二、山东省行政机关层级监督的现状

多年来，省委、省政府采取了一系列措施，为行政执法监督工作创造了良好的制度保障和组织保障。一方面，通过政府规章的形式做出了明确。20 世纪 80 年代末，省政府就发布了《关于加强行政执法和行政执法监督检查的暂行规定》（鲁政发〔1989〕106 号），在全国开创了规范行政执法和行政执法监督工作的先河。这部省政府规章第一次明确了行政执法的监督主体、监督范围、监督内容和监督方式等，为全省各级行政机关开展行政执法监督工作提供了法制保障。另一方面，建立健全了相应的工作机构。目前，省、市、县三级政府都设立了法制机构，总编制人数约 1500 人；县级以上人民政府所属部门中 80% 以上都设立了法制工作机构，编制人数近 6000 人，为行政机关层级监督提供了组织保障。各级政府法制机构在本级政府和本部门的领导下，按照国务院和省政府的要求，认真履行监督职责，积极探索创新监督体制机制，发挥了内部层级监督的优势，取得了良好效果。

一是进一步完善了行政执法监督制度。随着改革开放和民主法治建设的进程，鲁政发〔1989〕106号文所确立的基本制度和措施，逐渐不适应当前实际工作的需要。为此，2014年5月，在总结20多年实践经验的基础上，借鉴其他省市行政执法监督地方立法的经验，省政府向省人大常委会提交了关于提请审议《山东省行政执法监督条例（草案）》的议案，省十二届人大常委会第十一次会议审议通过了《山东省行政执法监督条例》。该条例进一步明确并完善了行政执法监督的体制机制，从执法监督的内容、监督措施、监督程序、监督处理等方面确立了监督工作的基本原则、制度，并规定了有针对性和可操作性的措施，为充分发挥行政机关层级监督作用提供了充分的法律依据。

二是建立健全了行政执法主体公告制度和执法人员资格管理制度。按照《行政处罚法》《行政许可法》《行政强制法》的要求，省、市、县三级政府分别清理公布了本级的行政执法主体，从源头上确保实现权责统一、权责法定。到2014年底，全省确认行政处罚主体5012个、行政许可实施主体4314个，取消不合法主体1261个。1997年省政府发布了《山东省行政执法证件管理办法》，在全国首创了以政府规章的形式确立行政执法人员持证上岗和资格审查认证制度。按照该办法的规定，全省建立并完善了山东省行政执法证件管理系统，加强了执法人员专业法律知识和公共法律知识培训，严格审查执法人员资格，对执法人员实行电子化和动态化管理，全省行政执法人员全部实现了持证上岗。据统计，自2008年行政执法证件改版以来，除当年新办14万个执法证件外，平均每年新办执法证件近4万个、收回并注销1万个（2014年集中清理注销执法证件64605个），年均培训执法人员约7万人，现有持证在岗执法人员近26万人。

三是清理行政执法权力事项，规范行政执法裁量权。山东省自2000年开始行政审批制度改革，先后开展了6轮集中清理。2013年，按照国务院的要求，实现了行政审批事项的动态化管理模式；2014年，在摸清省级行政审批事项底数的基础上，公布了省级行政审批事项目录清单，并建立了行政许可的常态化管理机制。同时，在市、县两级推行行政权力清单制度，统一部署各级政府对本级的行政权力事项进行全面梳理，明确行政权力的项目名称、实施主体、承办机构、实施依据、办理时限、收费依据及标准等，并向社会公布。2013 年底，为贯彻落实党的十八届三中全会精神，省政府发布了《山东省规范行政处罚裁量权办法》，对行政处罚裁量基准和裁量权适用做出了全面规范，并要求省、市、县三级政府都要合理细化、量化行政裁量权，向社会公布行政处罚裁量基准，推进对行政执法的“精细化”管理。如，青岛市组织市级 44 个执法部门将 6274 项行政处罚职权细化量化为 28165 个裁量阶次，并在青岛市网上政务服务大厅和部门政务网站上向社会公布。

四是严格落实行政执法责任制。2006 年 3 月，省政府办公厅下发了《关于贯彻国办发〔2005〕37 号文件做好行政执法责任制推行工作的通知》（鲁政办发〔2006〕15 号），按照该通知的要求，各级行政执法部门通过梳理执法依据、分解执法职权、确定执法责任、建立评议考核机制、健全责任追究机制等方式，将法定执法职权分解到执法机构和具体的执法岗位，规范了每一类执法职权的执法流程、要求和标准，明确不依法履行职责应当承担相应的行政责任和法律责任。到 2007 年初，全省各级政府先后建立健全了行政执法责任制，厘清了各级执法部门的执法依据、主体和权限，并向社会进行了公布。如，济南市政府共梳理行政执法行为 3482 项、执法依据 1044 件，公布行政执法主体 71 个。

五是积极开展了行政执法评议考核和执法案卷评查活动。自 2000 年以来，全省 17 个设区的市、61 个县（市）发布了行政执法评议考核办法；有 21 个省直部门、14 个设区的市、102 个县（市、区）发布了案卷评查办法。这些制度均明确了科学的执法目标责任体系，建立了合理的评议考核机制，并规定了奖惩制度和措施。有 19 个省直部门每年都开展本系统的行政执法案卷评查活动，将评查结果纳入行政执法评议考核，并将行政执法评议考核纳入年度绩效考核范围。

六是实行行政执法情况统计通报制度和重大执法案件备案制度。建立健全了省、市、县三级行政复议案件统计上报制度，对复议案件实行月报、年报统计；有17个省直部门、15个设区的市制定了行政执法统计办法或细则，要求执法机关按时报送执法统计报表，并按年度在本系统、本行政区域内通报。同时，还有65个市县结合本地工作实际开展行政执法专项统计；有29个市县建立了重大执法案件备案制度，制定了重大执法案件的标准和备案程序，加强了对重大行政执法案件的监督。

另外，为解决多头执法、重复执法、执法扯皮或推诿等问题，各地积极开展行政执法体制改革，整合行政执法资源，通过相对集中行政执法权，探索一级政府只设立一个综合性执法机构的行政执法体制。青岛市政府自2013年开始，开展了综合行政执法试点工作，在胶州市原有的城市管理和文化市场管理领域相对集中执法工作基础上，进一步将国土资源、农业、畜牧兽医、水利、城乡建设等部门行使的法律、法规、规章规定的行政处罚权和与之相关的行政检查权、行政强制权，集中由胶州市综合行政执法局统一行使。通过相对集中行政执法权，减少了执法队伍种类，实现了执法重心下移，强化了基层执法力量，也为今后增强行政执法监督效能奠定了基础。自试点以来，胶州市综合行政执法局累计办理处罚案件603件，案件数量增长25%，投诉数量下降32%，未发生因综合执法引发的投诉、行政复议和行政诉讼。

三、山东省行政机关层级监督存在的主要问题

（一）监督体制不健全

根据现有法律和国务院文件规定，行政执法的监督主体包括县级以上各级人民政府及其所属部门。但由于缺乏充分的法律依据，承担具体监督工作的主体不明确，导致两个方面的问题：一是执法监督主体众多，“九龙治水”，难以形成监督合力，且这种分散监督的公信力和权威性严重不足；二是现行法律法规没有明确具体承担行政机关层级监督的主体及其职责，看似“人人有责”，实则无人担责，致使内部层级监督制度形同虚设。

（二）监督机制不完善

在行政执法监督程序的启动、调查、处理等各个阶段，没有形成前后衔接、程序清晰的“流水线”。在监督程序方面，从程序启动来看，目前以被动式、个案式的监督为主，往往是违法行为发生后，从查明事实、分清责任、依法追究的角度开展监督，针对倾向性、苗头性问题主动开展前瞻性、预防性的监督活动较少。从操作层面来看，对如何调查、检查，发现问题后如何处理、如何追究责任等，还没有具体可操作的程序性规定，监督机关往往无从下手。在监督内容方面，缺乏全面、系统、明确的规定。实际工作中，行政执法监督往往侧重于对行政处罚的监督，而相对忽略了对行政许可、行政征收、行政强制等其他行政执法行为的监督。

（三）监督措施不得力

在实际工作中，目前主要是通过检查行政执法文书、组织行政执法案卷评查等方式开展普遍性行政执法监督，这种监督大多停留在形式和程序要件方面，对认定事实是否清楚、适用法律是否正确等实体性内容，很难实施监督。在个案监督方面，执法监督机关通过行政管理相对人投诉、举报等方式发现下级机关的违法行为后，通常采取交办、转办的方式，层层运转，最后往往回到最初做出行政行为的行政执法机关，由其开展调查，并逐级呈报结果。这种“集执法与监督于一体”的情况，必然是重形式、轻实质，使监督工作流于形式。在信息化应用方面，济南、淄博等地已建立了行政执法监督电子平台，从立案程序开始，形成对行政执法行为的实时监控，实现了行政执法与行政执法监督的“二合一”。但大多数地方仍然采取传统的书面审理方式，程序烦琐，时间冗长，效率低下。

（四）监督效果不理想

一方面，目前的法律、法规、规章和规范性文件中，有关行政执法监督结果的处理和责任追究的内容过于简单，相应的配套措施也不完善。如，对拒绝或者拖延履行法定职责的行为，只是要求其限期改正；逾期不改正的，可以提请本级人民政府做出处理。但对于做出何种处理，怎么处理，对责任者如何追究责任等，缺乏系统、明确、具体的制度规定，导致监督工作流于形式，起不到应有的威慑作用。另一方面，在行政执法监督结果的处理上，检察机关、监察机关和政府法制机构的分工不清晰。从职责分工来讲，政府法制机构应当对行政执法监督工作中发现的行政执法行为是否违法或者不当做出认定后，报请监察机关做出处理；对违法的行政执法人员是否应当承担行政责任，应当由监察机关认定并做出处理；如果行政执法人员的违法行为构成了犯罪，应当由检察机关依法追究其刑事责任。在《山东省行政执法监督条例》实施以前，相关法律法规对这一职责的分工并不明确，致使政府法制机构、监察机关、检察机关在监督处理方面缺乏合力，监督力度明显偏软、偏弱。

（五）监督力量很薄弱

一是现有机构和人员满足不了任务的需求。见附表2的统计，在全省占比最多的行政处罚、行政强制、行政审批三类行政执法行为中，98.6%的执法行为是由市、县两级行政执法机关做出的，加强市、县两级行政执法监督工作应是全省行政执法监督工作的重点。但目前市级政府法制机构平均在15人左右，专职负责执法监督工作的有2~3人；县级政府法制机构平均在2~3人，没有专人承担执法监督工作；而市级政府部门的法制机构平均3人以下，县级政府部门一般不单设法制机构。就青岛调研情况看，除了平度市法制办为11人外，其他县（市、区）都在5人左右，仅承担行政复议工作已是捉襟见肘，根本无法开展行政执法监督工作。由于市、县两级政府法制机构力量普遍薄弱，有事没人干，致使有的监督制度难以落实到位。二是现有人员的业务素养与承担的任务不匹配。行政执法监督是一项专业性很强的工作，需要具备一定的行政执法经验和法学专业背景。但从实际情况看，山东省行政执法监督人员的业务素质难以胜任当前工作。以省法制办为例，具备行政执法经验或者法学专业教育背景的人员不足1/3，专职从事行政执法监督工作的共6人，其中全日制本科以上学历3人，法学专业毕业2人。市、县级政府的法制机构工作人员中，有法学教育背景的人员不足50%。监督力量的薄弱严重制约了行政执法监督工作的有效开展。

四、加强行政机关层级监督的建议

（一）明确监督主体，健全行政执法监督体制

一是明确监督主体。按照法律法规的规定，既要明确上级政府对下一级政府及其所属部门行政执法行为的监督，也要明确上级行政主管部门对下一级行政主管部门行政执法行为的监督，通过对行政执法监督主体全面、准确的界定，构建完整的行政执法监督体系。二是明确各级政府及其部门的法制工作机构在行政执法监督中的职能作用。建议从各级政府的机构设置和职能界定的实际出发，借鉴先进经验做法，明确各级政府法制工作机构和部门法制工作机构作为行政执法监督机构，具体实施行政执法监督工作，履行监督职责，并由政府法制机构对本地区行政执法监督工作进行指导。条件成熟时，参照广西、江苏、黑龙江等地的做法，建立专门的行政执法监督局，行使法律、法规规定的监督职权。三是理顺各项政府内部监督之间的关系。按照加强政府内部层级监督的要求，理顺行政执法监督与行政复议、监察、审计等监督的关系，做到既分工明确，又密切配合，形成监督合力。

（二）规范监督程序，完善行政执法监督机制

一是加强事前监督。建立行政执法主体和人员资格管理制度，加强行政执法人员培训工作，严格考试准入机制，严格执行持证上岗制度，切实提高行政执法人员素质，规范行政执法行为；完善行政裁量权基准制度，细化量化行政裁量权，公布行政裁量基准，有效规范行政执法行为，防止权力滥用。建立行政执法信息公开制度，重点公开行政执法机构设置、法定依据、执法内容、收费项目与标准、执法程序、工作时限、职责范围、办公电话、办公地点等内容。二是加强事中监督。完善行政执法程序，通过建立标准化执法和行政权力事项网上运行系统，将执法程序与监督程序有机结合，实现对行政执法的动态、适时监督。建立重大行政执法决定法制审核、行政执法全过程记录、行政执法案卷评查等配套制度，定期开展行政执法专项检查活动，加强对行政执法中存在的普遍问题的监督，充分

发挥行政执法监督“防患于未然”的优势，确保行政执法依法进行。三是强化事后监督。建立健全重大行政执法行为法制审核制度，对重大行政处罚、行政许可、行政强制、行政征收等决定，事前要审核，事后要备案。建立行政执法督导制度和绩效考核制度，完善行政执法责任制。将行政执法监督结果纳入依法行政考核。对行政执法监督中发现的违法或者不当的行政执法行为，制发行政执法督办建议书，提出整改建议，要求限期整改。

（三）健全监督制度，实现行政执法监督工作规范化

在抓好《山东省行政执法监督条例》宣传贯彻实施的同时，推进配套制度建设，围绕《条例》规定的一些监督措施和监督制度，出台配套制度，形成完备的行政执法监督制度体系。推进执法监督工作的程序化、规范化水平，明确立案、调查、处理等各环节的责任主体、完成时限和衔接制度，实现监督工作的流程化。大力加强行政执法监督的信息化建设，建立全省统一的行政执法监督网络平台，逐步实现对行政执法机关、行政执法人员、行政执法行为的信息化管理。

（四）创新监督方式，切实提高行政执法监督效能

一是更加注重监督工作方式、方法创新。注重发挥典型示范作用，通过日常性的执法监督检查，对行政执法较为规范的单位，给予表彰和奖励；对于发现的违法行为，由监督机关依法责令改正、撤销、确认违法或无效；对违法行政的工作人员，按照管理权限，移送行政监察部门依法做出处理。二是加强对监督工作的考核。县级以上人民政府直接领导并组织实施行政执法监督工作，并将执法监督工作纳入对下级政府、所属部门的绩效考核或者科学发展观综合考核当中，将考核结果作为对政府领导班子和领导干部综合考核评价的重要内容。

（五）强化队伍建设，提高行政执法监督工作水平

著名行政法学专家马怀德教授在解读十八届四中全会精神时讲到，考核政府法治建设的成效，要看本地区“法制机构是不是健全，法制机构和法制人员发挥作用是不是充分，领导干部是不是能够坚持学法、读法、用法”。可见，加强行政执法监督，队伍保障是基础。一是切实加强政府法制机构和行政执法监督队伍建设。目前，全省17个设区市的政府法制机构只有7个是独立设置的，另外10个都是在政府办公室挂牌，人员混用；全省80%以上的县级政府法制机构是在政府办公室挂牌，法制工作基本没有专门的人员保障，法制工作职责难以履行到位；《立法法》修改后，将赋予设区的市地方立法权，法制机构任务将会更加艰巨，现有的机构设置根本无法胜任当前的工作。建议结合市、县机构改革，按照党的十八届四中全会推进法治政府建设的要求，加强政府法制机构建设，重点解决市、县两级法制机构规格偏低、人员偏少、流动偏快的现状，明确专门的执法监督机构和专职工作人员。二是加强政府部门法制机构的力量。政府部门作为监督主体，在行政执法监督工作中承担着重要的监督职责，在行政执法监督体系中发挥着不可替代的作用。建议在政府所属部门中健全法制工作机构，配备专职工作人员，避免其成为行政执法监督的短板。三是实行行政执法监督员制度。建立专业的行政执法监督员队伍，明确专职行政执法监督员的范围和条件，并由省政府颁发行政执法监督证件。注重借助社会力量参与行政执法监督工作，从社会各界人士中遴选部分人员，经省政府批准后，作为政府特邀行政执法监督员，取得监督员资格，为行政执法监督工作提供线索，对行政执法和行政执法监督工作提出意见和建议。

（完成时间：2015年3月，课题组成员：孟富强　宫　钊　孙　丽　张　锐　解洪涛　许研研）

附件

附表2 相关法律有关行政执法监督的规定

法律	行政执法监督的内容
《宪法》	第一百零八条　县级以上的地方各级人民政府领导所属各工作部门和下级人民政府的工作，有权改变或者撤销所属各工作部门和下级人民政府的不适当的决定
《地方各级人民代表大会和地方各级人民政府组织法》	第五十九条　县级以上的地方各级人民政府行使下列职权 （一）执行本级人民代表大会及其常务委员会的决议，以及上级国家行政机关的决定和命令，规定行政措施，发布决定和命令 （二）领导所属各工作部门和下级人民政府的工作 （三）改变或者撤销所属各工作部门的不适当的命令、指示和下级人民政府的不适当的决定、命令 ……
《行政处罚法》	第十八条、第五十五条、第五十六条、第五十七条、第六十一条
《行政许可法》	第十条、第二十四条、第六十条、第六十九条、第七十一条、第七十二条、第七十四条、第七十五条、第七十七条
《行政强制法》	第六十一条、第六十二条

附表 3　2009—2013 年行政执法情况统计表

单位：%

年份	类别	行政处罚		行政审批		行政强制		合计	
		数量	占比	数量	占比	数量	占比	数量	占比
2009	省级	118324	0. 80	315406	2. 23	2198	0. 96	435928	1. 49
	市级	10625407	71. 42	10001983	70. 57	135779	59. 47	20763169	70. 92
	县级	4132857	27. 78	3855376	27. 2	90341	39. 57	8078574	27. 59
	合计	14876588	100	14172765	100	228318	100	29277671	100
2010	省级	109357	0. 73	309687	2. 14	2259	0. 98	421303	1. 42
	市级	10598746	70. 72	10010327	69. 14	140331	60. 66	20749404	69. 87
	县级	4278054	28. 55	4158670	28. 72	88732	38. 36	8525456	28. 71
	合计	14986157	100	14478684	100	231322	100	29696163	100
2011	省级	121356	0. 81	290035	1. 98	2037	0. 93	413428	1. 38
	市级	10700357	71. 46	9976583	68. 03	130053	59. 27	20806993	69. 68
	县级	4152268	27. 73	4399386	29. 99	87325	39. 80	8638979	28. 94
	合计	14973981	100	14666004	100	219415	100	29859400	100
2012	省级	118043	0. 80	287931	1. 93	1920	0. 89	407894	1. 37
	市级	10669577	72. 47	9877192	66. 29	129763	60. 32	20676532	69. 30
	县级	3934125	26. 73	4735240	31. 78	83442	38. 79	8752807	29. 33
	合计	14721745	100	14900363	100	215125	100	29837233	100

续表

年份	类别	行政处罚		行政审批		行政强制		合计	
		数量	占比	数量	占比	数量	占比	数量	占比
2013	省级	117674	0.80	267064	1.79	1782	0.85	386520	1.30
	市级	10601596	71.90	9681860	65.05	127337	60.95	20410793	68.41
	县级	4023944	27.30	4935537	33.16	79806	38.20	9039287	30.29
	合计	14743214	100	14884461	100	208925	100	29836600	100
五年总计	省级	584754	0.79	1470123	2.01	10196	0.92	2065073	1.39
	市级	53195683	71.59	49547945	67.78	663263	60.13	103406891	69.63
	县级	20521248	27.62	22084209	30.21	429646	38.95	43035103	28.98
	合计	74301685	100	73102277	100	1103105	100	148507067	100

附表 4　2009—2013 年行政复议案件情况统计表

单位:%

年份	审理结果	驳回	维持	确认违法	撤销	变更	责令履行	调解	终止				其他	总计
									和解协议	自愿撤回申请	被申请人纠错后撤回申请	其他		
2009	件数	261	2900	23	232	8	49	72	140	845	138	108	66	4842
	占比	5.3	58.91	0.47	4.71	0.16	0.99	1.46	2.84	17.16	2.80	2.19	1.34	100
2010	件数	1070	5307	26	321	10	194	515	228	1680	121	397	50	9919
	占比	11.79	53.50	0.26	3.24	0.1	1.96	5.19	2.3	16.94	1.22	4.0	0.5	100
2011	件数	1482	3641	66	234	17	292	297	87	1416	249	33	180	7994
	占比	18.54	41.55	0.83	2.93	0.21	3.65	3.72	1.09	17.72	3.11	0.41	2.25	100
2012	件数	725	3481	282	382	15	253	840	299	1374	172	428	305	8556
	占比	8.47	40.68	3.30	4.46	0.18	2.96	9.82	3.49	16.06	2.01	5.00	3.56	100
2013	件数	911	3929	208	305	9	212	486	146	1467	317	301	169	8460
	占比	10.77	46.44	2.46	3.61	0.11	2.51	5.74	1.73	17.34	3.75	3.56	1.20	100
合计	件数	4449	19258	605	1474	59	1000	2210	900	6782	997	1267	770	39771
	占比	11.19	48.42	1.52	3.71	0.15	2.51	5.56	2.26	17.28	2.51	3.19	1.94	100

注:综合纠错率,是指驳回、确认违法、撤销、变更、责令履行、调解和终止中的和解协议、自愿撤回申请、被申请人纠错后撤回申请在总案件数中所占比例。2009 年为 35.89%,2010 年为 43.00%,2011 年为 51.80%,2012 年为 50.75%,2013 年为 48.02%;5 年平均为 46.69%。

政府立法公众参与机制研究
——以山东省地方政府立法为例

全面推进依法治国对地方政府立法质量提出了更高要求。在坚持科学立法、民主立法的前提下，根据地方实践需求与发展方向，拓宽地方政府立法的公众参与范围和途径，加强地方政府立法的公众参与机制建设，成为地方政府法治建设与社会治理的命题。山东地方政府立法公众参与机制建设已有许多成功的实践经验和具体做法，分析总结这些实践经验和具体做法，研究公众参与机制存在的问题与困难，并提出相关的对策建议，有重要的理论意义和现实价值。

一、政府立法公众参与的理论基础和重要意义

党的十八届四中全会提出要“加强和改进政府立法制度建设，完善行政法规、规章制定程序，完善公众参与政府立法机制”，这是国家关于公众参与政府立法的顶层设计。公众参与政府立法，既是推进科学立法、民主立法、提升立法质量的重要步骤，也是实现公民参与权、落实人民群众当家作主、全面推进依法治国的必然要求。

（一）政府立法公众参与的基本内涵与必要性

政府立法属于行政立法，所谓行政立法，是指“享有行政法规制定权的国务院，享有规章制定权的各部委、地方政府依法制定、颁布具有普遍约束力的行为规则的活动”。[①] 更为广义上的地方政府立法，既是指有权主体制定、颁布地方政府规章的活动，也指地方人大制定地方性法规过程

① 刘莘：《行政立法研究》，法律出版社2003年版，第6页。

中，由政府法制部门主导征集意见、起草文件等工作环节。《立法法》修订后，除省、自治区、直辖市人民政府具有地方政府规章制定权之外，设区的市、自治州人民政府也普遍获得规章制定权。

从性质上分析，地方政府立法是一种兼具行政与立法的行为，即地方政府是以立法形式完成行政管理与社会治理任务，但本质上仍然是行使行政权力。公众参与地方政府立法则是指社会公众对地方政府立法的决议提出、草案论证、颁布实施等各个环节充分表达意见，参与地方政府规章以及地方性法规前期由政府主导工作的制定、修改、废除活动并产生实质影响的行为。参与地方政府立法的公众既包括普通公民，也包括社会组织。

公众参与地方政府立法的必要性有如下两个方面：

一方面，地方政府立法无论是政府规章的制定还是地方性法规前期工作的政府主导，本质上均是行政权力的行使，其立法目的的行政管理性、立法过程的相对封闭性以及行政决策单方性较为显著，尤其对于政府规章来说，即便是采取创设一般性规则的立法形式，也不能避免其鲜明的行政管理特征。政府立法主要着眼于某一社会领域的规范技术控制，以便以行政管理为目的，整个规章制定活动更倾向于效率。由于缺少有效监督，地方政府立法容易沦为“自己创设规则自己实施”的行政权力扩张怪圈。因此，完善公众参与机制，对提升地方政府立法的科学性和民主性十分必要。

另一方面，与地方人大立法相比，地方政府立法的公众参与尚未形成完善成熟的机制，亟须相关的制度建设。当前，立法机关的公众参与制度基础较为清晰，无论是人大的组织形式还是法律法规规定，立法实践中均将公众参与作为重要环节。但在行政立法领域尤其是地方政府规章制定中，公众参与尚未形成完善成熟的制度、机制，许多地方仍在进行各种探索。因此，在制度设计上完善公众参与行政立法的机制建设，在实践中探索有益的公众参与模式，是地方政府立法工作的当务之急。

（二）政府立法公众参与的制度前提

法律制度支持是公众参与地方政府立法的制度前提，是保证地方政府立法公众有效参与的刚性约束。

首先，公众参与立法有明确的宪法依据。我国《宪法》第二条第一款规定，“中华人民共和国的一切权力属于人民”，明确了包括立法权在内的国家权力的人民归属性，即立法权属于人民。《宪法》第二条第二款规定，“人民依照法律规定，通过各种途径和形式，管理国家事务，管理经济和文化事业，管理社会事务”，立法属于管理国家事务和各项事业的重要内容，公众通过各种形式参与立法属于管理国家事务的方式。《宪法》第三条第二款规定，国家机关应对人民负责，受人民监督；第二十七条规定，“一切国家机关和国家工作人员必须依靠人民的支持，经常保持同人民的密切联系，倾听人民的意见和建议，接受人民的监督，努力为人民服务”；第四十一条规定了公民对国家机关及其工作人员的批评建议权。这些规定表明公众参与地方政府立法具备明确的宪法依据。

其次，公众参与地方政府立法符合《立法法》的基本精神和行政法规、山东省地方性法规的具体要求。《立法法》第五条规定：“立法应当体现人民的意志，发扬社会主义民主，坚持立法公开，保障人民通过多种途径参与立法活动。”这是民主立法的基本精神阐释。《立法法》扩大了地方立法主体范围，设区的市、自治州可以制定地方性法规和地方政府规章，为公众参与地方立法提供了更多机会。同时，《立法法》还就全国人大立法、国务院行政立法等的公众参与途径，如座谈会、论证会、听证会等做了规定，这些规定亦适用于地方政府立法。国务院制定的《行政法规制定程序条例》和《规章制定程序条例》都明确要求，政府立法应当调查研究、听取意见，听取意见可以采取书面征求意见、座谈会、论证会、听证会等多种形式。山东省制定的《山东省政府规章制定程序规定》将“依法保障公民有序参与”作为基本原则，并做出具体规定。

最后，党和国家对公众参与地方立法有重大规划部署和制度安排。党的十八大报告指出：“完善中国特色社会主义法律体系，加强重点领域立法，拓展人民有序参与立法途径。”党的十八届三中全会在《中共中央关于全面深化改革若干重大问题的决定》中提出，要“加强社会主义民主政治制度建设”，要求“通过座谈、听证、评估、公布法律草案等扩大公民有序参与立法途径”，并且“推进协商民主广泛多层制度化发展”和“发展基层民主”。党的十八届四中全会在《中共中央关于全面推进依法治国若干重大问题的决定》中提出，要“推进科学立法、民主立法”，并要求“拓宽公民有序参与立法途径，健全法律法规规章草案公开征求意见和公众意见采纳情况反馈机制，广泛凝聚社会共识”，对政府立法提出“加强和改进政府立法制度建设，完善行政法规、规章制定程序，完善公众参与政府立法机制”的要求。这是党和国家对公众参与地方立法的总体规划和重大部署。

（三）政府立法公众参与的理论基础

公众参与政府立法是对当前区域治理复杂化、多元化特征的制度性探索和回应，既具备法律制度支持，也具有丰富的理论基础，如“人民主权”理论、“行政控权”理论和“协商民主”理论等。

其一，“人民主权”理论为公众参与地方政府立法以及公共治理提供了理论前提。“人民主权”理论是18世纪法国启蒙思想家卢梭以“自然权利”“社会契约论”为出发点提出的，是指国家主权来源于人民。根据“人民主权”理论，立法权属于主权中最重要的权力，自然也来源于人民，因此人民参与立法便是对主权的行使。这就从根本上解决了立法权由机构行使还是公民参与的理论难题。“人民主权”理论也是“人民当家作主”的社会主义国家性质的重要理论渊源，是公众参与一切形式的公共治理的理论前提。

其二，“行政控权”理论为公众参与地方政府立法做出了合法性和合理性论证。“行政控权”理论是指通过法治方式监督、规制行政权力的获取和行使。地方政府立法的主体为地方行政机关，其立法活动兼具立法与行政的双重性质，但归根结底是由行政机关行使行政权力的一种活动。因此，立法所要求的民主性与行政权力行使的效率要求以及“行政首长负责制”的活动原则会产生紧张关系。行政法的出现与发展就是以控制行政权力为核心的，行政控权是行政法治的核心主题。公众参与地方政府立法是以民主参与的形式对政府立法行为的监督和制约，避免行政权力滥用，以提升政府立法的科学性与社会可接受性。因此，“行政控权”理论为公众参与地方政府立法做出了合法性与合理性的论证。

其三，“协商民主”理论为公众参与地方政府立法的方式提供了路径选择。20 世纪 90 年代兴起的“协商民主”理论“肯定公民积极参与政治生活，力图通过完善民主程序、扩大参与范围、强调自由平等的对话来消除冲突、保证公共意志和普遍利益的实现”。① “协商民主”理论契合了当下我国的治理转型，其对多元共治、民主参与等进行了理论论证和具体方式设计，为公众参与地方政府立法提供了路径选择。

（四）政府立法公众参与的重大意义

具备法律制度支持和深厚理论基础的“地方政府立法公众参与”具有十分重要的制度实践意义，是保证地方政府立法的科学性和民主性、维护公民民主参与的基本政治权力、构建现代国家治理体系和全面推进依法治国的根本举措。

首先，公众参与地方政府立法是民主政治的内在要求，是地方政府科学立法、民主立法的重要保障。民主政治意味着公民可以通过各种法定途径表达自己的政治诉求、参与各种合法政治活动等。我国是人民当家作主的社会主义国家，如何体现“人民当家作主”、表达人民群众的切实需求，是社会主义民主政治的内在要求。在政府立法领域，各种专业性、复杂性的问题层出不穷，事关民生、基层社会的稳定发展等。“政府立法公众参与”意味着地方政府立法将公众利益作为重要考量因素，将满足公众利益诉求作为立法工作的出发点。因此，只有认真听取公众意见、邀请各个领域的专家代表进行论证和诉求表达，才能保证政府立法的科学性和民主性。

其次，公众参与地方政府立法是公民积极行使宪法权利、参与社会治理的重要形式。公众参与地方政府立法是宪法规定的基本权利，“宪法的生命在于实施”，公民基本权利的行使是践行宪法的基本形式。通过参与地方政府立法的方式行使宪法基本权利，激活公众参与政治生活的热情和动力，对培养公民意识、塑造法治思维等具有十分重要的意义。公众作为社会治理的主体，通过参与地方政府立法而深入社会公共治理，将有助于

① 冯传林：《刍议我国地方立法公众参与机制》，《法制与经济》2013 年第 3 期。

理性精神、法制意识的形成和参政议政素质的提升。

最后，公众参与地方政府立法是建构现代国家治理体系和全面推进依法治国的必然选择。现代国家治理体系建设作为全面深化改革的目标，是一个开放包容的治理体系，公众民主参与是实现多元共治和规范治理的根本保证。地方政府立法作为地方治理的常态制度形式，在国家治理结构中的地位越来越重要，公众参与地方政府立法既是对政府立法科学性、民主性的促进与保障，也是建构现代国家治理体系的重要方式。在全面推进依法治国的背景下，民主立法、科学立法是法治建设的必然选择，公众参与地方政府立法是全面推进依法治国的重要助力。

二、山东省地方政府立法公众参与的实践经验及效果评价

地方政府立法只有拓展社会公众参与立法的途径、尊重人民群众意见、体现公众合理诉求，才能实现保障公众合法权益之实效。自 2015 年 5 月 12 日起施行的《山东省政府规章制定程序规定》，确立了“依法保障公民有序参与”的原则。依据国务院及山东省立法工作计划，在民生保障、公共设施、生态保护等与人民群众生活紧密相关领域，山东省地方政府积极创新工作机制，探索公众参与立法的途径、形式，加大公众参与立法力度，将提升立法实效作为重中之重，形成许多可供总结和借鉴的实践经验。

（一）济南经验及效果评价

济南市广泛借助座谈会、论证会、协调会、听证会等形式，引导社会公众参与政府立法，为形成更高水平、更高质量“精细化立法”奠定了基础。具体体现在：

一是发挥省会高校和科研机构等优势立法资源作用，攻克立法重点、难点。为了使政府立法更贴近群众的实际需求，针对当前公共交通资源、社区治理、医疗教育保障等民生问题，通过电子政务、专家咨询、座谈论证等多元化方式，充分吸收省会高校、科研机构的专家学者意见，最大范围内集中民意民智，发挥优势立法资源作用，攻克立法重点、难点，立法

质量显著提升。例如，为改善市容市貌，济南加大对《济南市城市市容管理条例》的修订完善力度，充分听取社会意见，重新修订的条例草案在通过初审后，由城管局发放“英雄帖”，听取人大代表、政协委员、法务工作者、社区联络人、城管志愿者、执法人员等代表的意见建议，保证了该条例的科学性、可操作性。

二是拓宽公众参与渠道，实现立法公开、民主。济南市政府认真贯彻落实民主立法要求，有序组织社会公众通过立法听证会、立法座谈会、立法论证会等形式，对基层组织、社区民众、律师团体、政协委员、相关行政部门、咨询委员等各方面的意见和建议进行系统整合，在立法工作中尽量汲取合理意见，坚持通过网络平台公布法规草案，向社会公开征求立法意见。如审议修改《济南市气象灾害防御条例（草案）》和《济南市道路交通安全条例（草案）》前，市政府积极邀请气象领域、道路交通管理领域专家进行论证。依据国务院《规章制定程序条例》第15条规定，结合《山东省行政程序规定》中有关听证方面的规定，综合设定立法听证流程，排除地方保护主义和部门利益的干扰，保障公众充分发表自己的建议、意见。

济南市政府拓宽公众参与立法渠道，立法质量获得较大提升。事实证明，通过加强源头参与，了解公众的意见、呼声和需求，能畅通信息渠道，能使诸多法规、制度符合公众切身利益；通过积极开展“问计于民”“问需于民”活动，激励公众在法定范围内尽其所能表达其意见，保障公众话语权的有序化行使，能更好地实现对政府、社会和个人进行权威性的、公正的立法资源的配置。总之，坚持民主立法，完善公众参与立法机制，依托座谈会、听证会等平台，提升立法的针对性、有效性，是行之有效的成功经验。

（二）淄博经验及效果评价

淄博市政府根据本市实际，采取“立法前+立法中+立法后”全程化公众参与的方式，形成了政府立法公众参与的“淄博模式”。结合淄博市政府立法工作实践，公众参与政府立法经验概括如下：

一是立法前拓宽信息发布渠道，加大公众参与力度。首先，通过网络媒介征集年度立法建议项目；其次，立法草案形成之后，通过市政府网站、市政府法制网站以及部门网站公开征求意见，并与《鲁中晨报》合作，开设“开门立法听民意”专栏，利用官方微博、微信、手机等方式发布政府立法信息，引导民众参与立法讨论；再次，对审议通过的立法草案，积极召开发布会进行宣传普及；最后，拓宽信息发布渠道，全方位、专业化、跟踪式汇聚群众关注热点，调动社会公众对政府立法建言献策的积极性，征集事关民生和发展重要事宜的立法项目。

二是立法中组织立法听证与论证，畅通意见反馈渠道。对涉及公民、法人或者其他组织切身利益的立法草案和事项，起草部门或者政府法制部门一般要以召开听证会的方式，组织社会公众和利害关系人以听证参加人或者第三人的身份参加。专家参与论证会可从专业角度对立法项目提出相关意见和建议，地方政府可结合当地实际，科学合理地制定和完善立法方案，提交高质量的法规草案。淄博市在政府立法实践中，立法意见和建议反馈主要通过三种方式进行：首先，现场解答。召开座谈会、论证会、听证会听取群众和专家意见时，一般由起草部门或政府法制部门予以现场解答，当面沟通。其次，事后反馈。对于情况较为复杂的建议，由政府法制部门或者委托起草部门进行事后研商，专门出具反馈意见。最后，集中回复。对于群众关注的事项，通过集中召开新闻发布会或者媒体发布消息的形式给予反馈。在《淄博市供热办法》《淄博市煤炭清洁利用管理办法》等立法草案的起草、审查中，采用听证会、论证会等方式，听取了诸多意见，既解决了当地群众生产生活方面的难题，又保证了地方政府立法的科学性和民主性。

三是立法后加强法规制度评估，衡量实施实况绩效。淄博市通过创新立法评估工作方式，建立制定机关、实施机关和高校、科研院所、其他社会专业人士和市民相结合的立法评估工作机制，并引入第三方立法评估机制，开展法规规章的立项、修改和废止工作。评估的内容是：立法之合理性、合法性、可操作性等是否存在瑕疵；实施后状况，尤其是对于该市的经济、社会、文化、生态等领域产生何种影响；实施中存在何种问题及产生的原因。立法后评估强调加强公众参与，确保利益相关人对立法及其影响评估能够提出意见，对提升地方立法质量起到较好激励和督促作用。针对《淄博市城市管理相对集中行政处罚权试行办法》和《淄博市结核病防治管理办法》的实施情况，淄博市政府进行了立法的社会影响评估和实施成本评估，结合立法评估结果，做好完善调整工作。

淄博市政府通过“立法前＋立法中＋立法后”全程化公众参与的方式，增强了立法的科学性，取得了良好的效果。在立项前、立项中、起草、审查、审议发布和实施等立法各个环节征求公众意见，通过召开座谈会、听证会、对话会等形式广集民智，最大限度地吸纳公众智慧，为地方政府立法的顺利通过奠定了广泛的群众基础。

目前，社会结构、利益格局、思想观念的深刻变化，使政府立法工作面临的形势越来越复杂，任务越来越繁重。因此，通过完善公众参与立法机制，立足公众需求，从当地的经济社会发展实际情况出发，创新立法工作机制，拓宽公众参与方式，加大公众参与立法力度，是实现地方政府民主立法、科学立法的根本保障。

（三）青岛经验及效果评价

青岛市政府坚持“开门立法”，实施立法联席机制，公众参与立法实效显著，青岛市公众参与环保立法成为山东省公众参与立法的范本。青岛市公众参与立法实践经验体现在以下几个方面：

一是加大公众参与力度，关注民生热点。该市坚持把公众参与立法向改革发展的难点延伸、向解决民生重点延伸、向群众关心的热点延伸，积极探索民主立法的新途径、新形式，加大公众参与立法力度。《青岛市职业学校管理条例（修订草案）》《青岛市审计监督条例（修订草案征求意见稿）》《青岛市行业（系统）消防安全责任制实施办法（征求意见稿）》《青岛市轨道交通条例（征求意见稿）》涉及民生、社会管理、公共基础服务等热点问题，通过积极向公众发布，广纳公众智慧，收到显著成效。

二是实施立法联席机制，加强立法协调。政府立法是一项系统工程，涉及多方利益和多个领域，必须加强立法协调。为了加强立法沟通，提高立法质量，2013 年青岛市人大常委会主任会议通过了《青岛市地方立法协调联席会议制度》，规定市人大有关专门委员会、市政府办公厅、市政府法制办公室以及年度立法计划确定的责任单位的主要负责人，对年度立法计划的制定、五年立法规划的编制、地方立法工作的重大问题、法规草案起草和审议中的重大争议等进行研究、沟通。在联席大会上，对立法宗旨、制度内容、责任设定进行讨论，给出相应的建议和意见，形成最大程度的共识。

三是重视生态立法公众参与，加强环境保护。青岛市高度重视生态立法公众参与，公众参与环保的力度越来越大，积极性越来越高。如果出现群众反映强烈的环保争议事件，青岛市环保局会迅速通过网络支持平台及时公开信息，就惩罚结果等事项与民众沟通，答疑解惑。如，详细公布罚款计算依据、企业违法情节、环境损害评估等事项。

四是建立常态化联系站，完善基层立法。青岛市将部分镇、社区及行业团体等作为公众参与立法的联系站，并打造成直接倾听群众意见的常态化单位，对政府立法中涉及基层利益的事项，由联系站负责汇集基层群众意见，使立法工作充分反映社情民意。

青岛市坚持“开门立法”，创新政府立法公众参与机制，更好地实现了立法的民主化、科学化和制度化，使法律真正融入群众。通过搭建公众参与立法的框架，形成规范化的社会公众表达诉求的方式，在此框架内引导公众建言献策，能更有效地汇聚社会意见。因此，地方政府立法要分析经济社会发展中存在的难题，充分尊重了群众的知情权、参与权、表达权和监督权，进一步明确和细化公众参与立法流程，针对性地进行既有法规制度的修订、废止和制定，使公众参与立法更加民主、规范。

总之，进一步创新立法征求意见途径，完善政府立法体制机制，是切实提高政府立法质量的关键。通过创新政府立法公众参与“多元化”机制，细化民主立法的程序和要求，完善立法草案意见征集、采纳、反馈制度机制，扩大公众有序有效参与立法途径，保障了立法能有效发挥对经济发展和社会进步的引领和推动作用。

三、政府立法公众参与机制存在的问题及其原因

由于历史和现实的原因，我国公众参与政府立法的体制机制仍然处于

探索阶段。通过对济南、淄博、青岛等地的实地调研发现，地方政府在推进公众参与立法的实践过程中，存在着许多亟须解决的问题。

（一）公众参与意识薄弱，参与能力有待提高

公众参与意识淡薄，积极性不高，既有历史的原因，也与体制机制不健全有关。一是我国历史上长期的专制统治的影响，造成公众民主意识淡薄，积极主动参与立法活动的意识比较薄弱。二是新中国成立后实行与计划经济相配套的政治管理体制，政府立法一直是政府主导，立法的启动与立法进程由政府决定，立法的目的是满足政府管理的需要。“国家在立法意向上，首先是把政府的价值放在第一位；在立法定位上，即需要出台哪方面的法律，以政府阶段性决策进行演绎。”① 这种体制导致公众参与立法的经济、政治基础极为匮乏，更缺少萌发参与意识的环境与土壤。三是目前的立法体制难以保障公众的知情权和参与权。立法信息主要掌握在立法起草者、立法提案者、立法审议者等群体和机构手中。没有完善的立法信息公开制度，公众不能及时、全面地获得相关的立法信息，不能形成制度化、便捷有效的参与方式，是导致公众缺乏积极参与热情的主要原因。

参与能力不够限制了公众参与主动性和积极性。公众以个体参与政府立法活动，其文化程度、法律知识素养、专业技术知识、协商与沟通能力等，都会极大影响参与的有效性。调研中发现，在地方政府立法过程中，公众提出的立法建议虽点多面广，但建议的质量有待提高；有些规章涉及的领域较为专业，草案内容晦涩难懂，非专业人士难以提出建设性的意见和建议。

根据国内外的一些成功经验，由群众自治性专业组织和社团组织来代表公众个体与政府沟通与协调，可以较好地解决这些难题。因此，完善公众自治性组织是有效提升公众参与立法能力的必然途径。但我国的行业协会、消费者协会等组织大都由计划经济时代转型而来，仍然保留着鲜明的官方或半官方色彩，民间形容行业协会是“戴着行业的帽子，坐着政府的轿子，花着企业的票子，喊着管理的调子”②。多数协会组织往往依附于某

---

① 关保英：《行政法的价值定位》，中国政法大学出版社 1997 年版，第 150 页。

② 林建平：《行业协会亟待回归“民间化”本位》，《中国信息报》2007 年 6 月 8 日。

一级政府机构，甚至拥有某些行政权力，无法有效地发挥代表成员利益、代表弱势群体利益的功能，这也是中国现行协会组织和其他中介组织模式的体制困境，也是目前推进民主立法需要加以解决的重要环节。

（二）政府组织公众的主动性不够、组织能力亟待提升

地方政府在政府立法中处于核心和主导地位，对公众参与进行有效的组织和引导是职责所在，但实践中却出现诸多问题，主要表现为：一是地方政府组织不力、走过场，公众参与过程流于表面和形式。二是相关部门不愿意花费大量的时间和精力收集公众意见，公众意见难以真正为决策者所考量。三是对公众的意见和建议不能及时反馈，对专家咨询、专家立法过于依赖而对普通公民、法人和其他组织不够重视等。四是地方政府的人员、机构和财力配置不合理，工作人员的知识储备和立法经验欠缺，在很大程度上影响公众参与立法的有效性。

主要原因有三个方面：一是我国尚未建立起规范有效的政府立法公众参与运行机制，无论是《立法法》，还是《行政法规制定程序条例》《规章制定程序条例》，对立法公众参与的规定都过于原则和模糊，缺乏可操作性，实践中地方政府拥有极大的自由裁量权，公众参与的程度主要取决于地方政府的主动性和自觉性，公众参与的形式依赖于政府的启动和组织，缺少有效的监督制约机制。二是长期实行的计划经济管理体制及相应的行政管理体制，使我国政府机关受“官本位”意识影响颇深，引导公众参与缺乏主动性，无法有效组织和引导公众充分参与地方立法活动，更无法积极培育公众参与的参与意识和能力。而实现国家治理体系和治理能力的现代化，须以公众广泛的政治参与为基石。因此，必须加快转变和更新立法理念。三是立法公众参与是一项全新的制度，立法只是政府职能的一个组成部分，组织公众参与立法，广泛吸收公众意见，需要工作人员花费大量的时间和精力，这必然会增加政府的公务成本，影响政府的行政效率，甚至给公务行使带来种种不便或障碍。在实践中出现的诸如立法听证会、征求意见会有时成了走过场的“听证秀”，对公众所提出的建议和意见不能给予积极的反馈等现象，除了主观上的原因，也在客观上反映出政府相关人力、物力和财力缺乏的问题。这些问题需要我们从体制机制上加以解决。

（三）公众参与渠道不畅，参与有效性不足

公众参与立法的广度与深度、参与的渠道和形式、参与的主动性和质量是立法民主化的标尺。“只有在大众普遍参与的氛围中，才可能真正实践民主所欲达到的基本价值。真正的法治政府稳定运行，不是少数精英的积极投入和多数民众的政治冷漠，而是富有实效的公民参与。”① 公众对政府立法活动的参与应当是有组织的全民参与、全程参与和有效参与。

从理论上说，公众参与地方政府立法，应当在规章的立项、起草、审查、决定与公布、备案审查等各个环节，都能依据参与制度、通过法定方式和途径参与其中，发挥积极作用并产生实际效果，以切实保障公民、法人和其他组织的合法权益。但从具体实践来看，一是在参与环节方面，目前公众参与更多局限于对立法草案发表意见，而对立法前的规划、立法草案的形成、立法后的审查评估等环节缺乏有效的参与途径。二是在参与形式方面，虽然实践中有很多公众参与立法的形式，如立法座谈会、立法听证会、公众列席与旁听立法、政府对立法内容进行实地调研听取民众意见、通过书面方式或网络媒体征求意见等，但这些形式大都延用了传统单向度的方式。在这种单向度的公众参与立法过程中，公民处于消极被动的地位，缺乏彼此之间面对面的、真正制度化的沟通、审议与辩论②，使公众参与浮于表面。三是从效果上看，往往参与的形式意义大于实质意义。而更为严重的问题在于，当体制内合法有序参与无法满足公众需求时，公众必然会积极寻求各种体制外的非制度化途径，如以利用私人关系网、制造舆论压力、上访甚至暴力抗法等方式表达自身的利益诉求，进而影响政府立法的制定与实施③。

从一定意义上讲，政府立法是社会不同利益群体的沟通、协商、博弈

---

① 卡罗尔·佩特曼：《参与和民主理论》，上海人民出版社 2006 年版。

② 马奔：《协商民主对我国公民参与立法的启示》，《法学论坛》2014 年第 5 期。

③ 冯英、张慧秋：《中国行政立法公众参与制度研究》，《首都师范大学学报》（社会科学版），2008 年第 4 期。

与平衡的过程，立法协商和博弈需要公众的有效参与，以保证立法信息充分、立法群体力量相当、立法程序公开公正、立法技术娴熟，这是公众有效参与的制度保障。实践中公众参与立法的不足更多地源于我们制度建设的滞后和缺陷。缺乏广泛有效的制度化参与机制和利益表达机制，缺乏对公众参与立法的制度保障，这是目前亟待解决的问题。

（四）公众参与制度缺失，参与程序不健全

公众参与政府立法需要完善的制度设计和运作程序来保障。参与机制缺失、参与制度体系不完善、参与程序不健全，是导致公众参与权利难以保障、参与积极性不高的主要原因。

1. 缺乏制度上的系统性

一是在公众参与形式上缺少统一完备的法律规定。我国涉及公众参与政府立法的法律法规，主要有 1987 年国务院的《行政法规定程序暂行条例》，2000 年通过的《中华人民共和国立法法》，以及国务院在 2001 年 11 月颁布的《行政法规制定程序条例》和《规章制定程序条例》。但从整体而言，现行立法缺乏统一性和系统性，没有形成相对统一完备的法律规范或保障体系，在实体规则上直接体现为公众的相应权利无法得到应有的法律确认。有效的“政府立法公众参与”，应以公开的立法程序为前提，以了解立法背景、目的、内容等相关立法信息为基础，而现行的法律制度中却没有明确的政府立法公开制度，公众的知情权无从保障。二是在立法的立项环节没有涉及公众参与的法律条款，是否立项、立什么项，完全由政府机关或其内部机构提议，公众既缺乏立法的动议权，也缺乏对立法项目的表达权。简言之，公众立法参与权的部分缺失，将从整体上削弱“政府立法公众参与”制度的民主性与有效性。

2. 缺乏程序上的可操作性

公众参与政府立法必须有可操作性的程序支持，否则所谓的“参与”便只能浮于表面。我国现行法律法规对公众参与立法的规定过于原则化、笼统化，缺少具体、明确的程序规定，是制约公众参与有效性的主要原因。一是仅有位阶层次较低的《行政法规制定程序条例》和《规章制定程序条例》对公众参与的程序加以规定，缺少法律的权威性。二是虽然《立法法》等规定，行政机关在起草法案的时候有听取意见的义务，但没有规定公众参与并提出意见的具体程序，对听取的意见采纳与否，不予采纳是否应该说明理由、给予合理答复等，均缺乏具体规定。三是《立法法》《行政法规制定程序条例》和《规章制定程序条例》中均采取并列方式列举了听取意见的形式，即可以采取座谈会、论证会、听证会等多种形式中的一种或者几种，这种参与形式的选择和参加人员的遴选都存在很大的随意性。缺乏明确的程序规定，尤其在程序上未能有权威稳定的硬性规定，使各级政府对公众参与立法拥有极大的自由裁量权，在是否让公众参与和参与形式等方面具有较大的随意性和主观性，难以保证听取意见的科学性和公众参与的有效性。

（五）公众参与效率较低，参与规划和保障不够

公众参与政府立法有助于提高立法的科学性和民主性。但如果公众参与缺乏科学的组织、引导和合理规划，则有可能导致立法效率低下。在目前政府立法机构的人力、物力和财力有限的前提下，只有科学合理划分公众参与立法的范围和程度，才可以最有效地节约立法资源并取得更好的立法效果。

实践中存在的问题主要表现在：一是对于公众参与立法的范围没有进行合理划分和明确界定。实际上，对于涉及到广大人民切身利益的领域，比如医疗、住房、教育等，我们应当创造各种条件与途径保障公众有效参与，在立法中充分合理地反映公众意志，提高立法的科学性和民主性。而对于具有较高的专业性和技术性的立法项目，如质检药检、环境影响评估等，由于缺乏相应的知识背景，普通公众很难提出有效的建设性意见，政府部门应该根据具体的情况，主要吸纳专家、学者、技术人员参与立法，提高立法质量。二是在公众参与的程序和环节等方面没有充分考虑效率问题。实施法案公开程序需要花费一定的人力、物力和财力，不同的征求意见方式成本耗费也不同，立法机构必须有相应的人力、物力和财力保障，否则将无力对意见、建议、信息进行处理、反馈，导致公众参与流于形式。

四、借鉴国内外立法经验完善公众参与立法机制

公众参与立法是科学立法、民主立法的基本要求，是民主制度的重要内容，省外及国外都有公众参与立法的成功经验。总结这些国家和地区公众参与立法的经验，对于完善山东省公众参与立法机制有重要借鉴意义。

（一）国内公众参与立法机制的经验

我国的广州和甘肃等省市在公众参与立法的机制建设方面有较好的经验，形成了符合地方特色和具有创新性的公众参与机制。

1. 广州的公众参与立法机制

广州的公众参与立法分为公众参与地方性法规制定和参与地方规章制定两大块内容。

广州市人大及其常委会主要通过制定规范性文件实现公众参与立法机制的常态化与规范化，如2002年出台《关于公民旁听广东省人大常委会会议工作实施意见》，2003年制定《关于法规草案征求省人大代表意见的办法》，2007年发布《广东省人民代表大会常务委员会立法技术与工作程序规范（试行）》等。在众多保障公众参与立法的制度中，广州市地方性法规征求意见程序机制特色鲜明，即对不同的地方性法规采取不同的征求意见方式，同时还对公众所提意见和建议的整理、研究、论证和采纳工作形成一套有效的做法。为更好引导公众参与地方立法，2013年广州市人大常委会还发布了《广州市公众参与地方立法指南》，这是全国地方人大系统第一次向社会发布立法参与指南。

广州市政府2006年制定的《广州市规章制定公众参与办法》（2010年修订）（以下简称《办法》），是全国首部规范公众参与行政立法工作的地方性规章，《办法》的特色主要有四点：一是明确公众参与规章制定范围，涵盖从立项、起草到审查、实施直至监督的全过程；二是规范征求意见的流程和机制，以书面征求意见为核心，座谈会为必经程序，开放式听取意见、听证会、论证会为选择程序，其中，开放式听取意见为广州首创的征求意见模式；三是建立精神奖励制度，对所提意见有重大影响且被采纳的

公众进行精神奖励；四是完善公众意见的公布与反馈机制，明确对公众意见进行公布与反馈的主管机关、时间、方式与内容等。

2. 甘肃的公众参与立法机制

专家参与地方立法论证，并为法规草案提供切实可行的意见和建议，是甘肃公众参与立法的重要特点。被列入甘肃省人大立法规划的《黄河流域甘肃段水污染防治办法》，是以兰州大学法学院研究生徐辉撰写的论文《流域水污染防治立法研究——以黄河流域甘肃段为例》为蓝本的。2002年《甘肃省实施 <中华人民共和国防治治沙> 办法》也较多吸纳了白银市林业局一位工程师草拟的土地沙漠化防治法规建议草案的内容。

甘肃省人大常委会2013年制定了《甘肃省公众参与制定地方性法规条例》（以下简称《条例》）（《条例》本身就是公众参与制定出台的），这是国内首部规范公众参与地方性法规活动的地方性法规。《条例》除明确规定法规起草单位公布立法信息的途径与时间、公众参与地方性立法的形式、公众参与立法会议的规则和程序、公众参与立法的意见反馈机制等公众参与立法制度的基本内容外，还有两个创新之处：一是以地方性法规形式规定建立公众参与的激励和补偿制度，表彰和奖励有突出贡献的公众，补偿公民参与地方性法规制定活动所支出的差旅费、误工费等费用，并由同级财政保障所需经费；二是以地方性法规形式赋予公众对与上位法不一致的地方性法规有提出修改、废止建议的权利。

（二）国外公众参与立法机制的经验

美、日、英、法等国家都有公众参与立法的制度，其中以美国、日本的公众参与立法机制较为完善。

1. 美国的公众参与立法机制

美国的公众参与立法机制主要包括如下内容：

一是严格的立法信息公开制度。立法信息公开是公众参与立法的前提条件，美国的立法信息公开是贯穿于法律议案提出、讨论、评议以及公布等整个立法过程的必备程序，任一环节未进行公告，则制定的法规无效。

二是完备的立法听证会制度。一般情况下，举行听证会是美国立法的必经程序。听证会的前期准备工作非常充分，相关部门需要发布听证公告，公布听证会的时间、地点、议题和规则，选择参加听证的人员，公开举行听证会，听证过程必须通过广播、电视等新闻媒体公开，当事人须审核听证笔录并签名，公开印刷证言完整文本，听证会笔录是探究立法原意的重要证据。

三是完善的公众意见回复制度。对公众意见进行回复是美国行政机关的一项重要工作，行政机关需要认真阅读、分析、归纳和整理每一位公众的意见，无论采纳与否都须做出统一说明，不采纳的须说明理由，对法律议案的利害关系人还须通过电子邮件或电话等方式进行回复。

四是多样化的公众参与方式。除立法听证外，美国公众参与立法的方式还有游行、示威、司法诉讼等。司法诉讼是美国公众参与立法的独特监督方式。美国公众如果对法规的制定过程、制定内容有异议，可以直接到法院提起诉讼，法院需要对制定过程和制定内容进行司法审查，判定法规是否有效。

五是社会中介组织等专业性团体积极参与立法。美国社会中介组织非常发达。数目众多的行业协会和利益集团凭借其专业性成为普通民众参与立法的代言人。

2. 日本的公众参与立法机制

日本公众参与立法的经验可总结为重视法规草案的宣传、立法资料的公开与公众意见的反馈三个方面。日本的行政机关需要通过互联网、报纸、柜台与媒体等多种方式公布法规资料并征求公众意见。行政机关除公示法规草案文本外，还要公示与法规草案相关的资料，包括上位法依据、背景资料以及立法可能带来的影响分析等，以便于公众全面了解法规草案进而做出准确判断并提出合理建议。除此之外，日本一般以编写公众意见摘要的形式对公众意见进行反馈，并在网站上公开意见摘要及其在法规中采纳的结果。

3. 英、法等国的公众参与立法机制

英、法等国家在公众参与立法方面较有特色的做法有：英国、法国等国家议会需要通过网站向全社会公开立法信息；英国规定任何公众（不论国籍）均可自由旁听议会会议，还设立专门工作部门吸引公众参与议会工作；为便于公众理解法律草案，英法等国均要求用简明通俗的语言解释法律草案的主要原则和精神。

（三）国内外立法经验是完善公众参与机制的借鉴

1. 制度化、法治化是公众参与立法的根本保障

没有制度和法治的保障，就很难有稳定、长效的公众参与立法机制。不论是我国的广州、甘肃还是美国或者日本，都以法律法规、地方性法规或规章等形式对公众参与立法机制做出了详细而具体的规定。

2. 立法信息公开是公众参与立法的前提条件

法律贵在使人知晓，因而立法信息从立项、起草到审查、实施以至评估等整个过程都要充分公开，而不是仅在某一个或某几个环节公开，必须让公众最大程度地知晓法律并参与立法过程。立法信息的充分公开有助于避免地方立法中的地方利益部门化、部门利益法治化倾向，保证所立之法公平、公正。

3. 多样化的立法信息公开渠道与公众参与方式是公众参与立法的必然要求

公众的范围很广，既包括城镇居民，也包括农村居民；既包括老年人，也包括青年人；既有普通民众，也有专业民众或利害关系者。每个群体都存在特殊性，如城镇老年人一般不熟悉网络但都爱看报纸，农村居民很少读报纸但看电视较多等，青年人则更喜欢从网络上获取各种信息。因此，政府需要通过报纸、电视、信件、电话或网络等不同传播媒介发布立法信息，以保证每个群体都能充分了解立法信息。同样，公众参与立法的方式也需要多样化，既可通过座谈会、论证会或听证会等发表意见，也可以通过电话、网络或信件等表达意见。

4. 社会中介组织、行业团体以及专业人士等是参与立法的重要主体

受人力、物力以及专业知识等限制，任何立法机关或个人都不可能通晓各行业知识，不同行业的专业团体或专家所具备的专业知识可以有效弥补这一不足。社会中介组织多在某一方面具备专业知识，能够更好收集立法信息资料、撰写立法分析报告，并可以帮助政府理解某方面法规，以及

协助政府与有关利益群体沟通。因此，不可忽视社会中介组织、行业团体以及专业人士在地方立法中的作用。

5. 公众意见反馈与物质或精神奖励是公众参与立法的必要条件

立法部门对公众提出的各种意见，不论是否采纳都应及时通过不同渠道进行反馈，这不仅体现了立法部门对公众参与立法活动所付出劳动的尊重，而且还可以加深公众对所参与立法的认知，为法律法规的实施打好基础。因而，许多国家和地区都建立了公众参与立法的意见和建议的反馈机制。

对于公众个人而言，不论以何种方式参与立法，都需要付出时间和精力，甚至物力和财力。公众是否积极参与立法不仅是民主参与意识的问题，更可能是各种利益均衡考虑的结果。对参与立法的公众给予必要的物质和精神奖励，不仅能够弥补公众的物质损失，还能满足公众的精神需求。

五、山东省完善政府立法公众参与机制的路径建议

《山东省政府规章制定程序规定》的第三条将“依法保障公民有序参与”列为山东省政府规章制定应当遵循的原则之一，还分别在第七条、第八条、第十二条、第十七条和第二十七条列明了在立法前、立法中和立法后各个环节公众参与的方式，第十九条则明确了必须召开立法听证会的几种情形。《山东省政府规章制定程序规定》以制度的形式对政府立法中的公众参与机制予以确定，对未来立法工作的开展有着十分积极的作用。

针对本次调研中发现的政府立法公众参与机制不健全、参与制度不完善等问题，为实现山东省地方政府科学立法、民主立法的目标，亟需做好以下工作：

（一）发挥不同群体的参与优势

为解决目前公众建议和意见质量不高、可借鉴性不强的问题，要明确公众参与立法的目的，发挥不同群体参与立法的优势。厘清“公众”的外延，对参与立法的“公众”进行基本的群体划分，是建构地方政府立法公众参与机制、提高公众参与立法质量的重要措施。

就行政过程的角度而言，“公众参与”是“在行政立法和决策过程中，

政府相关主体通过允许、鼓励利害关系人和一般社会民众，就立法和决策所涉及的与利益相关或者涉及公共利益的重大问题，以提供信息、表达意见、发表评论、阐述利益诉求等方式参与立法和决策的过程，并进而提升行政立法和决策公正性、正当性和合理性的一系列制度和机制”。[①] 地方立法语境下的“公众参与”，其参与主体为自然人、法人和其他组织，他们在制定法规规章时，被邀请或者主动表达意愿、提出意见建议，并由立法机关决定是否采纳。[②]

参与地方政府立法的“公众”外延规定相当宽泛。要实现公众参与地方政府立法的有效性，必须对“公众”进行科学划分，根据不同群体的构成特点、利益诉求、知识储备发挥其不同的作用，集思广益，是实现立法效果优化的重要前提。

根据“公众”的知识结构、个人能力、与相关立法项目的利益关系等因素，“公众”基本可以划分为三大类：一是利害关系人群体，即是与地方性立法息息相关的群体，他们对立法十分关注，通常能够在了解立法信息后积极主动地参与到立法过程之中；二是专家群体，其中又可以分为具备规章制定相关领域知识的行业专家和一般法律专家，他们具备立法机关需要的专业知识和技能，所提的意见对于立法机关而言参考价值较大，在立法过程中能够起到十分关键的作用，通常是受邀参与到立法中；三是普通群众群体，他们与所制定的规章制度并无直接利害关系，也不具备特定领域专业知识，而是基于自身社会责任感和朴素的法感加入立法过程，这一群体通常是自发参与，参与人数、参与效果、所提建议的质量较难预计。

厘清“公众”外延，有针对性地向不同群体征求意见，是提高公众参与质量的重要方法。

在立法工作的许多环节都会出现向社会公众征求意见的情况。公众参与机制的设计本身就是为了使不确定的大多数人都能够参与到政府决策之

---

① 王锡锌：《行政过程中公众参与的制度实践》，中国法制出版社2008年版，第2页。

② 《甘肃省公众参与制定地方性法规办法》（2013年）第2条；《广州市规章制定公众参与办法》（2010年）第2条。

中，以实现广泛征求民意的结果，并为制度的未来实施提前打下社会基础。以往的笼统征求意见的方式不利于提高所反馈意见的质量，也不利于立法机关获得有效的建议。因此，在保证立法工作公开的前提下，对立法工作中需要征求意见的问题进行分类，大致可以分为“原则性问题”和“技术性问题”，向前文所提的三大类群体分别发问，更多地关注利害关系人和普通群众对“原则性问题”的意见和专家群体对“技术性问题”的意见，将获得更有针对性和参考意义的意见反馈。例如，地方政府对城市居民养狗的问题要进行立法管理，原则性问题就是“要不要管”，技术性问题就是“怎么管”。对于涉及到“是”与“非”的原则性问题，利害关系人和普通群众能够提出较有参考价值的建议，而对于行政管理手段的设计等技术性问题，由专家提供建议则较为妥当。这种问题分类的方法，其背后实际蕴含着行政权力行使的合法性与合理性问题，尤其是在合理性判断上，涉及了许多专业性的问题，更适合由专业人士进行判断。

（二）发挥基层联络点的作用

为了提高公众参与政府立法的效率和覆盖面，充分发挥已经建立的基层联络点作用是行之有效的手段。目前，山东省各地方人大、政协和政府都在基层建立了联络点，以便于政策的推行，同时了解基层的声音。未来如果能够赋予基层联络点在立法中的传达和收集信息的功能，将十分有助于扩大公众参与立法的覆盖面，更广泛地传递民意。

首先，依托人民代表与群众的天然联系，实现立法信息与公众意见的双向流动。我国目前立法是以代议制民主为基础的，人民代表就是代议制民主体制下普通公民的利益代言人。未来应当建立起人大代表与原选举单位和选民之间的联系、沟通和商谈机制，使代表定期向原选举单位和选民汇报工作、听取建议的活动变成常态制度，这种人大代表与选民密切联系的途径在公众参与政府立法时，就会成为成熟的宣传立法信息和传达基层群众意见建议的桥梁渠道。

其次，利用政协与各领域专家密切联系，积极主动地邀请专家参与到立法工作之中。目前山东省各级政府普遍建立起了政府法律顾问专家库，对政府重大决策和相关立法文件进行专业角度的审查，这在一定程度上保证了政府立法中的法律专家参与。未来在继续加强这类专家库建设的同时，应当注意避免专家库在吸纳人才时的片面性。为实现各领域专家都能够在相关政府立法中参与立法工作，应当更多地依托政协与不同领域专家密切联系的渠道，建立更加全面的专家储备库，在此基础上为主动邀请专家参与立法提供条件。

再次，利用各地方政府和政府各部门前期建立的基层联络点，建立起常态化的传达信息、汇聚民智、反映民意的机制。前期调研中发现，目前各地政府以及政府各部门普遍在社区、工厂等基层单位有固定的联系点，覆盖面十分广泛，但是一直以来大多只起到一般的政策宣传作用，未能形成常态化的信息传达机制。目前山东省政府立法普遍采用的是部门起草的方式，由熟悉业务的部门提出立法计划、制定草案，未来如果能够充分利用各部门已经建立起的基层联络点，将会成为最为直接和通畅的起草机关和基层群众间的信息发布与意见收集沟通渠道，也有助于提高公众参与政府立法的覆盖面与意见收集的效率。

最后，充分利用各种社会组织，获得具有代表性的利益群体的诉求。这些社会组织既包括工会、妇联、共青团等机构，也包括各种行业协会。进一步发展壮大各种社会组织的力量和作用应当成为未来努力的方向，通过与各种社会组织建立紧密的联系，征求相关利益群体的意见建议，更得立法信息更具可操作性。

（三）继续改进现有的参与机制

山东省目前已经建立起的政府立法公众参与机制以及各地已经开展的公众参与的有益尝试，未来应当继续加以推广和完善。

首先，搭建多种平台，拓宽公众参与立法的渠道，以灵活多样的方式征求公众意见建议，尤其可以利用新兴的、可以实时互动的网络和手机媒体平台。一是充分利用媒体调动社会关注，立法机关与当地多种媒体建立紧密的工作联系，采取日常宣传、重点报道等方式，将立法信息最大范围地传达给公众，同时进行正面的宣传引导，鼓励热心群众积极建言献策；

二是利用网络和手机平台推进公众互动，除公布立法信息，还可以进行实时意见反馈等；三是可以委托第三方机构进行民意调查，以民间组织或科研单位为调查主体，进行科学合理的意见征求，并将收集整理的信息直接报送立法机关；四是完善社区职能，将街道办事处等基层单位建设为直接面向基层群众的意见收集机构。

其次，更加重视立法听证会的作用，明确需要召开立法听证会的情形，并对立法听证会的代表选择、流程设计、结果反馈等制度进行基本的规范，以杜绝随意性。在立法听证会代表的选择上，要注意利害关系人群体、专家群体、普通群众的参与比例；在流程设计上，要注意各群体意见的充分表达；在听证会后，要对听证会中提出的意见和建议进行专门汇总，对意见的采纳与否及其理由进行专门反馈。

最后，建立意见建议的反馈机制，提高公众参与政府立法的积极性。调研发现，山东省许多地方并未建立常态化和强制性的意见建议反馈机制，公众立法建议或意见不能及时反馈答复，政府向社会征求立法建议有形同虚设之嫌，严重制约了公众参与政府立法的积极性。因此，构建公众参与立法的建议、意见反馈制度，对有针对性和实质内容的立法建议，无论采纳与否都要及时反馈答复，不仅有助于激发公民参与的积极性，而且能提高公民有效参与立法的能力，提高立法建议的质量。

（四）出台相关的政策、制度

一是政府财政做出专门预算，建立公众参与政府立法的激励机制。这种物质激励是对专家和一般群众参与政府立法所付出的时间和精力的补偿，更是对有价值的立法建议的肯定，可以鼓励更多的人参与到立法工作之中。对有价值的意见建议进行物质激励是提高公众参与积极性的最为直接和有效的手段。

二是建立地方立法质量评估指标体系，将公众参与立法作为民主立法的一项指标加入评估体系之中。地方立法质量评估指标体系实际上是对已经实施的地方法规和地方政府规章进行综合性评价，是立法活动的继续和延伸，主要涉及立法技术、立法过程和实施效果等方面。山东省已经开展过相关的立法评估工作，但是并未形成规范化和常态化的工作机制。在全面推进依法治国的背景下，设区的市逐步获得了地方立法权，这就要求地方立法质量评估指标体系应当迅速建立，立法后评估也应当形成常态化的工作机制，以保证地方政府立法的合法、合理并且适应本地实际。公众参与地方政府立法对立法质量以及规范性文件的实施效果都有着十分积极的作用，常态化的立法评估工作机制的建立将敦促地方政府更加重视公众参与政府立法，从而使公众参与落到实处。

（五）培育公众的参与意识

目前公众参与政府立法的效果不明显，除制度上的原因之外，归根结底是公众的参与意识不强，参与能力欠缺所致。因此，要提高公众参与立法的效果，根本途径是提高公民意识和参与能力。

首先，增强公众的主体意识和参与意识。使群众意识到自己是国家的主人，具有参与的责任，立法活动与己息息相关，是最好的表达自己利益诉求和愿望的途径。

其次，增强公众的法律意识。良好的法律意识能够使群众采取合法、理性的方式表达自己的利益诉求，保证立法参与的有序进行。对法律的信仰和认同能够增强公众参与立法工作的责任感，有助于立法工作的开展，为法律文件未来的实施奠定群众基础。

最后，提高公众参与立法的能力。立法工作是一项十分专业的活动，要提出有价值、合理的建议和意见，需要公众具有一定的法律知识和法律素养，仅凭朴素的法感和正义感提出的建议、意见，很可能不适应当前社会法律文件制定的需要。总之，通过普法活动，对群众普及立法的一般技术性常识，将有助于提高公众参与立法的能力，夯实公众参与立法活动的基础。

（完成时间：2015 年 11 月，课题组成员：谢桂山　李海峰　孙　磊　辛　艺　徐凤英　高巧玲　郑文丽　张卉林）

关于市场主体监管问题的对策研究

2014 年，山东省扎实推进商事制度改革，努力实现“宽进”的改革目标，开局良好，成效显著。在放宽市场准入的同时，如何加强事中、事后监管，不断提升市场监管能力，促进市场交易安全、市场秩序稳定，是摆在我们面前的重大课题。围绕这一课题，省工商局负责开展了调研，提出了创新市场监管体系的对策建议。

一、当前市场主体监管工作面临的新形势

（一）市场化改革方向需要转变市场监管理念

通过调研可以发现，市场化程度越高，市场机制就越完善，市场监管就越需要加强。充分发挥市场在资源配置中的决定性作用，一方面是市场主体“法无禁止即可为”，依据市场规则、市场价格、市场竞争，实现资源配置最优化；另一方面是加快政府职能转变，推动政府职能向创造良好发展环境、提供优质公共服务、维护社会公平正义转变，为激发市场活力创造更多条件，为发挥市场机制作用释放更多空间。政府部门要树立科学监管理念，寓管理于服务，当好规则的守护者、权益的维护者，努力形成权责明确、公平公正、透明高效、法治保障的市场监管格局，使市场监管体制更加成熟、市场监管制度更加完善。

（二）商事制度改革需要调整市场监管内容

2013 年以来，山东省积极推进以工商注册制度便利化为主要内容的商事制度改革，通过放宽注册资本登记条件、将注册资本由实缴登记制改为认缴登记制、企业年检改为年报公示制度、推动“先证后照”逐步变为

“先照后证”等举措，激发了市场活力，释放了改革红利。伴随着改革，市场监管内容也出现了新变化：一是市场主体迅猛增加，监管基数越来越大，2014年，新登记市场主体户数、注册资本（金）同比分别增长81.2%和100.2%。同时，制假售假、不正当竞争、违反许可经营、非理性出资等行为也有所增加，后续市场监管压力迅速增大。二是简化登记手续，降低准入门槛，使电子商务等新兴业态得以快速发展，带动网络商品交易及有关服务迅猛发展，网络市场成为市场监管的重要领域。三是随着登记事项的调整，利用注册资本进行商业欺诈、无照经营、抽逃资金、超范围经营等行为减少，对登记事项的监管也大幅减少，从而转向对经营行为的监管。面对以上这些新变化，需要市场监管部门加快研究符合新形势下市场运行特点的监管机制，使“宽进”与“严管”统筹推进，放活与管好同步到位。

（三）严格依法行政需要加强市场监管的法治化建设

坚持依法行政，要求政府部门“法无授权不可为”“法定职责必须为”。市场监管是政府五大职能之一，市场监管法治化是必然要求。全面推进依法治国、依法行政对放宽市场准入、加强市场监管提出了新要求。权力清单、负面清单、责任清单，为政府履行“市场监管”职能划出了清晰边界，对市场监管部门规范执法、提升公众满意度等方面提出了具体要求。市场监管部门需要坚持重大改革于法有据、立法先行、依法推进，运用法治思维和法治方式履行市场监管职能，建立与改革相适应的市场监管规则和办法，严格依法行政，做到“不越位、不缺位、不错位”，切实解决长期并存的“干预过多”与“监管不到位”问题。

（四）切实履行“严管”职责需要推动监管方式创新

面对海量的市场主体，在编制和财政“双约束”的情况下，市场监管部门特别是基层单位依靠“运动式”、巡查式方法进行市场监管已不可行。市场经济又是信用经济，应当突出信用在市场监管中的基础性作用。政府部门必须创新信用监管方式，努力构建以企业信息公示制度为核心的新型监管模式，坚持以“监管促信用，以信用强监管”，将信用监管、行为监管、综合执法、社会共治融为一体，促进企业诚信经营、市场公平竞争。

二、山东省市场主体监管中面临的新问题

（一）监管理念不适应

一是重“宽进”，轻“严管”。工商质监体制改革由省以下垂直管理改为分级管理，将市场监管执法主要交由市、县、乡政府负责。实践中，地方政府往往乐见“宽进”后相关经济指标的增长，对监管执法往往实行直接或间接的不当干预，比如设置“企业宁静日”“执法审批”“行政处罚核准”等。2014 年，全省工商系统查处各类违法违章案件 7.7 万件，比 2013 年减少了 70.7%，地方保护主义是重要原因之一。二是缺乏协同监管理念。目前市场监管职权“条块分割”，“谁审批、谁监管；谁主管、谁监管”不落实，“先照后证”改革实施后，监管衔接问题更加突出。三是重审批、轻监管。政府部门“会批不善管”，以批代管、以费代管、以罚代管的现象严重，一些部门对市场违法行为的发现、查处存在“不告不受理”甚至“告而不理”的现象。还有的部门在注册资本改“认缴”、企业年检改年报公示制度后，仍以注册资本限额、是否年检等作为监管依据。

（二）监管力量不匹配

一是面对快速增长的市场主体，监管力量十分匮乏。工商部门进行食药职能划转后，基层工商部门的监管力量明显减小，监管任务和监管力量之间的矛盾更加突出。据统计，全省工商系统基层工商所共划出行政编制 7511 名，占原有编制总数的 43.2%，划转比例最高的一个基层工商所达 75.3%；目前全省工商系统公务员不足 3 人的基层所占到了 43%。不少基层工商所只有 2～3 人，食药所也是 2～3 人，基层同志反映，这不是“把五指攥成拳头”，而是“把拳头疏开成五指”，基层监管“捉襟见肘”。二是监管执法领域十分广泛，而且违法行为的动态化、复杂化、智能化特征日趋明显，基层人员经验和能力明显不足。特别是对反不正当竞争、垄断执法、网络市场等领域的监管，不同程度存在着专业知识缺乏、执法手段单一等问题。三是综合素质下降。基层工商部门 80% 的执法中坚力量被划

转，其中大专以上学历人员占划转总数的83.3%，法律、经济类专业占到68.4%，由于案件主办人、法制人员流失较多，基层工商部门监管执法能力降低。

（三）法律保障不同步

“严管”的法律法规及顶层设计未及时跟进。目前国家已明确113项工商登记项目由前置改为后置，行业主管部门如何及时跟进监管的程序、措施不明确，如何查处取缔有照无证、无证无照，工商登记部门与行业主管部门往往责任不清、分工不明、处罚依据不足。现实中，只要涉及营业执照问题，仍以工商部门作为主要责任部门。在全省开发区设立的38个市场监管局承担着工商、质监、食药监管职责，但执法地位缺乏法律法规支撑，执法权限不明确，于法无据，违背依法行政原则。

（四）监管方式低效能

一是市场监管的信息平台建设不完善。各相关部门市场主体信用信息缺乏共享平台，大量审批许可信息和监管信息无法对接共享，降低了市场监管效率。工商营业执照、税务登记证、质监部门的代码证“三证合一”亟待推进。二是个人信用和企业信用结合不够。缺乏企业董事、监事、经理等管理人员的信用记录，对违法企业负有责任的个人再次进入市场缺乏有效约束机制。三是监管技术装备与实现监管现代化的要求有差距。多年来形成的依靠眼观、手摸等方式进行检查，依靠人工记录进行监管留痕的工作模式，存在着非常大的监管漏洞和履职风险。与此同时，体制调整后，受地方财力、实行同地同待遇等影响，各地普遍将工商部门的经费水平做了下调，执法专项支出难以保障。

三、六省市加强新形势下市场监管的新做法

面对新形势，许多省市坚持放管并重，积极探索新形势下加强市场监管的有效途径，积累了有益的经验做法。调研组分别到北京、天津、辽宁、上海、浙江、广东六省市进行了考察学习。其主要做法有：

（一）整合资源，探索综合执法

六省市在不同层面、不同程度推进了市场监管体制改革，模式各有不同。天津市率先建立全新的从市到乡镇、街道，集工商、质监、食药于一体的垂直管理的市场监管机构，出台了《关于加强市场监管体系建设的意见》，通过机构和职责的深化整合，力争实现“一个部门负全责、一个流程优监管、一支队伍抓执法、一个平台管信用、一个窗口办审批、一个中心搞检测、一条热线助维权”的目标。其他五省市的省一级市场监管部门设置未作调整，但普遍开展了基层监管力量的整合，在市、县两级进行了工商、质监、食药监管，以及知识产权、物价等部门的“N 合 1”模式。从考察情况看，六省市整合机构综合执法的做法对推进统一的市场监管有积极意义，解决了分段、分事项监管的弊病，建立了横向到边、纵向到底、专业化、网格化、全覆盖的监管格局；解决了部门编制不足的矛盾，强化了基层监管力量，“将五指攥成拳头”。同时也存在一些问题，主要是各地改革方案不统一，“下改上不改”使部门上下对口不一致；现有人员转型难度较大，对食药、特种设备等领域的监管，业务性较强，面临人员素质结构与职能转变的突出矛盾；各地的“N 合 1”市场监管所，均是以工商在乡镇的派出机构为基础而组建的，人员未增加，监管任务却成倍增加，加剧了监管力量与监管任务之间的矛盾。

（二）构建平台，推进信用监管

六省市均以企业信息公示制度为核心构建新型监管模式，充分整合市场主体登记管理信息、关联行政审批信息、相关部门执法监管信息等资源，实现部门间的信息对接、资源共享、协同监管。北京市企业信用信息网是全市统一的企业信用监管和综合服务平台，按照“企业名下归结果”的思路，以工商部门企业注册信息和日常监管信息为基础，将各有关部门、中央驻京单位、社会组织以及本市司法机关提供的许可资质信息、提示信息、警示信息、良好信息，集中在企业名下统一展示；网站在北京市政务外网和互联网上分别应用，政务外网网站主要服务政府各部门、中央驻京单位和本市司法机关用户，互联网网站主要服务社会组织、企业和社会公众用户。天津市第一批集合了发改委、商务委等36个部门的信息，启用了“天津市市场主体信用信息公示系统”，除工商部门年报、公示、异常名录、抽查、黑名单等信息外，还有审批部门的准入信息，后期参与公示的政府部门将达到80多个。上海市于2010年8月建成法人信息共享与应用系统，实现了企业、机关、事业单位、社会组织等19个主体对象、近160万户法人登记信息共享。2014年7月底，上海法人库二期系统上线试运行，接入具有行政执法职能的35家市级部门，纳入49个登记类数据项、359项资质类事项和749项监管类事项，基本实现了登记类、资质类法人信息全覆盖，以及重点领域监管类信息基本覆盖。

（三）健全制度，明确“严管”权责

广东始终强调改革的系统性、整体性，同步推行社会信用体系建设和市场监管体系建设“两建”工作。在放宽市场主体准入条件的同时，调整和明确部门监管职责，强化后续监管。广东省工商局联合省编办正在起草全省《加强工商登记制度改革后续监管的若干意见》《市场主体许可经营项目监管清单》和《市场主体住所或经营场所许可监管清单》，在加强部门间的信息互通、监管联动方面拟定多项举措，并制定了行业审批部门清单和监管部门清单，文件拟由省政府印发。同时，由广东省人大法工委牵头，起草了《广东省工商登记管理条例》，目前征求意见工作已基本完成，旨在通过立法进一步固化改革成果，为改革探索提供法律保障。天津市政府出台了《关于加强市场监管体系建设的意见》，重点完善市场公平准入和企业公平竞争服务体系、市场行为监管和经济持续发展体系、政府依法行政和综合执法监管体系等三个体系的建设。

（四）突出重点，创新监管方式

重视新兴领域监管工作。北京市、辽宁省工商局和天津市场监管委成立了特种交易监管处或网络市场监管处，专门负责电子商务监管。北京市工商局今年以来与搜狗公司联合开展“打击非法主体商务网站策略研究”，将网络经营主体分别标识为绿、黄、红等颜色，为消费者提供网络消费的风险提示，督促网络企业守法诚信经营。开展了“第三方网络平台监管策略研究”，采用云处理、数据归集保存和智能类聚等技术搜索、收集网店信息，对其加强监管，得到京东、阿里巴巴、1 号店等积极配合。上海市工商局提出四个转变的执法办案思路，即从注重办案数量向注重办案质量转变，遵循实体法、程序法相统一；从全员办案向集中执法转变，工商所全力做好监管，经检队伍实行专业化办案，集中专业人才，提升“高精尖”办案水平；从过去“散点垂钓”式办案向“集中捕捞”式执法转变，力争通过办理一个案件，规范一个行业；从习惯依靠传统手段向依靠信息化手段转变。浙江省工商局坚持“攻大奸、诫小过”的执法理念，先后组织开展了“丰田打假”、血燕产品专项整治、打击假冒伪劣红酒等多项涉及“洋品牌”的执法行动，取得良好执法效果和社会效果。六省市省级工商部门和市场监管机构对流通领域商品质量抽检等监管力度比较大，每年都安排专项资金予以支持和保障。上海市工商局、广东省工商局每年抽检经费都在 1000 万元左右。

四、顺应新形势加强市场主体监管的对策思考

（一）厘清监管思路，明确加强市场监管的目标要求

指导思想：以邓小平理论、“三个代表”重要思想、科学发展观为指导，深入贯彻习近平总书记系列重要讲话和党的十八届三中全会、党的十八届四中全会精神，着力加快政府职能转变，注重体制机制创新，把发挥市场配置资源的决定性作用与加强政府市场监管职能结合起来，强化信息公示和信用约束在市场监管中的作用，探索建立综合执法机构，加强基层执法力量，打造政府负责、部门协作、行业规范、公众参与的市场监管新格局。

主要目标：通过五年的努力，到 2020 年基本建成统一、规范、共享的市场监管信息平台，建立科学化、法治化、社会化、信息化的市场监管长效机制，营造公平、开放、竞争、有序的市场环境，初步形成政府负责、部门协作、行业规范、公众参与相结合的市场监管新格局，基本建立与山东经济发展相适应的市场监管体系。

（二）加快信用信息平台建设，夯实事中、事后监管基础

完善平台方案总体设计。坚持“总体规划、统筹协调、分步实施”的原则，分步骤、分阶段实施我省公共信用信息平台建设。由发改委、人民银行牵头，积极开展平台建设调研，尽快拿出平台建设可行性研究报告和方案设计。

建立完善基本数据库。即企业公共信用基础数据库、个人公共信用基础数据库、非企业法人公共信用基础数据库，对数据库的信息按照基础信息、资质信息、行为信息、惩戒信息等分级分类管理，为平台建设提供基础数据支撑。

实现政府部门监管信息全面共享。以实现政府管理部门信息系统的互联互通共享为支撑，推动已经建立各类管理信息系统的20多个省直部门签订信息共享协议，实现数据交互。以此为基础，推动监管部门流程再造、监管协同和服务集成，建立起管理更高效、服务更优质、运作更便捷的综合监管体系。争取2015年实现工商营业执照、税务登记证、质监部门代码证的“三证合一”。

加快信用信息成果应用。遵循“公共、公益、公开、共享”原则，分等级向社会公开信用信息。发挥“信用山东”官网的作用，面向政府管理部门、信息主体和符合条件的信用服务机构提供查询和服务。

（三）改进监管模式，提升市场监管水平

建立日常监管新模式。建立以市场主体公示信息抽查、日常监管抽查和专项执法监管为主要方式的新型监管制度。依据监管信息数据，开展风险监测和评估，科学确定监管重点、方式和频次，把工作重心放在市场主体行为引导和案件线索发现上，实现对市场主体分类监管。

完善信用约束机制。省、市、县三级建立市场主体经营异常名录制度和严重违法企业名单（“黑名单”）制度，建立监管执法信息和行政处罚信息公开制度，将行政处理记录逐步融入公共信用信息平台，形成“一处失信、处处受限”的社会信用环境。

提升市场监管现代化水平。采用政府购买服务的方式，加强移动互联、大数据、云计算、物联网等先进技术与监管执法工作的全面整合。推广运用电子取证设备（录音摄影仪）、执法记录仪，提升监管现代化、科学化水平。探索整合技术检验检测职能，推进监管执法与检测相分离。

（四）明确监管重点，推进综合执法

加大对市场主体经营行为监管。拓宽执法领域，加大对垄断性行业的反垄断力度，坚决打击假冒侵权、虚假宣传、虚假表示等违法行为，集中力量查处损害公平竞争秩序和消费者权益的重大案件并及时公布，形成震慑。注重将实体经济监管与电子商务监管有机结合，把大型购物网站特别是第三方交易平台列为监管重点。

科学整合监管力量。以整合职能为出发点，合理确定“N 合 1”模式，促进政府监管资源和机构整合，特别是在基层相对集中执法事权，合理配置执法力量。由省编办牵头组织相关部门开展调研，提出符合山东省实际的改革方案。

增强各部门联动监管执法协同性。依托信息化系统，实现市场监管部门执法信息共享、执法联动监管；探索建立案件指定管辖、大要案件挂牌督办、案件协查移送等制度机制，提高市场监管效率和水平，以及市场监管执法协同性。

（五）调动社会各方力量，构建社会共治新格局

整合社会投申诉渠道。将 12315、12358、12365、12369 等热线电话予以整合，可统一整合到政府 12345 热线，建设统一便民高效的消费投诉、经济违法行为举报和行政效能投诉平台，实现统一热线、统一受理、统一分派、统一督办、统一考核。

建立社会公众监督机制。充分发挥社会力量在市场监管中的作用，以社区、园区、楼宇等为单位，广泛吸收公众参与，健全公众参与监督的激励机制，发动社会公众参与举报违法经营行为。发挥媒体新闻宣传和舆论监督作用，提高公众认知和防范能力。

推进企业自律和行业自律。强化市场主体责任和内部制约，自觉履行法定义务。大力培育和发展社会组织，发挥行业自律、规范、监督等作用，鼓励制定行业管理规范，引导市场主体加强自律自治。

（六）提升保障水平，夯实市场监管工作基础

创新组织领导机制。各级政府建立领导协调机制，成立市场监管体系建设领导小组，下设办公室，加强统筹协调。发挥考核“指挥棒”的作用，将市场监管工作列入科学发展考核体系。

进行总体规划设计。制定《山东省建设市场监管体系工作五年规划》，推动各地区各部门细化监管措施，落实和强化监管责任。

提升法治保障。贯彻落实“全面推进依法治国”和“立法先行、于法有据、依法行政”的要求，及时提出立法建议，加快修订完善相关法规，发挥法律推进制度创新、引领改革发展作用。依据“谁审批、谁监管，谁主管、谁监管”，具体划分权责，完善“先照后证”改革后续监管衔接，明确各部门对“无证无照”、“有照无证”等行为的查处职责。加快市场监管部门“三定”方案赋权、定责工作，及时公布各部门“责任清单”，厘清市场监管部门横向之间和纵向之间的权和责。

提升基层财政保障。按照“执法资源向一线倾斜”的原则，加强对基层信息化建设的投入，改善基层执法条件，配齐、配足执法装备和软硬件设施，加大基层执法保障力度。设立市场监管专项经费，专门用于基层部门开展监管执法工作。

提升组织保障。加强执法队伍和执法能力建设，强化干部教育培训，改革考核评价体系，提高执法人员的综合素质和能力水平。加快推进行政执法类公务员职级分离改革，拓展市场监管执法人员的进步空间。

（完成时间：2015 年 3 月，课题组成员：朱昆峰 向维凯 王崇训 王玉增 邹兴祖 郭之祥 韩 斌 高绍辉 宋顺祥 纪连强 任新红 孙 艳 董 钦 张道前 尚余智）

淄博市加快老工业城市转型发展的情况和几点启示

淄博市是山东省老工业城市的典型代表，历史形成的结构性矛盾非常突出，产业结构偏重，面临转型发展压力巨大。近年来，淄博市认真贯彻落实省委、省政府关于“敲开核桃”、转型发展等一系列工作部署，以“凤凰涅槃”的决心、开放的视野、市场化的手段，下力气、用巧劲，扎实探索老工业城市转型发展路径。坚持调整存量与做优增量并重，要素投资驱动与创新驱动并重，单一产业振兴与产业融合互动并重，“引进来”与“走出去”并重，在激发市场主体活力上用力，在开放对接国内外创新体系上用力，在价值链中高端提升上用力，在优化服务营造环境上用力，重塑老工业城市竞争新优势，取得积极成效。

一、主要特点

1. 中高端占比提升带动结构优化加速

着力构建现代产业体系，三次产业比例由2010年的3.7：61.6：34.7调整为2014年的3.5：55.9：40.6。原料初加工型工业占比较2010年下降6个百分点。高新技术产业产值占比达到30.7%，比2010年提高4.1个百分点。2014年，六大高耗能行业增加值增长6.9%，低于规模以上工业1.7个百分点。装备制造业增加值增长15.2%，高于规模以上工业6.6个百分点。成为山东唯一列入全国首批战略性新兴产业区域集聚发展试点的十个城市之一。

2. 技改舍得投入推动质量效益提高

2010—2014年，完成技术改造投入3880亿元，占工业固定资产投资的80%，30%左右的重点企业主要技术装备达到国际先进水平。拥有中国名牌产品30个、中国驰名商标75个、省优质产品生产基地7个。“十二五”以来，规模以上工业企业利润、利税均增长1.2倍，全员劳动生产率达到361428元/人，提高110051元/人。

3. 依托领军企业带活一批民营市场主体

销售收入过百亿元、十亿元企业分别达到8家、157家，比2010年分别增加2家和109家，培育出了以东岳集团、鲁泰集团、新华医疗、金晶集团、金城医药、华成集团等为代表的一批在行业内具有重要影响力、规模与品牌优势突出的龙头企业。支持中小企业围绕龙头企业上下游配套发展。2014年，全市新增市场主体30228户、新增注册资本327.7亿元，分别增长42%和86%，民间投资占比达到88.5%，形成了创新创业的浓厚氛围。

4. 搭建创新平台支撑协同创新能力增强

拥有山东省院士工作站66家，居全省首位，占比达18.8%；省级以上工程（技术）研究中心和企业技术中心231家，其中国家级12家；省级以上重点实验室和工程实验室18家；组成产业技术创新战略示范联盟41家，其中省级12家；国家级孵化器5家，各类孵化器面积110万平方米，入驻企业及机构502家。全市万人发明专利拥有量5.84件，居全省第三位，被评为国家知识产权示范城市。

5. 大力度节能降耗促成生态明显改善

“十二五”以来，关停“土小”企业3800多家，淘汰水泥落后产能1100万吨、钢铁落后产能437万吨、建陶落后产能3亿平方米；万元GDP能耗下降14.41%，万元工业增加值能耗下降23.93%，连续六年居全省节能目标责任考核第一名。2015年1—5月，“蓝天白云、繁星闪烁”天数达到72天，同比增加8天；二氧化硫、二氧化氮、PM10、PM2.5平均浓度同比分别改善26.6%、5.5%、10.8%、15.6%。全市森林覆盖率达到37%，建成区绿化覆盖率达到44.7%，成功建设成为“国家森林城市”，被列入全国首批生态文明先行示范区。

二、主要做法

（一）以工艺改造和装备升级为重点实施技改提升计划

重点围绕化工、机械、建材、冶金、轻工、医药、纺织等七个传统主导产业，聘请国际知名管理咨询机构罗兰贝格公司逐个行业“敲开核桃”，厘清技术改造和产业升级路线图，推动了传统产业换挡、价值链提升。比如，鲁泰集团通过引进世界上先进的自动化装备，建设基于“互联网＋”的采购模式、制造模式、营销模式、物流模式和管理模式，成功开发600多项新技术、新产品，参与制定国家及行业标准21项，通过ISO9000质量管理体系等12个体系认证，产品质量、生产效率和生产工艺达到世界领先水平。尤其是，以市场为导向建设了“式样工厂”项目，原来只能承接1万米以上的面料订单，现在可以承接1000米的面料订单，深度细化挖掘了多样化的市场。目前，鲁泰已成为拥有从棉花育种、种植，到纺纱、漂染、织布、整理、制衣，再到双线品牌营销的全产业链，生产的中高档色织面料占全球市场份额的18%，利润率达到19%，高出国内行业平均水平15个百分点，成为全球产量最大的高档色织面料供应商和顶级品牌衬衫生产商，走出了一条基于纺织而又超越纺织的转型发展之路。齐峰新材料有限公司1998年起耗资2000万元研发装饰原纸，2000年攻克中国造纸行业30年未破的关键技术难题，打破欧美技术壁垒和市场垄断，实现工艺创新，企业三大主要产品，两个位居世界第一，一个位居全国第一，去年经营效益逆势上扬，利润、利税同比分别增长了44.5%和96%。

（二）紧盯国际标准和中高端水平，实施“铸链”工程

围绕新材料、高端装备制造、生物医药和节能环保等产业领域，组建产业技术创新联盟，强化创新要素整合，增强协同创新能力，打造24条国际国内技术领先的创新产业链，形成龙头企业领军，上中下游配套协作、优势互补的产业格局。比如，氟硅材料创新产业链中，东岳集团在新型环保制冷剂、氟硅材料、氯碱离子膜等方面打破多项国外技术垄断，成为亚洲规模最大的氟硅材料生产基地、中国氟硅行业龙头企业，是三菱、海

尔、海信、格力、美的等企业的供应商，年销售收入超过230亿元。再如，无毒脱硝工程创新产业链中，天璨环保科技有限公司是全国唯一具有自主知识产权的无毒脱硝催化剂生产企业，得到国家自然科学基金、“863计划”专项、“十二五”科技支撑计划的支持，核心技术填补国内外工业烟气脱硝无毒催化剂技术的空白，达到国际领先水平。2014年，先期确定的21条创新产业链实现销售收入770.7亿元，同比增长13.4%，高出全市工业主营业务收入增幅6个百分点。各产业技术创新联盟投入研发经费36亿元，同比增长15%，新增企业技术创新平台35个，其中国家级3个、省级12个，培育发展了一批有较强核心竞争力的创新发展型企业。

（三）在“引进来”“走出去”中推动自身转型发展

主动顺应全球化发展趋势，不断提升企业国际合作水平，造就人才优势、技术优势和产业优势。

一方面，在“引进来”上坚持高水平。比如，山东华成集团前身是一家老国有企业，20世纪90年代濒临破产，2008年采取以股权换技术模式，引进德国先进的加工、检测、试验等设备，开发制造精密减速机产品，现已成为集真空泵、渣浆泵、脱硫泵、减速机和发动机连杆研发、生产、销售于一体的高端装备制造企业，主导产品产销量连续11年居国内同行业首位。该企业与德国慕尼黑工业大学签订战略合作协议，在瀚海慕尼黑科技园筹建真空泵研究所和减速机研究所，为企业科技创新和人才培养提供技术支撑。目前，全市已引进德国博世、美国PPG、日本旭硝子和西铁城等世界500强和行业500强企业31家。欧锴空调与德国博世集团、唐骏欧铃与瑞士布赫集团、鲁阳公司与美国联合纤维公司开展战略合作，实现了技术研发、市场布局、管理水平的全面提升。

另一方面，在“走出去”中提高综合实力。鼓励优势企业实施海外并购，到境外布局产业链，打造具有全球竞争力的跨国公司、国际品牌。比如，新华医疗器械投资6320万美元，并购香港威士达公司60%的股权项目，成功拥有国内体外诊断市场30%的份额。鲁泰集团在柬埔寨建设工业园，转移富余产能的同时，在意大利米兰设立办事处，积极对接“设计之都”的创意理念；在美国纽约建立子公司，把握国际市场动向，不断推动国际化发展，使鲁泰集团在面料、服装研发设计、生产等方面走在了时尚、创新、创意的前列。目前，全市批准境外投资企业164家，中方协议投资额174.8亿美元；42家企业在东南亚投资设厂；11家企业实施了海外并购；在境外设立营销网络59家。

（四）坚持“联高”“联外”，加快实施创新驱动

突出抓好创新主体，激发科技创新活力，推动科技研发成果产业化等关键环节。一是“联高”，大力推动产学研合作。成功举办13届“中国（淄博）新材料技术论坛”，吸引100多位院士与淄博长期合作。与清华大学、山东大学等高等院校共建产业研究院9个，促进了智力资源和创新要素集聚。工陶集团历时5年开发的TFT液晶功能耐火新材料，打破美国的技术垄断，不仅代替进口，而且占领部分国际市场份额。信缔纳士公司总人数300人，其中研发人员30多人，2014年，人均纳税额超过30万元。二是“联外”，完善科技创新孵化平台。在美国硅谷、德国慕尼黑、台湾内湖建立了生物医药、先进制造、电子信息等相关领域海外孵化器，初步构建起“海外创新孵化、国内加速转化”的新型创新创业模式。三是“共享”，搭建公共技术服务平台。投资2亿多元，建设集研发、试验、检测、产业化示范、信息服务于一体的生物医药、精细化工和高分子材料等六大公共技术服务平台。去年为1300多家企业提供检测服务2万余次。四是“引智”，着力强化人才支撑。与国家和省外专局签署《引进国外智力战略合作协议》。2014年引进国外高层次专家620余人次，引进国外智力项目42项。如聘请日本环保专家对全市污染防治工作进行指导，聘请德国高级专家组织（SES）对危化品企业开展安全隐患排查。临淄艾高农业引进日本专家组负责脱水蔬菜生产管理，目前年出口额达到4400万美元，占韩国同类产品进口份额的50%。

（五）发挥资本市场优势，助推企业转型

把发展和利用多层次资本市场，作为优化资源配置、培育转型动力的有效手段。一是抓好企业上市挂牌。对首发上市融资及在“新三板”挂牌交易的企业，分别一次性给予100万元和80万元奖励，同时与有关省属企业联合设立2亿元的股权投资引导基金，支持企业到齐鲁股权交易中心挂牌融资。目前，共有26家企业、28只股票在境内外上市，15家企业在“新三板”挂牌，累计实现直接融资380多亿元。借助资本市场资源，新华医疗、金晶集团、齐翔腾达等一大批企业快速发展。齐翔腾达公司2010年上市以来，实现直接融资31.27亿元，累计投资70亿元，新建8个高附加值精细化工项目，5年时间由产能不足10万吨的小企业，发展到产能120万吨、主营业务收入51.3亿元的“大块头”。二是推动企业兼并重组。市级财政出资1亿元设立引导基金，组建不低于10亿元的并购重组基金，支持优势企业低成本扩张、做大做强。金城医药先后收购了上海天宸药业、北京朗依制药，与公司传统的医药中间体、特色原料药形成战略协同，成为A股市场为数不多的全产业链特色制药企业，市值增加2.6倍。山东联合化工通过与江西合力泰重组，实现了由化工行业向电子行业的转型，企业迅速扭亏为盈，2014年销售收入、利润同比分别增长162.5%、13.4%。三是用好齐鲁股交中心平台。借助齐鲁股交中心公司制改造契机，全市79家企业在齐鲁股交中心挂牌，占全省的16.2%；5家企业通过齐鲁股交中心转板至“新三板”，占全省的近1/3；为全市挂牌托管企业实现股权私募融资14.31亿元、股权质押融资10亿元，均占融资总额的一半以上。

（六）打造工业设计、信息服务、电子商务新优势

坚持把生产性服务业作为推动产业转型升级的突破口，加速推动制造业向信息咨询、研发设计、现代物流、系统集成等上下游延伸。一是打造设计之城、创意之都。与清华大学等国内外顶尖设计机构合作，成立了山东工业设计研究院和齐鲁工业设计创意产业园。引进德国标恒等16家国际知名工业设计企业，力争到2017年建成2家国家级工业设计中心和20家省级工业设计中心，加快推动“淄博制造”向“淄博创造”跨越。二是打造权威资讯服务品牌。2004年，平均年龄不到26岁的7个大学生创立卓创资讯，最初只涉及化工大宗商品行业，通过横向扩张业务范围，纵向拉

伸产业链条，使客户从中间贸易商延伸至上下游生产商及银行、券商、研究机构等非产业客户，资讯服务覆盖农产品、农资、中药材、有色金属、造纸等近万种产品。目前，卓创资讯拥有注册会员350万家，在全球设立5万个信息采集点，在上海、美国密苏里州等地设有分支机构，全球500强中有279家与其深度合作，旗下网站成为中国大宗商品资讯第一门户网站，公司年均利润增速保持在40%以上。三是打造互联网淄博产业带。每年设立2000万元专项资金，培育电子商务产业园区和骨干企业。齐鲁电商谷、方达电子商务园等一批电子商务产业园区以及乐物网、毛豆科技等一批电商企业快速崛起。淄川区新星集团抢抓电子商务发展先机，首创物流配送、超市连锁、电子商务“三位一体”运营新模式，实现了由传统商贸物流企业向线上线下融合电子商务企业的成功转型。2014年，网上商城实现销售收入5.7亿元，2015年前5个月，网上销售额同比增长31%。

（七）做强文化品牌，提升文化创意产业

淄博是“齐国故都”“陶琉名城”。近年来，深入挖掘齐文化精神内涵，推进齐文化博物院、齐故城遗址公园、齐文化生态产业园、周村古商城等一批重大项目建设，叫响了齐文化品牌。依靠现代科技手段，将文化创意理念和经营模式植入陶琉艺术等传统行业，不断提升传统文化产品的艺术层次和品牌价值。比如，华光陶瓷坚持传承与创新相结合，生活与艺术相融合，会聚国内外一批著名陶艺大师，研制出高亮度无铅釉、华青瓷等一批专利技术和独特陶瓷材质，创作出“大作坊”典藏艺术陶瓷系列精品，平均单件价格是国内同类产品的3~5倍，成功打进国际中高端消费市场。博山区按照“政府引导、市场运作、科学规划、合理布局”的原则，选择一批骨干陶琉文化企业进行重点培育，建设了博山陶瓷琉璃艺术中心，设立大师工作室、陶琉艺术品展销室，打造集创意研发、精品展示、创作表演、文化交流为一体的文化艺术平台。

（八）坚决打好生态环保攻坚战，倒逼转型

坚持把节能环保作为结构调整的首要约束性指标，控增量、减存量，助推企业重生和效益提升。一方面，严格控制增量。坚决把单纯扩大上游产能、加剧资源环境压力的项目卡住卡死，对“两高一资”项目全面停止审批。对新改扩建项目实施环境容量总量控制、能耗和排放减量替代制度，特别是对新上燃煤项目，按照1∶2的比例减量替代，确保减污增产。加快优化产业布局，新上工业项目一律进工业园区，园区外企业加快向专业园区聚集，扭转布局分散、污染扩散的局面。另一方面，全面压减存量。出台了20多个节能减排方面的地方性法规，制定了405项高于国家能耗定额的地方标准。深入开展电力、钢铁、焦化等重点行业综合治理，排出316家能耗与排放大户，逐一落实强制性治理计划。大力推广集中煤制气和高效煤粉锅炉等清洁燃煤技术，去年全市煤炭消耗总量净削减100万吨，实现“不增反降”的历史性转折。

（九）研究制定务实管用又便于细化落实的系列政策措施

2015年5月，淄博市委、市政府围绕老工业城市转型升级的目标定位、发展路径，整合市级扶持资金、优惠政策，制定出台了《关于推动转型升级建设工业强市的若干政策意见》。从培育壮大龙头企业、发展优势工业园区、实施创新驱动发展战略、集聚优质发展资源等七个方面，研究制定了“工业强市30条”政策措施。其中，每年从市财政拿出3.31亿元作为专项资金和奖补资金，同时设立初始投资3.5亿元的企业并购重组、技术改造、战略性新兴产业、股权投资等4只引导基金，专门支持工业转型升级。各区县和相关部门针对“工业强市30条”再制定实施细则，并在《淄博日报》等主流媒体和政府网站公布，让市场主体了解政策，让社会公众监督落实。各区县结合实际创造性地开展工作。比如，淄川区提出“打造资源枯竭城市转型样板区”转型目标，实施“5年300亿元”传统产业技改计划和战略性新兴产业突破发展计划，三年来累计完成技改投资218亿元，建陶、水泥产业技术装备达到国内领先水平；新能源、新医药、新材料三大战略性新兴产业保持年均30%以上的增幅。

（十）瞄准解决实际问题，打造一流营商环境

全面启动行政审批“两集中、两到位”、建设项目“联审代办”和“一费制”改革，审批时限平均提速30%以上。2015年初，面向2981家规模以上工业企业征集了102个集中反映须政府解决的突出问题，实行挂牌督办、整改销号。确定每月1—20日为“企业生产宁静日”，一般不安排涉企检查。下决心治理“红顶中介”，依托行政服务中心建成开通中介服务超市网上平台，利用网络办理环评、安评、能评等中介服务业务，减少“灰色地带”和寻租空间，2014年以来累计减轻企业负担近8000万元。对于破坏营商环境的行为，坚决做到“四个一律”：一律发现一起、查处一起，不搞下不为例；一律处理到责任单位和具体当事人，不搞法不责众；一律在新闻媒体公开曝光，不搞藏着掖着；一律实行“一案双查”，既追究当事人责任，也追究单位领导责任。

三、几点启示

1. 推进转型发展要切实转变发展理念

淄博市坚决打破陈旧观念和思维定势，痛下决心摆脱依赖资源环境消耗的老路，采取扎实有效措施，进行了持续不懈努力，坚定不移推进节能环保、淘汰落后和化解过剩产能工作，切实把发展的立足点引导到提高质量和效益上来，努力追求质效双优、集约增长，转型发展势头良好。企业也必须实现经营理念的转变，明确转型的方向不仅是“变大”，更是“变强”。淄柴集团提出的“做卓越的中小企业”的发展理念，值得学习借鉴。

2. 推进转型发展要有开放思维、国际视野

淄博市坚持“引进来”与“走出去”协调互动，以开放吸纳先进生产要素，以开放倒逼转型升级，为企业发展开辟了广阔空间、赢得了新的竞争优势。在经济全球化的形势下，转型发展必须更加注重抢抓新一轮高水平的开放机遇，积极引导企业参与国际竞争与合作，提高统筹利用两个市场、两种资源的能力。尤其要引导“草根企业”学习借鉴国外经验，开展国际、国内合作，紧盯国际、国内产业前沿，提升在科研、生产、营销、服务等全产业链中的竞争能力。

3. 推进转型发展要坚持依靠创新驱动

淄博市县各个层面坚持把创新驱动作为转方式调结构的中心环节，围

绕产业链部署创新链，围绕创新链优化要素链，完善创新体系，推进产学研结合，实施联动创新，给企业转型插上了科技的翅膀。想更好依靠科技创新推动换挡升级，就要鼓励和引导企业深化国际、国内科技合作，整合利用全球创新资源，共建共享科技研发平台，提高原始创新、集成创新和引进消化吸收再创新能力。特别是要推进以人为本的创新，建立完善人才引进、培训、使用激励机制，促进高端人才集聚，为转型发展提供人才保证和智力支持。

4. 推进转型发展要充分释放市场主体活力

淄博市依靠体制机制转换、发展资本市场、设立引导基金、推进兼并重组等行之有效的措施，使广大市场主体蕴含的巨大潜力得以快速释放，为转型升级提供了坚实支撑。企业是市场经济的主体，也是转型发展的主体。在更高起点上实现转型发展，就要以增强活力、提高效率为中心，制定出台相应鼓励政策，加强对企业转型的要素支撑，推进规范化公司制改造，完善法人治理结构，使企业真正成为自主经营、自负盈亏、自我约束、自我发展的市场主体，让企业更加自主地在市场舞台上大展身手、做强做优。

5. 推进转型发展要注重解决企业实际困难和问题

淄博市在转型发展中注重处理调结构和稳增长的关系，针对融资难、融资贵这个企业反映最为集中的问题，定期组织银企对接会，与各省级金融机构签约 209 个项目，达成意向授信金额 535. 89 亿元。支持每个区县设立不少于 1 亿元的企业转贷应急资金，用于出现资金困难的企业应急之需，千方百计保持企业平稳健康运行。转型升级、动力转换非一日之功，尤其在当前经济持续下行的大背景下，必须做到既要引导企业转型，又要确保企业生存，努力在稳增长、保发展中促转型、创优势。

6. 推进转型发展需要政府有作为、善作为

淄博市认真思考政府在转型发展中应该做什么、怎么做，既舍得下力气、花本钱、出台有含金量的政策，也善于借力用巧劲，打造全省行政审批事项最少、行政效能最高、行政成本最低的“三最城市”，让企业轻装上阵，推动转型的决心大、措施实、落实有力。加快转型发展，就要把发

挥政府的政策引导作用和市场配置资源的决定性作用结合起来，通过转变职能、简政放权，真正给企业减负松绑，提供更好服务。同时，把更多的精力转到事中、事后的监管上来，维护公平竞争秩序，使转型升级、结构调整在市场经济轨道上健康发展。

（完成时间：2015 年 7 月，课题组成员：苏庆伟　徐俊青　张　鹏）

关于山东物流成本的调研报告

为落实省领导批示要求，省商务厅、省政府研究室先后召开了有关部门、部分物流企业座谈会，分析山东省社会物流总费用偏高的原因，提出了降低物流成本的对策建议。从宏观分析和典型企业情况看，社会物流总费用与经济发展阶段及物流运行模式密切相关，当前应加大对物流业的政策支持，加快推动物流业转型升级，从而降低物流成本，提高物流效率。有关情况报告如下：

一、全省物流业发展情况

近年来，全省物流业稳步发展，规模不断扩大，结构逐步优化，为引导生产、扩大消费、增加就业、促进经济发展发挥了重要作用。

一是物流业规模持续扩大。2014 年，全省社会物流总额达到 18.55 万亿元，同比增长 8.16%；物流业增加值为 3852 亿元，增长 8.2%，占地区生产总值的 6.5%，占服务业增加值的 14.9%；物流业固定资产投资为 4198.1 亿元，增长 16%，占全省投资比重的 10.1%。物流业为经济发展发挥了重要的支撑保障作用。

二是物流业集约化程度提高。目前，全省物流企业有 2.2 万多家，运营物流园区为 339 个，64 个物流品牌被评为“山东服务名牌”；全省规模以上批发零售企业为 1.68 万个、连锁总店为 139 个、连锁门店为 1.1 万余家，规模以上企业建设大型配送中心 148 个，全省连锁企业商品统一配送率达到 70.5%；全省快递企业业务量为 4.47 亿件，电子商务交易额达 1.3 万亿元；拥有 A 级物流企业 209 家，仓储服务金牌企业 15 家，中国星级仓库21家，立晨、佳怡、荣庆、盖世等23家物流企业入选中国物流百强企业。形成了由多种所有制、不同经营规模和多种服务模式构成的具有鲜明行业特色的物流产业集群。

三是社会物流总费用增速和占GDP比重逐年下降。2011年、2012年、2013年全省社会物流总费用分别为8124.8亿元、8852.3亿元、9624.4亿元，同比分别增长14.7%、9%、8.7%，增幅逐步下降。2014年，山东省社会物流总费用占GDP的比率为16.2%，比2011年17.9%的水平下降了1.7个百分点，比全国平均水平低0.4个百分点，比广东、江苏分别高1个百分点和1.3个百分点。

二、山东省社会物流总费用占GDP的比重与广东、江苏的比较

目前通常用社会物流总费用占GDP的比重作为衡量物流成本的指标。社会物流总费用主要由运输费用、保管费用和管理费用三大部分构成。近几年，山东省运输费用在物流总费用中的比重呈逐年下降趋势，由2011年的58.7%下降到2013年的53.7%；保管费用和管理费用占比增加，其中保管费用占比由2011年的30.7%提高到2013年的34.2%，管理费用占比由2011年的10.6%提高到2013年的12.1%。经过对比分析，我们认为，山东省社会物流总费用占GDP的比重偏高，主要有以下原因：

（一）主要运输方式存在差异

从公路运输看，2013年，山东省、广东省、江苏省公路运输量分别为22.8亿吨、26.1亿吨和10.4亿吨，分别占货运总量的86.2%、74.9%和57.1%。山东省公路运输量占货运总量的比重分别比全国、广东省、江苏省高9.9个百分点、11.3个百分点和29.1个百分点。公路运输成本相对铁路运输、水路运输较高，山东省以公路运输为主的运输方式决定了山东省社会物流总费用占GDP的比重高于广东省、江苏省的现实状况。从水路运输看，水路运输是广东省、江苏省的第二大运输方式，2013年，广东省、江苏省水路运输量分别为7.8亿吨和7.1亿吨，分别占货运总量的

22.4%和39%。而山东省水路运输量仅有1.3亿吨，仅分别为广东省、江苏省的16.7%和18.3%，占货运总量的比重仅为5.1%，分别低于全国、广东省、江苏省8.8个百分点、17.3个百分点和33.9个百分点。水路运输成本是三种主要运输方式中最低的，广东省、江苏省水网密布，可以凭借水路运输的优势，使物流总费用降低。从铁路运输看，铁路运输是山东省的第二大运输方式，2013年山东省铁路运输量2.3亿吨，占货运总量的8.7%，广东省、江苏省分别为1亿吨和0.7亿吨，分别占货运总量的2.8%和3.9%。虽然山东省在铁路运输方面有优势，但由于铁路货运量总体规模不大，短期内无法从根本上解决物流成本高的问题。

（二）山东省物流企业专业化水平不高

一是物流企业整体规模较小。很多企业仅仅停留在简单仓储、运输等物流服务环节，信息传递、运输、加工、包装等辅助性功能薄弱。第三、第四方物流发展较慢，缺乏与产业深度融合并提供专业服务的能力，更缺乏广东林安物流那样管理高效、规模化集约化程度高的大型物流企业。二是物流信息化建设滞后。省内大部分物流企业对信息化建设投入少，电子化水平低，信息加工和处理手段比较落后，全球定位系统等先进技术和立体仓库、条码自动识别系统、货物自动跟踪系统等应用不够广泛。三是缺乏统一的信息服务平台。苏宁“物流云”“急速达”覆盖全国3000个县以上地区，配送效率大大提升。而山东省几乎没有高层次、规模大的物流信息平台，虽然有的企业建设了公共信息平台，但平台之间缺乏信息共享，物流供需信息不对称，造成物流企业运行效率不高。四是电商物流对电子商务发展的支撑不强。电商物流发展缓慢，不能适应电子商务快速发展的需要。

（三）产业结构一定程度影响物流总费用

从国际上的统计数据来看，美国等西方发达国家第三产业增加值占GDP的比重每上升1个百分点，物流成本与GDP的比率下降约0.6个百分点；从我国的统计数据来看，从1991年到2014年，第三产业增加值占GDP的比重每上升1个百分点，物流成本与GDP的比率下降0.5个百分点。山东省经济发展目前正处于工业化快速发展阶段，第二产业占比较高，产品结构以低附加值资源性产品为主，第三产业特别是现代服务业占比低于广东省、江苏省。2014 年山东第三产业增加值占比 43.5%，分别低于广东、江苏 5.6 个百分点、3.2 个百分点。山东省制造业为主的产业格局客观上决定了经济发展对物流需求的依赖性较高，从而产生的社会物流总费用占 GDP 的比重高于广东省、江苏省。

三、物流企业经营成本构成分析

从企业微观情况看，物流企业的经营成本是物流成本最直接的体现。物流企业的经营成本主要包括运输费用、仓储费用和管理费用三部分。一是运输费用。主要包括：燃油费、通行费、车辆维修和保养费、人力费等，大约占企业物流成本的 60%，有的企业甚至达到 70% ~80%，是构成物流成本的第一大项。二是仓储费用。主要包括理货费、租赁费、装卸费、包装费、设施设备贷款利息、折旧费，是构成物流成本的第二大项。近几年，企业仓储新建改造、设备更新、信息化建设等投资较大，因此贷款利息增长较快，造成费用增加。三是管理费用。主要包括税金、财务成本、管理人员费用、办公费用及其他等，大约占企业物流成本的 10%，是构成物流成本的第三大项。近几年，职工工资、财务费用刚性增长，致使管理费用缓慢上升。调研中，选取了三种类型的物流企业进行典型分析。

（一）运输型：山东佳怡物流有限公司

该公司是中国物流百强企业，国家 4A 级物流企业，现有员工 2400 余人，干线及配送车辆 1800 余辆，仓库面积 18 万平方米，提供基于公路运输的一体化全方位物流服务。近 3 年来，公司总营业额一直维持在 6.5 亿元左右，物流成本呈增长趋势，2013 年物流总成本为 5.6 亿元，占营业额的 86.6%。2014 年物流总成本上升到 5.8 亿元，同比增长 3.4%，占营业额的 92.3%。其中，运输成本增长 1.7%，占营业额比重由 2013 年的 57.2% 上升至 2014 年的 59.9%，提高了 2.7 个百分点；管理费用增长 7%，占营业额比重由 2013 年的 19.1% 上升至 2014 年的 21.1%，提高了 2 个百分点；仓储费用增长 2.3%，占营业额比重由 2013 年的 6.6% 上升到

2014 年的 6.9%，提高了 0.3 个百分点（见表 15）。

表 15 山东佳怡物流有限公司成本构成 单位：万元

项目	2013 年		2014 年		2015 年 1—7 月		
	金额	占比(%)	金额	同比(%)	占比(%)	金额	占比(%)
运输成本	37192.9	66.02	37822.7	1.69	64.91	14745.9	60.29
仓储成本	4274.9	7.60	4374.7	2.33	7.51	2274.7	9.30
物流信息成本	333.1	0.58	396.4	18.99	0.68	189.1	0.77
物流管理费用	12448.1	22.10	13331.0	7.09	22.88	6436.8	26.32
其他成本	2084.1	3.70	2344.1	12.48	4.02	810.7	3.32
物流总成本	56333.1	100	58268.9	3.44	100	24457.2	100

（二）仓储型：山东盖世国际物流集团有限公司

成立于 1998 年，是山东省规模最大的综合性物流园区之一，主要提供仓储及辅助服务。作为仓储型物流企业，企业的物流成本主要有：折旧和摊销费用占物流总成本的 60% 左右；人力资源费用占 14% 左右；维修费占 11% 左右；保安费占将近 3%；物业费占将近 1.5%；其他物流成本占 10% 左右。物流总成本占经营成本的 45% 左右。近 3 年来，物流成本呈逐渐增长趋势，特别是人力资源费用上涨较快，2013 年增长 8.3%，2014 年又上涨了 6.5%。此外，仓库维修费用较高，2014 年增长了 15.9%（见表 16）。

表 16 山东盖世国际物流集团有限公司成本构成 单位：万元

年份 / 项目	2012		2013			2014		
	金额	占比(%)	金额	同比(%)	占比(%)	金额	同比(%)	占比(%)
人力资源费用	1110	14.02	1202.1	8.28	14.00	1279.7	6.46	14.58
保险费	45.5	0.57	45	-1.04	0.52	42.6	-5.33	0.49
保安费	186.3	2.35	214.1	15.01	2.49	212.9	-0.56	2.43
维修费	817.5	10.32	886.6	8.46	10.33	1027.3	15.86	11.71
物业费	112.2	1.42	114.8	2.28	1.34	109.2	-4.88	1.24
折　旧	4844.9	61.19	5289.5	9.18	61.62	5240.5	-0.93	59.72
小　计	7116.4	89.88	7752.1	8.93	91.30	7912.2	2.06	90.16
其他物流成本	801.5	10.12	832.3	3.84	9.70	863.6	3.77	9.84
物流总成本	7917.9	100	8584.4	8.42	100	8775.8	2.23	100

（三）综合型：山东新星集团有限公司

成立于1990年9月，是一家集分销物流、商品零售、金融服务、餐饮服务、专业市场、电子商务为一体的省级重点企业集团。2014年，新星集团的物流总成本为2.5亿元。其中，物流功能成本占76.9%，存货相关成本占13.8%。在物流功能成本中，运输成本占总成本的49.2%，仓储成本占8.6%，装卸搬运成本占8.5%，物流管理成本占5.8%，物流信息成本占2.3%；在存货相关成本中，流动资金占用成本占8.3%，存货风险成本占3.8%，存货保险成本占1.7%。在所有的物流成本中，运输成本占比最大，其次是仓储成本、装卸搬运成本和流动资金占用成本。从近3年来的情况分析看，物流功能成本上升，存货相关成本下降，物流总成本占销售额的比重从2012年的58.9%上升到2014年的59.1%（见表17）。

表17　山东新星集团有限公司成本构成　　单位：万元

项目＼年份		2012			2013			2014		
		金额	同比（%）	占比（%）	金额	同比（%）	占比（%）	金额	同比（%）	占比（%）
物流功能成本	运输成本	10767.2	4.25	46.02	11872.8	10.27	48.74	12260.6	3.27	49.19
	仓储成本	1960.6	2.61	8.38	1994.1	1.70	8.19	2147.7	7.70	8.62
	包装成本	310.6	0.15	1.33	340.5	9.63	1.40	3，30.4	−2.95	1.33
	装卸搬运成本	1865.1	2.14	7.97	2056.7	10.27	8.44	2108.7	2.53	8.46
	流通加工成本	258.6	0.24	1.11	289.1	11.76	1.19	294.6	1.93	1.18
	物流信息成本	395.3	0.68	1.69	462.4	16.97	1.90	572.9	23.90	2.30
	物流管理成本	1236.8	5.68	5.29	1436.5	16.14	5.90	1446.8	0.72	5.80
	合计	16794.6	3.51	71.79	18452.1	9.87	75.75	19161.7	3.85	76.88

续表

项目 \ 年份		2012			2013			2014		
		金额	同比（%）	占比（%）	金额	同比（%）	占比（%）	金额	同比（%）	占比（%）
存货相关成本	流动资金占用成本	3034.9	1.26	12.97	2169.3	-28.52	8.91	2075.8	-4.31	8.33
	存货风险成本	1071.5	0.58	4.58	1060.3	-1.04	4.35	955	-9.93	3.83
	存货保险成本	377.1	2.63	1.61	407	7.94	1.67	417.1	2.48	1.67
	合计	4483.5	1.15	19.16	3636.6	-18.89	14.93	3447.9	-5.19	13.83
其他成本		2116.9	0.36	9.05	2269.5	7.21	9.32	2316.1	2.06	9.29
物流总成本		23395	2.46	100	24358.2	4.12	100	24925.7	2.33	100

通过以上分析可以看出，近几年物流企业物流成本呈上升趋势，占营业总收入的比重有所增加。调研中物流企业还反映，近几年政策调整也不同程度增加了企业成本。一是营改增后部分物流企业实际税负增加。总体看，营改增为物流企业带来利好，增值税税负整体稳步下降，但全省仍有3583户试点纳税人税负增加。企业普遍反映，营改增后，仓储业税率由5%调整为6%，运输业由3%调整为11%，物流企业能抵扣的只有电费、油费、4S店汽车维修费等，总共抵扣只有1%，对运输型物流企业而言，税负实际增加7个百分点。而且很多成本项目无法取得进项税抵扣，部分油费、路桥费、营改增前购置的运输车辆等，不存在进项税抵扣，从而造成了实际物流成本并未降低。二是国家土地税减半政策取消致使企业负担加重。根据财税〔2012〕13号规定，自2012年1月1日起至2014年12月31日止，对物流企业按标准的50%计征城镇土地使用税。盖世物流反映，从2014年第三季度开始，土地使用税就开始从12元/平方米（减半征收为6元/平方米）涨到16元/平方米（以二级土地为例），比减半征收时增加了10元/平方米，无形中翻了一番多。佳怡物流反映，受地方政策不同影响，公司在一些城镇的土地税由原来的2.4元/平方米、4元/平方米

分别骤增到 4.6 元/平方米、8 元/平方米，增长近 1 倍。立晨物流反映，2014 年下半年，其土地使用税征收标准由 8 元/平方米提高到 14 元/平方米。同时，企业还反映，既要按照土地的面积缴纳城镇土地使用税，又要按计入房产的地价缴纳房产税，存在重复征税问题。

此外，有的企业还反映，农产品运输绿色通道运行中逐车开厢检查、有关部门对物流配送车辆加装尾板处以罚款等也增加了企业运输成本，影响了配送效率提高。

四、降低物流费用的主要措施

降低物流成本是一项综合性系统工程，应多方面入手，综合施策。一方面应充分考虑经济发展所处阶段以及产业结构、生产力布局对物流业的影响，通过转变经济发展方式，大力发展现代服务业、战略性新兴产业，引导产业向高附加值、轻量化、高科技含量方向发展，从而降低对物流的需求和依赖程度。另一方面应从行业自身出发，加强物流基础设施及运行方式的高效顺畅衔接，提高物流的专业化、规模化、集约化、信息化水平，着力促进物流业转型升级，提高运行效率，在微观层面降低物流成本。

（一）着力优化骨干流通网络

一是加强流通节点城市规划布局。合理布局大宗商品交易市场、重要商品和物流储备中心、物流园区、配送中心、分拨中心和其他物流场站设施，增强商品集散中转功能。研究建立政府鼓励的流通设施目录和现代物流重大工程项目库，在配套资金、土地、规划、融资等方面给予政策倾斜。二是提升综合运输支撑能力。加强港口与铁路、公路、机场的有效衔接，构建公路、铁路、航运、水运多式联运的物流服务网络。三是推进集装箱多式联运、甩挂运输、陆海联运等先进运输组织方式，大力发展区域共同配送、直达干线运输、高铁快件及电商快递班列运输，提高货物中转和运输效率。

（二）鼓励物流专业化社会化发展

一是积极引导生产制造企业剥离物流业务。推广重汽、潍柴经验做法，对运输、仓储、包装、配送等物流业务量较大、符合剥离条件的生产制造企业，引导其将物流业务剥离出来，或组建专门的物流公司，或将物流业务外包给专业物流公司，优化资源配置，深化专业分工。二是继续推进制造业、商贸业与物流业联动发展。大力开展供应链管理服务，鼓励传统运输、仓储企业向供应链上下游延伸服务，提升面向生产制造业企业的供应链管理服务水平。推广企业零库存管理等现代企业管理模式，支持具备供应链整合能力的嵌入式第三方物流发展。三是培育专业物流骨干企业。重点培育一批服务水平高、竞争力强的大型物流企业和物流品牌，推动组建行业物流联盟，实行规模化、集约化经营。探索建立物流业信用评价体系，形成良好的市场竞争机制。

（三）加快实施“互联网+高效物流”行动计划

一是加快建设跨行业、跨区域的物流服务平台。研究建立全省综合物流信息服务平台，加强物流公共信息发布与共享。运用财政政策手段，支持第三方物流服务企业发展，引进广东、江苏等大型物流信息服务企业，提高物流供需资源集聚整合服务能力。二是建立深度感知的智能仓储系统。积极推广应用二维码、无线射频识别等物联网感知技术和大数据应用技术，实现仓储设施与货物的实时跟踪、网络化管理以及库存信息的高度共享，提高货物调度效率。三是建立科学的物流分拨调配系统。加快推进货运车联网与物流园区、仓储设施、配送网点等信息互联，促进人员、货源、车源等信息高效匹配，有效降低货车空驶率，提高配送效率。

（四）加强物流标准化建设

一是完善相关标准制定。目前我国已颁布物流标准835项，山东省地方标准24项，但普遍存在应用状况差，适用性不足等问题。应进一步加强物流信息技术、编码、管理和服务等方面标准的研究、制定工作，加快推进物流设施、信息网络、业务操作规范及服务标准升级。二是加强标准的宣传。深入开展物流标准化专项行动，认定一批具有引领、带动作用的物流标准化示范企业，支持物流企业开展 A 级、星级企业认定。三是大力推广标准化设备应用。通过政策引导、资金补助等，加大专用车型、标准化托盘、专业仓储物流设施、现代化物流装卸设备等标准装备应用推广力度。在关系民生的农产品、药品、快速消费品等重点领域开展标准化托盘循环共用示范试点，进一步提高物流效率，降低商品损耗。

（五）大力发展物流配送新模式

一是电商物流。积极顺应电子商务等新型业态发展趋势，加快推动电子商务与物流快递协同发展，规划建设一批电子商务仓储配送基地、快递转运中心，实施“点对点”“门到门”配送服务，减少中间配送环节。二是加快发展城市共同配送。优化城市配送网络体系和城市配送车辆通行管理，大力发展统一配送和共同配送，鼓励配送中心为多个供应商和零售商服务，提高连锁企业的集中配送率。三是创新末端配送服务模式。鼓励物流企业与社区服务机构、连锁商业网点、大学校园开展广泛合作，通过建立社区服务站、安装智能自提柜等方式，加快构建末端物流配送体系。加快推进从县到村的物流配送网络和村级配送网点建设，解决物流配送“最后一公里”问题。

五、几点具体建议

1. 进一步深化增值税税制改革

推进营改增扩围，将过桥过路费等纳入增值税征收范围，增加物流企业可抵扣成本。

2. 支持物流企业做大做强

鼓励开展 A 级物流企业和星级冷链物流企业认定，对 3A 级以上物流企业和 3 星级以上冷链物流企业给予一次性奖励。

3. 鼓励工业商贸企业剥离物流业务

对剥离物流环节设立物流公司的，按新设立物流企业的资产总额，给予一次性补助。鼓励企业将采购、运输、仓储等物流业务外包给专业物流公司。

4. 支持企业使用标准化运输单元

对物流企业购置标准化运输车辆和专业冷链物流设施设备，购置或租用标准化运输箱、周转箱、托盘的，按实际发生费用的一定比例给予补助。

5. 支持综合性专业化物流信息平台建设

对企业建设的物流公共信息平台，会员企业数量达到一定规模的，按平台投资额的一定比例给予一次性补助，最高不超过500万元。选择1家有实力的企业为依托，建设全省综合性信息服务平台，最高给予1000万元的补助。

6. 扩大城市共同配送试点范围

将省级城市共同配送试点由现在的5个市扩大到8个市，扩大省级扶持资金规模，重点用于支持城市配送网点建设、提升配送技术标准水平等，对试点项目按实际投资额给予一定比例的补助。

7. 减轻物流企业负担

落实山东省物流企业与工业企业水电同价，清理规范物流车辆公路、水运及港口进出收费。

8. 扩大甩挂试点企业范围

在全省37家试点企业基础上，支持更多有条件的物流企业开展甩挂运输试点，加大对试点项目（单位）甩挂运输车辆更新、站场及信息系统建设的支持力度。

9. 完善运输车辆管理

取消对物流企业采用背车模式运送商务车的限制，制定出台货运车辆加装尾板标准，放宽城市共同配送车辆区域通行限制等；严格执行鲜活农产品运输绿色通道政策，将逐车开厢检查改为抽查。

建议发挥全省物流联席会议作用，研究出台关于降低物流成本、提高物流效率的意见，进一步明确部门职责分工，形成工作合力，确保各项措施落到实处。

（完成时间：2015年9月，课题组成员：张型成　苏庆伟　王洪平　刘永宽　廉　波　常相军　周　颖　周　健）

国家“十三五”发展有关建议

“十三五”时期是我国发展的关键历史机遇期，也是经济社会发展转型的重要时间节点。要确保全面建成小康社会，确保全面深化改革在重要领域和关键环节取得决定性成果，确保转变经济发展方式取得实质性进取，这五年时间至关重要。因此编制好“十三五”规划意义重大、影响深远。

编制“十三五”规划，首先要准确把握“十三五”时期经济社会发展的基本趋势。展望“十三五”，国际、国内形势错综复杂，面临的挑战和机遇前所未有。从国际看，世界经济增长格局正在发生变化，无论是发达经济体还是发展中经济体都面临着深刻复杂的结构性矛盾，世界经济整体上呈温和复苏态势，但将在较长一段时间内保持中低速增长；美欧实施“再工业化”战略，新一轮科技革命和产业革命正在孕育，将对全球产业分工格局产生重大影响；TPP、TTIP 等各类跨区域贸易协定的生效，将会带来全球贸易投资规则的重新构建，引发世界经贸格局的新一轮调整。同时，地缘政治环境、能源版图变化也将对全球经济发展带来深刻影响。从国内看，我国经济发展进入新常态，向形态更高级、分工更复杂、结构更合理的阶段演化。在这个阶段，我国经济体制改革的阶段性任务要基本完成，结构调整和发展方式转变要取得实质性进展，新的经济增长动力要基本形成，发展阶段转换特征更加明显。首先，经济增长速度向中高速转换。经济增长速度已经告别过去长时间两位数增长的阶段，进入中高速增长的换挡期，这是经济新常态的表象特征。其次，产业结构向中高端水平转换。长期以来，我国产业发展方式较为粗放，产业结构主要位于全球价值链的中低端，比较利益不高。经济增速放缓，就是为了给产业结构转型升级预留充足空间，大力推动战略性新兴产业、先进制造业等的发展，优先发展生产性和生活性服务业，提升我国产业在全球价值链中的地位。再次，增长动力向创新驱动转换。过去30多年，我们走的是高投入、高消耗、高污染、低产出的路子。新常态下，依靠要素驱动和投资驱动的经济增长模式已难以为继，增长动力正在逐步发生转换，创新驱动将成为新的增长引擎，这也是实现两个“中高”的根本途径。最后，发展要求向和谐共享转换。经济发展的目的，是为了实现人的全面发展。长期以来，我们经常割裂经济发展与其他方面的内在联系，结果造成了诸多社会问题。“十三五”时期，如何释放改革红利，让城乡人民共享经济发展成果，极为重要。必须更加注重满足人民群众需要，更加注重协同发展，更加注重社会大局稳定，实现全社会的和谐发展。

编制“十三五”规划，要科学合理地设定各项发展目标和指标。改革开放以来，我国制定“五年规划”的理念不断发生变化，从只关注经济发展到关注各领域的发展，从只注重经济指标到注重各方面的指标，这些变化反映了不同时期、不同发展阶段的新要求。新常态下，我们的发展理念、发展理论、发展模式以及发展的评价标准等，都发生了重大变化。因此，我们设定“十三五”规划的各项目标指标，必须改变以往追求增长速度的惯性思维，准确把握新常态下经济社会发展趋势，淡化经济发展速度指标，更多地考虑能够体现经济发展质量效益、发展活力、人民生活、法治进步等的各项指标，进一步强化耕地保护、节能减排、生态环保、空气质量等反映资源环境和生态文明的各项刚性指标，从而充分发挥目标指标的引导作用，促进我国经济保持中高速增长、迈向中高端水平。

一、进一步提升开放型经济发展水平

经过30多年的改革开放，我国对外开放取得了举世瞩目的成就，成为世界第一大出口国、第二大进口国、第二大吸收外资国、第三大对外投资国。与此同时，国际环境发生了重大变化，我国对外开放面临着巨大的挑战。十八届三中全会以来，党中央、国务院根据全球形势深刻变化，统筹国内、国际两个大局，谋划布局新一轮开放发展战略。特别是“建设丝绸之路经济带和21世纪海上丝绸之路”的重大战略决策，对于构建开放型经济新体制、形成全方位对外开放新格局，全面建成小康社会、实现中华民族伟大复兴的中国梦，具有重大深远的意义。在未来一个时期，特别是“十三五”时期，“一带一路”将是我国构建全方面对外开放格局的重要出发点和着眼点。

在新的起点上实施更加开放战略，一些问题将会更加凸显，如出口增长乏力、投资准入限制多、外商投资合同储备不足、贸易便利化水平不高、对外开放载体功能不突出等。面对经济发展新常态，未来一个时期，对外开放工作需要进一步转变观念，建立更加开放的体制机制，形成各具特色竞争发展的新格局。为此，提出以下建议：一是实施以质取胜和市场多元化战略。当今国际分工格局已进入价值链分工的新阶段，国际竞争也已经变为整体供应链和价值链之间的竞争。因此要创新对外贸易方式，搞好跨境电子商务发展、境外营销网络和连锁机构发展规划，在一部分城市开展国际贸易综合改革试点。二是完善外商投资准入制度。在落实国家涉外投资审批体制改革政策措施基础上，“十三五”期间选择部分开放城市，实施外商投资“准入前国民待遇加负面清单”的管理模式，取得经验后全面推开。进一步简化外商投资审批、核准程序，清理不合理收费。三是扩大服务业对外开放。扩大服务业开放对稳增长、保就业、调结构具有重要作用，但服务业对外开放一直是我国的短板，近年来贸易逆差逐年扩大，山东服务业开放情况比全国还要滞后，2013 年全省第三产业累计利用外资仅占全部外资的23.6%。今后一个时期，应把扩大服务业开放作为新阶段深化对外开放的战略重点。力争在金融、教育、文化、医疗、旅游等领域的开放有更大突破，彻底放开养老、商贸流通、电子商务领域的准入，放宽一般制造业股比限制。四是加强对外投资服务。“走出去”拓展市场空间，参与国际产业分工，成为越来越多国内投资者的选择。要走得出去，走得便利，就要确立企业和个人对外投资的主体地位，全面实行对外投资备案管理制，简化项目核准程序。要在境外顺利发展，以国家名义设立境外投资管理服务平台，为“走出去”企业和公民提供境外安全保障，是目前亟待解决的问题。五是提高贸易便利化水平。对外贸易便利不便利，主要体现在通关环节。最近国务院印发了推进大通关建设改革方案，推动内陆同沿海沿边通关协作，实现口岸管理相关部门信息互换、监管互认、执法互助，提出到2020年，跨部门、跨区域的内陆沿海沿边大通关协作机制有效建立。这是海关监管制度改革的重大举措，应抓紧推动相关部门、区域之间信息管理服务平台建设，及早搭建起合作架构。六是强化经济开发区对外主阵地作用。经济开发区在我国对外开放中发挥了巨大作用，在新的发展阶段，开发区面临着转型发展、创新驱动的历史机遇，要继续发挥开发区对外开放的重要载体作用，把开发区建设发展提高到更高水平。下一步应抓紧理顺开发区管理体制，在省级以上开发区探索推行大部制管理体制，做实开发区同级政府行政审批、经济协调与管理等职能。推动开发区市场化运作模式，逐步把建设、招商、运营、管理服务等委托给市场主体，吸引社会资本参与园区开发建设。积极利用东部地区产业优势与西部地区土地优势，探索东、西部地区开发区联合发展机制，促进开发区优势互补均衡发展。大力推进开发区绿色集约发展，选择部分开发区开展节能减排、集约用地、生态治理试点，分期分级推广试点经验。加强高层互动，推动中外国际合作园区建设，规划建设一批与国际标准对接、面向未来发展的样板区。七是优化自贸试验区布局。2015年初，国家在上海自贸试验区基础上，又批准设立了天津、福建、广东三个自由贸易试验区，目前国内还有许多省区仍在积极申请。自贸试验区作为改革先行区，在设立时要充分结合区位优势和发展优势，进一步扩大先行先试范围，力争在更多方面取得突破，获得可复制可推广的经验。山东青岛、烟台保税港区具备区位优势、外资集聚及明显的发展优势，国家在布局新的自由贸易试验区时应当予以重点考虑。

二、加快发展现代流通方式，增强消费对经济增长的基础作用

推动经济稳定健康发展，必须坚持扩大内需特别是消费需求的战略，

充分挖掘内需的巨大潜力，充分发挥消费、投资、出口均衡拉动作用。流通作为生产与消费的桥梁，是决定经济质量和效益的重要因素。因此，我们要把加快发展现代流通方式作为促进消费、引导生产的重要抓手，通过创新产品和服务供给，满足居民个性化、多样化消费需求，让百姓敢消费、能消费、愿消费，不断释放消费潜力。未来消费方式将更加注重消费的便利性和个性化，更加注重商品的品质与安全，更加注重产品的绿色节能环保。电子商务作为一种快捷高效、绿色低碳的新型流通方式，已经深入到消费领域，极大地影响和改变了人们的消费方式。“十三五”期间，要把推动电子商务的快速规范健康发展作为一项重要工作。加大推广电子商务普及推广力度，进一步拓展网络消费领域，支持电子商务企业向农村延伸业务，推进传统流通企业转型升级建设网上商城。加强电子商务发展的信用体系、认证体系、支付体系、监管体系等基础和技术平台建设。加快发展物流配送，建设一批以现代化物流配送中心和高效信息管理系统为支撑的物流基地，提高物流的标准化、信息化和现代化水平。

三、提高金融服务实体经济的能力

近年来，我国金融改革发展取得突破性进展，金融服务实体经济的能力明显提高、金融市场化改革不断深入。新常态下，金融担当的角色更加重要，既要稳定经济发展形势，又要促进产业结构优化升级。从金融承担的重要作用看，目前金融市场化改革程度仍然不够，金融资源配置服务体系不够健全。新的发展阶段，必须转变金融发展理念，进一步深化改革，在以下方面下功夫：

一是加快金融创新。长期以来，我国社会融资主要依靠银行，直接融资及其他方式融资占比小。从有关数据看，截至2013年底，我国银行业金融机构资产总计151.4万亿元，证券业机构总资产为2.1万亿元，保险业资产总计8.2万亿元，占比分别为93.6%、1.3%和5.1%。2013年社会融资规模中，通过银行渠道实现的占4.5%，债券和境内股票分别占10.5%和1.3%。而美国的直接融资存量占比高达86%。因此需要建立完善种类齐全、结构合理、服务高效、安全稳健的现代金融服务体系。提高银行服务质量。银行业仍然是金融服务实体经济的主渠道，要认真落实国务院关于金融支持经济转型升级的十条意见以及“支农、支小”的政策措施，重心下移，为基层提供更加方便快捷的金融服务网点，规范收费行为，减轻融资负担。普惠金融的服务对象是实体经济的根基，是扩大社会就业的主体，是增加居民收入的渠道，银行业要把普惠金融作为银行发展的重点，把更多的资源用于普惠金融。大力发展直接融资。“十三五”期间，应大力推动企业上市挂牌、私募市场、债券市场、利用保险资金融资，尤其要加快银行间债券融资。这方面山东发展较快，取得了一定的经验，山东与中国银行间市场交易商协会签订战略合作协议，引入了“区域集优债务融资”模式。2011 年以来，山东债券融资保持了 50% 以上的增幅，其中银行间市场债券融资占 71.4%。加快推进资产证券化试点，凡对有稳定现金流和预期收益的项目，都要推动资产变资本，实施资产证券化，力争在“十三五”期间有大的突破。拓宽保险服务领域。要贯彻落实国务院《关于加快现代保险服务业发展的若干意见》，在现有农业保险、责任保险、小额贷款保证保险基础上，探索建立部分责任保险强制实施制度，争取在拓展保险服务领域上实现较大突破。积极推进地方金融改革。应突出推进新型农村合作金融、融资性担保和民间融资发展。为推进新型农村合作金融组织发展，国务院已经在部分省份开展试点，要在试点基础上加快推进，力争 2020 年全国初步建立起与农业农村发展相适应、运行规范、监管有力、成效明显的新型农村合作金融框架。要推进融资性担保机构发展，融资性担保能为中小机构提供融资担保和增信服务，下一步应推动现有机构做大做强，规范发展，提升担保能力和增信水平，努力满足中小微企业融资担保需要。要规范发展民间融资，山东在这方面做了大胆尝试，促进了全省民间融资阳光化、规范化，取得了很好的效果。截至 2014 年底，山东民间融资机构达到 677 家，累计投资发生额 342.5 亿元，对接资金 9.48 亿元，国家应规划部署试点，总结经验，及早在面上推广。

二是加快金融开放。目前我国金融业开放程度还比较低，据统计，2014 年，外资银行总资产比例不超过银行总资产的 2%、外资保险公司保费收入占整个保费收入也不到2%。“十三五”时期，加快金融业开放应该有大的推进。一方面，加大“引进来”的力度。应继续推进外资企业国民化待遇，进一步降低门槛、缩短审批时间，放松存贷比指标限制；探索放开外国投资者股权限制，提高外国投资者股权占比；放松资本管制，我国目前有充足的外汇储备，经济规模和开放程度都已达到一定规模，宏观经济形势稳定，应加快资本账户开放和货币可兑换。另一方面，加快“走出去”的步伐。随着中国企业“走出去”，境外旅游、商务、学习逐步增多，中国的金融业特别是银行“走出去”是一种必然。因此，要加快我国银行业到境外并购、建分支机构、与境外金融机构合作的步伐，借助“一带一路”战略实施，在沿线国家规划发展一批境外金融服务机构。

三是加强金融风险防控。随着经济下行压力的增大，金融风险逐步提高，必须引起高度重视。对不良贷款要摸清底数，区别对待，对有市场、有技术的企业应给予一定宽限期，帮助企业走出困境。对没有前途的企业应坚决予以破产或重组。对企业互保联保引起的风险，应建立政府、银行、企业三方协调化解风险机制，政府建立还贷周转金或风险稳定基金，银行与企业沟通对接，通过提高抵押率、拓宽抵押物范围、担保公司担保等替代方式，阻断担保链。

四、深化商事制度改革，激发市场主体活力

十八届三中全会以来，中央力推商事制度改革，出台了一系列政策文件，行政审批改革、工商登记制度改革等取得明显成效，各类市场主体大量增加，全社会创业创新活力不断被激发。但仍然存在一些不和谐的因素，许多投资者反映，大环境不断改善，但一些具体措施没有落实到位，“玻璃门”“弹簧门”“旋转门”等仍然在起作用。建设一流的、与国际市场接轨的营商环境，仍然需要深化行政管理体制改革，不断建立完善现代市场体系和社会信用体系。实施清单管理制度改革。进一步推动政府职能转变，减少行政审批事项，逐步实施行政审批目录清单、行政权力清单、政府责任清单、市场准入清单管理，把清单管理逐步固化为制度。国家列

出进程时间表，要加快推进力度，倒逼地方政府职能加快转变。推动工商登记制度改革。工商登记制度改革是政府审批制度改革的先手棋，要进一步降低准入门槛，方便更多创业者拿到“入场券”，全面推动“先证后照”改为“先照后证”，改企业年检制度为企业年度报告公示制度。推进“三证合一”改革。国家已进行了“三证合一”改革试点，取得了成功经验，应在全面实施工商营业执照、组织机构代码证和税务登记证“三证统发”的基础上，到2020年全部推进“一照三号”，方便投资者登记注册。强化事中、事后监管。既要“宽进”还要“严管”，要推进监管方式创新，明确按照“谁审批、谁监管，谁主管、谁监管”原则落实监管责任，突出信息公示和信用监管方式，促进企业加强自我约束、自我监管。加强中介组织建设。培育和发展行业协会等社会中介组织，发挥中介组织在规范行业秩序、开拓市场、应对贸易摩擦、为企业提供服务等方面的作用。

五、强化重大基础设施互联互通

“十二五”期间，全国基本建成了东西纵横、南北贯通的陆海交通运输骨干网络，快速铁路网和高速公路网通行里程位居世界前列，海上通航能力大幅提升，综合交通服务体系初步形成。进入新的发展阶段，国家实施更加积极主动的开放战略，我国与世界各国经济合作日益加强，人员往来更加频繁。要实现货物运输、人员往来便捷安全高效，就要建设海上、陆地、空中互联互通大通道。从目前看，我国的重要基础设施和交通网络，还不适应进一步扩大开放的要求，普遍有提升质量和加大密度的要求。建议国家在制定“十三五”规划时，全面评估目前重大交通基础设施承载能力，从国家大的战略布局考虑，突出重点，对重大交通设施进行整体提升和局部加密，构建起现代综合交通运输体系，实现铁路、公路、港口、航空的有效衔接。要根据国家“一带一路”整体规划，加强沿线交通基础设施的互联互通，这也是“一带一路”战略的基础和前提条件。根据国家区域发展战略，搞好区域间重大交通设施规划建设，实现不同区域之间互联互通。如山东半岛与辽东半岛因渤海之隔，人员来往、货物流通都受到严重影响，国家应及早考虑规划建设跨海大通道，解决两大半岛之间的交往瓶颈。搞好东部沿海城市与中西部地区互联互通，提升目前公路网络运输能力，规划横贯东中西高速铁路客运专线，延伸、加密铁路货运线路。借助中韩自贸区的建立，及时规划东部沿海城市与韩国之间的海上通道和空中走廊。

六、以法治思维来谋划开展工作

十八届四中全会对依法治国、建设社会主义法治国家做出了全面部署。科学立法、严格执法、公正司法、全民守法的法治工作进程不断加快，从政府工作人员到广大群众的法治观念、民主意识逐步增强。尤其是广大群众维护和争取自身合法权益的法治意识日趋强烈。但从当前各地发生的群体性事件可以看出，政府依法行政方面还有不少问题，执法犯法、知法违法的现象时有发生。适应新常态，必须强化政府工作人员法治观念和法治意识，形成法治思维、法治方法，推动依法行政。提高依法履职能力。加大违法行政成本，督促引导政府工作人员学法、用法，严格按照法律权限和程序行使权力、履行职责，使有关人员不想违法、不敢违法。提高行政机关法治思维。完善政府法律顾问制度，建立重大决策终身责任追究制度及责任倒查机制，严格规范行政决策程序。研究制定法治政府建设规划，明确法治政府建设的目标要求，建立依法履职考核评价指标，为地方政府提供依据和参照。要开展有关法律知识学习普及。制定中长期学习普及规划，完成全部公务人员法治知识培训，强化依法行政意识。

（完成时间：2015 年 2 月，作者：苏庆伟　刘永宽　孙晓焱）